Lars Binckebanck

Interaktive Markenführung

GABLER EDITION WISSENSCHAFT

Applied Marketing Science / Angewandte Marketingforschung

Editorial Board:
Prof. Dr. Dieter Ahlert, University of Muenster
Dr. Heiner Evanschitzky, University of Muenster
Dr. Josef Hesse, University of Muenster
Prof. Dr. Gopalkrishnan R. Iyer, Florida Atlantic University
Dr. Gustavo Möller-Hergt, Warsteiner Brewery
Prof. Dr. Lou Pelton, University of North Texas
Prof. Dr. Arun Sharma, University of Miami
Prof. Dr. Florian von Wangenheim, University of Dortmund

The book series "Applied Marketing Science / Angewandte Marketing-forschung" is designated to the transfer of top-end scientific knowledge to interested practitioners. Books from this series are focused – but not limited – to the field of Marketing Channels, Retailing, Network Relationships, Sales Management, Brand Management, Consumer Marketing and Relationship Marketing / Management. The industrial focus lies primarily on the service industry, consumer goods industry and the textile / apparel industry. The issues in this series are either edited books or monographs. Books are either in German or English language; other languages are possible upon request.

Book volumes published in the series "Applied Marketing Science / Angewandte Marketingforschung" will primarily be aimed at interested managers, academics and students of marketing. The works will not be written especially for teaching purposes. However, individual volumes may serve as material for marketing courses, upper-level MBA- or Ph.D.-courses in particular.

Lars Binckebanck

Interaktive Markenführung

Der persönliche Verkauf als Instrument
des Markenmanagements im
B2B-Geschäft

Deutscher Universitäts-Verlag

Bibliografische Information Der Deutschen Bibliothek
Die Deutsche Bibliothek verzeichnet diese Publikation in der Deutschen Nationalbibliografie;
detaillierte bibliografische Daten sind im Internet über <http://dnb.ddb.de> abrufbar.

1. Auflage Mai 2006

Alle Rechte vorbehalten
© Deutscher Universitäts-Verlag I GWV Fachverlage GmbH, Wiesbaden 2006

Lektorat: Brigitte Siegel / Sabine Schöller

Der Deutsche Universitäts-Verlag ist ein Unternehmen von Springer Science+Business Media.
www.duv.de

Das Werk einschließlich aller seiner Teile ist urheberrechtlich geschützt. Jede Verwertung außerhalb der engen Grenzen des Urheberrechtsgesetzes ist ohne Zustimmung des Verlags unzulässig und strafbar. Das gilt insbesondere für Vervielfältigungen, Übersetzungen, Mikroverfilmungen und die Einspeicherung und Verarbeitung in elektronischen Systemen.

Die Wiedergabe von Gebrauchsnamen, Handelsnamen, Warenbezeichnungen usw. in diesem Werk berechtigt auch ohne besondere Kennzeichnung nicht zu der Annahme, dass solche Namen im Sinne der Warenzeichen- und Markenschutz-Gesetzgebung als frei zu betrachten wären und daher von jedermann benutzt werden dürften.

Umschlaggestaltung: Regine Zimmer, Dipl.-Designerin, Frankfurt/Main
Druck und Buchbinder: Rosch-Buch, Scheßlitz
Gedruckt auf säurefreiem und chlorfrei gebleichtem Papier
Printed in Germany

ISBN-10 3-8350-0396-8
ISBN-13 978-3-8350-0396-5

Geleitwort

Die Schriftenreihe Applied Marketing Science - Angewandte Marketingforschung verfolgt das Ziel, internationale Spitzenforschung aus dem Marketing praxisorientiert aufzubereiten und somit eine Brücke über die Kluft zwischen Wissenschaftlichkeit und Praxisorientierung zu schlagen. Die Schriftenreihe befasst sich mit Fragestellungen, die sich auf Grund der zunehmenden Verzahnung von Lieferanten, Produzenten, Dienstleistern und Kunden auch über nationale Grenzen hinweg ergeben und zu neuen Entwicklungen in der Organisations- und Prozessgestaltung führen. Es ist nicht mehr ein einzelnes Unternehmen, das Waren oder Dienstleistungen am Markt anbietet, sondern ein komplexes Netz von Partnern, das arbeitsteilig Gesamtlösungen für Kunden liefert. Insbesondere werden in der Schriftenreihe die folgenden Themenschwerpunkte Beachtung finden:

- Das Management von Netzwerken und Wertketten

- Das Beziehungsgeflecht zwischen Unternehmen und Kunden

- Das Beziehungsgeflecht innerhalb von Organisationen und Netzwerken

- Das Verhalten der Konsumenten

- Die Herausforderungen des Markenmanagements

- Das Management von Marketing Channels

Auf Grund der internationalen Ausrichtung werden Veröffentlichungen in Applied Marketing Science – Angewandte Marketingforschung sowohl in deutscher als auch in englischer Sprache herausgegeben.

Applied Marketing Science – Angewandte Marketingforschung bietet die Möglichkeit, Herausgeberwerke oder Monographien zu publizieren. Um dem hohen Anspruch der Reihe gerecht zu werden, müssen die Autoren einen Proposal einreichen, der detailliert Zielgruppe, Thema, Methode, sowie den Nutzen für Wissenschaft und Praxis darlegt. Dieser wird vom Reihenherausgeberrat – und wenn nötig – von externen Gutachtern begutachtet. Aufbauend auf deren Urteil wird ein Proposal angenommen, unter Auflagen angenommen oder zurückgewiesen.

Weitere Informationen sind vom Sekretariat des Journal of Value Chain Management unter info@jvcm.org erhältlich.

Die Reihenherausgeber

Preface

The book series Applied Marketing Science - Angewandte Marketingforschung aims to bridge the gap between scientific rigor and practical relevance in the transfer of cutting-edge theoretical and applied knowledge between scholars and practitioners. The series explores classic and contemporary theories and themes in global competitive networks, inter-organizational relationships, customer relationship management, and competitive advantages as conceived, developed, and applied in the field of marketing. Some major themes pursued by books in this series include:

- The management of networks and value chains
- Networks between firms and customers
- Inter-organizational networks
- Consumer behavior
- Brand management
- Marketing channels

Other themes will also be explored at the discretion of the series editors.

Given its international focus, the series Applied Marketing Science – Angewandte Marketing-forschung will include contributions in both German and English.

For authors, Applied Marketing Science – Angewandte Marketingforschung offers the opportunity to publish original work, edited volumes or monographs. In order to ensure the highest possible standards of academic quality and readability, authors must first submit a brief proposal that includes the major themes explored in the book, evidence or rationale of why the themes, methods and conclusions are original and cutting-edge in the discipline, and the intended contribution to the practice of marketing science. The proposal would then be reviewed by the series editors and, if necessary, external reviewers. Based on their evaluations, a proposal is either accepted, conditionally accepted or rejected by the editorial board. If the proposal is accepted, authors would be provided a time frame and style sheet which they must adhere to in delivering the final manuscript.

Please address all requests and proposals to the editorial office of the Journal of Value Chain Management at info@jvcm.org.

The Series Editors

Vorwort

„Companies don't make purchases; they establish relationships"

Philip Kotler

Dieses Buch basiert auf meiner Dissertationsschrift, die im Januar 2006 am Institut für Marketing und Handel an der Universität St. Gallen angenommen wurde. Ich hatte mich nach einigen Berufsjahren wieder der Wissenschaft zugewandt, und zwar zunächst weniger aus originär forscherischem Interesse, sondern vielmehr aufgrund von Unzufriedenheit mit der erlebten real existierenden Unternehmenspraxis.

Mein beruflicher Werdegang hatte mich ausgehend von der Welt der Markenführung über Umwege in die Vertriebsberatung verschlagen. Zu meiner Enttäuschung stellte ich schnell fest, dass Marke und Vertrieb in der Realität offenkundig getrennte Welten waren und Erfahrungen aus der einen Sphäre in der anderen nicht wirklich gefragt waren. Dabei setzen Markenmanager ebenso wie Verkäufer letztlich auf Emotionen, und beide weisen gerade im B2B-Bereich brachliegende Potenziale für eine Differenzierung im Wettbewerb des 21. Jahrhunderts auf.

Über die Gräben zwischen Marketing und Vertrieb ist viel geschrieben und diskutiert worden. Ich bin davon überzeugt, dass das Markenkonzept als Integrationsmechanismus im B2B-Geschäft Synergiepotenziale erschließen kann. Das Ziel muss es sein, den Vertrieb von gestern als Ansammlung von Einzelkämpfern in ein schlagkräftiges Marketinginstrument zu verwandeln, das eine explizite Rolle bei der Umsetzung von Unternehmensstrategien spielen kann. Dies ist eine zentrale Herausforderung für Manager, die sich von tradierten Rezepten lösen und sich den Erfolgsfaktoren von morgen zuwenden wollen. Ich hoffe, mit diesem Buch Ansatzpunkte hierzu bieten zu können.

Die vorliegende Arbeit Buch wendet sich an Praktiker. Es ist mir daher eine angenehme Pflicht, mich an dieser Stelle zunächst bei den Praktikern zu bedanken, die diesen Anspruch mit Rat und Tat unterstützt haben. Mercuri International, die europaweit führende Vertriebsberatungsgesellschaft, in der ich seit nunmehr fünf Jahren als Berater tätig bin, hat mein Verständnis von Vertrieb und Verkauf maßgeblich geprägt. Stellvertretend für die vielen Kollegen und Kunden, von denen ich viel gelernt habe, bedanke ich mich bei Holger Dannenberg und Dr. Matthias Huckemann, die mein Forschungsprojekt von Anfang an unterstützt und die empirische Studie teilfinanziert haben. Wolfgang F. Bußmann danke ich für den Kontakt zur Universität St. Gallen und die entsprechende Fürsprache.

Meine Erfahrungen mit Marken, Markenwertmessung und -führung habe ich bei Icon Added Value gesammelt, ein Unternehmen, das international führend in der strategischen und taktischen Markenberatung ist. Aus dieser sehr spannenden Zeit habe ich neben vielen Erfahrungen auch ein sehr wertvolles Netzwerk von Freunden und Kontakten mitnehmen können. Für die vielfältigen Hilfestellungen bedanke ich mich bei Dirk Amoneit, Dr. Harald Berens, Dr. Bernd Christian, Gerlinde Köder und Robin Spicer. Besonders Johan Kuntkes hat dieser Arbeit mit seinen Ideen entscheidende Impulse gegeben. Ohne seine Unterstützung bei der Konzeption und statistischen Auswertung des Datenmaterials wäre die Untersuchung der externen Perspektive so nicht möglich gewesen. Schließlich sei Anne-Kathrin Kirchhof für ihren Einsatz bei der PR-Verwertung der Ergebnisse sehr herzlich gedankt.

Dieses Buch basiert auf einem wissenschaftlichen Forschungsprozess. Mein besonderer Dank gilt an dieser Stelle Prof. Dr. Christian Belz, der mein Doktorat als Referent betreute. Seine inhaltlichen Impulse und die konstruktiven Gespräche haben wesentlich zum Gelingen der Arbeit beigetragen. Vor allem aber hat er durch seine menschliche Art einen Rahmen geschaffen, in dem die wissenschaftliche Arbeit einfach Spaß gemacht hat. Weiterhin bedanke ich mich bei Dr. Heiner Evanschitzky, der als verantwortlicher Reihenherausgeber maßgeblichen Anteil daran hat, dass die Überarbeitung der Originaldissertation für die Zielgruppe der Praktiker einen echten Mehrwert geschaffen hat. Auch die anderen Reihenherausgeber, denen ich für die Aufnahme in die Schriftenreihe „Applied Marketing Science - Angewandte Marketingforschung" danke, haben mit ihren Hinweisen zum Gelingen des Projektes beigetragen. Dr. Josef Hesse danke ich für seine Fürsprache und Dr. Bernd Becker (wieder einmal) für den richtigen Tipp zur rechten Zeit.

Ich danke schließlich jedoch vor allem den vier Frauen in meinem Leben: meiner Mutter für die schier endlose Unterstützung, meiner Frau Claudia für das große Verständnis sowie meinen Töchtern Lara und Dana dafür, dass sie da sind.

Dr. Lars Binckebanck

Inhaltsverzeichnis

Abbildungsverzeichnis XIII

A. Einführung 1

1. Problemstellung 2

1.1. Komplexe Unternehmen brauchen „andere" Markenführung 2

1.2. Defizite im B2B-Markenführungsinstrumentarium 4

1.3. Verkauf als Markenführungsinstrument im B2B-Geschäft 5

1.4. Interne Markenführung als Voraussetzung für interaktive Markenführung 6

1.5. Markenbasiertes Verkaufsmanagement 7

1.6. Zusammenfassung 7

2. Relevanz der Problemstellung 8

2.1. Wissenschaftliche Relevanz 8

2.1.1. Forschungsdefizit 1: Mangelnde Berücksichtigung persönlicher
Geschäftsbeziehungen 8

2.1.2. Forschungsdefizit 2: Mangelnde Verwendung des Markenwerts im
Verkaufsmanagement 11

2.2. Praktische Relevanz 14

2.3. Zusammenfassung 17

3. Begriffliche Abgrenzungen 18

3.1. B2B-Geschäft 18

3.2. Beziehungsmarketing 19

3.3. Verkauf 19

3.4. Marke und Markenführung 20

3.5. Interne Markenführung 22

3.6. Zusammenfassung: Interaktive Markenführung im B2B-Verkauf 23

4. Ziel der Arbeit 25

4.1. Externe Perspektive der Arbeit 26

4.2. Interne Perspektive der Arbeit 27

4.3. Zusammenfassung 27

5. Aufbau der Arbeit 28

B. Grundlagen der interaktiven Markenführung 31

1. Das B2B-Geschäft 31

1.1. Ausgangssituation im B2B-Geschäft 31

1.2. Spezifika des B2B-Geschäfts 32

1.2.1. Leistungsbündel als Absatzobjekte 33

1.2.2. Zweckbezogene Verwendung der Absatzobjekte 34

1.2.3. Langfristige Geschäftsbeziehungen 38

1.2.4. Multiorganisationale und multipersonale Beschaffungsprozesse 39

1.2.5. Organisationales Kaufverhalten 40

2. Markenwertmessung im B2B-Geschäft 44

2.1. Rahmenbedingungen für Markenwertmessung im B2B-Geschäft 44

2.1.1. Markenführung für das B2B-Geschäft 44

2.1.2. Marke, Reputation und Image 53

2.1.3. Anforderungen an die Markenwertmessung im B2B-Geschäft 57

2.2. Ansätze zur Markenwertmessung 59

2.2.1. Markenstärke und Markenwert 60

2.2.2. Allgemeine Grundmodelle der Markenwertmessung 61

2.2.3. Spezielle Ansätze der Markenwertmessung im B2B-Geschäft 67

2.2.4. Bewertung 69

2.3. Der Markeneisberg von Icon Added Value 70

2.3.1. Darstellung 71

2.3.2. Würdigung 73

2.3.3. Operationalisierung des Markeneisbergs 75

2.4. Zusammenfassung 76

3. Beziehungsmarketing 77

3.1. Geschäftsbeziehungen 78

3.1.1. Begriffsbestimmung 78

3.1.2. Theoretische Erklärungsansätze 80

3.1.3. Management von Geschäftsbeziehungen 82

3.2. Beziehungsmarketing 86

3.2.1. Begriffsabgrenzung 86

3.2.2. Erfolgsindikatoren des Beziehungsmarketing 87

3.2.3. Die Operationalisierung der Erfolgsindikatoren 91

3.2.4. Die Verkäuferpersönlichkeit als Erfolgsfaktor des Beziehungsmarketing 92

3.2.5. Die Operationalisierung der Verkäuferpersönlichkeit 95

3.2.6. Das Beziehungsverhalten als Erfolgsfaktor des Beziehungsmarketing 95

3.2.7. Die Operationalisierung des Beziehungsverhaltens 98

3.3. Zusammenfassung 99

4. Implikationen für Manager 100

C. Wirkungszusammenhänge der interaktiven Markenführung 103

1. Untersuchungsdesign 103

1.1. Konzeptioneller Ansatz 103

1.2. Untersuchungsstrukturmodell 105

1.2.1. Relativierung der persönlichen Marktbearbeitung 106

1.2.2. Berücksichtigung situativer Moderatoren 107

1.2.3. Zusammenfassung der Komponenten zum Strukturmodell 108

1.3. Skalierung *109*

1.4. Datenerhebung *110*

1.5. Beurteilung der Untersuchungskonzeption *111*

2. Charakteristika der Stichprobe **112**

3. Zusammenhänge auf der Ebene des Gesamtwirkungsmodells **114**

3.1. Strukturenprüfende Verfahren *114*

3.1.1. Dependenzanalyse mittels multipler Regressionsanalyse 114

3.1.2. Dependenzanalyse mittels Pfadanalysen 115

3.2. Ergebnisse strukturenprüfender Verfahren *116*

3.3. Strukturenentdeckende Verfahren *120*

3.3.1. Exploration mittels Multidimensionaler Skalierung 120

3.3.2. Exploration mittels Clusteranalyse 121

3.4. Ergebnisse strukturenentdeckender Verfahren *122*

4. Relevanz der Marke im B2B-Geschäft **129**

5. Markenwirkung der Verkäuferpersönlichkeit **136**

6. Markenwirkung des Beziehungsverhaltens **140**

7. Situative Moderatoren der Markenwirkung **145**

7.1. Markenwirkung der Moderatoren *145*

7.2. Moderierender Einfluss der Buying Center-Ebene *148*

7.3. Moderierender Einfluss des Geschäftstyps *149*

7.4. Beziehungsqualität *151*

7.5. Wettbewerbsintensität *153*

8. Implikationen für die interaktive Markenführung **154**

D. Implementierung der interaktiven Markenführung **159**

1. Grundlagen interner Markenführung **159**

1.1. Beziehungsmarketing und Markenführung *159*

1.2. Grundlagen der internen Markenführung *162*

1.3. Instrumente der internen Markenführung *163*

1.4. Implementierung der internen Markenführung *167*

1.5. Zusammenfassung *172*

2. Entwicklung einer verkäuferischen Markenidentität **173**

2.1. Das Markensteuerrad als Identitätsansatz der Markenführung *173*

2.2. Vom Markensteuerrad zum Verkaufssteuerrad *175*

2.3. Entwicklung der Verkaufsidentität *178*

2.4. Konformität vs. Individualität im persönlichen Verkauf *179*

2.5 Individuelle vs. standardisierte Kundenbetreuung *181*

3. Konzeption eines markenbasierten Verkaufssystems **182**

3.1. Strukturmodell eines markenbasierten Verkaufssystems *182*

3.2. Markenspezifika der Verkaufsstrategie *183*

3.3. Markenspezifika der Personalpolitik *187*

3.4. Markenspezifika der Durchführungsebene *192*

3.5. Markenspezifika der Führungsebene *198*

3.6. Markenspezifika der Konzeptionsebene *201*

4. Implementierungsprozess der interaktiven Markenführung **205**

4.1. Prozessmodell zur Implementierung der interaktiven Markenführung *205*

4.2. Die Prozessschritte zur Implementierung der interaktiven Markenführung *206*

5. Vom Markenwert zum Verkaufswert **209**

6. Beurteilung der Konzeption **210**

E. Fazit **213**

1. Zusammenfassung **213**

2. Limitationen **214**

3. Ausblick **215**

Literaturverzeichnis **217**

Anhang 1 – Konstrukte und Konstruktgüte **237**

Anhang 2 - Fragebogen **249**

Anhang 3 - Verzeichnis der Expertengespräche **267**

Autorenprofil **269**

Abbildungsverzeichnis

Abbildung 1: Konsequenzen aus dem Komplexitätsgrad für die Markenführung.................. 3

Abbildung 2: Die Problemstellung im Überblick 8

Abbildung 3: Diskussion mangelnder Berücksichtigung persönlicher Geschäftsbeziehungen in der B2B-Markenführung und Konsequenzen für die Arbeit 11

Abbildung 4: Ausgewählte empirische Studien zur Markenrelevanz im
Industriegüterbereich.. 12

Abbildung 5: Diskussion des Markenwertbeitrags für die B2B-Markenführung und
Konsequenzen für die Arbeit.. 13

Abbildung 6: Branchenrelevanz ausgewählter Markenwertmodelle 15

Abbildung 7: Zusammenfassung der praktischen Relevanz und Konsequenzen für die
Arbeit.. 17

Abbildung 8: Abgrenzung der interaktiven Markenführung im B2B-Verkauf.................... 24

Abbildung 9: Klassische vs. interaktive Markenführung.. 25

Abbildung 10: Forschungsperspektiven und Zielsetzung der Arbeit.................................. 28

Abbildung 11: Aufbau der Arbeit 29

Abbildung 12: Ausgangssituation im B2B-Geschäft 32

Abbildung 13: Ebenen von Leistungssystemen 34

Abbildung 14: Vergleich relevanter Typologisierungsansätze im B2B-Geschäft................ 38

Abbildung 15: Das Interaktionsmodell der IMP-Group 43

Abbildung 16: Instrumente einer Kompetenz- und Vertrauenskommunikation................... 51

Abbildung 17: Ausgewählte Aspekte der Markenführung für das B2B-Geschäft................ 52

Abbildung 18: Der Zusammenhang zwischen Marke, Reputation und Image 56

Abbildung 19: Anforderungen an die Markenwertmessung im B2B-Geschäft.................... 59

Abbildung 20: Verwendungszwecke von und Anforderungen an die Markenbewertung....... 63

Abbildung 21: Der Markeneisberg zur Messung der Markenstärke 72

Abbildung 22: Bewertung des Markeneisbergs hinsichtlich spezifizierter Anforderungen 75

Abbildung 23: Prozessmodell der Markenwertmessung in dieser Arbeit............................ 77

Abbildung 24: Geschäfts-/ Beziehungsmatrix zum systematischen Beziehungsmanagement 85

Abbildung 25: Einstellung und Verhalten nach der „Theory of Reasoned Action" 90

Abbildung 26: Indikatoren für die Relevanz des Markenwertmodells im B2B-Geschäft 91

Abbildung 27: Beziehungsnormen in der Theorie relationaler Verträge.............................. 97

Abbildung 28: Grobmodell der Wirkungszusammenhänge aus der externen Perspektive.... 100

Abbildung 29: Stand bei der Beantwortung der Forschungsfragen zur externen
Perspektive 104

Abbildung 30: Konzeptioneller Ansatz der externen Perspektive 105

Abbildung 31: Untersuchungsstrukturmodell der externen Perspektive............................ 108

Abbildung 32: Externes Briefing zur Quotierung der Segmentierungsvariablen 110

Abbildung 33: Charakteristika der Stichprobe.. 113

XIV

Abbildung 34: Verteilung von Lieferantenqualität auf Geschäftstypen in der Stichprobe.... 114

Abbildung 35: Quantifiziertes Gesamtwirkungsmodell der externen Perspektive 117

Abbildung 36: Markenwirkung vs. Erfüllungsgrad im Überblick 119

Abbildung 37: Multidimensionale Skalierung der Markentreiber 122

Abbildung 38: Ergebnisse der Clusterbildung nach dem Ward-Verfahren 124

Abbildung 39: Ausprägungen der Konstrukte für die gefundenen Cluster 125

Abbildung 40: Relative Stärken und Schwächen der Cluster hinsichtlich der
Einflussfaktoren 126

Abbildung 41: Charakteristika und Interpretation der Cluster 127

Abbildung 42: Kreuztabellierung Markenguthaben vs. Verhaltenwirkung 131

Abbildung 43: Die fünf Brand Relationship Cluster 133

Abbildung 44: Ausprägungen der Markentreiber für die Brand Relationship Cluster 134

Abbildung 45: Markenwirkung der Indikatoren zur Verkäuferpersönlichkeit 137

Abbildung 46: Markenwirkung vs. Erfüllungsgrad für die Indikatoren der
Verkäuferpersönlichkeit 139

Abbildung 47: Markenwirkung der Indikatoren zum Beziehungsverhalten 143

Abbildung 48: Markenwirkung vs. Erfüllungsgrad für die Indikatoren des
Beziehungsverhaltens 144

Abbildung 49: Vergleich der Markenwirkung der Moderatoren 146

Abbildung 50: Moderierender Einfluss der Buying Center-Ebene 148

Abbildung 51: Moderierender Einfluss des Geschäftstyps 150

Abbildung 52: Moderierender Einfluss der Beziehungsqualität 152

Abbildung 53: Moderierender Einfluss der Wettbewerbsintensität 153

Abbildung 54: Situative Optionen der interaktiven Markenführung 155

Abbildung 55: Die interne Perspektive als Schnittstelle zwischen Beziehungsmarketing
und Markenführung 160

Abbildung 56: Interaktion als Basis für Beziehungsmarketing und Markenführung 161

Abbildung 57: Einsatzort und Zielrichtungen von Instrumenten zur internen
Kommunikation 164

Abbildung 58: Beispiele für Maßnahmen der internen Kommunikation 165

Abbildung 59: Phasenmodell der internen Markenführung 168

Abbildung 60: Kategorien von Änderungswiderständen 169

Abbildung 61: Das Markensteuerrad von Icon Added Value 175

Abbildung 62: Beispielhafte generische Verkaufssteuerräder 177

Abbildung 63: Strukturmodell eines markenbasierten Verkaufssystems 183

Abbildung 64: Ableitung von Verkaufszielen aus der Unternehmensstrategie 185

Abbildung 65: Relevante Aspekte der Personalpolitik für die interaktive Markenführung .. 188

Abbildung 66: Ablauf eines markenbezogenen verkäuferischen Qualifizierungsprozesses . 190

Abbildung 67: Markenspezifische Aspekte der Durchführungsebene 193

Abbildung 68: Berücksichtigung der interaktiven Markenführung im Kontaktverhalten 196

Abbildung 69: Struktur eines Verkaufsleitungsplans... 198

Abbildung 70: Klassifizierung von ausgewählten Instrumenten des Verkaufscontrolling.... 203

Abbildung 71: Ableitung und Struktur einer Verkaufs-Scorecard für die interaktive
Markenführung.. 204

Abbildung 72: Prozessmodell zur Implementierung der interaktiven Markenführung 206

Abbildung 73: Beispielhafte Vorgehensweise zur Bestimmung des Verkaufswerts............. 210

A. Einführung

Das Geschäft auf den Industriegütermärkten des 21. Jahrhunderts ist in aller Regel von zunehmender Komplexität und rasanter Dynamik geprägt. Die Entscheidungsträger in den meisten Unternehmen haben seit den 90er Jahren weitgehend und mehr oder weniger erfolgreich alle Rationalisierungspotenziale ausgeschöpft. Stichworte in diesem Zusammenhang sind klingende Konzepte wie Business Reengineering, Total Quality Management, Six Sigma oder auch Lean Production. Mit Blick auf die asiatischen Wachstumsmärkte setzt sich heute jedoch zunehmend die Erkenntnis durch, dass nicht nur die Kostenstruktur, sondern auch das Wachstum einen zentralen Erfolgsfaktor im globalen Wettbewerb darstellt.

Im Zuge dieses Perspektivenwechsels sind Wachstumstreiber vielfach verzweifelt gesucht. Die alte Erfolgsformel, die ein überlegenes Produkt in den Mittelpunkt stellt und von Audi mit dem Claim „Vorsprung durch Technik" auf den Punkt gebracht wurde, liefert immer seltener die erhofften Ergebnisse. Zunehmend austauschbarere Angebote führen zu stetig steigendem Preisdruck. Dieser Spirale nach unten kann sich auf Dauer nur entziehen, wer sich wirkungsvoll vom Wettbewerb abheben kann. „Differenzierung!", lautet heute die Parole auf vielen Vorstandsetagen. „Aber wie?", schallt es jedoch nur zu häufig aus den Abgründen der Unternehmensorganisation zurück. Damit sind moderne Führungskräfte gefordert, Wege zum „Anders sein" aufzuzeigen, um besser zu werden.

Vor diesem Hintergrund werden häufig zwei Themenbereiche diskutiert. Zum einen gibt es im Industriegüterbereich Bestrebungen, das Erfolgsgeheimnis vieler Konsumgüter, die Marke, zur Differenzierung im Wettbewerb zu nutzen. Zum anderen rückt der Vertrieb zunehmend in den Fokus der Manager. Der Verkaufsprozess entzieht sich aufgrund der psychologischen und sozialen Interaktionselemente häufig der strukturierten Analyse (damit aber auch der systematischen Optimierung) und stellt in vielen Unternehmen eine intransparente „Black Box" dar, in der jedoch in aller Regel zu Recht Leistungspotenziale vermutet werden.

Wenn Marke und Vertrieb demnach so dringend benötigte Differenzierungsfaktoren darstellen, dann ist es überraschend, dass beide Themenbereiche in der Praxis zumeist isoliert voneinander diskutiert werden. Dieses Buch beginnt mit einer Betrachtung der Markenführung im Industriegüterbereich und kommt sehr schnell zu dem Schluss, dass diese einer expliziten Berücksichtigung des persönlichen Verkaufs bedarf. Umgekehrt eignet sich die Marke ideal als Zielgröße für ein Verkaufsmanagement „by Values". Ahlert fordert in diesem Zusammenhang eine ressortübergreifende Koordination des Markenmanagements und sieht im teamorientierten Triumvirat von Vertriebs-, Marketing- und Markenmanager das „Gebot der Stunde"[1].

Durch eine integrierte Betrachtung von Marke und Verkauf eröffnen sich für diese Manager Perspektiven zur Differenzierung im globalen Wettbewerb. Zur Ausschöpfung der Leistungs-

---

[1] Ahlert (2005), S. 229

potenziale ist jedoch ein systematischer und planvoller Ansatz notwendig. Hierzu will dieses Buch mit dem Konzept der interaktiven Markenführung einen Vorschlag liefern.

1. Problemstellung

Die Marke ist wohl einer der populärsten Gegenstände der Marketingforschung in den letzten Jahrzehnten. Trotz (oder wegen?) der kaum noch überschaubaren Literatur zum Thema haben sich Marketingparadigmen entwickelt, welche als übergreifende Denkmuster die Sicht der Wirklichkeit in einer Zeit prägen. Nach Belz sind vereinfachende Zugänge zum Marketing zwar aufgrund der vielfach ausgeprägten Komplexität in der Praxis wichtig, sollten sich aber nicht „auf gegenseitig bestätigte Vorurteile der so genannten Fachleute stützen, die ihre Aussagen mit der Realität verwechseln"[2].

1.1. Komplexe Unternehmen brauchen „andere" Markenführung

Ein solches Marketingparadigma stellt die gängige Sichtweise der Markenführung als Allheilmittel in zunehmend homogenen und wettbewerbsintensiven Märkten dar. Zur Illustration der Erfolgswirkung werden gerne Beispiele weltweit zweifelsfrei erfolgreicher Marken, wie Coca-Cola, Microsoft oder BMW, angeführt[3]. Problematisch sind dabei nicht etwa die Inhalte, sondern die undifferenzierte Verallgemeinerung: „oft stimmen zwar die üblichen Empfehlungen grundsätzlich, es wirkt sich aber fatal aus, wenn dadurch die Führungskräfte falsche Gewichte setzen"[4]. Durch die Fokussierung der Diskussion auf Massenprodukte und Kommunikationspolitik wird Markenführung in der Mehrzahl der „normalen" Unternehmen des Industriegütersektors zu einseitig (oder gar nicht) interpretiert.

„Investitionsgüter sind komplex"[5]. Wo vielschichtige Organisationen, Menschen in Buying- und Selling-Centers und mannigfaltige Leistungen in zahlreichen Teilmärkten miteinander interagieren, dort kann der Vertrieb schnell wichtiger sein als die Werbung, und Techniker im Kundendienst prägen die Unternehmenswahrnehmung häufig stärker als Marketingmanager. Häufig besteht das Betriebskapital aus intangiblen Geschäftsbeziehungen. Die Versuchung für Marketing-Entscheider, sich an vereinfachenden Leitbildern und Konzepten zu orientieren, ist gerade in komplexen Unternehmen und Situationen groß[6].

Der Begriff „Komplexität" stammt vom lateinischen Nomen „complexio" ab und bedeutet „zusammenhängend, vielschichtig, ineinander gefügt". Nach Boisot hängt die Komplexität eines Systems von der Komplexität des Umfeldes ab und soll ihr entsprechen, um überlebens-

---

[2] Belz (2004a), S. 3
[3] Vgl. beispielsweise das Standardwerk zur Markenführung von Esch (2004).
[4] Belz (2004b), S. 10
[5] Belz/ Kopp (1994), S. 1579
[6] Vgl. Belz (2004b), S. 9 ff.

A. Einführung 3

fähig zu bleiben[7]. Stark vereinfachende Empfehlungen laufen in komplexen Situationen Gefahr, zu kurz zu greifen. Andererseits tendieren unkontrolliert komplexe Systeme zu einer sich selbst verstärkenden Dynamik, die es etwa mit Vereinfachungsstrategien zu beherrschen gilt[8].

Marketing allgemein und Markenführung im Besonderen bewegt sich damit im Spannungsfeld zwischen Komplexitätsdynamik einerseits sowie Vereinfachung und Fokussierung andererseits[9].

Grundsätzlich ist die Markenführung am Komplexitätsgrad des eigenen Unternehmens auszurichten. Belz folgert[10], dass sich für einfache Unternehmen und Angebote ein Massenmarketing mit Fokus auf robuste und erneuerungsfähige Marken anbietet. Markenführung ist dann meist eine eigenständige Funktion im Unternehmen mit vorwiegend unpersönlicher Kommunikation und sichtbaren Kampagnen.

Dagegen sind in komplexen Unternehmenssituationen die „Zielgruppen klein und die Botschaften vielfältig und anspruchsvoll. Meist folgern sogar die Führungskräfte in komplexen Unternehmen, dass die Markenführung unbedeutend ist. Markenführung wird in die Linie integriert und ist in diesen Unternehmen deshalb meist keine eigene Disziplin"[11]. Marken sind dann das mehr oder weniger zufällige Ergebnis aller Erfahrungen, die ein Kunde mit einem Unternehmen macht. Abbildung 1 fasst diese Ergebnisse zusammen.

Einfache Unternehmen und Angebote	Komplexe Unternehmen und Angebote
Massenmarketing für einfache Leistungen (z.B. viele Konsumgüter, Komponenten, Standardsoftware, einfache Gebrauchsgüter, standardisierte Dienstleistungsprodukte); Fokus auf robuste und erneuerungsfähige Marken	Differenziertes Marketing für komplexe Gebrauchs- und Investitionsgüter sowie Dienstleistungen und Leistungssysteme für wenige Kunden; Fokus auf robuste und innovative Leistungen und umfassende Problemlösungen für Kunden
Eigenständige Markenführung mit vorwiegend unpersönlicher Kommunikation und sichtbaren Kampagnen	Markenführung nahe an der Kundenhandlung durch dezentrales Vertriebs-, Projekt- und Beziehungsmanagement - Markenführung wird zum Synonym für Marketing

Abbildung 1: Konsequenzen aus dem Komplexitätsgrad für die Markenführung
(Quelle: in Anlehnung an Belz (2004b), S. 14)

---

[7] Boisot (2000), S. 115
[8] Vgl. Vester (2003)
[9] Belz (2004b)
[10] Ebenda, S. 14
[11] Ebenda, S. 15

Eine differenzierte Diskussion der Markenführung zeigt, dass einseitig interpretierte Paradigmen die Realitäten von Unternehmen in komplexen Marktsituationen nur unzureichend berücksichtigen und insofern hinsichtlich ihrer Eignung als Allheilmittel fragwürdig sind. Das heißt jedoch nicht, dass Markenführung für komplexe Unternehmen irrelevant wäre: „Starke Marken bewähren sich für Kunden, sie schaffen eine integrierte Kompetenz für Unternehmen oder Angebote und geben Orientierung in vielfältigen Märkten. Ebenso können Marken intern helfen zu fokussieren, die Prozesse zu vereinfachen und die Mitarbeiterinnen und Mitarbeiter für eine gemeinsame Leistung zu motivieren"[12].

Somit ist festzustellen, dass es für das komplexe Geschäft mit Investitionsgütern einer „anderen" Markenführung bedarf als im Falle einfacher Leistungen. Allerdings bietet die Marketingforschung bislang kaum Anhaltspunkte dafür, wie diese „andere" Markenführung aussehen könnte.

1.2. Defizite im B2B-Markenführungsinstrumentarium

Trotz der Notwendigkeit einer auf die Erfordernisse von komplexen Unternehmen angepassten Markenführung geht es bei der bislang eher überschaubaren wissenschaftlichen Auseinandersetzung mit dem Thema zumeist um die Übertragung der Prinzipien der Markenartikelpolitik aus dem Konsumgüter- in den Industriegüterbereich[13]. Im Mittelpunkt der Betrachtung stehen zumeist Ingredient Branding, Gütezeichenpolitik und Co-Branding-Ansätze[14], die sich i.d.R. mit der Markierung von tangiblen Industriegütern beschäftigen und somit deutlich in der klassischen Produkt- und Kommunikationsperspektive verharren.

Entscheidend ist aber nach Belz die Frage, „wo Anbieter von komplexen Leistungen und Investitionsgütern den Mehrwert ihrer Marke schaffen"[15]. Im Kontext von Leistungssystemen[16] rückt im B2B-Marketing die Interaktion zwischen Menschen auf Anbieter- und Kundenseite in den Vordergrund. „Gelingt es einem Anbieter, die vielfältigen Interaktionen mit Kunden zu gestalten und einen eigenständigen Ansatz zu verwirklichen, so sind nachhaltige Wettbewerbsvorteile und Kundenvorteile möglich. (...) Neue Ansätze der interaktiven Markenführung sind gefragt"[17].

Hier wird nicht der Auffassung mancher Autoren gefolgt, die dem derzeit geläufigen Markenführungsparadigma seine Geltung grundsätzlich absprechen[18]. Allerdings wird sehr wohl die

---

[12] Belz (2004b), S. 16
[13] Begriffe, die sich auf den Industriegüterbereich beziehen, werden im Folgenden mit dem Zusatz „B2B" bezeichnet. Siehe zu begrifflichen Abgrenzungen den Abschnitt A.3.1.
[14] Vgl. etwa Freter/ Baumgarth (2004a)
[15] Belz (2004b), S. 20
[16] Vgl. Belz/ Bircher et al. (1991); eine ausführlichere Darstellung von Leistungssystemen findet sich im Teil B.1.2.1. dieser Arbeit.
[17] Belz (2004b), S. 20; vgl. Abschnitt A.3.6.
[18] Beispielhaft wird von Berthon/ Hulbert/ Pitt (1999) das klassische Brand-Management-Verständnis totgesagt und darauf verwiesen, dass die im Rahmen der zunehmenden Individualisierung zwischen Anbieter

A. Einführung

Auffassung vertreten, dass in der Markenführungspraxis und -beratung für das B2B-Geschäft Marke zu häufig mit Masse assoziiert wird (z.B. Massenmärkte, Massenprodukte, Massenkommunikation und Massenbudgets). Das Fehlinterpretationspotenzial durch kontraproduktive Erfolgsbeispiele aus dem Konsumgüterbereich und von einfachen Unternehmen (im Sinne von Belz) kann dann etwa dazu führen, dass im Marketing-Mix Image- und Massenkommunikation überproportional stark gewichtet und die vielfältigen interaktiven Kundenkontakte des Verkaufs als Schnittstelle zum Markt unberücksichtigt gelassen werden. „Mittel zum Markenaufbau, insbesondere durch Massenkommunikation, werden dann oft dafür verschleudert"[19].

Es lässt sich somit als erstes Defizit konstatieren, dass das Management persönlicher Geschäftsbeziehungen zu wenig Beachtung in der Diskussion um die B2B-Markenführung gefunden hat. Ein zweiter Defizitbereich ergibt sich aus dem Fehlen eines auf die Besonderheiten des B2B-Geschäfts zugeschnittenen Markenwertmodells[20], welches im Sinne einer Erfolgskontrolle verwendet werden könnte, Fehlallokationen von beschränkten Markenführungsbudgets zu vermeiden.

Vor diesem Hintergrund ist es bedenklich, dass Markenführung im B2B-Geschäft bislang von der Marketingforschung kaum untersucht[21] und von der Praxis oft einseitig interpretiert wurde. Festzuhalten ist an dieser Stelle zunächst, dass das gegenwärtig zur Verfügung stehende Markenführungsinstrumentarium zwei wesentliche Defizite im Hinblick auf die Erfordernisse komplexer Unternehmen im B2B-Geschäft aufweist.

1.3. Verkauf als Markenführungsinstrument im B2B-Geschäft

Marken basieren nach der gängigen Sicht auf Emotionen. Dass diese auch bei industriellen Kaufentscheidungen eine nicht zu unterschätzende Rolle spielen, wird häufig ignoriert[22]. Der Marketing-Mix komplexer Unternehmen wird durch persönliche und dezentrale Marktbearbeitung geprägt. Entsprechend werden emotionale Markenwerte im B2B-Geschäft weniger über die unpersönliche Marktbearbeitung (z.B. Werbung, Public Relations, E-Commerce, Verkaufsförderung), sondern eher im Rahmen der persönlichen Marktbearbeitung transportiert, d.h. durch den Verkauf.

Wenn, wie von Belz postuliert, Markenführung im B2B-Geschäft als Synonym für Marketing anzusehen ist, dann kommt dem Verkauf aufgrund des Stellenwerts der persönlichen Markt-

---

und Kunde entstehenden Lösungen als Unikate aufzufassen sind; andere Autoren wie etwa Rutschmann (2004) bezweifeln die Gültigkeit grundlegender Annahmen, wie z.B. die Verhaltenswirksamkeit von Markenkommunikation.

[19] Belz (2004b), S. 8 f.
[20] Vgl. etwa Baumgarth (2004b)
[21] Dieser Sachverhalt ist bereits verschiedentlich beklagt worden, sehr früh beispielsweise von Belz/ Kopp (1994) und später beispielsweise durch Baumgarth (2004b).
[22] Vgl. etwa Lynch/ de Chernatony (2004)

6 1. Problemstellung

bearbeitung eine zentrale Bedeutung zu. Markenführung muss im B2B-Geschäft also verstärkt am Verkauf und am Management persönlicher Geschäftsbeziehungen ansetzen. Der Einfluss der persönlichen Marktbearbeitung auf die Markenbildung kann dabei für verschiedene Leistungen und Involvementsituationen unterschiedlich sein[23].

Allerdings stößt die Gestaltung der Marke in der Kundeninteraktion an Grenzen. Belastungen der persönlichen Geschäftsbeziehungen entstehen etwa durch Zunahme der medialen Kommunikation (insbesondere Internet und Email) und häufigen Personalwechsel auf Anbieter- und Nachfragerseite[24]. Es ist Belz zuzustimmen, wenn er für den B2B-Sektor fordert, dass „zentrale Kommunikationsaktivitäten (Messen, Werbung) auch in diesem Bereich bedeutender werden müssen, um eine wirksame Markenführung zu ergänzen"[25].

Einstweilen ist festzuhalten, dass der Verkauf in komplexen Unternehmen des B2B-Geschäfts im Rahmen des Managements persönlicher Geschäftsbeziehungen emotionale Markenwerte kommuniziert und somit für solche Unternehmen ein wichtiges Instrument der Markenführung darstellt.

1.4. Interne Markenführung als Voraussetzung für interaktive Markenführung

Die interaktive Kommunikation funktionaler und emotionaler Markenwerte an Kunden durch Verkaufsmitarbeiter im Rahmen des Managements persönlicher Geschäftsbeziehungen soll im Folgenden im Sinne einer vorläufigen Arbeitsdefinition als interaktive Markenführung bezeichnet werden. Dazu muss einerseits der Mitarbeiter noch stärker in den Mittelpunkt der Überlegungen rücken und andererseits muss integrierte Kommunikation als „Führungsaufgabe nach innen" verstanden werden, die tragfähige Werte bestimmt, welche wiederum „in vielfältiger Weise als Grundlage für Marketingaktivitäten und persönliche Verhaltensweisen dienen"[26].

Interne Markenführung bedeutet in diesem Kontext, dass die Identifikation der Verkäufer mit den Unternehmens- bzw. Markenwerten und ihre Motivation für die interaktive Markenführung kontinuierlich erarbeitet und im Bewusstsein verankert werden muss, wenn diese Mitarbeiter mit ihrem Auftreten im Markt zur Markenführung beitragen sollen. Eine gemeinsam entwickelte und breit getragene Verkaufsidentität kann die dezentralen Verkaufsaktivitäten im Sinne der Markenstrategie als Steuerungsmechanismus kanalisieren.

Es ist somit festzuhalten, dass interaktive Markenführung einer Markenkraft von innen bedarf, die es im Rahmen einer internen Markenführung sicherzustellen gilt.

---

[23] Vgl. Tomczak/ Herrmann/ Brexendorf/ Kernstock (2005), S. 29
[24] Vgl. Baumgarth (2004b), S. 77
[25] Belz (2004b), S. 20
[26] Belz (2004a), S. 5

A. Einführung 7

1.5. Markenbasiertes Verkaufsmanagement

Die interaktive Markenführung erfordert die explizite Berücksichtigung kultureller, organisationaler und personeller Einflussfaktoren[27]. Damit ist insbesondere das Verkaufsmanagement gefordert, die internen Rahmenbedingungen zu schaffen, die für interaktive Markenführung notwendig sind. Die internen Kontroll- und Steuerungssysteme sind hierzu um Markenaspekte zu erweitern und das Führungspersonal in direkte Verantwortung für die Markenführung zu nehmen. Entsprechend sind Entlohnungssysteme sowie Systeme der Personalselektion, -qualifizierung und -entwicklung anzupassen und mit der Markenführung zu verzahnen. Interaktive Markenführung betrifft also nicht nur die Durchführungsebene der Verkaufsarbeit, sondern hat übergeordnete Relevanz für alle Aspekte der Verkaufsorganisation.

Somit ist an dieser Stelle festzuhalten, dass das interne Verkaufsmanagement markenbasiert und ganzheitlich so zu gestalten ist, dass interaktive Markenführung durch die Verkaufsmitarbeiter ermöglicht wird.

1.6. Zusammenfassung

Die gängigen Empfehlungen und Instrumente greifen für die meisten Unternehmen des B2B-Geschäfts zu kurz. Die Defizite betreffen insbesondere die Nichtbeachtung des besonderen Stellenwerts persönlicher Geschäftsbeziehungen sowie das Fehlen eines angepassten und akzeptierten Markenwertmodells zur Erfolgskontrolle.

Das erste Defizit (hinsichtlich der Geschäftsbeziehungen) bedeutet, dass der persönliche Verkauf explizit als Markenführungsinstrument anzusehen ist. Das zweite Defizit (hinsichtlich der Markenwertmessung) bedeutet, dass der Markenwert explizit als Steuerungs- und Kontrollgröße zu messen und in das Verkaufsmanagement zu integrieren ist. Denn nach dem zentralen Grundsatz des amerikanischen Steuerungsverständnisses lässt sich nur managen, was auch messbar ist[28]. Dazu ist allerdings die Festlegung auf ein geeignetes Instrument zur Markenwertmessung erforderlich.

Ohne eine Lösung für die beiden Defizite ist eine interne Markenführung als Voraussetzung für eine interaktive Markenführung nach außen durch den B2B-Verkauf kaum möglich. Der Zusammenhang zwischen den Problemfeldern ist aus Abbildung 2 ersichtlich.

---

[27] Vgl. Tomczak/ Kernstock (2005), S. 1
[28] Vgl. etwa Klingebiel (1997), S. 658, oder auch die Diskussion zur Strategieumsetzung im Rahmen der Balanced Scorecard nach Kaplan/ Norton (1997), S. 76.

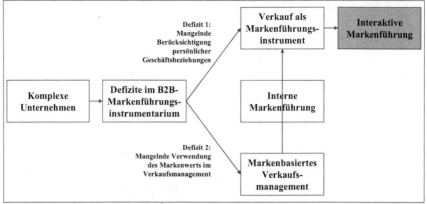

Abbildung 2: Die Problemstellung im Überblick
(Quelle: Eigene Darstellung)

Zusammenfassend erscheint eine Orientierung am Markenwert als Grundlage für ein markenbasiertes Verkaufsmanagement notwendig, welches wiederum durch interne Markenführung die Voraussetzungen für interaktive Markenführung durch einen als Markenführungsinstrument verstandenen Verkauf schafft.

2. Relevanz der Problemstellung

In diesem Abschnitt wird die Problemstellung zunächst auf ihre wissenschaftliche und anschließend auf ihre praktische Relevanz hin untersucht. Es erfolgt sodann eine zusammenfassende Beurteilung der Problemrelevanz.

2.1. Wissenschaftliche Relevanz

Bei der Untersuchung der wissenschaftlichen Problemrelevanz wird auf die beiden identifizierten Forschungsdefizite eingegangen. Der Stand der Marketingforschung wird jeweils kurz beschrieben, bevor Implikationen für den weiteren Gang der Arbeit abgeleitet werden.

2.1.1. Forschungsdefizit 1: Mangelnde Berücksichtigung persönlicher Geschäftsbeziehungen

Lynch und de Chernatony stellen zum Stand der Literatur zu B2B-Marken fest: „the limited work on business branding has largely ignored the role of emotion and the extent to which organisational purchasers, like final consumers, may be influenced by emotional brand attrib-

A. Einführung 9

utes"[29]. Die Fiktion des Homo Oeconomicus schlägt sich im B2B-Geschäft nach wie vor häufig in einem „kultivierten Rationalitätsideal"[30] nieder. In der Realität verstecken sich Emotionen und Irrationalitäten vielmehr lediglich hinter einer „Rationalitätsmaske" (wenn z.b. der bevorzugte Geschäftspartner bei einer Ausschreibung informell mit den Details der Konkurrenzangebote versorgt wird)[31].

Eine Untersuchung von Weidner über Kaufentscheidungen im Industriegüterbereich zeigt, dass „Einkäufer sich bei der Kaufentscheidung sowohl von rationalen Faktoren als auch von Erwartungen und Erfahrungen (...) leiten lassen" und dass sich Kaufentscheidungen nicht in erster Linie auf das einzelne Produkt, sondern „übergreifend auf die Leistungen des Unternehmens, sein Image am Markt, die Erfahrungen und die Geschäftsbeziehung" beziehen[32].

Nach Kemper und Bacher zeigt die Analyse von gewerblichen Kaufentscheidungen, „dass in der Praxis statt der oft betonten streng rationalen Entscheidungsfindung ebenso subjektive, emotional wirksame Momente (zum Beispiel Wertsuggestion, Vertrauen, Image) auftreten. Diese lassen Raum für entlastende, risikoreduzierende oder emotional bindende Markenwirkungen ähnlich dem Konsumbereich"[33].

Ivens kommt bei einer Untersuchung unterschiedlicher Beziehungsstile zu dem Ergebnis, dass so genannte weiche Faktoren (z.B. Flexibilität, Gegenseitigkeit und Informationsaustausch) gemeinsam eine Wirkung von 40-60% auf die zentralen Erfolgsgrößen des Beziehungsmarketing (Zufriedenheit, Vertrauen und Commitment) haben, d.h. „alle anderen verbleibenden Faktoren in diesen Business-to-Business-Beziehungen - Produktqualität, Liefertreue, Preise - erklären ähnlich viel wie die weichen Faktoren"[34]. Homburg/ Stock konstatieren in diesem Zusammenhang: „Der Faktor Mensch dominiert also die gesamte Wahrnehmung der Unternehmensleistung"[35].

Vor diesem Hintergrund sind Marken als Bündel funktionaler und emotionaler Werte zu verstehen, die es bei jedem persönlichen und unpersönlichen Kundenkontakt zu kommunizieren gilt[36]. „To develop an integrated approach to these endeavours, the context of the brand has to change to embrace culture, know-how and organisational systems and processes, as well as products"[37].

Lynch und de Chernatony identifizieren drei Forschungslücken im Bereich der B2B-Markenliteratur[38]:

---

[29] Lynch/ de Chernatony (2004), S. 403 f.
[30] Klee (2000), S. 188
[31] Vgl. ebenda, S. 188
[32] Weidner (2002), S. 102
[33] Kemper/ Bacher (2004), S. 61
[34] Ivens (2003), S. 88 f.
[35] Homburg/ Stock (2000), S. 16
[36] Vgl. Lynch/ de Chernatony (2004)
[37] Knox (2004), S. 106
[38] Lynch/ de Chernatony (2004), S. 404

10   2. Relevanz der Problemstellung

- Die Rolle von Emotionen beim industriellen Kaufverhalten ist „largely unexplored"[39].

- „Little investigation"[40] erfolgt bezüglich der kritischen Rolle des Verkaufs bei der Kommunikation emotionaler Markenwerte.

- Die Verknüpfung von externer und interner Markenkommunikation im Rahmen des Internal Branding wird nicht ausreichend berücksichtigt.

Angesichts dieser Ergebnisse lassen sich die klassischen Annahmen nicht halten, nach denen der industrielle Kaufentscheidungsprozess strikt rational sei und Markenführung eine ausschließlich marktgerichtete Aktivität, die zentralistisch gesteuert werden könne. Im Rahmen der identitätsorientierten Markenführung[41] ist die Markenidentität vielmehr zunächst nach innen durchzusetzen[42]. „These companies must recognize that branding is a company-wide mind shift that every department, business unit, and employee needs to understand and believe in to deliver a valuable, branded experience to customers"[43].

Speziell die Verkaufsmitarbeiter prägen durch ihr Auftreten die emotionale Seite der Markenwahrnehmung der Kunden und produzieren durch die Vielfalt von täglichen Kontakten eine hohe Multiplikatorwirkung. „Produkte können überzeugen, Menschen können begeistern"[44]. Umgekehrt erhöht die Marke die Mitarbeideridentifikation, -motivation und -produktivität, fördert den Erhalt von Leistungsträgern und deren Wissen und senkt Rekrutierungskosten[45]. Entsprechend ist eine interne Markenkultur zu entwickeln und das Verhalten der Mitarbeiter konsistent an der angestrebten Markenidentität auszurichten. Für den Verkauf bedeutet dies die Notwendigkeit einer markenbasierten „Verkaufsidentität".

Die Verankerung von Markenführungsaspekten im Rahmen des Managements persönlicher Geschäftsbeziehungen setzt also eine interne Markenführung voraus. Allerdings ist die Ableitung verhaltenswissenschaftlich fundierter Handlungsanweisungen durch die Marketing-Wissenschaft als „unzureichend" bezeichnet worden[46]. Hinzu kommt, dass sich die vorhandene Literatur zum internen Marketing schwerpunktmäßig mit der Applikation im Dienstleistungssektor befasst, da hier die Problematik der dezentralen Leistungserbringung besonders offenkundig ist. Eine systematische und empirisch fundierte Übersetzung der Konzepte auf den B2B-Verkauf ist noch nicht erfolgt.

Damit ist in dieser Arbeit zu überprüfen, in welcher Beziehung interne und interaktive Markenführung zueinander stehen. Dabei ist insbesondere die Frage zu untersuchen, wie die Verkaufsorganisation konfiguriert werden muss und wie ein Implementierungsprozess aussehen

---

[39]   Lynch/ de Chernatony (2004), S. 404
[40]   Ebenda, S. 404
[41]   Vgl. hierzu beispielsweise Meffert/ Burmann/ Koers (2002a) sowie den Abschnitt A.3.4. dieser Arbeit
[42]   Vgl. Esch (2004), S. 120 ff.
[43]   Morrison (2001), S. 32
[44]   Homburg/ Stock (2000), S. 17
[45]   Vgl. Tomczak/ Brexendorf (2002)
[46]   Vgl. Wittke-Kothe (2001), S. 4

A. Einführung   11

kann. Diese abgeleiteten Aufgaben lassen sich als „interne" Perspektive charakterisieren, da hierbei das interne Management der interaktiven Markenführung im Mittelpunkt steht.

Abbildung 3 fasst die Diskussion um die mangelnde Berücksichtigung persönlicher Geschäftsbeziehungen in der B2B-Markenführung zusammen und leitet Konsequenzen für den Gang dieser Arbeit ab.

Ergebnisse der Diskussion	Konsequenzen
Emotionale Aspekte sind auch bei industriellen Kaufentscheidungen nicht zu vernachlässigen; dem Verkauf als Schnittstelle zum Kunden kommt bei der Kommunikation emotionaler Markenwerte eine zentrale Rolle zu.	• Fokus der Arbeit auf den Verkauf als Instrument der B2B-Markenführung • „Interne" Perspektive: Wie muss die Verkaufsorganisation hierfür ausgestaltet werden, und was ist bei der Implementierung zu beachten?
Im Rahmen identitätsorientierter Markenkonzepte kann interne Markenführung als das zentrale Instrument für Markenführung durch den Verkauf identifiziert werden; allerdings gibt es hierzu noch keine fundierten Arbeiten in der Literatur.	• Wie kann das Verkaufsmanagement interne Markenführung betreiben?

Abbildung 3: Diskussion mangelnder Berücksichtigung persönlicher Geschäftsbeziehungen in der B2B-Markenführung und Konsequenzen für die Arbeit
(Quelle: Eigene Darstellung)

2.1.2. Forschungsdefizit 2: Mangelnde Verwendung des Markenwerts im Verkaufsmanagement

Im Vergleich zum Konsumgüterbereich wird die Markenbedeutung für den Industriegüterbereich uneinheitlich, tendenziell jedoch schlechter beurteilt[47]. Entsprechend gering ausgeprägt war lange Zeit das Interesse an der Thematik in Wissenschaft und Praxis. Markenführung im Industriegüterbereich ist entsprechend als „sparse and unfocused"[48], „underused"[49], „neglected"[50], „ignored"[51], „under-researched"[52] und als „Stiefkind der Marketingwissenschaft"[53] bezeichnet worden. Nach Homburg und Schneider ist die Vernachlässigung

---

[47] Vgl. Caspar/ Hecker/ Sabel (2002), S. 5
[48] Egan/ Shipley/ Howard (1992) und Michell/ King/ Reast (2001)
[49] Thompson/ Knox/ Mitchell (1998)
[50] Kim/ Reid/ Plank/ Dahlstrom (1998)
[51] Lamons (2000)
[52] McDowell Mudambi/ Doyle/ Wong (1997)
[53] Kemper (2000)

der Markenpolitik im Industriegütermarketing „problematisch"[54]. Allerdings weist Baumgarth auf eine in letzter Zeit wachsende Anzahl wissenschaftlicher Publikationen zum Thema hin[55] und konstatiert eine „hohe und steigende Relevanz"[56]von B2B-Marken. Abbildung 4 zeigt eine Auswahl der wenigen bislang durchgeführten empirischen Studien zu B2B-Marken.

Markenbedeutung	Studien
Nicht existent	Saunders/ Watt (1979)
Gering	Udell (1972), Sinclair/ Seward (1988), Krämer (1993), Sattler/ PWC (2001)
Existent	Firth (1993), Gordon/ Calantone/ di Benedetto (1993), Shipley/ Howard (1993), Yoon/ Kijewski (1995), Hutton (1997), Baumgarth (1998), Michell/ King/ Reast (2001), Mudambi (2002), Sweeney (2002), Homburg (2003)
Hoch	McDowell Mudambi/ Doyle/ Wong (1997), Backhaus (2001), Caspar/ Hecker/ Sabel (2002)

Abbildung 4: Ausgewählte empirische Studien zur Markenrelevanz im Industriegüterbereich (Quelle: in Anlehnung an Caspar/ Hecker/ Sabel (2002), S. 5 f.)

Zur informatorischen Fundierung der Markenführung dient die Markenwertmessung[57]. Nach Irmscher[58] unterstützt der Markenwert Entscheidungen zur strategischen Markenplanung, zur Budgetierung, zu Markentransfer und Co-Branding sowie zur Erfolgskontrolle. Die Markenwertmessung ist somit die Grundlage für ein markenbasiertes Verkaufsmanagement.

Die Bestimmung des Markenwertes ermöglicht nach Baumgarth die Abschätzung der Effektivität („Ist der Aufbau bzw. die Führung einer Marke für uns sinnvoll?") und der Effizienz („Führen wir die Marke richtig?"). „Speziell die Effektivitätsfrage ist für den B-to-B-Bereich von Bedeutung, da in diesem Bereich bisher die Marke kein Standard-Konzept darstellt und von vielen Managern zunächst kritisch beurteilt wird"[59]. Es „ist festzuhalten, dass bisher in

---

[54] Homburg/ Schneider (2001), S. 605, dort im Speziellen bezogen auf das Produktmanagement.
[55] U.a. Sitte (2001) und Low/ Blois (2002)
[56] Baumgarth (2004b), S. 77
[57] Vgl. Baumgarth (2004a), S. 285; darüber hinausgehende Verwendungszwecke können sein: Kauf bzw. Verkauf von Marken(rechten), Unternehmensbewertung, Lizenzierung und Franchising, Bilanzierung und Schadensersatz (zur praktischen Bedeutung dieser Anwendungen siehe Sattler/ PWC, 2001).
[58] Irmscher (1997), S. 68 ff.
[59] Baumgarth (2004b), S. 79

A. Einführung 13

der Literatur kaum Ansätze zur Bestimmung des Markenwertes von B-to-B-Marken vorliegen"[60].

Damit sind in dieser Arbeit zunächst bestehende Ansätze zur Markenwertmessung im B2B-Geschäft kritisch zu untersuchen und entsprechende Empfehlungen abzuleiten. Anhand eines geeigneten Instruments sind sodann Stellschrauben der interaktiven Markenführung für das Verkaufsmanagement zu identifizieren sowie die Relevanz der Markenführung im B2B-Kontext zu überprüfen. Diese abgeleiteten Aufgaben für diese Arbeit lassen sich als „externe" Perspektive charakterisieren, da hierbei die marktbezogene Wirung der interaktiven Markenführung im Mittelpunkt steht.

Abbildung 5 fasst die Diskussion um Markenwertmessung zur Verwendung im Rahmen eines markenbasierten Verkaufsmanagements im B2B-Bereich zusammen und leitet Konsequenzen für den Gang dieser Arbeit ab.

Ergebnisse der Diskussion	Konsequenzen
Es gibt zwar empirische Hinweise auf eine Markenrelevanz im B2B-Bereich, aber die Frage nach der *Effektivität* der Markenführung lässt sich kaum generell, sondern wohl nur unternehmensspezifisch und/ oder situativ beantworten.	• Anwendungsorientiertes Wissenschaftsverständnis • Empirische Analyse des Markenführungserfolgs durch entsprechende Indikatoren
Die Frage nach der *Effizienz* der Markenführung lässt sich dagegen nur ganzheitlich beantworten; neben Leistung und unpersönlicher Kommunikation ist auch das Management persönlicher Geschäftsbeziehungen als Erfolgsfaktor zu berücksichtigen.	• Empirische Untersuchung des Einflusses von persönlichem Verkauf auf den Markenwert • „Externe" Perspektive: Welchen Beitrag liefert der Verkauf zum Markenwert aus Kundensicht?
Es fehlt ein B2B-spezifisches Instrumentarium zur Diagnose der relevanten Markentreiber und zur Messung des Markenwerts, das bei der Beantwortung der Fragen nach Effektivität und Effizienz einer B2B-Markenführung unterstützt.	• Ableitung eines Anforderungskatalogs zur Markenwertmessung im B2B-Geschäft und Bewertung vorhandener Ansätze

Abbildung 5: Diskussion des Markenwertbeitrags für die B2B-Markenführung und Konsequenzen für die Arbeit
(Quelle: Eigene Darstellung)

---

[60] Baumgarth (2004b), S. 85; siehe dort auch zu Ausnahmen und ihrer kritischen Würdigung.

2.2. Praktische Relevanz

Die praktische Beschäftigung mit Markenführung im B2B-Bereich ist grundsätzlich nur dann sinnvoll, wenn die Marke in diesem Bereich auch einen signifikanten Wert aufweist[61]. Baumgarth weist in diesem Kontext auf das Markenwert-Ranking von Interbrand/ Business Week aus dem Jahre 2003 hin, nach dem sich unter den Top 100 der weltweit wertvollsten Marken 17 B2B-Marken befanden, darunter IBM (51,77 Mrd. $), Intel (31,11 Mrd $) und SAP (7,71 Mrd. $)[62]. Nach Sattler/ PWC erreicht die Marke auch im B2B-Bereich einen signifikanten Anteil am Gesamtunternehmenswert von 18%[63]. Eine weitere Studie auf 20 B2B-Märkten hat ergeben, dass die Markenrelevanz aus Sicht der Abnehmer im B2B durchschnittlich nur 0,3% (Sechser-Skala) unter der Markenrelevanz im Konsumgüterbereich liegt[64].

Demnach kann grundsätzlich von einem erheblichen Markenwertpotenzial im B2B-Bereich ausgegangen werden, dass bei systematischer Markenführung erschlossen werden kann. Das belegen erfolgreiche Industriegütermarken, z.b. für Anlagegüter (Siemens, ABB, Bosch) oder Vorprodukte (Teflon, Intel, Gore-Tex)[65]. Deren jeweils individuelle Erfolgsrezepte basieren jedoch zumeist auf der Übertragbarkeit von Markenführungskonzepten aus dem Konsumgüterbereich[66] und setzen u.a. folgende Merkmale des Leistungsbündels sowie der Marktteilnehmer voraus[67]:

- Identifizierbare Markierung (problematisch bei Vorprodukten),

- glaubhafte Differenzierungsmöglichkeiten (problematisch bei Commodities),

- kontinuierliche Qualität für positive Erfolgsbildung (problematisch bei B2B-Dienstleistungen),

- nicht zu geringe Verbreitung im Markt (problematisch z.b. bei Auftragseinzelfertigung),

- ausreichende Zielgruppengröße (problematisch bei Spezial- und Nischenanbietern),

- Kooperationsbereitschaft in der vertikalen Wertschöpfungskette (problematisch bei a-symmetrischer Verhandlungsmacht) und

- Anbieterdeterminanten, z.B. Budgets zur Markenführung (problematisch für weite Teile des Mittelstands).

---

[61] Vgl. Baumgarth (2004b), S. 80
[62] Ebenda, S. 80 f.
[63] Vgl. Sattler/ PWC (2001)
[64] Vgl. Caspar/ Hecker/ Sabel (2002)
[65] Vgl. Kemper/ Bacher (2004)
[66] Morrison (2001), S. 32, stellt beispielsweise für Intel fest: „Intel is a success story on how a B2B brand can 'consumarize' itself".
[67] Kemper/ Bacher (2004), S. 60 f.

A. Einführung 15

Es ist offenkundig, dass der auf speziellen Produkteigenschaften und Werbung basierende Markenerfolg von Referenzbeispielen kaum für die Mehrheit der B2B-Unternehmen mit zunehmend homogenen und komplexen Leistungen unter hohem Wettbewerbs- und Preisdruck multiplizierbar ist. Obgleich also eigentlich differenzierte Empfehlungen angezeigt sind, tut sich nicht nur die Marketingwissenschaft mit angepassten Konzepten schwer. Auch Praktiker in Marktforschung und Markenberatung hadern mit den speziellen Anforderungen des B2B-Bereichs.

Einordnung Branche	Markenwertmodelle und Urheber
Alle	Ansatz zur finanziellen Bewertung von Marken (GfK/ PWC/ Universität Hamburg), BEES (BBDO), Brand Asset Valuator (Young & Rubicam), Brand Championship (Roland Berger), Brand Dynamics (Millward Brown), Brand-Equity-Modellrahmen (Srivastava/ Shocker), Brand Potential Analysis (BBDO), Brand Rating (B.R. Brand Rating), Brand Stewardship (Ogilvy & Mather), Brand Trek (icon), Brand Valuation (Brand Finance), EquiTrend (Total Research), Equity Builder (IPSOS-ASI), Equity Engine (Research International), IMP/SYS (NFO Infratest), Hedonisches Preismodell (Sander), Interbrand Brand Valuation (Interbrand), Marken Potential Ausschöpfung (Grey), Markenbarometer (TNS Emnid/ Horizont), MarkenMonopole (Konzept und Analyse), Marktorientierte Markenbewertung (Bekmeier-Feuerhahn), McKinsey Markenbewertungsmodell (McKinsey), Semion Brand €valuation (Semion)
Spezialisierung	Börsenwert-Modell (Simon/ Sullivan): Sach- und Dienstleistungen Brand Equity Ten (Aaker): Konsumgüter Brand Performancer (AC Nielsen): Konsumgüterbereich Marktwert-Modell (Sander): Gebrauchsgütersektor/ langlebige Luxusgüter
Ohne Angabe	Indikatorenmodell (Sattler), Konsumentenmodell (Keller), Lizenzbasierte Markenbewertung (Consor), Markenbilanz (AC Nielsen), Markenkraftmodell (GfK), Markensimulator (GfK), Markenwertmodell (Kapferer), Preismodell (Crimmins), System Repenn (Repenn)

Abbildung 6: Branchenrelevanz ausgewählter Markenwertmodelle
(Quelle: in Anlehnung an Bentele/ Buchele/ Hoepfner/ Liebert (2003), S. 45-144)

Zunächst gibt es in der Praxis eine kaum noch überschaubare Vielzahl von Markenwertmodellen mit zuweilen höchst unterschiedlichen Philosophien und Ergebnissen. Bentele et al. haben in ihrer Untersuchung von 36 Markenbewertungsmodellen konstatiert, dass 23 Modelle universelle, d.h. branchenübergreifende Geltung beanspruchen, zu neun Modellen keine Angabe zur Branchengültigkeit vorliegt und nur vier Modelle eine explizite Branchenspezialisierung aufweisen[68] (Abbildung 6). In Anbetracht der noch aufzuzeigenden Besonderheiten des B2B-Bereichs erscheint der Anspruch einer allgemeinen Gültigkeit für Markenwertmodelle zumindest fragwürdig.

Während der Vorarbeiten zu dieser Arbeit ist der Anbieter des in Deutschland bekanntesten Markenwertmodells[69], Icon Added Value, kontaktiert worden. Im Rahmen einer Metaanalyse von B2B-Markenwertstudien, basierend auf dem Eisberg-Modell[70], die für 44 Klienten in verschiedenen Ländern durchgeführt wurden, sind die von Icon in B2B-Zielgruppen in deutscher und englischer Sprache verwendeten Deskriptoren analysiert worden[71]. Von 2.033 B2B-Benfit-Deskriptoren in der Icon-Datenbank bezogen sich (Stand: Dezember 2004) nach einfacher Codierung:

- 1.844 (91%) auf die angebotene Leistung (Eigenschaften und Wirkungen, Preis, Qualität, Anmutung etc.),

- 133 (7%) auf das anbietende Unternehmen (Image, Sortiment, Innovationsfähigkeit, Marktstellung etc.),

- 42 (2%) auf unpersönliche Kommunikation (Werbung inkl. Sponsoring, Aktionen, Testimonials etc.) und

- 14 (<1%) auf persönliche Interaktion mit Repräsentanten des Unternehmens auf verschiedenen Ebenen und bei unterschiedlichen Anlässen.

Die im B2B zentralen Begriffe „Außendienst" (= persönlicher Verkauf) und „Vertrauen" werden bei jeweils nur einem einzigen Item explizit abgefragt. Hinzu kommt, dass das Eisberg-Modell aufgrund der Herkunft aus dem Konsumgüterbereich in seiner generischen Ausprägung werbelastige Faktoren wie „Subjektiv wahrgenommener Kommunikationsdruck" und „Einprägsamkeit der Kommunikation" als zentrale Determinanten der Markenstärke vorsieht[72].

In der Praxis übernehmen Marktforscher und Berater, häufig auch auf Anweisung durch ihre Ansprechpartner auf Kundenseite, die Schwerpunkte ihrer Analysen und darauf aufbauende Lösungskonzepte aus dem Konsumgüterbereich: Das Produkt, das (Dach-)Markenimage und die Werbung stehen stark im Vordergrund. Spezifische Erfolgsfaktoren für B2B-Marken, wie Verkauf, Geschäftsbeziehungen und Problemlösungskompetenz im Wertschöpfungsprozess, werden dann weitgehend ignoriert.

In der Folge ist immer wieder zu beobachten, dass sich B2B-Unternehmen hinsichtlich der Markenführung aufgrund der unzureichenden Hilfestellung von Wissenschaft und Beratungspraxis im Stich gelassen und verunsichert fühlen. Sweeney stellt nach einer Befragung von

---

[68] Vgl. Bentele/ Buchele/ Hoepfner/ Liebert (2003)
[69] Vgl. Drees (1999) und Schimansky (2003)
[70] Siehe Abschnitt B.2.3. für eine detaillierte Darstellung des Markeneisbergs.
[71] Im Rahmen eines Expertengespräches am 14. Oktober 2004 (siehe Anhang 3).
[72] Vgl. beispielsweise Musiol/ Berens/ Spannagl/ Biesalski (2004)

A. Einführung 17

B2B-Marketingmanagern fest: „Surprisingly, none of the respondents were able to offer best practice or established practice models for building B2B brands. They preferred instead to refer to consumer practice and ad hoc examples to describe their experiences. Brand management was not in evidence (...)"[73]. Morrison ergänzt, dass „even those interested in branding are limited in their thinking and only consider a brand a name, logo, and tag line"[74].

Häufig wird B2B-Markenführung durch Manager auch als schlicht nicht relevant bewertet, oder man wendet sich gerade im Vertrieb den immer neu klingenden, inhaltlich jedoch weitgehend identischen Patentrezepten der Vertriebstrainer und -berater zu. Das Ergebnis ist dann in der Praxis sehr schnell eine Markenignoranz im B2B-Marketing und eine weitgehende Veränderungsresistenz im B2B-Verkauf.

Abbildung 7 fasst die Diskussion der praktischen Relevanz der Problemstellung zusammen und leitet Konsequenzen für den Gang dieser Arbeit ab:

Ergebnisse der Diskussion	Konsequenzen
Markenführung stellt ein Wertpotenzial für B2B-Unternehmen dar	• Interaktive Markenführung als Ansatzpunkt zur Potenzialausschöpfung
Es sind Zweifel angebracht, ob die in der Praxis verwendeten Modelle zum Markenwert trotz anders lautender Eigenwerbung die Besonderheiten des B2B-Bereichs hinreichend berücksichtigen; eine Adaption bestehender Ansätze auf B2B-Spezifika erscheint angezeigt	• Identifikation markenrelevanter B2B-Spezifika • Auswahl eines zu adaptierenden Ansatzes • Adaption unter Integration bestehenden Wissens, nicht Innovation/ Neukonzeption eines B2B-Markenwertmodells
Diese Thematik ist auch für die Anbieter von Markenwertmodellen und -beratung aus methodischen und strategischen Gründen aktuell und relevant.	• Kooperation mit Praktikern zur Integration des Praxis-Know-Hows und zur Sicherstellung der Praxisrelevanz der Ergebnisse

Abbildung 7: Zusammenfassung der praktischen Relevanz und Konsequenzen für die Arbeit
(Quelle: Eigene Darstellung)

2.3. Zusammenfassung

Es wird in dieser Arbeit von dem praktischen Problem ausgegangen, dass Markenführung auch im B2B-Bereich ein Wertepotenzial darstellt, das in den meisten Unternehmen jedoch

---

[73] Sweeney (2002), S. 32
[74] Morrison (2001), S. 32

deswegen ungenutzt bleibt, weil es kaum spezialisierte Ansätze gibt und Konzepte aus dem Konsumgüterbereich nur in Ausnahmenfällen ohne Abstriche übertragbar sind. Gleichzeitig sind Markenthemen in der B2B-Literatur erst in jüngster Zeit aufgegriffen worden.

Es lässt sich aber argumentativ zeigen, dass die persönliche Marktbearbeitung einen zentralen Erfolgsfaktor der B2B-Markenführung darstellt. Insbesondere die Rolle des Verkaufs bei der Kommunikation von Markenwerten in persönlichen Geschäftsbeziehungen („Interaktive Markenführung") stellt eine Forschungslücke dar. B2B-Markenführung muss somit stärker am Verkauf ansetzen. Hierbei erscheint das Konzept der internen Markenführung als ergiebig für ein markenbasiertes Vertriebsmanagement.

3. Begriffliche Abgrenzungen

Es ist bislang eine Vielzahl von Begrifflichkeiten verwendet worden, die in der Literatur in unterschiedlichen Kontexten oder gar kontrovers diskutiert werden. Mit dem Begriff der „interaktiven Markenführung" führt diese Arbeit darüber hinaus eine weitere Bezeichnung in den ohnehin bereits kaum noch überschaubaren Kanon der wissenschaftlichen Diskussion zur Markenführung ein. Es erscheint daher sinnvoll, die für den Gang der Arbeit wesentlichen Begriffe in aller gebotenen Kürze für den vorliegenden Kontext zu definieren. Damit wird zugleich der Untersuchungsbereich dieser Arbeit eingegrenzt.

3.1. B2B-Geschäft

Nach Backhaus werden solche Leistungen als Industriegüter bezeichnet, „die von Organisationen beschafft werden, um weitere Leistungen zu erstellen, die nicht in der Distribution an Letztkonsumenten bestehen"[75]. Nach Homburg/ Schneider sind Industriegüter „Güter oder Dienstleistungen, die von Organisationen (keine privaten Haushalte oder Konsumenten) beschafft werden, um sie im eigenen Leistungserstellungsprozess zu ge- bzw. zu verbrauchen oder aber um sie unverändert an andere Organisationen (z.B. Händler) weiterzuverkaufen"[76].

Die Begriffe „Industriegütermarketing" und „Business-to-Business (B2B) Marketing" werden (zusammen mit einer Vielzahl ähnlicher Begrifflichkeiten[77]) zumeist synonym verwendet. Es kommt in beiden Fällen angemessen zum Ausdruck, dass nicht die Gutskategorie, sondern die Art der beteiligten Marktpartner und damit die Verwendung der betreffenden Güter von stär-

---

[75] Backhaus (1997), S. 8
[76] Homburg/ Schneider (2001), S. 589
[77] Besonders gebräuchlich ist im deutschsprachigen Raum der Begriff „Investitionsgütermarketing". Homburg (1998, S. 54 f.) weist jedoch auf mögliche Interpretationsfehler von Praktikern hin, die häufig meinen, dass es sich bei Investitionsgütern nur um solche Güter handle, deren Beschaffung in Zusammenhang mit einer Investitionsentscheidung steht. Er verweist in diesem Kontext auf die international übliche Bezeichnung des „Industrial Marketing".

A. Einführung   19

kerer Differenzierungskraft sind[78]. In dieser Arbeit soll mit dem kürzeren „B2B" aus Gründen der Stringenz nur ein Begriff verwendet werden, der zudem auch bewusst weiter gefasst ist[79].

3.2. Beziehungsmarketing

„Die Leitidee des Beziehungsmarketing ist die dauerhafte Bindung profitabler Kunden"[80]. In gesättigten Märkten unter großem Wettbewerbsdruck stellen sich B2B-Unternehmen in der Praxis nicht mehr länger nur die Frage „Was biete ich im relevanten Markt an?". Je vergleichbarer das Angebot ist, desto relevanter wird auch die Frage „Wie kann ich aktuelle und potenzielle Kunden von diesem Angebot überzeugen?". Damit treten Auftritt und Kommunikationsqualität des Unternehmens als Erfolgsfaktoren neben die Qualität der angebotenen Leistung[81].

Für viele B2B-Unternehmen bedeutet dieser Sachverhalt einen Paradigmenwechsel von einem Beeinflussungsmanagement mit kurzfristiger Erfolgsperspektive zu einem Beziehungsmanagement mit langfristiger Erfolgsperspektive[82]. Der in diesem Zusammenhang relevante englische Begriff „Relationship Marketing" wurde das erste Mal von Berry[83] aufgegriffen und anschließend vielfach diskutiert und konzeptionell weiterentwickelt.

Nach Bruhn umfasst Beziehungsmarketing sämtliche Maßnahmen der Analyse, Planung, Durchführung und Kontrolle, die der Initiierung, der Stabilisierung, der Verbesserung und der Wiederaufnahme von Geschäftsbeziehungen zu den Anspruchsgruppen (hier insbesondere zu den Kunden) des Unternehmens mit dem Ziel gegenseitigen Nutzens dienen[84]. Nach diesem Verständnis erstrecken sich Geschäftsbeziehungen sowohl auf das persönliche Verhältnis und das atmosphärische Klima zwischen Geschäftspartnern als auch auf die Gesamtheit der anbieterseitig von ökonomischen Zielen geleiteten, direkten, integrativen und auf mehrmalige Transaktionen ausgerichteten Interaktionsprozesse zwischen einem Anbieter und einem Nachfrager von Leistungen[85].

3.3. Verkauf

„Verkauf als wirtschaftssozialer Prozess umfasst alle beziehungsgestaltenden Maßnahmen, bei welchen Verkaufspersonen (Verkäufer) durch persönliche Kontakte Absatzpartner (Käu-

---

[78]   Vgl. Kleinaltenkamp (2000), S. 174
[79]   Vgl. Homburg/ Schneider (2001), S. 589
[80]   Eggert (1999), S. 18
[81]   Vgl. Barten (2004), S. 11
[82]   Barten (2004), S. 11
[83]   Vgl. Berry (1983); er definierte: "Relationship marketing is attracting, maintaining and (...) enhancing customer relationships" (S. 25).
[84]   Vgl. Bruhn (2001)
[85]   Diller (1995a), S. 287

fer) direkt oder indirekt zu einem Kaufabschluss bewegen wollen"[86]. Aufgrund des implizierten breiten Spektrums möglicher Maßnahmen ist die Einordnung des Verkaufs in den Marketing-Mix uneinheitlich[87]. In den meisten Standardwerken zum Marketing wird dem Verkauf jedenfalls eine rein operative und untergeordnete Bedeutung beigemessen[88].

Einigkeit herrscht aber zumindest weitgehend darin, dass dieses Instrument einerseits überproportional aufwendig ist, gerade im B2B-Geschäft aber eine zentrale Rolle unter den Kommunikationsmitteln ausfüllt[89]: „Vertriebs- und Kommunikationsaufgaben sind eng miteinander verschmolzen"[90]. Anders als bei sonstigen Marketingmaßnahmen findet der persönliche Verkauf immer in Verbindung zu einem bestimmten Kunden statt, dem eine bestimmte Leistung angeboten wird. Die Interaktion zwischen Menschen auf unterschiedlichen Ebenen von Anbieter- und Kundenorganisation (Selling und Buying Center) steht im Vordergrund. Bei dieser Interaktion spielen „weiche" Aspekte wie Verhandlungskompetenz, Persönlichkeitsmerkmale, Verkaufspsychologie und Beziehungsverhalten eine zentrale Rolle.

Fasst man den Begriff „Verkauf" weiter, so gelangt man zum Konzept des Verkaufssystems. Dabei bedeutet Verkauf das Management der Interaktionen mit den aktuellen und potenziellen Kunden eines Unternehmens und beinhaltet etwa die Selektion der Zielkunden, die Gestaltung des Verkaufsvorgangs, die Planung des Ressourceneinsatzes, Beurteilungs- und Entlohnungssysteme usw. Das Verkaufssystem umfasst demnach neben dem klassischen Außendienst auch die Binnenorganisation und spezialisierte Tätigkeiten wie etwa Key Account Management oder auch den technischen Kundendienst.

Im Rahmen dieser Arbeit wird der Verkauf aus Gründen der empirischen Operationalisierbarkeit jedoch bewusst eng interpretiert, d.h. Technik, Kundendienst, Innendienst usw. werden nicht betrachtet. Die Arbeit konzentriert sich explizit auf die Organe mit klassischen Verkaufsaufgaben, also Außendienst bzw. Verkaufsingenieure.

3.4. Marke und Markenführung

Nach Esch sind Marken aus einer wirkungsbezogenen Sichtweise „Vorstellungsbilder in den Köpfen der Konsumenten, die eine Identifikations- und Differenzierungsfunktion übernehmen und das Wahlverhalten prägen"[91]. Die Marke als sozialpsychologisches Phänomen ist das „Ergebnis einer Vielzahl über einen längeren Zeitraum durchgeführter Marketingmaßnahmen

---

[86] Weinhold-Stünzi (1991), S. 256

[87] So ist nach Kotler/ Bliemel (2001), S. 150, Verkauf ein Teil der Absatzförderung im Rahmen der Promotion, während z.B. Nieschlag/ Dichtl/ Hörschgen (2002), S. 934 ff., den Verkauf als Schnittstellenproblem der Distributionspolitik auffassen. Meffert (2000), S. 886 ff., sieht den Verkauf als „Mixübergreifendes Entscheidungsproblem". Weinhold-Stünzi (1991), S. 149 f., bezeichnet dagegen den Verkauf als Bestandteil des Marktbearbeitungs-Mix. Vgl. auch Klumpp (2000), S. 14 f.

[88] Vgl. Klumpp (2000), S. 21

[89] Vgl. Belz (1999), S. 23, Kotler/ Bliemel (2001), S. 1016, und Klumpp (2000), S. 15

[90] Barten (2004), S. 6

[91] Esch (2004), S. 23, vgl. auch Ahlert (2005), S. 217

A. Einführung 21

und der sich daraus ergebenden Erfahrungen"[92] der Kunden. Markenführung ist somit der „Managementprozess der Planung, Koordination und Kontrolle"[93] der markenrelevanten Maßnahmen.

In dieser Arbeit wird dem identitätsorientierten Ansatz der Markenführung gefolgt, dem zur Zeit am meisten durchgesetzten Konzept in Wissenschaft und Praxis[94]. Meffert/ Burmann definieren identitätsorientierte Markenführung als einen „außen- und innengerichteten Managementprozess mit dem Ziel der funktionsübergreifenden Vernetzung aller mit der Markierung von Leistungen zusammenhängenden Entscheidungen und Maßnahmen zum Aufbau einer starken Markenidentität"[95]. Ausgangspunkt ist das Verständnis, dass die hohe Kaufverhaltensrelevanz einer Marke, verstanden als Informationsspeicher, primär auf eine starke Identität zurückzuführen ist. Die Grundidee des Ansatzes ist, dass ein möglichst großer Fit zwischen dem Selbst- und Fremdbild einer Marke die Voraussetzung für eine starke und unverwechselbare Markenidentität ist. Das Selbstbild kennzeichnet dabei als Aussagekonzept das von den Mitarbeitern und der Unternehmensführung vertretene Bild eines Unternehmens, welches die Grundlage für die externe Markenwahrnehmung bildet. Diese wird als Fremdbild bezeichnet. Bei zu starken Abweichungen des internen Selbstbildes vom externen Markenimage verliert eine Marke ihre Glaubwürdigkeit und somit ihre Vertrauensbasis.

Die Markenidentität entspricht der in sich widerspruchsfreien Summe von Merkmalen einer Marke, die diese von anderen Marken dauerhaft unterscheidet. Dabei bildet die Markenphilosophie den Kern der Markenidentität. Die Komponenten der Markenidentität werden nach den Kriterien Marke als Produkt, als Person, als Symbol und als Organisation eingeteilt. Im Kontext dieses Beitrags ist dabei die Operationalisierung der Marke als Organisation besonders relevant, bei der auf Unternehmenstradition, Konzern- bzw. Branchenzugehörigkeit und das Verhalten der Mitarbeiter abgestellt wird. Das Selbstbild beinhaltet das Wissen der Mitarbeiter über die Markenidentität und beschreibt, wie die Marke unternehmensintern wahrgenommen wird und wie sie aus unternehmensinterner Sicht auf dem Markt auftreten soll.

Vor diesem Hintergrund ist die Unternehmenskultur die Gesamtheit der Werte, Normen und Denkhaltungen, die das Verhalten der Mitarbeiter eines Unternehmens nach innen und außen prägen. Tomczak und Brexendorf betonen, dass nur eine die bestehende Unternehmenskultur berücksichtigende Markenführung, die neben der klassischen Kundenorientierung auch die Bedeutung der Mitarbeiter als Botschafter einer Marke berücksichtigt, Aussicht auf eine erfolgreiche Umsetzung zunächst im Unternehmen und dann im Markt hat[96]. In diesem Zusammenhang kommt den Führungskräften „bei der Realisierung einer integrierten Unter-

---

[92] Meffert/ Burmann/ Koers (2002b), S. 8
[93] Ebenda, S. 8
[94] Vgl. Kernstock/ Esch/ Tomczak/ Langner (2004), S. 23
[95] Meffert/ Burmann (2002), S. 30
[96] Tomczak/ Brexendorf (2002)

22   3. Begriffliche Abgrenzungen

nehmensidentität eine besondere Bedeutung zu, nicht zuletzt, um ein gemeinsam getragenes Werte- und Normensystem aktiv vorzuleben und weiter zu entwickeln"[97].

3.5. Interne Markenführung

Der Begriff „internes Marketing" wird seit Beginn der 80er Jahre in der Literatur verwendet und diskutiert[98]. Nach Stauss herrscht dabei ein personalorientiertes Verständnis des Begriffes vor, bei dem es im Kern darum geht, „das in bezug auf externe Austauschprozesse entwickelte Marketingkonzept unternehmensintern auf die Beziehungen zwischen Unternehmensleitung und Personal zu übertragen"[99].

Bei dieser Übertragung werden unterschiedliche Schwerpunkte des Verständnisses gesetzt; im Kontext besonders relevant erscheint hier das Verständnis vom internen Marketing als Methode zur innerbetrieblichen Implementierung einer im Hinblick auf externe Märkte konzipierten Marketingstrategie (Interne Steuerung zu absatzmarktorientierten Zwecken)[100]. Während im internen Marketing i.d.R. die Personalorientierung dominiert, wird nach diesem Verständnis die Perspektive der Kundenorientierung nicht abgelöst. Arbeitsbedingungen und -prozesse sowie Informations- und Anreizsysteme sind nicht primär nach den Bedürfnissen der Mitarbeiter, sondern nach denen der Kunden so zu gestalten, dass die Mitarbeiter in die Lage versetzt und motiviert werden, die von ihnen erwarteten Verhaltensweisen dauerhaft zu praktizieren[101].

Um diesen Punkt stärker zu betonen und gleichzeitig den thematischen Bezug zum identitätsorientierten Markenverständnis herzustellen, wird in dieser Arbeit der Begriff der „internen Markenführung"[102] verwendet. Dieser wird von Wittke-Kothe in Anlehnung an die identitätsorientierte Markenführung wie folgt definiert: Interne Markenführung ist ein „innengerichteter Managementprozess zur Verankerung einer angestrebten Markenidentität im Mitarbeiterverhalten"[103].

---

[97]   Meffert (2003), S. 787 f.
[98]   Der Begriff wurde insbesondere durch die Arbeiten aus dem Dienstleistungsbereich von Grönroos (1981) und Berry (1983) in die wissenschaftliche Diskussion eingebracht. Jedoch wird der Begriff in der Literatur insgesamt sehr uneinheitlich verwendet. Vgl. zu einem Überblick über verschiedene Begriffsverständnisse etwa Bruhn (1999), S. 19 f.
[99]   Stauss (2000), S. 207
[100] Vgl. Stauss (2000), S. 207
[101] Vgl. ebenda, S. 209
[102] Es sei darauf hingewiesen, dass in der deutsch- und englischsprachigen Literatur eine Vielzahl ähnlicher Begrifflichkeiten verwendet wird, etwa „Internes Corporate Brand Management" (Kernstock/ Brexendorf, 2004) oder „Internal Relationship Marketing" (Liljander, 2000). Im Rahmen dieser Arbeit kann jedoch an dieser Stelle keine detaillierte Abgrenzung der Konzepte vorgenommen werden.
[103] Wittke-Kothe (2001), S. 7

A. Einführung 23

3.6. Zusammenfassung: Interaktive Markenführung im B2B-Verkauf

Belz fordert neue Konzepte interaktiver Markenführung, ohne den Begriff inhaltlich zu konkretisieren[104]. Die provisorische Arbeitsdefinition aus dem Abschnitt 1.4. dieses Teils der Arbeit lässt sich vor dem Hintergrund der nunmehr geklärten Begrifflichkeiten präzisieren:

Interaktive Markenführung ist der Managementprozess der Planung, Implementierung und Kontrolle beziehungsgestaltender Interaktionsprozesse mit aktuellen und potenziellen Kunden eines B2B-Unternehmens durch sein Verkaufssystem mit dem Ziel, ein identitätskonformes Vorstellungsbild in den Köpfen der relevanten Buying Center-Mitglieder zu verankern.

Demnach weist interaktive Markenführung im Sinne dieser Arbeit folgende Spezifika auf:

- Interne Markenführung ist ein Managementprozess und umfasst somit die klassischen Phasen des Managementzyklus: Planung, Implementierung und Kontrolle.

- Gegenstand dieses Managements ist ein wirtschaftssozialer Interaktionsprozess, der Geschäftsbeziehungen in vielfältiger Hinsicht determiniert.

- Zielsetzung der interaktiven Markenführung ist, das industrielle Einkaufsverhalten durch die Identifikations- und Differenzierungsfunktion einer Markenidentität psychologisch im Sinne des Anbieters zu beeinflussen.

- Betrachtet werden dabei grundsätzlich aktuelle oder potenzielle Geschäftsbeziehungen im B2B-Geschäft. Die folgenden Ausführungen beschäftigen sich jedoch schwerpunktmäßig mit dem Management bestehender Geschäftsbeziehungen. Auf speziell für die Neukundengewinnung relevante Aspekte wird jeweils gesondert hingewiesen.

- Die Gestaltung von Geschäftsbeziehungen wird nicht als Aufgabe von Individuen im Verkauf verstanden, sondern vielmehr als Ergebnis der Aktivitäten des gesamten Verkaufssystems. Ziel dieser Aktivitäten sind nicht einzelne Repräsentanten des Kundenunternehmens, sondern das gesamte Buying Center muss durch Interaktion systematisch bearbeitet werden[105].

Diese Sichtweise unterscheidet sich von der internen Markenführung nach Wittke-Kothe durch den stringenten Verkaufsfokus und vom Beziehungsmanagement durch die Verwendung der Marke als Zielgröße. Abbildung 8 grenzt die interaktive Markenführung von der klassischen und der internen Markenführung ab: Während sich die klassische Markenführung mit der unpersönlichen Kommunikation zwischen einem Unternehmen und seinen Kunden auf einer Makroebene beschäftigt, betrachtet die interne Markenführung die Kommunikation eines Unternehmens mit seinen Mitarbeitern. Im Unterschied dazu gestaltet die interaktive Markenführung die Beziehungen zwischen den einzelnen (hier: Verkaufs-) Mitarbeitern und den Kunden auf einer Mikroebene und unter Markenaspekten.

---

[104] Belz (2004b), S. 20
[105] Vgl. zu Buying und Selling Center Homburg/ Schneider (2001), S. 591 sowie den Teil B.1.2.4. dieser Arbeit.

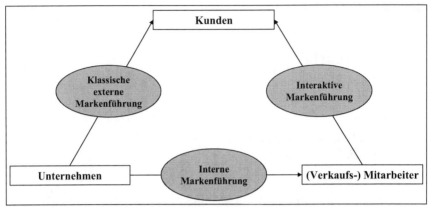

Abbildung 8: Abgrenzung der interaktiven Markenführung im B2B-Verkauf
(Quelle: Eigene Darstellung in Anlehnung an Bruhn (2002), S. 202)

Nach dem aufgabenorientierten Ansatz stehen für den Umgang mit Kundenpotenzialen die Kundenakquisitionskompetenz (d.h. die Fähigkeit, Kundenpotenziale zu erschließen) und die Kundenbindungskompetenz (d.h. die Fähigkeit, Kundenpotenziale auszuschöpfen) im Mittelpunkt eines marktorientierten strategischen Managements[106]. Die klassische externe Markenführung unterstützt die Kundenakquisition insbesondere durch integrierte Unternehmenskommunikation eines Leistungsversprechens und die Kundenbindung durch ein an der Marke orientiertes integriertes Leistungssystem. Klassische Markenführung fokussiert sich demgemäß stark auf die unpersönliche Marktbearbeitung.

Die interaktive Markenführung konzentriert sich dagegen auf die persönliche Marktbearbeitung durch den Verkauf. Im Rahmen der Kundenakquisition wird eine emotionale Differenzierung zum Wettbewerbsangebot als zentrale Positionierungsoption angesehen. Auf gesättigten Märkten und in Zeiten immer austauschbarerer Angebote werden „weiche" Werte von Geschäftsbeziehungen, wie etwa Vertrauen, Zufriedenheit und Langfristigkeit, in den Mittelpunkt gestellt und durch das Auftreten des Verkäufers glaubwürdig kommuniziert. Im Rahmen der Kundenbindung besteht das Ziel darin, dieses verkäuferische Leistungsversprechen durch eine Strategie der „Beziehungsführerschaft"[107], d.h. das Angebot der „besten" Geschäftsbeziehungen, umzusetzen. In Anlehnung an Meffert kann dieser Ansatz des Geschäfts-

---

[106] Vgl. zum aufgabenorientierten Ansatz etwa Tomczak/ Reinecke (1996)
[107] Vgl. Klee (2000), S. 217

beziehungsmanagements auch als „Relationship Branding"[108] bezeichnet werden. Abbildung 9 macht die Zusammenhänge und Unterschiede deutlich.

Abbildung 9: Klassische vs. interaktive Markenführung
(Quelle: Eigene Darstellung)

Es wird somit deutlich, dass die interaktive Markenführung keinen eigenständigen Ansatz, sondern vielmehr eine verkaufsspezifische Umsetzung der klassischen Markenführung darstellt und als solche eng mit dieser abzustimmen ist. Weiterhin zeigt sich, dass das Management von Geschäftsbeziehungen das Gestaltungsobjekt der interaktiven Markenführung ist.

4. Ziel der Arbeit

Zielsetzung dieser Arbeit ist es, einen Beitrag zur Integration von Marke und Verkauf zu leisten. Da der persönliche Verkauf im B2B-Geschäft für viele Unternehmen einen entscheidenden Kommunikationskanal für funktionale und emotionale Markenwerte darstellt, geht es darum, den persönlichen Verkauf als Instrument der B2B-Markenführung zu untersuchen und Ansatzpunkte zu erarbeiten, wie der Verkauf markenbasiert ausgestaltet werden kann.

---

[108] Meffert (2002) spricht zwar ebenfalls von Relational Branding, jedoch im Zusammenhang mit der Rolle des Direktmarketing für den Aufbau von „Mensch-Marke-Beziehungen" im Konsumgüterbereich.

Aus dieser Zielsetzung ergeben sich nun für den weiteren Gang der Arbeit folgende Fragen, die jeweils unterschiedliche Perspektiven berücksichtigen (vgl. Abschnitt A.2.):

1. Externe, wirkungsbezogene Perspektive: Wie beeinflusst der persönliche Verkauf den B2B-Markenwert?

2. Interne, managementbezogene Perspektive: Wie sieht die Konzeption eines markenbasierten Verkaufsmanagements zur Implementierung interaktiver Markenführung aus?

4.1. Externe Perspektive der Arbeit

Die erste Frage lässt sich der externen wirkungsbezogenen Perspektive zuordnen. Aus Kundensicht ist hierzu der Beitrag des persönlichen Verkaufs zum Markenwert im B2B-Geschäft zu untersuchen. Dazu sind potenzielle Einflussfaktoren zu operationalisieren und ihre Wirkung auf ein zu spezifizierendes und auf B2B-Erfordernisse hin zu adaptierendes Markenwertmodell empirisch zu messen.

Die Kernhypothese in diesem Zusammenhang lautet, dass die Kommunikation funktionaler und emotionaler Markenwerte im Rahmen der persönlichen Marktbearbeitung („interaktive Markenführung") einen isolierbaren, eigenständigen Markenwertbeitrag darstellt. Mittels multivariater Analysemethoden wird geprüft, welche Einflussfaktoren des persönlichen Beziehungsmanagements diesen Wertbeitrag aus Kundensicht positiv beeinflussen und von welchen Rahmenbedingungen diese Wirkung abhängt. Es lassen sich so Gestaltungsempfehlungen für die interaktive Markenführung durch den Verkauf ableiten.

Basierend auf diesen Überlegungen lässt sich die Hauptforschungsfrage für die externe Perspektive konkretisieren. Es sind konkret folgende Fragen zu beantworten:

1.1. Welche Aspekte des persönlichen Verkaufs sind potenzielle Treiber des Markenwerts?

1.2. Wie lassen sich die potenziell relevanten Aspekte des persönlichen Verkaufs als unabhängige Variablen operationalisieren?

1.3. Welches Markenwertmodell eignet sich für die Messung der Markenwirkung im Sinne einer abhängigen Variablen?

1.4. Wie ist dieses Markenwertmodell gegebenenfalls auf die Spezifika des B2B-Geschäfts hin anzupassen?

1.5. Anhand welcher Indikatoren kann die Relevanz des Markenwertmodells im Sinne einer Erfolgswirkung für das B2B-Geschäft nachgewiesen werden?

1.6. Wie sind die Wirkungszusammenhänge zwischen dem Markenwert und den unabhängigen Variablen?

1.7. Welche unterschiedlichen Zugänge zur interaktiven Markenführung gibt es, und welche Konsequenzen haben diese jeweils für den Markenwert?

A. Einführung   27

Während die Fragen 1.1. bis 1.5. literaturgestützt beantwortet werden können, erfordern die beiden letzten Forschungsfragen eine empirische Untersuchung. Da es sich bei den betrachteten Zusammenhängen um einen innovativen Ansatz handelt, erscheint hierbei ein bewusst breiter Untersuchungsansatz sinnvoll. Dabei sind zum einen vermutete Zusammenhänge zwischen abhängiger und unabhängigen Variablen zu überprüfen als auch solche multivariate Analyseverfahren anzuwenden, die Strukturen aufdecken können.

4.2. Interne Perspektive der Arbeit

Die zweite Frage lässt sich einer internen, anbieterbezogenen Perspektive zuordnen. Hierbei wird die interaktive Markenführung als Managementproblem interpretiert. In einem ersten Schritt ist gemäß dem Ansatz der internen Markenführung eine Markenidentität für den Verkauf zu entwickeln, die als Leitbild für die dezentralen Verkaufsaktivitäten dienen kann. In einem zweiten Schritt sind sodann die Spezifika einer markenbasierten Verkaufsorganisation im Rahmen eines Strukturmodells zu identifizieren. Schließlich erscheint es sinnvoll, sich im Rahmen eines Prozessmodells mit der Implementierung der interaktiven Markenführung zu beschäftigen.

Im Rahmen der internen Perspektive sind demnach folgende Fragen zu beantworten:

2.1. Wie lässt sich eine verkäuferische Markenidentität als Leitbild für dezentrale Verkaufsaktivitäten entwickeln?

2.2. Welche Spezifika sind bei der Konzeption einer Verkaufsorganisation für die interaktive Markenführung zu beachten?

2.3. Wie ist der Implementierungsprozess für die interaktive Markenführung zu gestalten?

Die Fragen der internen Perspektive sollen nicht empirisch beantwortet werden, da die Ausgestaltung des Verkaufssystems in der Praxis unternehmensspezifisch zu erfolgen hat und daher statistische Aggregate als wenig ergiebig erscheinen. Stattdessen sollen die konzeptionellen Fragen dergestalt beantwortet werden, dass geeignete Ansätze aus der Literatur um marken- und verkaufsspezifische Aspekte erweitert werden. Das Ergebnis sind Gestaltungsempfehlungen, die aber unternehmens- und situationsspezifisch anzuwenden sind.

4.3. Zusammenfassung

Ziel der Arbeit ist, den Verkauf als aktives Instrument in die B2B-Markenführung zu integrieren: Er soll im Rahmen interaktiver Markenführung systematisch funktionale und emotionale Markenwerte so kommunizieren, dass der Markenwert ceteris paribus maximiert wird. Im Rahmen einer wirkungsbezogenen Perspektive wird der Einfluss des Verkaufs auf den Markenwert empirisch analysiert und nach Erfolgsfaktoren interaktiver Markenführung gesucht. Daneben wird aus einer managementbezogenen Perspektive die Konzeption eines markenbasierten Verkaufsmanagements erarbeitet.

Aus der Kombination von externer und interner Perspektive soll in dieser Arbeit ein integrierter Ansatz der interaktiven Markenführung entwickelt werden. Abbildung 10 veranschaulicht die beiden Perspektiven und die Zielsetzung der Arbeit.

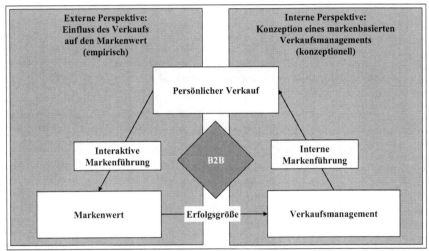

Abbildung 10: Forschungsperspektiven und Zielsetzung der Arbeit
(Quelle: Eigene Darstellung)

5. Aufbau der Arbeit

Im Anschluss an diese Einführung werden im Teil B dieser Arbeit für die interaktive Markenführung relevante konzeptionelle Grundlagen identifiziert und dargestellt. Zunächst werden Ausgangssituation und Spezifika des B2B-Geschäfts untersucht, aus denen dann die Rahmenbedingungen für die Markenwertmessung abgeleitet werden. Es werden Kriterien für B2B-spezifische Markenwertmessungen definiert, auf deren Grundlage ein geeignetes Markenwertmodell ausgewählt und angepasst werden kann. Anschließend werden das Konzept des Beziehungsmarketing und seine Bedeutung für das B2B-Geschäft unter besonderer Berücksichtigung des Managements von Geschäftsbeziehungen analysiert.

Im Teil C der Arbeit werden im Rahmen der externen Perspektive Wirkungszusammenhänge der interaktiven Markenführung untersucht. Zunächst werden die Beziehungen zwischen den Variablen konzeptionalisiert, die Konstrukte operationalisiert und die Charakteristika der Stichprobe dargestellt. Anschließend werden die Ergebnisse der empirischen Studie vorgestellt und Implikationen für die interaktive Markenführung abgeleitet.

Im Teil D der Arbeit wird aus einer internen Managementperspektive der Implementierungsprozess der interaktiven Markenführung skizziert. Zunächst wird das Konzept der internen Markenführung als Ansatz für die Implementierung einer interaktiven Markenführung vorgestellt. Sodann wird untersucht, wie sich eine verkäuferische Markenidentität entwickeln lässt. Anschließend erfolgt die Konzeption anhand eines Strukturmodells sowie eines Prozessmodells. Schließlich wird mit dem Konzept des Verkaufswerts (Sales Force Equity) ein Ausblick auf weitere Anwendungsmöglichkeiten des Markenwertgedankens im Verkauf vorgenommen.

Teil E der Arbeit enthält eine Zusammenfassung, Limitationen der Forschungsergebnisse sowie einen Ausblick auf das Zukunftspotenzial der interaktiven Markenführung. Der Gesamtaufbau der Arbeit ist in Abbildung 11 dargestellt.

Abbildung 11: Aufbau der Arbeit
(Quelle: Eigene Darstellung)

B. Grundlagen der interaktiven Markenführung

In diesem Teil erfolgt ein Überblick über die Grundlagen der interaktiven Markenführung. Zunächst werden die Ausgangssituation und die Spezifika des B2B-Geschäfts beschrieben. Anschließend werden Ansätze zur Markenwertmessung im B2B-Geschäft untersucht. Schließlich werden die wichtigsten Grundlagen zum Beziehungsmarketing präsentiert.

1. Das B2B-Geschäft

In diesem Teil werden die Ausgangssituation sowie die Spezifika des B2B-Geschäfts mit den relevanten Begrifflichkeiten behandelt. Damit wird die Basis gelegt, um anschließend daraus spezifische Anforderungen für die Messung des Markenwerts abzuleiten.

1.1. Ausgangssituation im B2B-Geschäft

Wirtschaftliche, technologische, gesellschaftliche und ökologische Entwicklungen prägen das gegenwärtige Umfeld von B2B-Unternehmen, das somit durch steigende Komplexität und Dynamik gekennzeichnet ist[1]. Internationalisierung und Globalisierung der Märkte sowie ständig zunehmender Wettbewerbsdruck werden begleitet von immer höher werdenden Entwicklungskosten neuer Produkte, laufend komplexer werdenden Technologien und gleichzeitig immer kürzer werdenden Produktlebenszyklen. Während der Kostendruck steigt und Preiskämpfe immer häufiger werden, verringern sich die Differenzierungs- und Profilierungsmöglichkeiten auf Produktebene zunehmend. „Industriegüterhersteller müssen daher verstärkt auf andere Faktoren als einzig Technik, Produkte und Preise zur Erzeugung von Wettbewerbsvorteilen setzen"[2].

Auf der Abnehmerseite prägen gesteigerte Anforderungen der immer kritischer werdenden Kunden, Wertewandel und Veränderungen im Kaufverhalten das Bild. „Für den Kunden zählen nicht technisch optimale oder technisch maximale, sondern kundenoptimale Leistungen. Er erwartet nicht nur eine problemlose Funktionsfähigkeit der Produkte, sondern eine auf seine Bedürfnisse abgestimmte, umfassende und individuelle Problemlösung - ein maßgeschneidertes ,Kundennutzenpaket', mit einem hohen Anteil an immateriellen Komponenten (...)"[3]. Die Eigenschaften eines Anbieters werden zunehmend in ihrer Gesamtheit beurteilt. Die herkömmliche starke Produktfixierung in der Marktbearbeitung des B2B-Geschäfts erscheint zunehmend überholt.

Verstärkte Fragmentierung und Individualisierung der Nachfrage führen zu teilweise widersprüchlichen Anforderungen an die Marktbearbeitung. Gesättigte und umkämpfte Märkte füh-

---

[1] Vgl. dazu und zum Folgenden z.B. Backhaus (2003), Belz (2004c), Belz/ Kopp (1994), Belz/ Schuh/ Groos/ Reinecke (1997), Kreuzer-Burger (2002) und Loss (1996)
[2] Kreuzer-Burger (2002), S. 1
[3] Ebenda, S. 1 f.

ren in manchen Branchen zu reinem Preiswettbewerb, in anderen zu langfristigen Partnerschaften zwischen Zulieferern und Kunden. Hohen Akquisitionskosten bei neuen Kunden stehen steigende Ansprüche an das Management von bestehenden Geschäftsbeziehungen entgegen. „Von den Unternehmen erfordern diese Veränderungen die Fähigkeit, die teils diffusen Erwartungen der Abnehmer rechtzeitig zu erkennen und zu erfüllen, neuen Kundenwünschen gegenüber offen und flexibel zu sein, maßgeschneiderte Problemlösungen anbieten und langfristige, partnerschaftliche Beziehungen zu Kunden aufbauen zu können"[4].

Die hier nur skizzierte veränderte Ausgangssituation im B2B-Geschäft hat für den weiteren Gang der Arbeit zwei Implikationen. Erstens müssen sich Unternehmen des B2B-Geschäfts im Rahmen des Beziehungsmarketing noch intensiver mit ihren Geschäftsbeziehungen auseinander setzen. Eine systematische Ausgestaltung und Optimierung des Geschäftsbeziehungsmanagements erscheint angesichts zunehmender Austauschbarkeit der Sachangebote als geeignete Strategie zur Differenzierung im Wettbewerb. Und zweitens kommt dabei den Mitarbeitern, insbesondere an den Schnittstellen zum Kunden, ein gestiegener Stellenwert zu, welcher im Rahmen des internen Marketings systematisch berücksichtigt wird. Abbildung 12 fasst die Ausgangssituation im B2B-Geschäft zusammen.

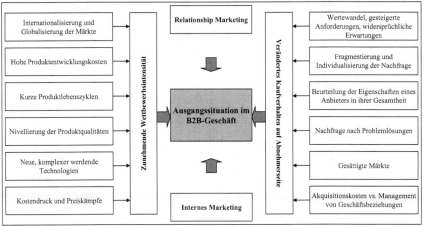

Abbildung 12: Ausgangssituation im B2B-Geschäft
(Quelle: Eigene Darstellung in Anlehnung an Kreuzer-Burger (2002), S. 3)

1.2. Spezifika des B2B-Geschäfts

Es wird in dieser Arbeit einer weiten Begriffsauslegung gefolgt, wonach im B2B-Geschäft jene Unternehmen betrachtet werden, deren Kunden Nichtkonsumenten sind (organisationale

---

[4] Kreuzer-Burger (2002), S. 2

B. Grundlagen der interaktiven Markenführung   33

Nachfrage, d.h. Unternehmen, Behörden, Verbände usw.) und Güter und Leistungen materieller und immaterieller Art direkt oder indirekt für die Leistungserstellung zur Fremdbedarfsdeckung beschaffen[5]. Daraus ergibt sich eine Vielzahl spezifischer Charakteristika, von denen die im Kontext dieser Arbeit Wesentlichen im Folgenden skizziert werden sollen[6].

1.2.1. Leistungsbündel als Absatzobjekte

Bei Industriegütern muss es sich nicht nur um Sachgüter handeln. Absatzobjekte können auch immaterielle und Nominalgüter, wie Rechte und Dienstleistungen, sein. Dieser Arbeit liegt der generische Produktbegriff zugrunde, nach dem ein Produkt ein Bündel von Eigenschaften ist, „das auf die Schaffung von Kundennutzen (jedweder Art) abzielt. Ein solches Verständnis impliziert (...), dass sowohl physische Produkte als auch Dienstleistungen als Produkte bezeichnet werden"[7].

Zumeist wird nicht nur ein Produkt, sondern eine ganze Reihe von zusätzlichen Leistungen angeboten. Dabei zeigt sich in der Praxis jedoch eine „gefährliche Tendenz zu zersplitterten Einzelleistungen und einem wahren Nebenleistungsdschungel"[8]. Die Grundidee von Leistungssystemen besteht darin, die Leistung und ihre Qualität bewusst so zu gestalten, dass mögliche Querbeziehungen zwischen Leistungen eines Anbieterunternehmens transparent werden und bisher getrennte Teilleistungen mit dem Ziel der Schaffung von Kundenvorteilen (Customer Value) zusammengefasst werden können[9].

Leistungssysteme lösen die Probleme der Kunden umfassender oder wirtschaftlicher als bisher. Unternehmen können mit ihrer Hilfe statt isolierter (und häufig nicht verrechneter) Teilleistungen integrierte Lösungen für spezifische Kunden oder Kundengruppen anbieten. Mit Hilfe innovativer Leistungs-/ Markt-Kombinationen können sie sich über Kundenvorteile gegenüber der Konkurrenz profilieren. „Das Ziel von Leistungssystemen besteht darin, das Kernprodukt zu strukturieren, die vielfältigen Dienstleistungen dem Kunden bewusst zu machen und sich vom Wettbewerb zu differenzieren"[10].

Ein zumeist mehr oder weniger auswechselbares Produkt wird hierbei mit „Schalen" umgeben, wodurch sich die Leistungen vom Produktkern zum umfassenden Leistungssystem für Kunden erweitern lassen. Die einzelnen Stufen sind aus Abbildung 13 ersichtlich.

---

[5] Dieses weite Verständnis von Industriegütern wurde geprägt von Engelhardt/ Günter (1981) und Schneider (1985), vgl. auch die Ausführungen im Teil A.3.1. dieser Arbeit.
[6] Für einen umfassenden Überblick vgl. z.B. Backhaus (2003), Bruhn (2002), S. 35, Kreuzer-Burger (2002), S. 9 ff. und Homburg/ Schneider (2001), S. 589 ff.
[7] Homburg/ Krohmer (2003), S. 459 f.
[8] Belz/ Schuh/ Groos/ Reinecke (1997), S. 28
[9] Vgl. Belz/ Bieger (2004), zu Leistungssystemen außerdem Belz et al. (1991)
[10] Belz/ Schuh/ Groos/ Reinecke (1997), S. 28

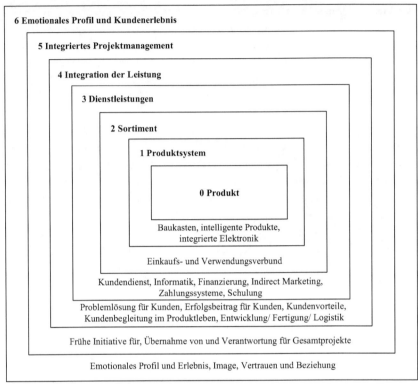

Abbildung 13: Ebenen von Leistungssystemen
(Quelle: Belz/ Schuh/ Groos/ Reinecke (1997), S. 29)

Je weiter sie sich vom Kern des Produktes entfernt befinden, desto weniger Berücksichtigung finden die Determinanten von Leistungsbündeln in Theorie und Praxis. Es erscheint daher gerechtfertigt, im Rahmen dieser Arbeit die äußere Schale „Emotionales Profil und Kundenerlebnis" mit den entsprechenden Vertrauensleistungen in den Mittelpunkt der Betrachtung zu stellen. Hieraus ergibt sich sodann die zentrale Schnittstelle zwischen B2B-Geschäft und Markenführung. Versteht man Marken als Ausdruck dieses emotionalen Profils in den Köpfen der Mitglieder des Buying Centers, so stellt sich die Frage nach den Einflussfaktoren und den Steuerungsmöglichkeiten aus einer Managementperspektive. Diese beiden Aspekte entsprechen der externen bzw. internen Forschungsperspektive dieser Arbeit.

1.2.2. Zweckbezogene Verwendung der Absatzobjekte

Güter und Dienstleistungen können nicht a priori in Konsum- und Industriegüter eingeteilt werden, sondern es kommt auf die Verwendung im Rahmen der Fremdbedarfsdeckung an.

B. Grundlagen der interaktiven Markenführung   35

Das Marketing kann jedoch für verschiedene Produkttypen (z.B. Maschinen, Rohstoffe, Einsatzstoffe oder Energieträger) unterschiedlich sein[11]. So können je nach Segment im B2B-Geschäft Kauf- und Verkaufsprozesse, Interaktions- und Kommunikationsaktivitäten, der Individualisierungsgrad von Leistungen sowie Umfang und Qualität der produktbegleitenden Dienstleistungen teilweise erheblich differieren[12].

Die Heterogenität der Märkte hat im B2B-Geschäft zur Entwicklung verschiedener Typologisierungsansätze geführt, die die Identifizierung in sich homogener und untereinander heterogener Produktgruppen zum Ziel haben und so generalisierte Aussagen zu den jeweiligen Typen zulassen. Unter Berücksichtigung der beteiligten Marktpartner lassen sich die Ansätze in angebotsorientierte, nachfrageorientierte und marktseitenintegrierende Typologien einteilen[13].

Die Zielsetzung dieser Arbeit erfordert Typologien, die beide Marktseiten betrachten, für jeden Typ einen eigenständigen Marketingansatz definieren und eine hohe Praxisrelevanz besitzen[14]. Diesen Kriterien genügen insbesondere die Typologien von Backhaus[15] und Baumgarth[16], die nachfolgend kurz dargestellt werden sollen.

Geschäftstypenansatz nach Backhaus:

Dieser „wohl bekannteste Ansatz"[17] zeichnet sich durch seine theoretische Fundierung unter Rückgriff auf die Transaktionskostentheorie aus[18] und versucht, Unterschiede in der Vermarktung aufzuzeigen. Aus den Ausprägungen der zwei Dimensionen „Kundenfokus" (bzw. „Individualisierungsgrad") mit Einzelkunde vs. Anonymer Markt (bzw. „Individual-„ vs. „Standardleistung") und Existenz respektive Nicht-Existenz eines „zeitlichen Kaufverbunds" werden vier Geschäftstypen identifiziert[19]:

1. Produktgeschäft: Hier sind Individualität der Leistung bzw. Integration des Kunden sowie Kontinuität der Geschäftsbeziehung eher niedrig ausgeprägt. Es werden i.d.R. vorgefertigte (d.h. nicht einzelkundenspezifische) und in Massenfertigung erstellte Leistungen (standardisierte Halbfertigfabrikate) auf einem breiten und anonymen Markt vermarktet. Die Kunden fragen diese Leistungen zum isolierten Einsatz nach, so dass keine langfristigen (transaktionsübergreifenden) Geschäftsbeziehungen etabliert werden müssen. Bei allen Folgekaufentscheidungen ist der Abnehmer wieder völlig frei. Insbesondere bei

---

[11] Vgl. Homburg/ Schneider (2001), S. 589
[12] Vgl. Kreuzer-Burger (2002), S. 16
[13] Ein kritischer Vergleich unterschiedlicher industriegüterspezifischer Typologien findet sich bei Backhaus (2003), S. 300 ff.
[14] Vgl. analog: Caspar/ Hecker/ Sabel (2002), S. 31
[15] Backhaus (2003), S. 316 ff.
[16] Baumgarth (2004a)
[17] Homburg/ Schneider (2001), S. 589
[18] Vgl. Backhaus/ Aufderheide/ Späth (1994)
[19] Neben Backhaus (2003), S. 327 ff., ist vor allem die kompakte Darstellung in Homburg/ Krohmer (2003), S. 886 ff., empfehlenswert, auf die auch im Folgenden zurückgegriffen wird.

36   1. Das B2B-Geschäft

stark standardisierten Produkten ist eine Differenzierung der Leistung häufig nur noch über industrielle Dienstleistungen möglich. Beispiele: Schrauben, Motoren und Lacke.

2. Anlagengeschäft: Hier ist die Individualität der Leistung bzw. die Integration des Kunden hoch, die Geschäftsbeziehungen weisen jedoch keinen transaktionsübergreifenden Folgekaufcharakter auf. Der Absatzprozess ist dem Fertigungsprozess vorgelagert. Dementsprechend intensiv sind die Interaktions- und Kommunikationsaktivitäten. Die Kaufentscheidung wird zu einem bestimmten Zeitpunkt gefällt und ist i.d.R. mit der Realisierung des Projektes abgeschlossen, d.h. Erweiterungs- oder Ergänzungskäufe finden nicht statt. Es werden komplexe Produkte oder Systeme in kundenindividueller Fertigung vermarktet, die im Gegensatz zum Produktgeschäft hochgradig kundenspezifisch erstellt und zu Problemlösungspaketen gebündelt werden. Beispiele: Getränkeabfüllanlagen, Walzwerke und Kernkraftwerke.

3. Systemgeschäft: Hierunter fallen langfristige Geschäftsbeziehungen mit Folgekaufcharakter bei niedriger Individualität der Leistung bzw. Kundenintegration. Es werden sukzessive Leistungen gekauft, die miteinander vernetzt werden können. Im Unterschied zum Anlagengeschäft werden also keine Komplettpakete vermarktet. Der Anbieter entwickelt seine Angebote zeitlich vor der Vermarktung. Meist entscheiden sich Kunden für die Systemtechnologie des Anbieters und erwerben als Einstieg eine erste Leistung des Anbieters. In Folgekäufen erstehen sie dann weitere Leistungen aus dem Systemangebot des Anbieters. Die Individualisierung erfolgt über die kundenspezifische Kombination von Systemkomponenten. Beispiel: Telekommunikationssysteme, Fertigungssysteme und Transportsysteme.

4. Zuliefergeschäft: Hier sind Individualität der Leistung bzw. Integration des Kunden sowie Kontinuität der Geschäftsbeziehung eher hoch ausgeprägt. Der Lieferant entwickelt für seine Kunden im Rahmen einer längerfristigen Geschäftsbeziehung kundenindividuelle Leistungen, die dann sukzessive in Anspruch genommen werden. Die Leistung bindet dann den Kunden für einen bestimmten Zeitraum, während dessen er die Leistungen des Anbieters in identischer Ausführung immer wieder kauft. Beispiel: Automobilzulieferer.

Zu beachten ist, dass technisch identische Produkte über unterschiedliche Geschäftstypen vermarktet werden können. So ist beispielsweise ein PC als Einzelplatzrechner Teil eines Produktgeschäfts. Wird derselbe PC in ein Netzwerk integriert, welches sukzessive um weitere Rechner ausgebaut werden soll, so liegt ein Systemgeschäft vor.

Markenrelevante Typologie nach Baumgarth:

Dieser Ansatz wurde explizit auf markenpolitische Problemstellungen abgestimmt. Auch hier werden vier Typen unterschieden, die sich durch die Ausprägungen der Dimensionen „Stufigkeit der Märkte" mit Ein- vs. Mehrstufigkeit und „Individualisierungsgrad" analog nach

B. Grundlagen der interaktiven Markenführung   37

Backhaus differenzieren. Die „Stufigkeit der Märkte" beschreibt die Anzahl der Wertschöpfungsstufen zwischen dem beschaffenden Unternehmen und dem Endverbraucher. Dahinter steckt die Vermutung, dass bei geringer Distanz zum Endverbrauchermarkt die Endkunden die Leistungen stärker wahrnehmen und Markenpolitik demgemäß eine höhere Schlagkraft aufweist. „Dieser Kontextfaktor kann allerdings auch innerhalb der Produktmärkte über die abnehmenden Unternehmen sehr stark variieren, was für eine mangelnde Trennschärfe sorgt. Zudem bezieht sich der Faktor nur auf Märkte, deren Produkt Erzeugnisbestandteile der von der beschaffenden Unternehmung hergestellten Leistung sind. Nur bei diesen Produkten ist die Frage nach der Stufigkeit der Märkte von Relevanz"[20].

Als Konsequenz aus dieser Kritik für den Gang der Arbeit kommt die markenrelevante Typologie nach Baumgarth, obgleich auf den ersten Blick besser für die Thematik geeignet, nicht zum Einsatz. Auch der Ansatz von Backhaus ist mit Schwierigkeiten behaftet: eine eindeutige Abgrenzung der oder Zuordnung zu einzelnen Geschäftstypen ist in der Praxis häufig problematisch, und innerhalb der einzelnen Geschäftstypen können wiederum Geschäftsfelder existieren, die unterschiedliche Anforderungen aufweisen. Dennoch soll aufgrund der hohen Verbreitung die Typologie nach Backhaus im Rahmen der empirischen Studie erfasst werden, um den in diesem Kontext notwendigen Situationsbezug zumindest annäherungsweise sicherzustellen. Es kann damit untersucht werden, inwieweit sich die Ergebnisse auf das B2B-Geschäft insgesamt verallgemeinern lassen oder ob sie nur für bestimmte Segmente gelten.

Abbildung 14 stellt zusammenfassend die beiden Typologisierungsansätze einander gegenüber.

---

[20]   Caspar/ Hecker/ Sabel (2002), S. 33

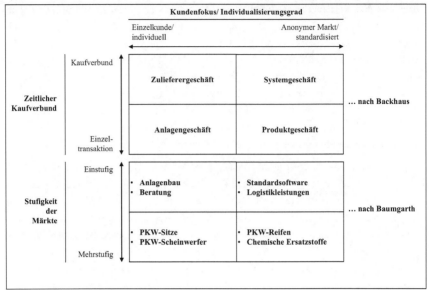

Abbildung 14: Vergleich relevanter Typologisierungsansätze im B2B-Geschäft
(Quelle: Caspar/ Hecker/ Sabel (2002), S. 31)

1.2.3. Langfristige Geschäftsbeziehungen

Die Diskussion der Geschäftstypen hat gezeigt, dass es im B2B-Geschäft durchaus Segmente gibt, in denen der Stellenwert von langfristigen Geschäftsbeziehungen eher gering ist. Dennoch wird die Langfristigkeit der Geschäftsbeziehungen grundsätzlich als Spezifikum im B2B-Geschäft gesehen[21]. Ursachen hierfür sind insbesondere[22]:

- Der Kaufprozess verläuft über mehrere Phasen und kann sich über einen längeren Zeitraum erstrecken.

- Die Langlebigkeit der Produkte, die Bedeutung eines kontinuierlichen Services sowie die teilweise großen Investitionen in die Beziehung und die damit erhöhten Wechselkosten begünstigen die Langfristigkeit.

- Durch die interaktive Vermarktung im Sinne einer gegenseitigen Einflussnahme von Anbieter und Nachfrager entstehen persönliche und somit emotionale Beziehungen zwischen den Marktpartnern[23].

---

[21] Vgl. etwa Homburg/ Krohmer (2003), S. 883, Homburg/ Schneider (2001), S. 592, und Kreuzer-Burger (2002), S. 10.
[22] Vgl. zum Folgenden Kreuzer-Burger (2002), S. 10, und Homburg/ Krohmer (2003), S. 885.
[23] Der Aspekt der persönlichen Interaktion zwischen Anbieter- und Nachfragerorganisation wird häufig als eigenständiges Spezifikum des B2B-Geschäfts gesehen (so z.B. von Homburg/ Krohmer, 2003). In dieser

B. Grundlagen der interaktiven Markenführung   39

Aus diesem Sachverhalt sind nach Homburg/ Krohmer[24] zweierlei Konsequenzen zu ziehen:

- Geschäftsbeziehungen müssen im Rahmen der Interaktion gezielt aufgebaut und gepflegt werden, so dass der persönliche Verkauf sowie ein systematisches Kundenbeziehungsmanagement eine besonders wichtige Rolle spielen.

- Der Anbieter sollte ein hohes Maß an Reputation (Vertrauenskapital) bei seinen Kunden aufbauen. Auf den Stellenwert von Vertrauensleistungen für das emotionale Profil ist bereits im Zusammenhang mit Leistungssystemen eingegangen worden.

Für den Gang dieser Arbeit bedeutet dies zunächst, dass eine Fokussierung der Untersuchung auf den Verkauf sinnvoll und ergiebig ist. Aus der zweiten Konsequenz ergibt sich, dass der Markenbegriff im B2B-Geschäft in Beziehung zur Reputation (und weiterhin zum verwandten Begriff „Image") abzugrenzen ist[25].

1.2.4. Multiorganisationale und multipersonale Beschaffungsprozesse

Multiorganisationale und multipersonale Beschaffungsprozesse im B2B-Geschäft implizieren eine höhere Komplexität der Interaktions- und Kommunikationsbedingungen[26]. *Multiorganisationalität* bedeutet die Beteiligung weiterer Organisationen am Beschaffungsprozess außer der Anbieter- und Nachfragerorganisation. Beispiele sind Ingenieurbüros, Banken oder Speditionsunternehmen.

Multipersonalität bezeichnet den Sachverhalt, dass sowohl im Kunden- als auch im Lieferantenunternehmen i.d.R. mehrere Personen am Kaufprozess beteiligt sind. In diesem Zusammenhang wird vielfach auch der Begriff des Buying Centers[27] verwendet. Dieses setzt sich aus den am Kaufentscheidungsprozess beteiligten Individuen und Gruppen zusammen, die unterschiedliche Rollen ausfüllen[28] und verschiedene Entscheidungsstrukturen und Bedürfnisse haben können.

Da diese Gruppen und Rollen informell entstehen können und oft nicht institutionell verankert sind, ergibt sich für den Lieferanten in der Praxis das Problem, die beteiligten Personen zu identifizieren, ihre spezifischen Bedürfnisse zu analysieren und den Rollen zuzuordnen. Dies ist häufig nicht eindeutig möglich, da mehrere Personen die gleiche Rolle wahrnehmen kön-

---

Arbeit wird jedoch der Ansicht gefolgt, dass persönliche Interaktion notwendige, wenn auch nicht hinreichende Bedingung für langfristige Geschäftsbeziehungen ist. Daher werden beide Aspekte hier zusammengefasst.

[24] Homburg/ Krohmer (2003), S. 885
[25] Vgl. hierzu Abschnitt B.2.1.2.
[26] Vgl. Kreuzer-Burger (2002), S. 11
[27] Dieser Begriff wurde von Webster/ Wind (1972) geprägt
[28] Im Allgemeinen werden fünf Rollen im Buying Center unterschieden: Benutzer, Einkäufer, Beeinflusser, Informationsselektierer und Entscheider; vgl. Webster/ Wind (1972), S. 77 ff. und Homburg/ Schneider (2001), S. 591. Witte (1976) unterscheidet im Buying Center zwischen Personen, die den Kaufprozess aufgrund ihrer Fachkompetenz beeinflussen (Fachpromotoren, -opponenten), solchen, die eine spezifische Machtkompetenz aufweisen (Machtpromotoren, -opponenten) und Personen, die beides besitzen.

40   1. Das B2B-Geschäft

nen oder aber eine Person auch mehrere Rollen haben kann. Hinzu kommt weiter erschwerend, dass sich Rollen im Laufe der Zeit verändern[29].

Multiorganisationalität und Multipersonalität sind immer situativ und entziehen sich damit weitgehend einer empirischen Erfassung. Im Rahmen der empirischen Studie soll jedoch der Sachverhalt nicht völlig unberücksichtigt gelassen werden. Daher werden in der Erhebung zwei formale Ebenen eines Buying Centers als Moderatoren der Wirkungszusammenhänge erfasst, die relativ einfach für Forschungszwecke erreichbar sind, nämlich Einkauf und Geschäftsleitung der beziehenden Unternehmen.

1.2.5. Organisationales Kaufverhalten

Da sich das Kaufverhalten von Konsumenten im Konsumgüterbereich und Organisationen im B2B-Geschäft grundlegend unterscheidet, wurden spezielle Modelle zur Erklärung des organisatorischen Kaufverhaltens entwickelt. Homburg/ Schneider unterscheiden zwischen grundlegenden kostenorientierten Modellen, umfassenderen deskriptiven Modellen, dem Interaktionsmodell sowie dem Geschäftsbeziehungsansatz[30]. Diese Ansätze sollen hier hinsichtlich einer möglichen Verwendung im Rahmen dieser Arbeit überprüft werden.

Grundlegende kostenorientierte Modelle:

„Grundlegende kostenorientierte Modelle ziehen die Kosten der Beschaffung als Betrachtungsbasis heran"[31]. Bekannt sind insbesondere das Minimum-Preis-Modell, bei dem der Nachfrager das Modell mit dem niedrigsten Preis wählt, und das Lowest-Total-Cost-Modell, bei dem die Gesamtkosten der Beschaffung als Entscheidungskriterium herangezogen werden. Im ersten Fall ist zu kritisieren, dass der Preis i.d.R. nicht das einzige Entscheidungskriterium ist (Ausnahme: manche Submissionssituationen). Für die Anwendung des zweiten Modells fehlt in der Praxis häufig eine transparente Kostenrechnung und damit eine Voraussetzung für die Verwendung des Ansatzes.

„Gemeinsamer Kritikpunkt an den kostenorientierten Modellen ist die Vernachlässigung des interaktiven Elements bei organisationalen Kaufentscheidungen"[32]. Damit sind diese Modelle für die Verwendung in dieser Arbeit ungeeignet.

---

[29]   Vgl. Homburg/ Schneider (2001) sowie Ghingold/ Wilson (1998)
[30]   Vgl. Backhaus (2003), S. 66 ff.; für eine kompakte Darstellung eignet sich jedoch eher Homburg/ Schneider (2001), S. 592 ff.. Auf deren Ausführungen wird im Folgenden zurückgegriffen.
[31]   Homburg/ Schneider (2001), S. 593
[32]   Ebenda, S. 593

B. Grundlagen der interaktiven Markenführung 41

Umfassendere deskriptive Modelle:

„Umfassendere deskriptive Modelle streben eine Abbildung des Verhaltens der Organisationen im Kaufentscheidungsprozess an"[33]. Zunächst ist das Buygrid-Modell nach Robinson/ Faris/ Wind[34] zu nennen, welches die drei Kaufklassen Neukauf, modifizierter Wiederkauf und identischer Wiederkauf unterscheidet. Trotz seiner relativ einfachen Struktur und hohen Akzeptanz ist sowohl die Annahme der Allgemeingültigkeit des Modells zu kritisieren als auch die Vernachlässigung der Abhängigkeit des organisationalen Kaufverhaltens von einer Vielzahl von Faktoren[35].

An dieser Kritik setzen Strukturmodelle an, bei denen zahlreiche und im Extremfall alle Einflussfaktoren auf die Kaufentscheidung simultan zusammengestellt werden. Besondere Bedeutung haben das Modell von Webster/ Wind[36] und das Seth-Modell[37] erlangt. Neben jeweils spezifischen Kritikpunkten ist der zentrale Kritikpunkt an allen bisher genannten Modellen „die mangelnde Loslösung vom SOR-Ansatz des Konsumgütermarketing. Sie berücksichtigen nicht die im Industriegütermarketing charakteristische Interaktion der am Kaufentscheidungsprozess beteiligten Parteien"[38]. Vor diesem Hintergrund sind Prozessmodelle entwickelt worden, welche die Ablaufdimension betonen, d.h. den Verlauf organisatorischer Kaufprozesse. Der bekannteste Ansatz hierzu stammt von Choffray/ Lilien[39]. Jedoch stehen den gemachten Fortschritten erhebliche Operationalisierungsprobleme gegenüber[40]. Somit erscheinen auch die umfassenderen deskriptiven Modelle für den weiteren Gang der Arbeit als nicht ausreichend geeignet.

Interaktionsansätze:

„Erst die Interaktionsansätze nehmen Abstand von einer isolierten Betrachtung des Buying und des Selling Center und konzentrieren sich auf die Interaktion im Transaktionscenter. (...) Interaktionsansätze analysieren die Beteiligten in ihrem sozialen Gruppengefüge"[41]. Je nach Art und Anzahl der Beteiligten lassen sich unterschiedliche Typen von Interaktionsansätzen unterscheiden.

Im Rahmen dieser Arbeit sind dabei so genannte dyadisch-organisationale Interaktionsansätze von besonderem Interesse. Diese berücksichtigen die Verflechtungen der am Kaufentscheidungsprozess beteiligten Personen mit den jeweiligen Organisationen. Das Kaufverhalten von Unternehmen wurde nicht, wie zuvor, nur anhand der Betrachtung des kaufenden Unter-

---

[33] Homburg/ Schneider (2001), S. 594
[34] Vgl. Robinson/ Faris/ Wind (1967)
[35] Vgl. Homburg/ Schneider (2001), S. 594 f.
[36] Vgl. Webster/ Wind (1972)
[37] Vgl. Seth (1975)
[38] Homburg/ Schneider (2001), S. 598; SOR steht für Stimulus-Organism-Response
[39] Vgl. Choffray/ Lilien (1978)
[40] Vgl. Homburg/ Schneider (2001), S. 598
[41] Ebenda, S. 599

nehmens analysiert, sondern in die Betrachtung wurde auch die Interaktion mit dem verkaufenden Unternehmen einbezogen.

Besondere Bedeutung hat in diesem Kontext der Ansatz der IMP Group (Industrial Marketing and Purchasing Group)[42]. Abbildung 15 zeigt das Modell, welches auf der Annahme der Langfristigkeit der Geschäftsbeziehung in organisationalen Beschaffungsprozessen beruht. Hierbei wurden bestehende Ansätze zu einem multiorganisationalen Interaktionsmodell kombiniert, das als wesentliche Elemente den eigentlichen Interaktionsprozess, die beteiligten Parteien, die Umwelt und die Transaktionsatmosphäre enthält.

Im Zentrum des Modells steht ein dynamischer Interaktionsprozess, d.h. die Intensität der Interaktion kann im Verlauf der Geschäftsbeziehung variieren. Dabei lassen sich „Episoden" abgrenzen, in denen Güter, Informationen, soziale Austauschelemente oder finanzielle Mittel transferiert werden. „Insbesondere der soziale Austausch zwischen den beteiligten Parteien hat eine große Bedeutung, da er dem Aufbau von Vertrauen, der Festigung der Geschäftsbeziehung und der Reduktion von Unsicherheit dient"[43].

Die einzelnen Episoden, die zeitgleich oder nacheinander ablaufen können, dokumentieren ein Beziehungsgeflecht zwischen den Interaktionspartnern, welches als „Atmosphäre" bezeichnet wird. Diese kann als Bindeglied zwischen den einzelnen Elementen des Interaktionsprozesses gesehen werden und stellt ein abstraktes Konstrukt dar, das der Analyse der Spannungsverhältnisse Macht-Abhängigkeit, Konflikt-Kooperation sowie Nähe-Distanz dient. Schließlich ist die einzelne Geschäftsbeziehung im Kontext von Umweltfaktoren zu betrachten.

---

[42] Vgl. Hakansson (1982) sowie zur Beschreibung im Folgenden Homburg/ Schneider (2001), S. 600
[43] Homburg/ Schneider (2001), S. 600 f.

B. Grundlagen der interaktiven Markenführung 43

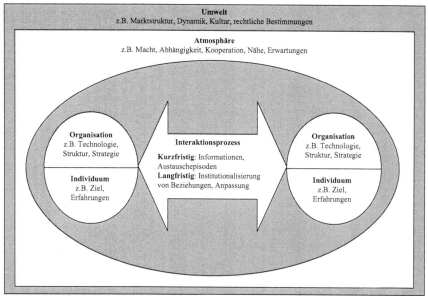

Abbildung 15: Das Interaktionsmodell der IMP-Group
(Quelle: Homburg/ Schneider (2001), S. 600, in Anlehnung an Hakansson (1982))

„Der große Fortschritt dieses Ansatzes liegt in der Bereitstellung eines allgemeinen Bezugsrahmens zur Analyse einzelner Transaktionen, aber auch langfristiger Geschäftsbeziehungen"[44]. Obgleich eine Problematik in der „hinreichenden Allgemeinheit des Ansatzes zu sehen"[45] ist, stellt dieser Ansatz eine tragfähige Basis für den weiteren Gang der Arbeit dar. Er berücksichtigt in ausreichendem Maße die skizzierten Spezifika des B2B-Geschäfts und stellt Interaktionen unter besonderer Betonung sozialer Austauschprozesse (z.b. im Rahmen des persönlichen Verkaufs) in den Mittelpunkt der Betrachtung.

Interessant ist weiterhin die Differenzierung von kurz- und langfristigen Interaktionsprozessen. Da die interaktive Markenführung gemäß Definition langfristige Interaktionsprozesse fokussiert, haben die Verkaufsmitarbeiter dennoch kurzfristig flexibel zu sein. Solche situativen Entscheidungen müssen jedoch kompatibel mit den langfristigen Entwicklungslinien der Geschäftsbeziehung sein. Es sind daher Steuerungsmechanismen gefragt, die situative und dezentrale Verkaufsaktivitäten im Sinne eines langfristig orientierten Zielsystems beeinflussen.

---

[44] Homburg/ Schneider (2001), S. 601
[45] Ebenda, S. 601

Der Geschäftsbeziehungsansatz:

Ausgehend von der Zielsetzung einer engeren Bindung von Abnehmern an den Lieferanten „kann der Geschäftsbeziehungsansatz als das neueste Instrument zur Erklärung organisationalen Kaufverhaltens bezeichnet werden"[46]. Es geht etwa um die Frage, wann eine enge Geschäftsbeziehung zwischen Lieferant und Abnehmer sinnvoll ist, und von welchen Faktoren der Erfolg einer solchen Kooperation abhängt. Dabei wird die Entwicklung einer langfristigen Geschäftsbeziehung als Prozess (mit den Phasen Awareness, Exploration, Expansion und Commitment) verstanden, dessen Bestimmungsgrößen vor allem Vertrauen und Commitment sind[47].

Im Rahmen dieser Arbeit wird das Management von Geschäftsbeziehungen als zentrale Dimension der interaktiven Markenführung aufgefasst. Es soll daher an dieser Stelle auf weitere Ausführungen verzichtet und stattdessen auf den Abschnitt B.3.1.3. verwiesen werden.

2. Markenwertmessung im B2B-Geschäft

In diesem Teil werden die Rahmenbedingungen für die Markenwertmessung im B2B-Geschäft mit dem Ziel untersucht, spezifische Anforderungen an Modelle abzuleiten. Vor diesem Hintergrund werden anschließend verschiedene Ansätze zur Markenwertmessung hinsichtlich ihrer Eignung bewertet. Schließlich erfolgt eine Festlegung auf einen Ansatz zur Markenwertmessung im B2B-Geschäft im Rahmen dieser Arbeit.

2.1. Rahmenbedingungen für Markenwertmessung im B2B-Geschäft

In diesem Abschnitt werden relevante Rahmenbedingungen der Markenwertmessung im B2B-Geschäft dargestellt. Zunächst ergeben sich aus den unter B.1.2. skizzierten Spezifika des B2B-Geschäfts besondere Aspekte für die Markenführung. Anschließend wird der Begriff der Marke gegenüber den im B2B-Geschäft sehr geläufigen Begrifflichkeiten „Image" und „Reputation" abgegrenzt. Schließlich werden konkrete Anforderungen an die Markenwertmessung im B2B-Geschäft formuliert.

2.1.1. Markenführung für das B2B-Geschäft

Die Spezifika des B2B-Geschäfts haben Konsequenzen für die Markenführung in diesem Bereich. Diese ist jedoch sowohl in der Praxis als auch in der Wissenschaft „ein bisher stark vernachlässigtes Gebiet"[48]. Der Mangel an verwertbaren Quellen verschärft sich, wenn man, wie in dieser Arbeit, mehrstufige Transaktionen (z.B. Ingredient Branding) von der Betrach-

---

[46] Homburg/ Schneider (2001), S. 601
[47] Vgl. ebenda, S. 601 ff., sowie etwa Bejou (1997), Cann (1998) und Dwyer/ Schurr/ Oh (1987).
[48] Baumgarth (2004a), S. 313

B. Grundlagen der interaktiven Markenführung   45

tung ausschließt. Dennoch sollen in diesem Abschnitt ausgewählte Aspekte der Markenführung für das B2B-Geschäft herausgearbeitet werden.

Hierzu wird zunächst ein Bezug zur Einleitung dieser Arbeit hergestellt und der Beitrag der
Markenführung zur Komplexitätsreduzierung im industriellen Einkaufsprozess skizziert. Anschließend wird B2B-Markenführung schwerpunktmäßig als Kompetenz- und Vertrauensmarketing charakterisiert. Schließlich werden Aspekte der strategischen Markenführung und
der operativen Markenpflege dargestellt.

Markenführung zur Komplexitätsreduzierung im B2B-Einkaufsprozess:

Markenführung im B2B-Geschäft kann Komplexität reduzieren. Die vorherrschende „Vielfalt
und Komplexität zersplittert die Wahrnehmung des Angebotes durch die Zielgruppen der Unternehmung. (…) Eine bewusste Markenführung für Investitionsgüter erlaubt, die Aussage für
Unternehmungen auf wichtige Konstanten zu konzentrieren und zu vereinfachen. Marken stehen für die integrierte Kompetenz des Anbieters; das Image bei Kunden und Öffentlichkeit
entscheidet oft in umkämpften und rezessiven Märkten mit gleichwertigen Konkurrenten und
bei hoher Unsicherheit von Kunden"[49].

Die Bedeutung dieses Sachverhalts wird deutlich, wenn man einen typischen Einkaufsprozess
im B2B-Geschäft unter verhaltenswissenschaftlichen Aspekten betrachtet[50]. Dabei ist eine
erste grobe Phase der Initiierung dadurch gekennzeichnet, dass eine Organisation vielfältige
Informationen aufnimmt, die letztlich zu einer Beschaffungsentscheidung führen sollen. In
dieser Phase kann die Marke ebenso wie Reputation und Image wesentliche Signalcodefunk-
tionen übernehmen, die zunächst nur das Interesse der potenziellen Nachfrager weckt[51].

Die nächste Phase der Vorüberlegung und -entscheidung ist durch eine detaillierte Informationsbeschaffung und -verarbeitung für einzelne Alternativen gekennzeichnet. Da nach Belz/
Kopp[52] auch im B2B-Geschäft eine zunehmende Informationsüberlastung vorherrscht, suchen
Entscheidungsträger nach Entlastungsmöglichkeiten. Hierbei ruft der Schlüsselinformations-
charakter beim Abnehmer „eine Anzahl von gespeicherten Einzelinformationen (z.B. Quali-
tätsniveau, Vertrauen, Lieferzuverlässigkeit, bestimmte Produkteigenschaften) auf, die eine
weitere Informationsbeschaffung überflüssig machen bzw. reduzieren. (…) Schließlich suchen die Abnehmer im Investitionsgüterbereich zwar nach ‚rationalen' Beurteilungskriterien,

---

[49] Belz/ Kopp (1994), S. 1579
[50] Für einen Überblick verhaltenswissenschaftlicher Ansätze im B2B-Bereich vgl. etwa Backhaus (2003) oder
      Fließ (1995).
[51] Vgl. Freter/ Baumgarth (2001), S. 337; zwar beziehen diese Autoren ihre Aussagen auf das Ingredient Bran-
      ding, jedoch erscheinen die hier und im Folgenden zitierten Aussagen auf allgemeine B2B-Marken über-
      tragbar.
[52] Belz/ Kopp (1994), S. 1581

46   2. Markenwertmessung im B2B-Geschäft

allerdings beeinflusst das Markenimage die Beurteilung einzelner Produkteigenschaften (...) und verleiht den übermittelten Informationen eine höhere Akzeptanz und Glaubwürdigkeit"[53].

In der abschließenden Phase der endgültigen Entscheidung bestehen häufig trotz der Vielzahl der dann bereits vorliegenden Informationen bezüglich der Beschaffungsentscheidung noch Unsicherheiten. „Falls mehrere ‚rational' vergleichbare Produktionsgüter zur Auswahl stehen, kommt zwangsläufig den eher emotionalen Aspekten wie dem Markenimage die entscheidende Bedeutung zu"[54].

Ein ähnliches Ergebnis ergibt sich bei Betrachtung der Markenwirkungen auf die verschiedenen Rollen im Buying Center. So kann etwa der Einkäufer „zum einen nur solche Anbieter zur Angebotsabgabe auffordern, die ihm bekannt sind (‚evoked set') und zum anderen berücksichtigt er häufiger solche Marken, die ein positives Image besitzen, da sich dadurch sein persönliches Risiko reduziert"[55].

Insgesamt zeigt sich, dass komplexitätsreduzierende Markenwirkungen das industrielle Kaufverhalten in den verschiedenen Phasen und auf den verschiedenen Ebenen des Buying Centers positiv im Sinne des Markeninhabers beeinflussen können.

Markenführung als Kompetenz- und Vertrauensmarketing:

Marken sind auch im B2B-Geschäft der Zugang des Kunden zur spezifischen Kompetenz des Anbieters oder seiner Leistungen[56]. Dabei sind Marken das Ergebnis von Einstellungen und Gefühlen, die sich bei Kunden aus besonderen Erfahrungen, Werbung, Beratungs-/ Verkaufsgesprächen, Produkterfahrungen usw. ergeben. Aufgrund dieser Vielschichtigkeit lassen sich B2B-Marken nur beschränkt steuern. Umso entscheidender ist die Konzentration der Markenführung auf die Vermittlung der eigenen Gesamtkompetenz mit dem Ziel, Vertrauen aufzubauen. „Während sich die Kompetenz auf die Leistungsfähigkeit bezieht, umschreibt das Vertrauen den Leistungswillen"[57]. Markenführung im B2B-Geschäft bedeutet also Kompetenz- und Vertrauensmarketing[58].

Obgleich es zwischen Kompetenz und Vertrauen enge Interdependenzen gibt[59], besteht nach Belz/ Kopp eine ursprüngliche Aufgabe des Marketing darin, Vertrauen beim Kunden zu schaffen. Sie definieren Vertrauensmarketing als „langfristige, zuverlässige Leistungsbereitschaft einer Unternehmung, Marke oder von Teilleistungen für ihren Kunden mit der Wirkung, dass sich diese Kunden völlig auf das Angebot verlassen. (...) Vertrauen reduziert die

---

[53]   Freter/ Baumgarth (2001), S. 337
[54]   Ebenda, S. 338
[55]   Ebenda, S. 338
[56]   Vgl. Belz (1990), S. 97
[57]   Baumgarth (2004a), S. 317
[58]   Vgl. Belz/ Kopp (1994), S. 1586 ff.
[59]   Vgl. Baumgarth (2004a), S. 317

B. Grundlagen der interaktiven Markenführung 47

soziale Komplexität, (…) entlastet das Marketing, steigert die Effizienz in der Zusammenarbeit von Unternehmung und Kunde und verpflichtet zu außergewöhnlichen Leistungen"[60].

Vor dem Hintergrund des hohen Stellenwerts der Interaktion bedeutet dies, dass ein als Instrument der Markenführung verstandener Verkauf Kompetenz vermitteln und Vertrauen schaffen muss. Es darf dem Verkaufsmanagement daher nicht nur um kurzfristige quantitative Ergebnisse gehen (z.b. Umsatzwachstum), sondern es muss langfristige qualitative Zielsetzungen berücksichtigen.

Strategische Markenführung:

In der Praxis sind Strategien, Führungsstrukturen, Kommunikation und Markenführung eng miteinander verbunden. Markenführung im B2B-Geschäft stellt eine Grundsatzentscheidung für die Ausrichtung des gesamten marktorientierten Konzepts dar, welche die Entscheidungen für sämtliche Marketinginstrumente überlagert[61]. Aus der Vielzahl der diesbezüglichen Implikationen sollen im Folgenden zwei Aspekte herausgegriffen werden[62].

Zum einen bieten sich aufgrund der mehr oder weniger kundenindividuellen Leistungen im B2B-Geschäft „i.d.R. keine Einzelmarkenstrategie, sondern eine Familien- und insbesondere eine Dachmarkenstrategie an"[63]. Sweeney bestätigt: „In B2B terms the brand is commonly (but not always) the corporate name, and is often applied to entire ranges of products or services sold or offered by the company"[64]. Auch nach Belz/ Kopp dominiert im B2B-Geschäft die Firmenmarke, und zwar „als übergeordneter Ausdruck für die komplexen und integrierten Vorstellungen oder Images des Kunden von einem Anbieter"[65].

Ein zweiter wesentlicher Aspekt im Rahmen dieser Arbeit ist der Sachverhalt, dass Aufbau und Pflege der Reputation den Gegenstand der Markenstrategie bildet[66]. Nach Plötner[67] setzt sich die Reputation eines Unternehmens aus der Kompetenz und dem Vertrauen zusammen, so dass die Positionierung der Marke auf diese beiden Dimensionen abzielen sollte. Das Verständnis von B2B-Markenführung als Kompetenz- und Vertrauensmarketing wird somit erneut unterstrichen. Belz/ Kopp identifizieren u.a. folgende Positionierungsinhalte[68]:

- Technologische Führerschaft und Innovation,

- Kundennähe, Offenheit und Know-how zu spezifischen Abnehmerbranchen,

---

[60] Belz/ Kopp (1994), S. 1588 f.
[61] Vgl. ebenda, S. 1589, und Baumgarth (2004a), S. 315
[62] Belz/ Kopp (1994) nennen in diesem Kontext beispielsweise Dezentralisierung und Zentralisierung, Firmenmarke und -kompetenz, Positionierung sowie Push- und Pullstrategien.
[63] Baumgarth (2004a), S. 316
[64] Sweeney (2002), S. 32
[65] Belz/ Kopp (1994), S. 1593
[66] Vgl. Baumgarth (2004a), S. 316
[67] Plötner (1995), S. 44; ähnlich: Keller (2003), S. 550, vgl. auch Baumgarth (2004a), S. 316
[68] Belz/ Kopp (1994), S. 1594

- Sicherheit, Solidität, Konstanz und langjährige Erfahrung,

- Gesamtlösungen aus einer Hand und Leistungssysteme für Kundenvorteile,

- Serviceleistungen (z.b. Beratung, Kundenschulung),

- aktuelles und zukünftiges Potenzial sowie personelle und finanzielle „Gesamtkraft" der Unternehmung,

- Corporate Identity und Design sowie

- weltweite Präsenz.

Operative Markenpflege:

Nach Belz/ Kopp gehören insbesondere die Aspekte Produktmarken und Namensfindung, Dienstleistungsmarken sowie Beziehungsmanagement zur operativen Markenpflege[69]. Jedoch: „Das Marketing für Marken lässt sich (...) generell kaum vom gesamten Marketing unterscheiden, die Marke ist das Ergebnis der gesamten Geschichte und aller Aktivitäten einer Unternehmung für Kunden"[70]. Daher erscheint es gerechtfertigt, an dieser Stelle unter operativer Markenpflege den Einsatz der Marketinginstrumente zu verstehen[71]. Im Folgenden werden dazu einige für den weiteren Gang der Untersuchung relevante Aspekte herausgegriffen.

Für die *Produktpolitik* gilt: „Problematisch ist beim Produktmanagement im Industriegütermarketing die Vernachlässigung der Markenpolitik. Industriegüterunternehmen belegen Produkte häufig mit technischen Bezeichnungen oder Artikelnummern und verzichten damit auf die Vorteile einer Marke"[72]. Weitere Entscheidungen im Rahmen der Produktpolitik betreffen u.a.[73]:

- den Spezialisierungsgrad des Unternehmens (insbesondere verwendungsbezogene vs. nachfragerbezogene Spezialisierung),

- den Spezialisierungsgrad der Produkte,

- die Individualisierung bzw. Standardisierung von Produkten sowie

- industrielle Dienstleistungen, wie z.B. Wartung, Reparatur und Ersatzteilversorgung.

Die *Preispolitik* wird insbesondere durch die Produktleistung (als Basis für Wirtschaftlichkeitsüberlegungen) und das organisationale Kaufverhalten (mit unterschiedlichen Preissensitivitäten im Buying Center) determiniert. Weiterhin ergeben sich spezielle Aspekte in Sub-

---

[69] Vgl. Belz/ Kopp (1994), S. 1596 ff.
[70] Ebenda, S. 1587
[71] zur Zuordnung des Instrumente-Mix zur operativen Ebene des Marketing, vgl. beispielsweise Bruhn (2002), Homburg/ Krohmer (2003) oder auch Kotler/ Bliemel (2001).
[72] Homburg/ Schneider (2001), S. 605
[73] Vgl. ebenda, S. 604 f.

B. Grundlagen der interaktiven Markenführung   49

missionssituationen (Ausschreibungsgeschäft) und durch den zunehmenden Stellenwert von Finanzierungsdienstleistungen (z.B. Leasing)[74].

In der *Distributionspolitik* ist zwischen physischer und akquisitorischer Distribution zu unterscheiden. Während die physische Distribution sich primär mit der Logistik der Lieferleistung beschäftigt, ist im Bereich der akquisitorischen Distribution „die Problematik der Mehrkanalsysteme und die besondere Bedeutung des Direktvertriebs hervorzuheben"[75]. Diese Arbeit beschäftigt sich hierbei schwerpunktmäßig mit dem persönlichen Verkauf und damit der akquisitorischen Distribution.

In diesem Kontext spielen emotionale Elemente im Rahmen persönlicher Kontakte von Verkäufern, Technikern und Marketingverantwortlichen eine Schlüsselrolle. „Die persönlichen Beziehungen prägen das Bild einer Unternehmung oder Sparte oft stärker als die Leistung selbst. Es gibt im Bereich der Investitionsgüter eine wesentliche Markenführung durch die Mitarbeiter mit Kundenkontakten"[76]. Die Herausforderung besteht darin, im Rahmen der Distributionspolitik ein integriertes und ganzheitliches Auftreten im Markt über Abteilungen hinweg zu implementieren[77].

Systematisches Beziehungsmanagement wird somit zu einem zentralen Instrument der Markenführung im B2B-Geschäft. Nach Belz/ Kopp kann ein Anbieter dadurch verschiedene Vorteile realisieren. Folgende Beispiele werden in diesem Zusammenhang genannt[78]:

- Kundennähe und Informationsvorteile,

- Korrekturchancen durch zusätzliche Interaktion,

- Akquisitionswirkung, Aufnahme im „Evoked Set" von Entscheidungspersonen,

- Durchbrechen eingespielter Zulassungsvoraussetzungen,

- Beeinflussung von Machtkonstellationen außerhalb von formalisierten Entscheidungsprozessen,

- „Persönliche Differenzierung" auswechselbarer Leistungen.

Die *Kommunikationspolitik* ist im B2B-Geschäft regelmäßig das Marketinginstrument mit der geringsten Bedeutung und wird „systematisch vernachlässigt"[79]. Besonderheiten für die Markenführung ergeben sich daraus, dass im Buying Center unterschiedliche Informationsbedürfnisse bestehen und dass das Informationsbedürfnis in den unterschiedlichen Kaufphasen vari-

---

[74] Vgl. Homburg/ Schneider (2001), S. 605 f.
[75] Ebenda, S. 606
[76] Belz/ Kopp (1994), S. 1599
[77] Vgl. Sweeney (2002)
[78] Belz/ Kopp (1994), S. 1599
[79] Homburg/ Schneider (2001), S. 607

ieren kann. In diesem Kontext weisen auch Homburg/ Schneider auf die besondere Rolle der persönlichen Kommunikation hin, die insbesondere vom Verkauf wahrgenommen wird[80].

Belz/ Kopp weisen hierbei u.a. auf folgende generelle Defizite der Kommunikation hin[81]:

- Kundenorientierung: Sprachbarrieren zwischen Technikern und Kaufleuten durch technologielastige Kommunikation ignorieren die Sprache des Kunden.

- Emotion: Trockene und rationale Kommunikation vernachlässigt weitgehend die emotionale Ebene in der Argumentation für Mitglieder des Buying Centers als auch für die eigenen Mitarbeiter.

- Erklärung der Leistungen: Oft lassen sich nur Bruchteile der erforderlichen Informationen für differenzierte Kundenentscheidungen vermitteln.

- Synergien in der Innenkommunikation: Es fehlt häufig ein systematischer Informationsaustausch zwischen Abteilungen, Niederlassungen und Ländern.

- Integrierte Kommunikation: Die Inhalte verschiedener Bereiche und Medien wirken aufgrund unklarer Positionierung additiv und weisen nicht in die gleiche Kommunikationsrichtung.

Baumgarth betont in diesem Zusammenhang erneut, dass die Markenkommunikation insbesondere die beiden Reputationsdimensionen Kompetenz und Vertrauen kommunizieren sollte[82]. So eignen sich etwa Testimonials[83] und Country-of-Origin-Signale[84] besonders für die Positionierungsdimension „Kompetenz", während Zertifizierungen (z.B. nach ISO-Norm) als neutrale Zeichen die Positionierungsdimension „Vertrauen" vermitteln können. Abbildung 16 fasst eine Reihe von Instrumenten der Vertrauens- und Kompetenzkommunikation zusammen. Dabei ist es für die Behandlung der Markenführung im B2B-Geschäft durch die Marketingliteratur bezeichnend, dass die persönliche Kommunikation lediglich als eine unter vielen Möglichkeiten dargestellt wird. Aus der Sicht dieser Arbeit wird dadurch der herausgehobene Stellenwert des persönlichen Verkaufs verkannt.

---

[80] Homburg/ Schneider (2001), S. 608
[81] Vgl. zum Folgenden Belz/ Kopp (1994), S. 1584 f.
[82] Vgl. hierzu und zum Folgenden Baumgarth (2004a), S. 316 ff.
[83] Hierbei wird die Marke verbunden mit dem Image eines Kunden, wobei dieser direkt als Empfehler auftritt oder als Referenz verwendet wird (Ebenda, S. 317).
[84] Hierbei bezieht sich die Marke explizit auf den Standort des Unternehmens, z.B. Made in Germany (Ebenda, S. 317).

B. Grundlagen der interaktiven Markenführung 51

Vertrauenskommunikation	Kompetenzkommunikation
• Empfehlungen Dritter (Abnehmer, Kooperationspartner etc.) • Neutrale Zeichen (z.b. Gütesiegel) • Neutrale Fachaufsätze (PR) • User-Groups • Themenportale/ Virtuelle Gemeinschaften im Internet	• Modelle, Prototypen, Computersimulationen • Referenzangaben in medialer Kommunikation • Seminare, Symposien • Betriebsführungen • Referenzanlagen • Demonstrationszentren • Lead-User-Kooperationen (Voraussetzung: hohes Referenzpotenzial) • Persönliche Kommunikation • Messen (Fachmessen, Hausmessen)

Abbildung 16: Instrumente einer Kompetenz- und Vertrauenskommunikation
(Quelle: Baumgarth (2004a), S. 318)

Sowohl Vertrauens- als auch Kompetenzwahrnehmung der Kunden wird zusätzlich durch Informationssurrogate, wie Unternehmensgröße, Qualifikation der Mitarbeiter oder Alter der Unternehmung, positiv beeinflusst, weshalb solche Informationen in die Kommunikation integriert werden sollten. Dabei eignen sich für die Vertrauenskommunikation speziell neutrale Kommunikationskanäle, während Kompetenzkommunikation insbesondere durch solche Instrumente möglich ist, die die Leistungsfähigkeit des Anbieters direkt erlebbar machen[85]. Nach Belz/ Kopp zeichnet sich eine vertrauens- und kompetenzbildende Kommunikation etwa durch folgende Merkmale aus[86]:

- Kontinuität und Verlässlichkeit,

- Stimmigkeit,

- Fairness und Sicherheit,

- Verständlichkeit und persönliche Beziehung sowie

- Fassbarkeit und Problemlösung.

Schließlich ist im Rahmen der Kommunikationspolitik die Art der Kommunikation zu bestimmen, wobei sich als grundsätzliche Arten informative und emotionale Kommunikation

---

[85] Vgl. Baumgarth (2004a), S. 318
[86] Belz/ Kopp (1994), S. 1589

voneinander abgrenzen lassen[87]. Während insgesamt im B2B-Geschäft die informative Kommunikation vorherrscht[88], so ist im Rahmen dieser Abhandlung deutlich geworden, dass die emotionale Kommunikation mehr Aufmerksamkeit verdient.

Fazit:

Abbildung 17 fasst die Überlegungen zur Markenführung im B2B-Geschäft aus diesem Abschnitt zusammen.

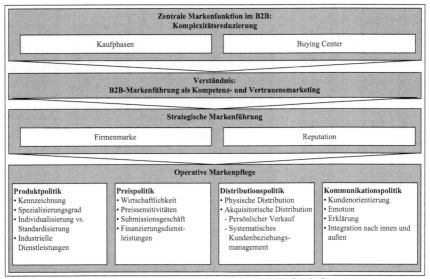

Abbildung 17: Ausgewählte Aspekte der Markenführung für das B2B-Geschäft
(Quelle: Eigene Darstellung)

Es ergeben sich verschiedene Konsequenzen für diese Arbeit:

- Markenführung erweist sich durch ihre Komplexitätsreduzierungsfunktion als potenzieller, wenn auch vielfach unausgeschöpfter Erfolgsfaktor für das B2B-Geschäft.

- Aspekte der strategischen Markenführung können im Umfang dieser Arbeit nicht weiter untersucht werden, d.h. diese Arbeit folgt einer explizit operativen Perspektive. Aspekte, wie Zentralisierung und Dezentralisierung im internationalen Kontext, bleiben unberücksichtigt. Es wird im Folgenden davon ausgegangen, dass sich die Markenführung auf Fir-

---
[87] Vgl. Baumgarth (2004a), S. 318
[88] Ebenda, S. 318

B. Grundlagen der interaktiven Markenführung 53

menmarken bezieht. Allerdings ist mit dem Begriff der Reputation eine zentrale Begrifflichkeit eingeführt worden, die der Klärung und Abgrenzung bedarf. Dieses erfolgt im folgenden Abschnitt.

- Im Rahmen der operativen Markenpflege sind Produkt- und Preispolitik eher dem Kern von Leistungssystemen zuzuordnen und stehen bereits entsprechend in der Aufmerksamkeit von Theorie und Praxis. Da diese Arbeit sich gemäß Problemstellung und Zielsetzung mit der äußeren Schale „Emotionales Profil und Kundenerlebnis" auseinander setzt, konzentrieren sich die folgenden Ausführungen auf die Distributions- und Kommunikationspolitik.

- Allerdings erscheint eine stringente Trennung im vorliegenden Kontext problematisch. Wenn B2B-Markenführung als Kompetenz- und Vertrauensmarketing aufgefasst werden soll, dann dürfen beide Bereiche nicht additiv betrachtet werden. Es bietet sich vielmehr eine integrierte Betrachtung an. Das bedeutet konkret, dass die Kommunikationswirkung des persönlichen Verkaufs in der Interaktion mit dem Buying Center auf die B2B-Marke untersucht werden soll. Der persönliche Verkauf wird also nicht getrennt nach distributions- und kommunikationspolitischen Gesichtspunkten, sondern integriert als Instrument der Markenführung betrachtet. Diese Perspektive erscheint nach den obigen Ausführungen berechtigt und ergiebig.

2.1.2. Marke, Reputation und Image

In der Literatur (und entsprechend auch im vorhergehenden Abschnitt) wird im Zusammenhang mit B2B-Marken häufig auch auf die Bedeutung von Reputation und Image hingewiesen. Im Folgenden sollen daher die Begriffe eingeordnet und abgegrenzt sowie die gegenseitigen Beziehungen geklärt werden.

Nach Esch[89] lässt sich das Globalziel einer Unternehmung (z.B. langfristige Existenzsicherung oder Steigerung des Unternehmenswerts) in ökonomische und verhaltenswissenschaftliche Ziele operationalisieren. Dabei sind sowohl Globalziel als auch ökonomische Ziele (z.B. Erstkauf, Wiederkauf) primär durch quantitative Zielgrößen gekennzeichnet. „Ökonomische Ziele sind jedoch nur mittelbar über die Verwirklichung verhaltenswissenschaftlicher Ziele zu erreichen"[90]. Qualitative verhaltenswissenschaftliche Ziele sind also den ökonomischen Zielen und dem Globalziel einer Unternehmung vorgelagert. Sie fungieren als „Leistungstreiber, die mit zeitlichem Vorlauf gegenüber den ökonomischen Zielgrößen signalisieren, wo gegebenenfalls gegenzusteuern ist"[91].

---

[89] Vgl. zum Folgenden Esch (2004), S. 61 ff.
[90] Ebenda, S. 61
[91] Esch/ Geus/ Langner (2002), S. 476; vgl. auch Horváth/ Kaufmann (1998), S. 42

Aus verhaltenswissenschaftlicher Sicht und gemäß der Definition im Abschnitt A.3.4. entsteht der Wert einer Marke in den Köpfen der Kunden. Basis für den Markenwert ist demgemäß das Markenwissen der Anspruchsgruppen[92]. In der Literatur und in einer Vielzahl von Wirkungsmodellen zur Erfassung des Markenwerts im Konsumgüterbereich wird das Markenwissen durch eine Reihe von Konstrukten operationalisiert. Esch/ Geus/ Langner beispielsweise identifizieren in ihrem Leistungsmodell der Markenführung: Markenbekanntheit, Markenimage, Markensympathie, Markenzufriedenheit, Markenvertrauen, Markenloyalität und Markenbindung[93]. Grundsätzlich sind demnach Image und Reputation zu den verhaltenswissenschaftlichen Zielgrößen zu zählen. Im Folgenden werden die beiden Konstrukte zunächst einzeln charakterisiert und dann zueinander in Beziehung gesetzt.

Image:

Image bedeutet in seiner ursprünglichen Form die „Vorstellung oder das Vorstellungsbild von einem Objekt oder einer Person"[94]. Die zentrale Bedeutung des Images für die Markenführung ergibt sich aus der Subjektivität und Verzerrtheit der menschlichen Wahrnehmung[95]. Als Väter des modernen Verständnisses gelten Gardner/ Levy[96], die eine Kaufentscheidung mit den gesamten Vorstellungen, Empfindungen und Einstellungen gegenüber einem Produkt erklären. Seitdem sind eine Vielzahl unterschiedlicher Auffassungen entwickelt worden, die im Rahmen dieser Arbeit nicht dargestellt werden können.

Als im deutschsprachigen Raum gebräuchlichste[97] und darüber hinaus konzeptionell zu der dieser Arbeit zugrunde liegenden Markendefinition passende Auffassung kann die von Kroeber-Riel/ Weinberg angesehen werden[98]. Danach ist das Image die Gesamtheit aller subjektiven Ansichten und Vorstellungen einer Person von einem Beurteilungsgegenstand, also das „Bild", das sich eine Person von einem Gegenstand macht[99]. Ein Image entsteht dadurch, dass ein Kunde „die vielen verschiedenen Wahrnehmungen, die auf ihn einwirken, die Emotionen, die er dabei empfindet, Einzelurteile, die er trifft, sowie fremde oder eigene Erfahrungen mit einem Beurteilungsobjekt zu einigen wenigen Dimensionen verdichtet"[100].

---

[92] Esch (2004), S. 63
[93] Esch/ Geus/ Langner (2002), S. 474 ff.
[94] Salcher (1995), S. 129
[95] Vgl. Müller (2002), S. 11
[96] Gardner/ Levy (1955), vgl. Salcher (1995) und Müller (2002)
[97] Vgl. Müller (2002), S. 12
[98] So ist etwa Esch mit seiner stark verhaltenswissenschaftlichen Sichtweise der Marke Schüler von Kroeber-Riel gewesen.
[99] Kroeber-Riel/ Weinberg (2003), S. 197
[100] Müller (2002), S. 13

B. Grundlagen der interaktiven Markenführung 55

Reputation:

Im Gegensatz zu vielen zentralen Begrifflichkeiten des Marketing ist „Reputation" auch aus dem allgemeinen Sprachgebrauch bekannt. Hier wird der Begriff u.a. synonym verwendet mit: Ansehen, Achtung, Geltung, Prestige, Image, Leumund oder Renommee[101]. Im Marketing existiert auch hier eine Vielzahl von unterschiedlichen Auffassungen[102]. „Eine Literaturdurchsicht zeigt, dass der Begriff Reputation einerseits eine uneinheitliche Konkretisierung erfährt und andererseits häufig mit dem Marken- und Imagebegriff gleichgesetzt wird"[103]. Statt von Synonymen sprechen aber beispielsweise Marwick/ Fill von „closely allied elements"[104], also von unterschiedlichen Konstrukten, die in Beziehung zueinander stehen.

Es ist daher erforderlich, sich im Rahmen dieser Arbeit auf eine Sichtweise festzulegen. Im vorliegenden Kontext erscheint die Auffassung von Büschken besonders ergiebig: „Die Reputation eines Anbieters - sein Ruf oder Ansehen, das dieser im Markt genießt - ist eine Erwartung von Nachfragern, die sich auf das zukünftige Verhalten des Anbieters bezieht. Ein Kunde entwickelt diese Erwartung (...) auf der Grundlage des bisherigen Verhaltens eines Anbieters"[105]. Während Image also das Ergebnis von Ereignissen der Vergangenheit ist, bezieht sich die Reputation nach dieser Auffassung auf eine erwartete Zukunft[106]. Damit scheint eine Wechselwirkung zwischen beiden Konstrukten vorzuliegen; eine Synonymität der Begriffe dagegen nach dem Verständnis dieser Arbeit nicht[107]. Darüber hinaus sprechen die Begriffe „Ruf oder Ansehen" für ein kollektives (d.h. nicht individuelles) Verständnis von Reputation: Reputation ist demnach die „Summe der Wahrnehmungen aller relevanten Stakeholder hinsichtlich der Leistungen, Produkte, Service, Personen, Organisationen etc. eines Unternehmens"[108].

---

[101] Vgl. Nerb (2002), S. 2
[102] Eine brauchbare Übersicht hierzu findet sich bei Nerb (2002); hier findet sich auch eine Abgrenzung zu verschiedenen Begriffen des allgemeinen Sprachgebrauchs. Im Rahmen dieser Arbeit interessiert aber nur die Abgrenzung zwischen Reputation und Image.
[103] Walsh/ Wiedmann/ Buxel (2003), S. 409
[104] Marwick/ Fill (1997), S. 396
[105] Büschken (1999), S. 1; problematisch an der Definition erscheint die Fokussierung auf Kunden, tatsächlich wird die Reputation bei allen Stakeholdern (z.B. Mitarbeiter, Anleger) der Unternehmung eine Rolle spielen.
[106] Diese Sichtweise ist durchaus umstritten; so definiert etwa Simon (1985), S. 37, Reputation nur über Erfahrungen, während der Zukunftsaspekt bei ihm völlig wegfällt.
[107] Obgleich dies vielfach so gesehen wird, schreibt etwa Bromley (1993) ausdrücklich, dass die Reputation eines Unternehmens als Corporate Image bezeichnet wird.
[108] Fombrun/ Wiedmann (2001), S. 46; dies ist für die Markenführung relevant, weil die Markenbildung nicht isoliert bei einem bestimmten Menschen erfolgt, sondern ein kollektives, gesellschaftliches Phänomen darstellt („Markenpublikum"), vgl. Ahlert (2005), S. 217 ff.

Zum Verhältnis von Marke, Reputation und Image:

Bentele/ Buchele/ Hoepfner/ Liebert arbeiten in ihrer Charakterisierung von Unternehmensreputation u.a. folgende Elemente heraus[109]:

- Reputation und Image sind beide dynamischer Natur[110].
- Reputation benötigt längerfristig Zeit zum Aufbau und zur Pflege.
- Reputation bildet sich größtenteils aus permanent aktualisierten und manifestierten Images, welche sich aus dem Verhalten und der Kommunikation einer Unternehmung ergeben. Umgekehrt kann aber auch die Reputation die kurzfristigen Images beeinflussen.
- Reputation als langfristiges Konstrukt lässt sich nur mittelbar über eher kurzfristige Images beeinflussen.

Zusammengefasst bedeutet dies für den Gang dieser Arbeit, dass Reputation und Image als verhaltenswissenschaftliche Zielgrößen der Markenführung aufgefasst werden, die zueinander in Beziehung stehen. Dabei ist Image ein eher kurzfristiges, individuelles und vergangenheitsorientiertes Wahrnehmungskonstrukt, welches im Rahmen der Markenführung unmittelbar beeinflusst werden kann. Reputation ist dagegen ein eher langfristiges, kollektives und zukunftsorientiertes Einstellungskonstrukt, welches sich nur mittelbar über Images steuern lässt. Gemeinsam wirken beide als Leistungstreiber für die ökonomischen Zielgrößen der Markenführung und für das Globalziel der Unternehmung. Dieses Verständnis wird in Abbildung 18 skizziert.

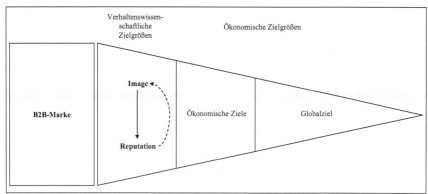

Abbildung 18: Der Zusammenhang zwischen Marke, Reputation und Image
(Quelle: Eigene Darstellung)

---

[109] Bentele/ Buchele/ Hoepfner/ Liebert (2003), S. 20 ff.
[110] Vgl. etwa auch Fombrun (1996)

B. Grundlagen der interaktiven Markenführung   57

2.1.3. Anforderungen an die Markenwertmessung im B2B-Geschäft

Aus den Spezifika des B2B-Geschäfts sowie aus den daraus folgenden Rahmenbedingungen der Markenwertmessung ergeben sich spezifische Anforderungen an ein im Rahmen dieser Arbeit einzusetzendes Messinstrument. In diesem Abschnitt fließen die Ergebnisse der bisherigen Ausführungen in einen Katalog von Anforderungen ein, der dann später verwendet wird, um die Markenwertmessung in dieser Arbeit zu konzipieren.

Es lassen sich an dieser Stelle folgende Anforderungen für die Markenwertmessung formulieren[111]:

- *Einfachheit bewahren*: Aufgrund der mangelnden Verbreitung und der infolgedessen geringen Akzeptanz von B2B-Markenführungsaspekten sowie aufgrund beschränkter Budgets[112] im überwiegend mittelständisch strukturierten B2B-Geschäft ergibt sich die Notwendigkeit eines einfachen und kostengünstigen Verfahrens. Zur Überwindung von Widerständen bietet es sich weiterhin an, nicht etwa ein völlig neues Instrument zu konzipieren, sondern eher auf ein möglichst breit akzeptiertes Verfahren zurückzugreifen.

- *Beitrag des Leistungssystems beachten*: Für diagnostische Zwecke (Warum ist eine Marke erfolgreich?) ergibt sich aus dem Sachverhalt von Leistungsbündeln als Absatzobjekte, dass sich die Betrachtung nicht nur auf den Kern eines unternehmerischen Leistungssystems, das Produkt, beschränken darf. Vielmehr müssen neben der Leistung im engeren Sinne auch Aspekte der persönlichen und unpersönlichen Marktbearbeitung betrachtet werden. Weiterhin ist zu beachten, dass durch die Dominanz von Firmenmarken Assoziationen auf einer eher abstrakten Ebene existieren.

- *Beziehungsmanagement erfassen*: Die Langfristigkeit der Geschäftsbeziehungen mit ihrem hohen Anteil an persönlichen und emotionalen Elementen ist ein zentrales Spezifikum im B2B-Geschäft. Unter diagnostischen Gesichtspunkten bedeutet dies insbesondere, den Beitrag des persönlichen Verkaufs im Rahmen des Managements von Geschäftsbeziehungen zu integrieren. Baumgarth fordert in diesem Zusammenhang, zwischen Markenwert und dem Wert persönlicher Beziehungen zu differenzieren[113].

- *Interaktionen bewerten*: Aus den Interaktionsansätzen des organisationalen Kaufverhaltens folgt, dass neben der langfristigen Geschäftsbeziehung unter diagnostischen Gesichtspunkten auch kurzfristige Interaktionen zu betrachten sind. Die Markenwertmessung muss also auch Aspekte interaktiver Markenführung im Sinne dieser Arbeit erfassen.

- *Buying Center integrieren*: Implikation multipersonaler (und in zweiter Linie auch multiorganisationaler) Beschaffungsprozesse ist die „Bestimmung des Markenwerts für ver-

---

[111] Vgl. zum Folgenden auch Baumgarth (2004b)
[112] Vgl. ebenda, S. 87
[113] Ebenda, S. 86

58 2. Markenwertmessung im B2B-Geschäft

schiedene Rollen im Buying Center sowie die Bestimmung des Einflusses der Buying-Center-Mitglieder auf die Kaufentscheidung"[114].

- *Situationsbezug herstellen*: Aus der zweckbezogenen Verwendung der Absatzobjekte und der daraus folgenden Heterogenität der Marktleistungen ergibt sich die Notwendigkeit eines Situationsbezugs, z.B. durch Berücksichtigung des Geschäftstyps. Auch Baumgarth weist darauf hin, dass die Ausprägung des Markenwerts in Abhängigkeit von der Art der Leistung unterschiedlich ausfallen kann[115].

- *Kurz- und langfristige Markenwirkungen differenzieren*: Aus der Diskussion von Reputation und Image ergibt sich, dass bei der Messung des Markenwerts zwischen kurzfristigen und unmittelbar steuerbaren sowie langfristigen und nur mittelbar beeinflussbaren Aspekten zu unterscheiden ist[116].

Abbildung 19 fasst die aus den B2B-Spezifika resultierenden Anforderungen zusammen.

---

[114] Ebenda, S. 87
[115] Baumgarth (2004b), S. 85; er folgert daraus, dass der B2B-Markenwert i.d.R. für verschiedene Produktklassen gemessen werden sollte (S. 87)
[116] Diese Sichtweise wird auch vom Brandsboard geteilt, einem disziplinübergreifend zusammengesetzten wissenschaftlichen Arbeitskreis. Demnach besteht die Struktur einer Marke aus einem veränderlichen Image und einer beständigen Substanz (vgl. Ahlert, 2003). Dieser Dualismus findet sich auch im Markeneisberg von Icon Added Value wieder (vgl. B.2.3.).

Spezifikum des B2B-Geschäfts	Konsequenz für die Markenwertmessung	Siehe Kapitel
Mangelnde Akzeptanz für Markenthemen, beschränkte Budgets für die Markenführung	Einfachheit bewahren	A.2.2.
Leistungsbündel als Absatzobjekte	Beitrag des Leistungssystems beachten	B.1.2.1.
Langfristigkeit der Geschäftsbeziehungen	Beziehungsmanagement erfassen	B.1.2.3.
Organisationales Kaufverhalten	Interaktionen bewerten	B.1.2.5.
Multipersonalität der Beschaffungsprozesse	Buying Center integrieren	B.1.2.4.
Zweckbezogene Verwendung der Absatzobjekte	Situationsbezug herstellen	B.1.2.2.
Reputation und Image als verhaltenswissenschaftliche Zielgrößen	Kurz- und langfristige Markenwirkungen differenzieren	B.2.1.2.

Abbildung 19: Anforderungen an die Markenwertmessung im B2B-Geschäft
(Quelle: Eigene Darstellung)

2.2. Ansätze zur Markenwertmessung

In diesem Abschnitt sollen grundsätzliche Möglichkeiten zur Markenwertmessung aufgezeigt werden. Es folgt zunächst eine Abgrenzung der beiden Begriffe „Markenwert" und „Markenstärke". Danach werden die gängigen Grundmodelle aus dem Konsumgüterbereich dargestellt. Dabei kommt es im Rahmen dieser Arbeit jedoch nicht auf eine detaillierte Beschreibung einzelner Modelle an, zumal sich bislang auch in diesem Bereich noch kein Standardmodell durchgesetzt hat[117]. Vielmehr sollen grundsätzliche Ansätze aufgezeigt und bewertet werden. Anschließend erfolgt ein Überblick über die wenigen existenten Ansätze zur spezifischen Messung von B2B-Marken. Der Abschnitt endet mit einem zusammenfassenden Fazit, in dem für den weiteren Gang der Arbeit ein spezifisches Modell ausgewählt wird.

---

[117] Vgl. etwa Baumgarth (2004b), S. 79, Drees (1999) oder Schimansky (2003)

2.2.1. Markenstärke und Markenwert

Markenwertmessung gehört zu den Entscheidungsfeldern der Markenkontrolle. Es gilt, den Erfolgsbeitrag der Markenführung für das Unternehmen zu kontrollieren und zu messen[118]. Angesichts der gestiegenen Verbreitung und des wirtschaftlichen Gewichts von Marken[119] liegt hierzu eine Reihe von Verfahren zur Markenbewertung vor, die größtenteils von Unternehmensberatungen, Marktforschungsinstituten oder Werbeagenturen entwickelt wurden[120].

Nicht zuletzt darum ist bezüglich der Konzeptionalisierung des Markenerfolgs ein „ausgesprochenes ‚Begriffswirrwarr'"[121] in der Literatur festzustellen. Esch differenziert vor diesem Hintergrund zwei grundlegende Zugänge zur Erfassung des Werts einer Marke[122], nämlich Ansätze zur Erfassung der Markenstärke und Ansätze zur Ermittlung eines monetären Markenwerts.

Markenstärke:

Homburg/ Krohmer unterscheiden potenzialbezogene Markenerfolgsgrößen, die sich auf die Erreichung von dem Kundenverhalten kausal vorgelagerten Zielen beziehen (z.B. Markenbekanntheit, Image), und markterfolgsbezogenen Markenerfolgsgrößen, die sich auf die Erreichung von Zielen beziehen, die den Erfolg einer Marke im Markt auf der Basis von tatsächlichen Verhaltensweisen der Kunden abbilden (z.B. Marktanteil, Loyalität, Preispremium)[123]. Demnach ist unter Markenstärke „das Resultat der Bewertung des Markenerfolgs im Hinblick auf die Gesamtheit der relevanten potenzialbezogenen und markterfolgsbezogenen Kriterien" zu verstehen[124]. Markenstärke kann auch als „psychologischer Wert einer Marke"[125] verstanden werden und resultiert nach Ahlert aus einem veränderlichen Image und einer beständigen Substanz[126].

Die Messung der Markenstärke hat insbesondere zwei Funktionen[127]:

- *Diagnose*: Warum ist die Marke stark oder schwach?

- *Therapie*: Welche Maßnahmen sind zu ergreifen, um den Wert der Marke zu erhöhen?

---

[118] Vgl. Esch (2004), S. 481
[119] Vgl. Gerpott/ Thomas (2004), S. 394
[120] Vgl. Homburg/ Krohmer (2003), S. 539, sowie etwa Esch/ Geus (2001)
[121] Homburg/ Krohmer (2003), S. 537; zur Illustration nennen die Autoren etwa die Begriffe Markenstärke, Brand Strength, Markenwert, Brand Equity und Brand Value, die von verschiedenen Autoren mit unterschiedlichen Bedeutungsinhalten belegt werden.
[122] Vgl. hierzu und zum Folgenden Esch (2004), S. 528
[123] Vgl. Homburg/ Krohmer (2003), S. 537 f.
[124] Homburg/ Krohmer (2003), S. 538
[125] Musiol/ Berens/ Spannagl/ Biesalski (2004), S. 376
[126] Vgl. Ahlert (2005), S. 218
[127] Esch (2004), S. 528

B. Grundlagen der interaktiven Markenführung 59

Spezifikum des B2B-Geschäfts	Konsequenz für die Markenwertmessung	Siehe Kapitel
Mangelnde Akzeptanz für Markenthemen, beschränkte Budgets für die Markenführung	Einfachheit bewahren	A.2.2.
Leistungsbündel als Absatzobjekte	Beitrag des Leistungssystems beachten	B.1.2.1.
Langfristigkeit der Geschäftsbeziehungen	Beziehungsmanagement erfassen	B.1.2.3.
Organisationales Kaufverhalten	Interaktionen bewerten	B.1.2.5.
Multipersonalität der Beschaffungsprozesse	Buying Center integrieren	B.1.2.4.
Zweckbezogene Verwendung der Absatzobjekte	Situationsbezug herstellen	B.1.2.2.
Reputation und Image als verhaltenswissenschaftliche Zielgrößen	Kurz- und langfristige Markenwirkungen differenzieren	B.2.1.2.

Abbildung 19: Anforderungen an die Markenwertmessung im B2B-Geschäft
(Quelle: Eigene Darstellung)

2.2. Ansätze zur Markenwertmessung

In diesem Abschnitt sollen grundsätzliche Möglichkeiten zur Markenwertmessung aufgezeigt werden. Es folgt zunächst eine Abgrenzung der beiden Begriffe „Markenwert" und „Markenstärke". Danach werden die gängigen Grundmodelle aus dem Konsumgüterbereich dargestellt. Dabei kommt es im Rahmen dieser Arbeit jedoch nicht auf eine detaillierte Beschreibung einzelner Modelle an, zumal sich bislang auch in diesem Bereich noch kein Standardmodell durchgesetzt hat[117]. Vielmehr sollen grundsätzliche Ansätze aufgezeigt und bewertet werden. Anschließend erfolgt ein Überblick über die wenigen existenten Ansätze zur spezifischen Messung von B2B-Marken. Der Abschnitt endet mit einem zusammenfassenden Fazit, in dem für den weiteren Gang der Arbeit ein spezifisches Modell ausgewählt wird.

---

[117] Vgl. etwa Baumgarth (2004b), S. 79, Drees (1999) oder Schimansky (2003)

2.2.1. Markenstärke und Markenwert

Markenwertmessung gehört zu den Entscheidungsfeldern der Markenkontrolle. Es gilt, den Erfolgsbeitrag der Markenführung für das Unternehmen zu kontrollieren und zu messen[118]. Angesichts der gestiegenen Verbreitung und des wirtschaftlichen Gewichts von Marken[119] liegt hierzu eine Reihe von Verfahren zur Markenbewertung vor, die größtenteils von Unternehmensberatungen, Marktforschungsinstituten oder Werbeagenturen entwickelt wurden[120].

Nicht zuletzt darum ist bezüglich der Konzeptionalisierung des Markenerfolgs ein „ausgesprochenes ‚Begriffswirrwarr'"[121] in der Literatur festzustellen. Esch differenziert vor diesem Hintergrund zwei grundlegende Zugänge zur Erfassung des Werts einer Marke[122], nämlich Ansätze zur Erfassung der Markenstärke und Ansätze zur Ermittlung eines monetären Markenwerts.

Markenstärke:

Homburg/ Krohmer unterscheiden potenzialbezogene Markenerfolgsgrößen, die sich auf die Erreichung von dem Kundenverhalten kausal vorgelagerten Zielen beziehen (z.B. Markenbekanntheit, Image), und markterfolgsbezogenen Markenerfolgsgrößen, die sich auf die Erreichung von Zielen beziehen, die den Erfolg einer Marke im Markt auf der Basis von tatsächlichen Verhaltensweisen der Kunden abbilden (z.B. Marktanteil, Loyalität, Preispremium)[123]. Demnach ist unter Markenstärke „das Resultat der Bewertung des Markenerfolgs im Hinblick auf die Gesamtheit der relevanten potenzialbezogenen und markterfolgsbezogenen Kriterien" zu verstehen[124]. Markenstärke kann auch als „psychologischer Wert einer Marke"[125] verstanden werden und resultiert nach Ahlert aus einem veränderlichen Image und einer beständigen Substanz[126].

Die Messung der Markenstärke hat insbesondere zwei Funktionen[127]:

- *Diagnose*: Warum ist die Marke stark oder schwach?

- *Therapie*: Welche Maßnahmen sind zu ergreifen, um den Wert der Marke zu erhöhen?

---

[118] Vgl. Esch (2004), S. 481
[119] Vgl. Gerpott/ Thomas (2004), S. 394
[120] Vgl. Homburg/ Krohmer (2003), S. 539, sowie etwa Esch/ Geus (2001)
[121] Homburg/ Krohmer (2003), S. 537; zur Illustration nennen die Autoren etwa die Begriffe Markenstärke, Brand Strength, Markenwert, Brand Equity und Brand Value, die von verschiedenen Autoren mit unterschiedlichen Bedeutungsinhalten belegt werden.
[122] Vgl. hierzu und zum Folgenden Esch (2004), S. 528
[123] Vgl. Homburg/ Krohmer (2003), S. 537 f.
[124] Homburg/ Krohmer (2003), S. 538
[125] Musiol/ Berens/ Spannagl/ Biesalski (2004), S. 376
[126] Vgl. Ahlert (2005), S. 218
[127] Esch (2004), S. 528

B. Grundlagen der interaktiven Markenführung 61

Markenwert:

Der Markenwert ist eine wirtschaftliche Erfolgsgröße, die primär aus finanzwirtschaftlicher Sicht relevant ist. Homburg/ Krohmer verstehen darunter „jegliche monetäre Quantifizierung des Nutzens einer Marke für den Markenführer"[128]. Funktion des monetären Markenwerts ist nach Esch[129]:

- *Evaluation*: Wie viel ist eine Marke wert?

Esch weist darauf hin, dass die drei Funktionen der Markenwertmessung, nämlich Diagnose, Therapie und Evaluation, nicht unabhängig voneinander sind. Ohne Diagnose ist keine Therapie, und ohne ein Verständnis der Markenstärke in den Köpfen der Kunden ist keine Evaluation möglich. Auch die unter B.2.1.3. formulierten Anforderungen weisen auf die grundlegende Bedeutung eines diagnostischen Ansatzes insbesondere für B2B-Markenführung hin.

2.2.2. Allgemeine Grundmodelle der Markenwertmessung

Es sind in der Literatur für die Vielzahl von Ansätzen zur Markenwertmessung verschiedene Systematisierungen vorgeschlagen worden. Folgende Kriterien haben in der Literatur eine gewisse Bedeutung gewonnen:

- Monetäre (finanzorientierter Markenwert) und nicht-monetäre (marketingorientierte bzw. verhaltensorientierte Markenstärke) Ansätze[130].

- In ähnlicher Form wird auch zwischen einstufigen (monetäre Messung der ökonomischen Wirkungen beim Unternehmen) und zweistufigen Methoden (Messung der Markenstärke mit anschließender monetärer Transformation) unterschieden[131].

- Nach dem Zeitbezug lassen sich kurzfristige Ansätze (Betrachtung einer Periode) und langfristige Ansätze (Betrachtung mehrerer Perioden) differenzieren[132].

- Das Kriterium des Datenerhebungsverfahrens erlaubt die Unterscheidung zwischen kompositionellen Verfahren (der Markenwert wird aus einer Vielzahl von Einzelbeurteilungen bestimmt) und dekompositionellen Verfahren (es wird zunächst eine Globalbeurteilung ermittelt, die anschließend in Einzelgrößen zerlegt wird)[133].

---

[128] Homburg/ Krohmer (2003), S. 538
[129] Esch (2004), S. 528
[130] Vgl. Franzen/ Trommsdorff/ Riedel (1994), Esch (2004) oder Homburg/ Krohmer (2003)
[131] Vgl. Kriegbaum (2001)
[132] Vgl. Sattler (1995)
[133] Vgl. Sattler (2001)

62 2. Markenwertmessung im B2B-Geschäft

- Nach dem disziplinären Charakter der Modelle bzw. nach der Dimensionierung der Eingangs- und Ergebniskriterien ergibt sich eine Klassifizierung in betriebswirtschaftliche Modelle (finanzorientiert, unternehmensbezogen), psychographische bzw. verhaltensorientierte Modelle (verhaltenswissenschaftlich, konsumentenbezogen) und betriebswirtschaftlich-verhaltenswissenschaftliche Kombinationsmodelle (integriert, marktbezogen)[134].

Vor diesem Hintergrund erscheint es sinnvoll, die Wahl einer geeigneten Systematik vom Verwendungszweck der Markenwertmessung abhängig zu machen. Baumgarth unterscheidet folgende Verwendungszwecke von Markenwerten[135]:

- Kauf bzw. Verkauf von Marken(rechten),

- Unternehmensbewertung (vollständig, d.h. inklusive der Markenrechte),

- Lizenzierung und Franchising, zur Festlegung entsprechender Gebühren,

- Bilanzierung (von immateriellen Vermögenswerten wie der Marke nach jeweils geltendem Recht),

- Schadensersatz (z.B. bei der Verletzung von Markenschutzrechten) und

- Markenführung (im Sinne einer informatorischen Fundierung markenrelevanter Entscheidungen von z.B. strategischer Markenplanung, Budgetierung und Erfolgskontrolle).

Je nach Verwendungszweck ergeben sich unterschiedliche Anforderungen an das auszuwählende Verfahren. Diese Anforderungen lassen sich im Rahmen dieser Arbeit nach der Wertdimension (monetär vs. nicht monetär), nach dem Zeithorizont und nach der Notwendigkeit der Berücksichtigung von Ursache-Wirkungszusammenhängen systematisieren[136]. Abbildung 20 fasst die Verwendungszwecke sowie die daraus resultierenden Anforderungen zusammen[137].

---

[134] Vgl. etwa Bentele/ Buchele/ Hoepfner/ Liebert (2003), Esch/ Geus (2001) oder Gerpott/ Thomas (2004)
[135] Vgl. zum Folgenden Baumgarth (2004a), S. 283 ff., vgl. auch z.B. Franzen/ Trommsdorff/ Riedel (1994)
[136] Vgl. Baumgarth (2004a), S. 286, sowie Sattler (1995), S. 667 ff.; diese Autoren verwenden noch weitere Kriterien, wie „Transfer- und Kooperationspotenzial" sowie „Wertänderung aufgrund abweichender Portfolios". Diese Aspekte weisen für die in dieser Arbeit untersuchten Zusammenhänge jedoch keine nennenswerte Relevanz auf und werden nicht weiter berücksichtigt.
[137] Vgl. Baumgarth (2004a), S. 286, dessen Übersicht sich stark an die von Sattler (1995), S. 669 anlehnt.

B. Grundlagen der interaktiven Markenführung   63

Zweck	Anforderungen		
	Wertdimension	Zeithorizont	Ursache-/ Wirkungs- zusammen- hänge
Kauf/ Verkauf von Marken(rechten)	Monetär	Langfristig	Nein
Unternehmensbewertung	Monetär	Langfristig	Nein
Lizenzierung und Franchising	Monetär	Kurz-/ Langfristig	Nein
Bilanzierung	Monetär	Langfristig	Nein
Schadensersatz	Monetär	Kurzfristig	Nein
Markenführung	Nicht monetär	Kurz-/ Langfristig	Ja

Abbildung 20: Verwendungszwecke von und Anforderungen an die Markenbewertung
(Quelle: verkürzt nach Baumgarth (2004a), S. 286)

In dieser Arbeit steht die Markenführung im Mittelpunkt, d.h. vor allem Aspekte der Marken-steuerung und -kontrolle. Entscheidend sind diagnostische und therapeutische Rückschlüsse auf die Einflussfaktoren, die den Markenwert letztlich bestimmen[138]. Daher erscheint im Fol-genden die Verwendung monetärer Verfahren nach diesen Ergebnissen nicht zielführend. Die Anforderung eines sowohl kurz- als auch langfristigen Zeithorizonts entspricht den unter B.2.1.2. formulierten Dimensionen (Image vs. Reputation). Ebenso ist die Notwendigkeit der Berücksichtigung von Ursache-/ Wirkungszusammenhängen komplementär mit den im Ab-schnitt B.2.1.3. abgeleiteten diagnostischen Anforderungen. Die folgenden Ausführungen be-schränken sich daher auf nicht-monetäre Verfahren zur Messung der Markenstärke.

Unter diesen Verfahren sollen nun diejenigen betrachtet werden, die „in der einschlägigen Li-teratur hinreichend klar beschrieben"[139] bzw. die eine gewisse „Bedeutung erlangt"[140] haben. Dabei wird der Darstellung von Esch gefolgt[141].

---

[138] Vgl. Esch (2004), S. 531
[139] Esch (2004), S. 531; damit sind gemeint: Markenkraft-Modell der GfK, Brand Asset Valuator von Young & Rubicam, Brand Potential Index (BPI) der GfK sowie der Markeneisberg von icon brand navigation (heute: Icon Added Value).
[140] Homburg/ Krohmer (2003), S. 540; damit sind gemeint: Brand Asset Valuator von Young & Rubicam, Brand Potential Index (BPI) der GfK sowie der Markeneisberg von icon brand navigation (heute: Icon Added Value).

Markenkraft-Modell der GfK:

Das Markenkraft-Modell mit dem GfK-Markensimulator ist ein rein ökonomisches, d.h. nicht verhaltenswissenschaftliches Modell[142]. Der Markenwert soll hierbei durch eine Gegenüberstellung von Erlösen und Kosten ermittelt werden. Während die Kostenseite durch das jeweilige Unternehmen zu analysieren ist, steuert das Markenkraft-Modell unter Rückgriff auf Daten des GfK-Handelspanels die Ertragsseite bei. Somit gehen die Kunden in diesem Modell als Summe von Kaufakten auf der Ertragsseite ein. Gemäß der GfK ist die „Markenkraft" die „Attraktivität einer Marke für den Konsumenten, die nicht durch das kurzfristige Marketing-Mix erklärt werden kann"[143], die sich aber im Kaufverhalten äußert.

Somit eignet sich das Modell im Rahmen dieser Arbeit schon deswegen nicht, da im B2B-Geschäft Instrumente wie Paneldaten, aber häufig auch Branchenstudien als Sekundärdaten kaum existieren[144]. Doch auch grundsätzlich ist das Modell der GfK für die Markensteuerung „weniger geeignet: Der ermittelte Wert für die Markenkraft liefert keine Erklärung dafür,

- warum der Wert hoch oder niedrig ist,

- wodurch die Markenkraft beeinflusst wurde und

- welche Maßnahmen zu ergreifen sind, um die Markenkraft zu erhöhen"[145].

Brand Asset Valuator von Young & Rubicam:

Der Brand Asset Valuator der Werbeagentur Young & Rubicam ist ein verhaltenswissenschaftliches Modell, das auf internationalen Konsumentenbefragungen basiert (ca. 90.000 Befragungen, über 12.000 Marken)[146]. Als zentrale Dimensionen der Markenstärke werden vier Faktoren verwendet. Die Faktoren „Differenzierung" und „Relevanz" ergeben die „Markenkraft", welche das Wachstumspotenzial einer Marke beurteilt. Dagegen werden die Faktoren „Ansehen" und „Vertrautheit" zum „Markenstatus" zusammengefasst, der die aktuelle Situation einer Marke darstellt. Durch die zwei Dimensionen lassen sich Marken in einer zweidimensionalen Matrix (sog. „Power Grid") darstellen. „Durch einen Zeitvergleich einer einzelnen Marke sowie den Vergleich mit konkurrierenden Marken lassen sich Aussagen über den relativen Markenwert ableiten"[147].

Durch die Einfachheit und Anschaulichkeit geht jedoch die diagnostische Tiefe der Analyse verloren, „so dass dieses Verfahren bestenfalls grob die Markenstärke von Marken erfassen

---

[141] Vgl. zum Folgenden Esch (2004), S. 531 ff.
[142] Vgl. Esch/ Geus (2001), S. 1042
[143] Maretzki/ Wildner (1994), S. 102
[144] Vgl. Baumgarth (2004b), S. 87
[145] Esch (2004), S. 532
[146] Vgl. Baumgarth (2004a), S. 293
[147] Baumgarth (2004a), S. 294

B. Grundlagen der interaktiven Markenführung 65

kann. Zudem werden über die konkreten Operationalisierungen der vier Faktoren nur diffuse Aussagen gemacht"[148]. Weiterhin wird nur der sprachliche Teil des Markenwissens erfasst, während der heute zunehmend wichtiger werdende visuelle Teil des Markenwissens zu kurz kommt[149]. Schließlich eignet sich der Rückgriff auf extensive Kundenbefragungen kaum für die eher pragmatische Markenführung im B2B-Geschäft.

Brand Potential Index (BPI) der GfK:

Dieser verhaltenswissenschaftliche Ansatz ist „umfassender und wissenschaftlich fundierter"[150] als der Brand Asset Valuator. Zur Ermittlung des Brand Potential Index (BPI) wird die Markenstärke in zehn Dimensionen operationalisiert, die über eine Vielzahl von Branchen und Produktgruppen mittels einer konfirmatorischen Faktorenanalyse validiert und auf ihre Reliablität getestet worden sind[151]. Durch Gegenüberstellung mit der Größe der First-Choice-Buyer (FCB) lässt sich auch hier ein zweidimensionaler Positionierungsraum aufspannen, „der eine grobe Einteilung der eigenen Marken und der Konkurrenzmarken in starke und schwache Marken zulässt. (…) Mit Hilfe des Brand Potential Index kann der verhaltenswissenschaftliche Wert einer Marke erfasst und zu einer Kennzahl verdichtet werden".

Kritikpunkte sind nach Esch[152]:

▪ Die Dimensionen sind eigenständige Faktoren, die voneinander nicht unabhängig sind. Eine Verdichtung solcher Werte „ist nicht unproblematisch"[153].

▪ Visuelle Aspekte der Markenstärke werden nicht berücksichtigt.

▪ Der Zusammenhang zwischen BPI und FCB ist nicht überraschend, da manche Dimensionen Bestandteile beider Werte sind.

Grundsätzlich erscheint der Ansatz aber als potenziell auf das B2B-Geschäft übertragbar. Die Dimensionen werden durch zehn Statements erhoben, was dem Anspruch der Einfachheit genügt. Allerdings ist die Integration der First-Choice als Maß des Markenerfolgs weniger geeignet, da es sich hier um ein klassisches Konstrukt des Konsumgütermarketing handelt.

---

[148] Esch (2004), S. 534
[149] Vgl. Esch (2004), S. 534
[150] Homburg/ Krohmer (2003), S. 540
[151] Diese Dimensionen sind: Markenloyalität, Kaufabsicht, Markenbekanntheit, Mehrpreisakzeptanz, Uniqueness (= Eigenständigkeit der Marke), Markensympathie, Markenvertrauen, wahrgenommene Qualität, Markenidentifikation und die Bereitschaft zur Weiterempfehlung. Vgl. Grimm/ Högl/ Hupp (2000), S. 8 ff., Högl/ Twardawa/ Hupp (2001), S. 9, sowie Esch (2004), S. 534 f.
[152] Esch (2004), S. 536 f.
[153] Ebenda, S. 536

66   2. Markenwertmessung im B2B-Geschäft

Markeneisberg von Icon Added Value (früher icon brand navigation):

Der Markeneisberg ist ein verhaltenswissenschaftliches Modell zur Messung der Markenstärke, das in ein ganzheitliches Verfahren zur Analyse der Markenidentität eingebunden ist[154]. Damit ist die Grundidee des Verfahrens komplementär mit der Markenauffassung, wie sie dieser Arbeit zugrunde liegt (vgl. A.3.4.). In Analogie zu einem Eisberg unterscheidet das Modell zwischen einem sichtbaren Teil (Markenbild, d.h. wie der Kunde die betreffende Marke wahrnimmt) und einem unsichtbaren Teil (Markenguthaben, d.h. eher langfristige Veränderungen von Kundeneinstellungen). Beide Größen setzen sich aus mehreren Faktoren zusammen und bestimmen gemeinsam die Markenstärke, die relativ zur Norm in einer Produktkategorie ausgewiesen wird. Während sich das sichtbare Markenbild durch Instrumente des Marketing-Mix kurzfristig beeinflussen lässt, lässt sich das Markenguthaben nur mittelbar und langfristig über ein eigenständiges, klares und attraktives Markenbild verändern[155].

Mehrfache erfolgreiche Validierungsstudien lassen Esch zu folgendem Fazit gelangen: „Die Differenzierung in die beiden Dimensionen inneres Markenbild und Markenguthaben sind aus pragmatischer Sicht zweckmäßig. Sie können im Erklärungszusammenhang gut eingesetzt werden und bestimmte Zusammenhänge bei der Entwicklung eines Markenwerts deutlich vor Augen führen"[156]. Es wird auch der aus der Imagery-Theorie entnommene Aspekt der inneren Markenbilder erfasst. Die Differenzierung zwischen kurzfristigem Markenbild und langfristigem Markenguthaben weist darüber hinaus deutliche Parallelen zu den Überlegungen zu Image und Reputation auf (vgl. B.2.1.2.). Schließlich kann aufgrund der hohen Bekanntheit[157] und der unkomplizierten Operationalisierung von einer guten Akzeptanz auch bei Entscheidern im B2B-Geschäft ausgegangen werden.

Allerdings sind die Dimensionen Markenbild und Markenguthaben nicht unabhängig voneinander[158], was ähnliche Probleme wie im Fall des Brand Potential Index aufweist. Faktoren wie „Einprägsamkeit der Werbung" und „subjektiv wahrgenommener Werbedruck" sind darüber hinaus stark auf die Verhältnisse im Konsumgütermarketing zugeschnitten und für eine Verwendung im B2B-Kontext anzupassen. Dieses ist jedoch aufgrund der pragmatischen Operationalisierung relativ unproblematisch.

---

[154] Vgl. Andresen/ Esch (2001)
[155] Vgl. Esch (2004), S. 537 ff. sowie Baumgarth (2004a), S. 294 f.
[156] Esch (2004), S. 541
[157] Vgl. Schimansky (2003), S. 48; demnach war der Eisberg das bekannteste von 21 abgefragten Verfahren.
[158] Vgl. Esch (2004), S. 541

B. Grundlagen der interaktiven Markenführung 67

2.2.3. Spezielle Ansätze der Markenwertmessung im B2B-Geschäft

Baumgarth konnte lediglich drei Markenwertmodelle mit Spezialisierung auf das B2B-Geschäft identifizieren[159]:

- Gordon/ Calantone/ Benedetto[160] haben die Entwicklung des Markenwertes am Beispiel der Elektroindustrie untersucht. Sie konnten u.a. nachweisen, dass Marken zu einer signifikanten Veränderung der spezifischen und allgemeinen Qualitätsbeurteilung beitragen. „Insgesamt handelt es sich bei der Studie eher um den Versuch, nachzuweisen, dass auch im B-to-B-Sektor die Marke durch die Markenstärke einen Wert aufweist. Allerdings fehlt eine Integration zu einem geschlossenen Messansatz"[161].

- Hutton[162] hat die Markenstärke für vier verschiedene Produktkategorien (PCs, Kopierer, Faxgeräte, Disketten) untersucht und u.a. gezeigt, dass professionelle Einkäufer für ihre präferierte Marke ein Preispremium zu zahlen bereit sind. „Allerdings wird eher die Relevanz der Marke im B-to-B-Bereich nachgewiesen als ein Modell zur Bestimmung des Markenwertes vorgeschlagen"[163].

- Im Rahmen des DLG-Imagebarometers[164] werden jährlich Landwirte zum Image verschiedener Firmen aus den Bereichen Landtechnik, Technik Tierhaltung, Betriebsmittel Tierhaltung, Agrarchemie/ Saatgut und Banken/ Versicherungen/ Organisationen befragt. Auf der Basis der Beurteilungen zu verschiedenen Aspekten (u.a. Innovativität und Werbung) erfolgt dann für jede Firmenmarke die Bildung eines Gesamtindexes. Besonders interessant hierbei ist die jährliche Durchführung. Dadurch wird neben einem Branchenvergleich und einem Benchmarking die Analyse der zeitlichen Entwicklung des Markenwerts möglich. „Problematisch an dem Ansatz ist neben der unklaren Zielgruppenbestimmung und der unbegründeten Auswahl der Beurteilungskriterien insbesondere die ad-hoc-Gewichtung"[165].

Baumgarth kommt zusammenfassend zu folgendem Ergebnis: „Die bisher existierenden Ansätze beschränken sich auf die Markenstärke. Weiterhin handelt es sich um ad-hoc-Ansätze, die in Bezug auf die Auswahl der Markentreiber und der Markenwert-Messung eine hohe Subjektivität nachweisen"[166]. Er entwirft daher die Skizze eines B2B-Markenwertmodells, die sich als Bezugsrahmen aus einem Prozess- und einem Strukturmodell zusammensetzt[167].

---

[159] Vgl. hierzu und zum Folgenden Baumgarth (2004b), S. 82 ff.
[160] Vgl. Gordon/ Calantone/ Benedetto (1993)
[161] Baumgarth (2004b), S. 83
[162] Vgl. Hutton (1997)
[163] Baumgarth (2004b), S. 83
[164] Vgl. Burger (2003); „DLG" bezeichnet die Deutsche Lebensmittel Gesellschaft.
[165] Baumgarth (2004b), S. 84
[166] Ebenda, S. 85
[167] Vgl. hierzu und zum Folgenden ebenda, S. 88 ff.

Prozessmodell:

Das Prozessmodell basiert auf der Erkenntnis, dass aufgrund der Heterogenität des B2B-Geschäfts „ein vollständig standardisiertes Instrument wenig Erfolg versprechend ist"[168]. Es wird daher eine sinnvolle Abfolge von Entscheidungen und Analysen im Rahmen der Markenwertbestimmung beschrieben.

1. Zunächst erfolgt die Festlegung des Bewertungszwecks. Von besonderem Stellenwert ist die Frage, ob eine monetäre Bewertung notwendig ist oder ob für Zwecke der Markenführung die Bestimmung der Markenstärke ausreicht.

2. Im zweiten Schritt ist das relevante Bewertungsobjekt zu bestimmen. Für die Frage, ob eine Formen- oder eine Produktmarke als Reiz wahrgenommen wird, ist die Sicht des Marktes entscheidend.

3. In Abhängigkeit vom Bewertungsobjekt ist die Heterogenität der Abnehmer durch die Bildung abgrenzbarer Märkte zu berücksichtigen. Je Segment sind dann die wichtigsten Konkurrenzmarken zu identifizieren. Hierbei können zur Unterstützung Segmentierungsmodelle, Expertenurteile und Vertikalkettenanalysen verwendet werden.

4. Im vierten Schritt ist vor dem Hintergrund der Multipersonalität für jeden Markt zu bestimmen, welche Rollen im Buying Center existieren und welchen Einfluss diese auf den Kaufprozess haben. Hierzu finden sich Vorschläge zur Vorgehensweise in der Literatur[169] und Sekundärstudien[170]. Weiterhin lassen sich die notwendigen Größen durch Expertenurteile und qualitative Studien bestimmen.

5. Im fünften Schritt ist die Markenstärke per Befragung zu bestimmen. „Die Identifizierung der potenziellen Markenstärke-Indikatoren erfolgt auf der Basis der bisherigen Markenstärke-Modelle"[171]. Entsprechend sind eines oder mehrere der Modelle aus dem Abschnitt B.2.2.2. hierbei zugrunde zu legen.

6. In den Schritten 6 und 7 erfolgen die Bestimmung des ökonomischen Markenwertes sowie eine kausalanalytische Verknüpfung von Markenstärke und monetärem Markenwert. Für die Zielsetzung der Markenführung, wie sie dieser Arbeit vorliegt, ist jedoch keine Evaluation notwendig. Daher entfallen in diesem Kontext diese Schritte.

7. Im letzten Schritt kann die Markenwertbestimmung durch weiterführende Analysen (z.B. Zeitvergleich, Benchmarking, interne Analysen) ergänzt werden

Insgesamt erscheint eine Vorgehensweise nach dem Baumgarthschen Prozessmodell plausibel. Sie liegt daher auch dieser Arbeit zugrunde. Insbesondere können dadurch strukturelle

---

[168] Baumgarth (2004b), S. 88
[169] Z.B. Anderson/ Chu/ Weitz (1987)
[170] Z.B. Specht (1985)
[171] Baumgarth (2004b), S. 89

B. Grundlagen der interaktiven Markenführung 69

Defizite einzelner Instrumente hinsichtlich ihrer Eignung für das B2B-Geschäft ausgeglichen werden.

Strukturmodell:

Im Strukturmodell wird die Komponente Markenstärke ergänzt durch den Markengewinn. Dieser ergibt sich, wenn man tangiblen Umsatz sowie Marken- und Beziehungsabsatz voneinander isoliert und den jeweiligen Kosten gegenüberstellt. Dieses Vorgehen erscheint aufgrund einer Vielzahl von Daten- und Zurechnungsproblemen jedoch einerseits vergleichsweise kompliziert und ist andererseits für die Beantwortung der Forschungsfragen für diese Arbeit nicht ergiebig. Auf das Baumgarthsche Strukturmodell soll daher an dieser Stelle nicht weiter eingegangen werden[172].

2.2.4. Bewertung

Die vorgestellten Verfahren haben allesamt spezifische Vor- und Nachteile, deren relatives Gewicht sich nur vor dem Hintergrund des jeweiligen Anwendungszwecks erschließt. Dennoch sind bei der Anwendung solcher Modelle verschiedene Aspekte grundsätzlich zu beachten[173]:

- Vorhandene Modelle weisen i.d.R. einen hohen Grad der Standardisierung auf. Dadurch ergibt sich die Möglichkeit des Benchmarking. Voraussetzung dafür ist jedoch, dass zentrale Messgrößen solcher Modelle nicht verändert werden. Dies gilt natürlich auch für eine eventuelle Anpassung auf den B2B-Kontext. Dafür notwendige Eingriffe sollten also die Grundstruktur eines Modells beibehalten.

- Eine hohe Standardisierung führt auch zu mehr Objektivität. Dies schränkt jedoch zwangsläufig die Möglichkeiten zur maßgeschneiderten Anpassung an spezifische Markenbedürfnisse ein. Gerade im heterogenen B2B-Geschäft können sich hieraus Konflikte im Spannungsfeld zwischen Standardisierung und Individualisierung ergeben. Gegebenenfalls ist eine Unterscheidung von Prozess- und Strukturmodell ergiebig.

- Die Generalität, d.h. die Anwendbarkeit der Ansätze auf verschiedene Kontexte, ist bei den vorgestellten Modellen als bestenfalls mittelmäßig einzuschätzen. Sie setzen i.d.R. voraus, dass die zu untersuchende Marke oder zumindest die zu untersuchende Branche bereits in der jeweiligen Datenbank berücksichtigt wurde. Dies ist im B2B-Geschäft eher unrealistisch, es sei denn, man interpretiert den gesamten B2B-Bereich als Benchmark. Aufgrund der Heterogenität im B2B-Geschäft erscheint eine solche Vereinfachung jedoch als hochgradig problematisch.

---

[172] Jedoch liegt dieser Ansatz dem Abschnitt D.5. zugrunde, der sich mit der Herleitung eines Verkaufswerts als Steuerungsgröße für das Verkaufsmanagement befasst.
[173] Vgl. zum Folgenden Esch (2004), S. 531 f., sowie Baumgarth (2004a), S. 297

70 2. Markenwertmessung im B2B-Geschäft

- Der Aufwand der jeweiligen Modelle ist eher schwer zu beurteilen. Eine isolierte Erhebung für eine Marke ist durch die notwendige Fremdmarktforschung i.d.R. teuer. Jedoch ist gerade im B2B-Geschäft nicht von der Anwendbarkeit von Sekundärdaten (z.B. Paneldaten) oder der Existenz von Daten zu einer B2B-Marke in den Datenbänken der Anbieter auszugehen. Umso wichtiger ist gerade hier daher eine pragmatische Operationalisierung der Messkonstrukte zur Reduzierung des Erhebungsaufwands.

- Obwohl die praktische Bedeutung kein Beurteilungskriterium im engeren Sinne darstellt, „lässt sich aus einer stärkeren Beachtung eines Ansatzes in der Praxis auf die Verständlichkeit des Ansatzes sowie die Nützlichkeit der Aussagen schließen"[174]. Gerade weil die Modelle zur Messung des Markenwerts eine insgesamt sehr niedrige Bekanntheit aufweisen[175], kann eine relativ hohe Popularität einen gewichtigen Grund bei der Auswahl eines Ansatzes spielen.

Als Zwischenergebnis lässt sich festhalten, dass sich der Markeneisberg vor dem Hintergrund der Bewertungskriterien für die Zielsetzung dieser Arbeit besonders gut zu eignen scheint[176]. Aufgrund der Operationalisierung des Ansatzes lassen sich Anpassungen ohne größere Eingriffe in die Modellstruktur vornehmen. Eine Einbettung in ein B2B-spezifisches Prozessmodell kann die Nachteile der B2C-Herkunft weiter verringern. Während die Generalität nur mittelmäßig ist, sind Objektivität, Aufwand und vor allem die praktische Bedeutung als positiv einzuschätzen[177]. Schließlich differenziert der Eisberg am deutlichsten zwischen kurzfristigen und langfristigen Markenwirkungen.

Daher wird die nicht-monetäre Markenstärke in dieser Arbeit mit dem Markeneisberg der Firma Icon Added Value gemessen, der im Folgenden detailliert dargestellt wird.

2.3. Der Markeneisberg von Icon Added Value

Der Markeneisberg von Icon Added Value soll nach den vorstehenden Überlegungen als abhängige Variable die Markenwirkung diverser Einflussfaktoren abbilden. Daher erscheint es angemessen, die knappe Darstellung aus dem Abschnitt B.2.2.2. zu vertiefen. Im Folgenden soll zunächst das Modell ausführlich dargestellt werden[178]. Anschließend erfolgt im Rahmen einer Würdigung die Zusammenfassung von Vor- und Nachteilen, welche bei der Interpretation der empirischen Ergebnisse für die externe Perspektive zu berücksichtigen sind.

---

[174] Baumgarth (2004a), S. 298
[175] Vgl. Drees (1999) sowie Schimansky (2003)
[176] Eine kritische Würdigung erfolgt im Abschnitt B.2.3.2. nach der Konzeptdarstellung.
[177] Vgl. Baumgarth (2004a), S. 300; hinsichtlich des Aufwands wird in dieser Arbeit eine andere Auffassung vertreten als von Baumgarth postuliert. Der Markeneisberg ergibt sich in seiner Grundform aus nur acht Statements. Standardisierte Befragungen sind daher vergleichsweise günstig. Vgl. auch Bekmeier-Feuerhahn (1998), S. 100
[178] Vgl. zur Darstellung des Markeneisbergs in dieser Arbeit insbesondere Musiol/ Berens/ Spannagl/ Biesalski (2004) und Andresen/ Esch (2001).

B. Grundlagen der interaktiven Markenführung   71

2.3.1. Darstellung

Unter Rückgriff auf die Eisberg-Analogie der Psychologie bezeichnet das Markenbild[179] den sichtbaren Auftritt einer Marke, also wie der Kunde die Marke wahrnimmt und wie sie in seinem Kopf repräsentiert und positioniert ist. Im Markenbild manifestieren sich vor allem die Maßnahmen des Marketing-Mix, z.B. Produkte, Werbung, Personen etc. Das Markenbild repräsentiert damit eher die Wahrnehmung einer Marke.

Ausgangspunkt für die Analyse des Markenbildes bildet die Imagery-Theorie zur Entstehung, Speicherung und Verhaltenswirkung innerer Bilder[180]. Demnach ist die linke Hemisphäre des menschlichen Gehirns das „Sprachgehirn", das stark kognitiv gesteuert ist und logisch-analytischen Regeln folgt. Dagegen ist die rechte Hirnhälfte das „Bildgehirn", das wenig kognitiv orientiert ist, ganzheitlich arbeitet und einer räumlichen Grammatik folgt. Es ist also zwischen numerisch-abstrakten und konkreten bildhaft-sensorischen Reizinformationen zu unterscheiden.

Die kognitive Repräsentation von Markeninformationen ist ausgeprägter und nachhaltiger, wenn die Verarbeitung im Kopf des Kunden sowohl links- als auch rechtshemisphärisch abläuft. „Dies ist der Fall, wenn alle wesentlichen abstrakten Inhalte einer Marke, also ihre Nutzen, Werte, Vorteile und Tonalität auch in konkrete visuelle oder andere sensorische Informationen übersetzt und rechtshemisphärisch repräsentiert werden. (…) In der Praxis wird der Aufbau innerer Bilder leider oft auf die werbliche Ebene reduziert, obwohl die gesamte Bandbreite der Marketingmaßnahmen von Produkt und Verpackung über Distribution bis zu interaktiven Maßnahmen genutzt werden kann"[181].

Damit kann vermutet werden, dass das Markenbild auch im wenig werbelastigen B2B-Geschäft eine Existenzberechtigung hat. Aufgrund der dort vorherrschenden Spezifika dürfte den Eindrücken aus der persönlichen Interaktion mit Repräsentanten eines Lieferanten hierbei ein besonderer Stellenwert zukommen. Kurzum: Der Verkäufer prägt vermutlich beträchtlich das innere Markenbild seiner Kunden. Nach der Imagery-Theorie wäre es erstrebenswert, wenn die Signale aus der Interaktion innerhalb des Marketing-Mix mit anderen Maßnahmen kongruent sind. Der Verkauf ist demnach auch unter Aspekten der interaktiven Markenführung und damit integriert zu betrachten.

Um diese Aspekte bei der Messung der Markenstärke zu berücksichtigen, erscheint jedoch eine Adaption des Modells notwendig. Denn in seiner Standardversion wird das Markenbild recht werbelastig operationalisiert. Es wird hier geprägt durch

---

[179] In neueren Veröffentlichungen von Icon Added Value wird das Markenbild als „Markeniconographie" bezeichnet. In dieser Arbeit soll jedoch die ursprüngliche Bezeichnung beibehalten werden, wie sie von Andresen (1991) sowie Andresen/ Esch (1994) geprägt wurde.

[180] Zum Konzept innerer Bilder vgl. etwa Ruge (2001).

[181] Musiol/ Berens/ Spannagl/ Biesalski (2004), S. 378-380

- die Markenbekanntheit (Awareness),
- die Klarheit und Attraktivität des inneren Markenbildes,
- die Eigenständigkeit des Markenauftritts (Uniqueness),
- die Einprägsamkeit der Werbung sowie
- den subjektiv wahrgenommenen Werbedruck.

Das Markenguthaben befindet sich im Eisberg unterhalb der Wasseroberfläche und repräsentiert die emotionale Beziehung und Bindung zwischen Marke und Kunde in Form von langfristig aufgebauten Einstellungen zur Marke. Das langfristig akkumulierte Markenguthaben repräsentiert damit den Einfluss vergangener Marketingmaßnahmen auf die Einstellung zur Marke. Es hat einen direkteren Bezug zum Verhalten und damit zum Markenerfolg. Es kann im Wesentlichen jedoch nicht direkt, sondern nur mittelbar über ein klares, attraktives und differenziertes Markenbild beeinflusst werden.

Das Markenguthaben umfasst

- die Markensympathie,
- das Markenvertrauen sowie
- die Loyalität gegenüber der Marke.

Abbildung 21 zeigt den so operationalisierten Markeneisberg von Icon Added Value.

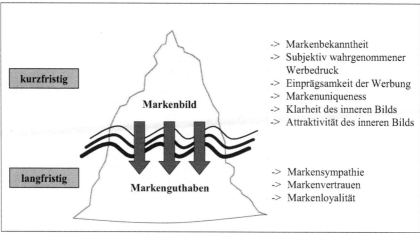

Abbildung 21: Der Markeneisberg zur Messung der Markenstärke
(Quelle: Andresen/ Esch (2001), S. 1084)

B. Grundlagen der interaktiven Markenführung 73

Die Markenstärke ergibt sich aus den beiden Teilen des Eisbergs, den Dimensionen Markenbild (Wahrnehmung) und Markenguthaben (Einstellung). Da die beiden Dimensionen nicht unabhängig voneinander sind, wird auf eine Aggregation der einzelnen Ausprägungen der Einflussfaktoren zu einer umfassenden Größe verzichtet.

Das Vorgehen wird als grundsätzlich wissenschaftlich fundiert charakterisiert[182]:

- Die Objektivität kann aufgrund der standardisierten Befragungs- und Auswertungssituation bei Icon Added Value grundsätzlich als gegeben betrachtet werden.

- Ein Wert des Cronbachschen Alpha von 0,84 für das Markenbild und von 0,95 für das Markenguthaben zeigen eine mittlere bis hohe Reliabilität der Messung beider Dimensionen über die jeweiligen Markenstärkefaktoren an.

- In einer Validierungsstudie im Automobilmarkt wurde ein hohes Prognosepotenzial festgestellt. Das gemessene Markenguthaben beeinflusste direkt den Absatz als Markterfolgsvariable. Die Entwicklung der Markenstärke zeigte sich darüber hinaus als Indikator für zukünftigen Markenerfolg.

2.3.2. Würdigung

Nach Riedel liefert der Markeneisberg „hochrelevante Ergebnisse für die Beurteilung von Marken für Marketingzwecke"[183]. Die Vorteile sind bereits im Zusammenhang mit der Begründung für die Wahl des Instruments genannt worden. Es gibt jedoch auch Nachteile, die bei der Anwendung des Modells zu beachten sind[184]:

- Es wird bei der Ergebnisdarstellung des Markeneisbergs nicht mit einer absoluten Markenstärke gearbeitet, sondern nur mit relativen Werten, die sich aus dem Vergleich mit einem Norm- bzw. Referenzwert für die betrachtete Branche ergeben. Dies ist für diese Arbeit unproblematisch, da die absoluten Dimensionen des Eisbergs als abhängige Variablen fungieren.

- Die Referenzwerte sind keine unmarkierten, sondern ebenfalls markierte Konkurrenzprodukte. Auch dieses ist hier irrelevant, da nicht mit Referenzwerten gearbeitet zu werden braucht.

- Angesichts möglicher Interdependenzen zwischen Markenbild und Markenguthaben stellt sich die Frage, wie eine Marke mit hohen Markenbildwerten, aber schlechtem Markenguthaben im Vergleich zu einer Marke mit umgekehrten Ausprägungen zu bewerten ist[185].

---

[182] Vgl. insbesondere Musiol/ Berens/ Spannagl/ Biesalski (2004), S. 383 f.
[183] Riedel (1996), S. 173
[184] Vgl. Bekmeier-Feuerhahn (1998), S. 98
[185] Dieser Kritik ist aus Sicht dieser Arbeit nur bedingt zuzustimmen, wenn man konsequent zwischen kurz- und langfristigen Markenwirkungen differenziert. So sind hohe Markenbild- und schlechte Markenguthabenwerte etwa im Falle von neuen Marken vorstellbar, deren Einführungskampagnen noch keine langfris-

- Es ist im Modell kaum möglich, Produkt- und Markenleistung voneinander zu trennen. Es ist entsprechend schwierig, marken- und produktspezifische Stärken zu benennen. Dies soll aber in der vorliegenden Arbeit durch die Auswahl der unabhängigen Variablen ausgeglichen werden.

Insgesamt erscheint der Markeneisberg von Icon Added Value als Modell hinreichend fundiert zu sein, um im Rahmen der empirischen Erhebung als abhängige Variable zu dienen. Dabei werden die Anforderungen, die das Modell nicht a priori erfüllt, über die Gegenüberstellung mit unabhängigen Variablen und über den Forschungsprozess berücksichtigt. Im Einzelnen werden der Beitrag des Leistungssystems (durch Berücksichtigung von Variablen wie Leistung und unpersönliche Marktbearbeitung) sowie der Einfluss des Beziehungsmanagements und der Interaktion (= persönliche Marktbearbeitung) als unabhängige Variablen in das Modell integriert. Hierfür sind im Folgenden entsprechende Ansatzpunkte abzuleiten. Über das Prozessmodell ist das Buying Center zu integrieren (durch Berücksichtigung verschiedener Entscheidungsebenen) sowie der Situationsbezug herzustellen (etwa über die Geschäftstypen nach Backhaus).

Abbildung 22 fasst die Bewertung des Markeneisbergs hinsichtlich der zuvor abgeleiteten Anforderungen zusammen.

---

tige Guthabenwirkung zeigen konnten. Im umgekehrten Fall könnte der „Benetton-Effekt" vorliegen: Eine etablierte Marke mit einem historisch gewachsenen Guthaben zerstört ihr Markenbild sehr kurzfristig durch eine missglückte Werbekampagne.

B. Grundlagen der interaktiven Markenführung 75

Anforderungen	Umsetzung
Anforderungen aufgrund der B2B-Spezifika (vgl. B.2.1.3.)	
Einfachheit	Erfüllt durch Markeneisberg
Beitrag des Leistungssystems	Über unabhängige Variablen
Erfassung des Beziehungsmanagements	Über unabhängige Variablen
Bewertung der Interaktion	Über unabhängige Variablen
Integration Buying Center	Über Prozessmodell
Herstellung Situationsbezug	Über Prozessmodell
Differenzierung zwischen kurz- und langfristiger Markenwirkung	Erfüllt durch Markeneisberg
Zusätzlich abgeleitete Anforderungen	
Nicht-monetär/ Fokus auf Diagnose und Therapie (vgl. B.2.2.2.)	Erfüllt durch Markeneisberg
Objektivität, Generalität, Reliabilität, Validität (vgl. B.2.2.4.)	Erfüllt durch Markeneisberg
Bekanntheit/ Praxisakzeptanz (vgl. B.2.2.4.)	Erfüllt durch Markeneisberg
Pragmatische Operationalisierung/ Anpassungsfähigkeit (vgl. B.2.3.1.)	Erfüllt durch Markeneisberg
Aufwand (vgl. B.2.3.1.)	Erfüllt durch Markeneisberg

Abbildung 22: Bewertung des Markeneisbergs hinsichtlich spezifizierter Anforderungen
(Quelle: Eigene Darstellung)

2.3.3. Operationalisierung des Markeneisbergs

Wie gezeigt wurde, ist die Operationalisierung des Eisberg-Modells in der Literatur bereits recht gut dokumentiert. Im Rahmen eines Workshops mit Experten von Icon Added Value ist die generische Operationalisierung für die Anwendung im B2B-Kontext jedoch abgewandelt und adaptiert worden[186].

Im Rahmen der Adaption des Markenbilds ist zunächst das Befragungsobjekt „Marke" durch „Lieferant" ersetzt worden, da dies die im B2B-Geschäft übliche Sichtweise reflektiert. Die

---

[186] Der Workshop fand am 3. Dezember 2004 in Nürnberg statt (siehe Anhang 3).

Frage nach Marken hätte die Befragten möglicherweise verwirrt oder prädisponiert. Weiterhin ist die Werbelastigkeit der herkömmlichen Operationalisierung reduziert worden. Einprägsame Werbung etwa ist kein Selbstzweck, sondern zielt auf Aufmerksamkeit in der Zielgruppe mit dem nachgelagerten Ziel der Positionierung in den Köpfen derselben. Entsprechend wird im Fragebogen direkt nach dem Endziel, der klaren Positionierung im B2B-Geschäft, abgezielt. Denn aufgrund der beschriebenen zunehmenden Austauschbarkeit der Lieferanten liegt hier ein entscheidender Schlüssel zur Differenzierung im Wettbewerb.

Hinsichtlich des subjektiv wahrgenommenen Werbedrucks wird nun nicht mehr explizit nach der Werbung gefragt, sondern allgemeiner nach Kontaktpunkten des Kunden mit seinem Lieferanten. Hintergrund ist der Umstand, dass die in der Originalformulierung unterstellte klassische Mediawerbung im B2B-Geschäft im Vergleich zu anderen Formen der Kommunikationspolitik (etwa persönlicher Verkauf, Messearbeit, VKF-Materialien oder Berichte in der Fachpresse) eine eher untergeordnete Rolle spielen dürfte. Schließlich kann auf die Abfrage der Markenbekanntheit verzichtet werden, da hier Kunden über ihre Lieferanten befragt werden, so dass im Kontext die Awareness vorausgesetzt wird.

Der Wert des Cronbachschen Alpha für das Markenbild ist mit knapp über 0,7 noch ausreichend (siehe Anhang 1). Es deutet sich damit jedoch an, dass zur Anpassung der Operationalisierung des Markeneisbergs an den B2B-Kontext weitere Forschungsarbeiten mit dem Ziel sinnvoll wären, eine höhere Reliabilität der Skala zu erzielen.

Im Falle des Markenguthabens sind die von Icon Added Value herkömmlicherweise verwendeten Indikatoren mit leichter sprachlicher Adaption übernommen worden. Das Cronbachsche Alpha des Markenguthabens von 0,78 deutet auf eine ausreichende Reliabilität der in dieser Arbeit verwendeten Skala hin.

2.4. Zusammenfassung

Ausgehend von der Ausgangssituation im B2B-Geschäft sind aus den Spezifika konkrete Konsequenzen für den Gang der Arbeit abgeleitet worden. Die Analyse der Rahmenbedingungen der B2B-Markenwertmessung hat weiterhin spezifische Anforderungen an einzusetzende Instrumente ergeben. Nach einer kritischen Sichtung vorhandener Messansätze ist das Eisberg-Modell von Icon Added Value als für die Zielsetzung der Arbeit geeignet identifiziert worden.

Damit kann die Forschungsfrage 1.3. („Welches Markenwertmodell eignet sich für die Messung der Markenwirkung im Sinne einer abhängigen Variablen?"; vgl. A.4.1.) nunmehr mit Hinweis auf den Markeneisberg beantwortet werden. Für die Forschungsfrage 1.4. („Wie ist dieses Markenwertmodell gegebenenfalls auf die Spezifika des B2B-Geschäfts hin anzupassen?"; vgl. A.4.1.) sind die entsprechenden Anforderungen abgeleitet worden, die im Rahmen der Konzeptualisierung und Operationalisierung umzusetzen sind. Hierfür lässt sich

B. Grundlagen der interaktiven Markenführung 77

bereits hier folgendes Prozessmodell für die empirische Untersuchung der externen Perspektive skizzieren (siehe Abbildung 23):

1	**Festlegung des Bewertungszwecks:** Diagnose und Therapie für die (interaktive) Markenführung
2	**Bestimmung des Bewertungsobjekts:** Firmenmarke
3	**Bildung relevanter Segmente:** Geschäftstypen nach Backhaus
4	**Berücksichtigung des Buying Centers:** Integration verschiedener Entscheidungsebenen, z.B. Einkauf vs. Geschäftsleitung
5	**Messung der Markenstärke als abhängige Variable:** Markeneisberg von Icon Added Value
6	**Validierung des Eisbergs im B2B-Kontext:** Zusammenhang zwischen Eisberg und anderen Erfolgsindikatoren
7	**Analyse der Einflussfaktoren/ Markentreiber als unabhängige Variablen:** Verknüpfung des Markeneisbergs mit dem Leistungssystem

Abbildung 23: Prozessmodell der Markenwertmessung in dieser Arbeit
(Quelle: Eigene Darstellung in Anlehnung an Baumgarth (2004b), S. 88)

Es haben sich aus den Spezifika des B2B-Geschäfts außerdem erste Aspekte für die Ableitung der unabhängigen Variablen ergeben (insbesondere die Unterscheidung von Leistung, persönlicher und unpersönlicher Marktbearbeitung). Unter Beachtung dieser Erkenntnisse soll nun im nächsten Kapitel mit der Identifikation relevanter Einflussfaktoren auf den Markenwert fortgefahren werden. Dazu wird als Bezugsrahmen das Beziehungsmarketing gewählt.

3. Beziehungsmarketing

Das Marketing entwickelt sich permanent und evolutionär[187]. Stand zunächst die undifferenzierte Marktbearbeitung eines anonymen Massenmarkts im Mittelpunkt, so folgte bald eine Hinwendung zum Konzept der Marktsegmentierung. Schließlich erkannte man, dass nicht ein homogenes Marktsegment, sondern die genaue Kenntnis des einzelnen Kunden sowie seiner Bedürfnisse den Fokus des Marketing bilden müsse. Aus dieser Entwicklung ging schließlich das Beziehungsmarketing hervor.

---
[187] Vgl. hierzu und zum Folgenden Becker (1994), S. 19 ff., sowie Peichl (2004), S. 29 ff.

78   3. Beziehungsmarketing

Im Mittelpunkt steht hierbei die Frage, weshalb längerfristige Anbieter-Kunden-Beziehungen entstehen, welche Effekte diese bewirken und wie sie erfolgswirksam auszugestalten sind. In diesem Kapitel soll daher zunächst der Begriff der Geschäftsbeziehung als Kernkonstrukt des Beziehungsmarketing untersucht werden. Letztes wird anschließend mit der Zielsetzung vorgestellt, Anhaltspunkte für den weiteren Gang der Arbeit abzuleiten.

3.1. Geschäftsbeziehungen

Geschäftsbeziehungen sind das Kernkonstrukt des Beziehungsmarketing. Daher ist zunächst eine Begriffsbestimmung vorzunehmen. Anschließend werden die theoretischen Grundlagen skizziert und ausgewählte Aspekte des Managements von Geschäftsbeziehungen dargestellt.

3.1.1. Begriffsbestimmung

Unter Geschäftsbeziehungen sollen in dieser Arbeit langfristig angelegte, von ökonomischen Zielen geleitete Interaktionsprozesse und Bindungen mit personalen Kontakten zwischen Mitgliedern verschiedener Organisationen verstanden werden, die auf eine Folge von Austauschvorgängen gerichtet sind und eine investive Komponente aufweisen[188]. Diese konstitutiven Merkmale lassen sich hinsichtlich vier Perspektiven systematisieren[189]:

- Wiederholte Austauschvorgänge setzen dynamische Prozesse zwischen den Geschäftspartnern in Gang und lösen Interaktionen aus.

- Die langfristige Orientierung und die Unterordnung unter ökonomische Ziele hängen unmittelbar mit dem investiven Charakter von Geschäftsbeziehungen zusammen. Denn für eine Geschäftsbeziehung sind von beiden Seiten häufig teilweise erhebliche Vorleistungen in Form von Zeit und Geld notwendig. Für ein „Return on Investment" im investitionstheoretischen Sinne muss ein gewisser Zeithorizont zugrunde gelegt werden.

- In integrativen Geschäftsbeziehungen bringen sich die Partner in die Geschäftsprozesse des jeweils anderen ein. Dadurch können Einblicke in die Bindungspotenziale des Geschäftspartners und in die Entwicklungsperspektiven der Geschäftsbeziehung gewonnen werden.

- Schließlich leitet sich die personale Perspektive aus der bereits mehrfach erwähnten Tatsache ab, dass bei der Abwicklung von Austauschprozessen stets Menschen beteiligt sind, die mit ihrem Verhalten die Geschäftsbeziehung erheblich beeinflussen.

---

[188]   Vgl. hierzu und zum Folgenden Finsterwalder (2002), S. 18, sowie Diller (1994a), S. 1, Gemünden (1990), S. 34, und Peichl (2004), S. 36; damit sind Einzeltransaktionen hier nicht relevant, da sich diese auf einen einmaligen, zeitpunktbezogenen Austausch von Leistungen beziehen, vgl. Bruhn/ Bunge (1994), S. 58.
[189]   Vgl. Diller (1994b), S. 1 ff., sowie Peichl (2004), S. 36

B. Grundlagen der interaktiven Markenführung 79

Bruhn/ Bunge haben einen Merkmalskatalog vorgestellt, mit dessen Hilfe die vielfältigen Formen von Geschäftsbeziehungen aus Unternehmenssicht geordnet werden können[190]:

- Träger der Geschäftsbeziehung: Je nach Auffassung können alle Stakeholder einer Unternehmung (z.B. Kunden, Investoren, Mitarbeiter) hierzu zählen oder nur diejenigen Personengruppen, die direkt und unmittelbar an einer geschäftlichen Transaktion beteiligt sind. In dieser Arbeit wird die engere Sichtweise zugrunde gelegt, da die Wahrnehmung der Kunden im Mittelpunkt der Betrachtung steht.

- Richtung der Geschäftsbeziehung: Hierbei lassen sich sowohl unternehmensexterne und unternehmensinterne als auch horizontale, vertikale und laterale Geschäftsbeziehungen voneinander unterscheiden. Im Rahmen der externen Perspektive beschränkt sich diese Arbeit auf unternehmensexterne vertikale Geschäftsbeziehungen, also solche, die sich als Folge von Transaktionen zwischen Personengruppen verschiedener Wettbewerbsstufen ergeben. Im B2B-Kontext fällt darunter insbesondere die Beziehung zwischen Lieferant und Abnehmer.

  Für die interne Perspektive stehen dagegen unternehmensinterne Geschäftsbeziehungen im Blickpunkt, also solche, die sich aus Unternehmensperspektive nach innen richten. Auch hier liegt der Schwerpunkt auf vertikalen Beziehungen, da für die Implementierung der interaktiven Markenführung das Verhältnis von Verkaufsmitarbeitern auf verschiedenen Hierarchiestufen zu betrachten ist, also insbesondere die Beziehung zwischen Verkaufsmanagement und Verkaufsmitarbeitern.

- Inhaltliche Ebene der Geschäftsbeziehung: Hierbei lassen sich für die systematische Analyse vier Ebenen unterscheiden, die in der Realität aber interdependent und deshalb integrativ zu gestalten sind[191]. Die Sachebene betrifft den Kern der Transaktion (z.B. Leistungsaustausch, Preisverhandlung). Die Organisationsebene definiert Regeln für die Abwicklung und zielt somit auf die optimale Gestaltung der Logistik, des Zahlungsverkehrs und der Kommunikation. Die Machtebene der Geschäftsbeziehung umfasst die Art und das Ausmaß von Abhängigkeiten zwischen den Partnern. Schließlich geht es auf der menschlich-emotionalen Ebene um spezifische Wertetransaktionen im Rahmen der Interaktion zwischen den Partnern. Diese Ebene steht damit im Mittelpunkt dieser Arbeit.

- Dauer und Intensität der Geschäftsbeziehung: Eine Dauerbeziehung startet i.d.R. mit einer ersten Transaktion. Mit zunehmender Dauer einer Geschäftsbeziehung steigt in aller Regel auch der Grad der Interaktion zwischen den Partnern. Die Intensität der Beziehung lässt sich dann quantitativ durch die Häufigkeit der Interaktionen im Verhältnis zu der Gesamtbeziehungsdauer oder durch die Regelmäßigkeit der Interaktion erfassen. In der empirischen Studie sollen vor diesem Hintergrund nur solche Geschäftsbeziehungen unter-

---

[190] Vgl. Bruhn/ Bunge (1994), S. 54, sowie Finsterwalder (2002), S. 18 ff.
[191] Vgl. Diller/ Kusterer (1988), S. 214 ff.

sucht werden, die wenigstens zwei Jahre bestehen und somit einigermaßen ganzheitlich durch die Kunden bewertet werden können.

- Symmetrie der Geschäftsbeziehung: In asymmetrischen Geschäftsbeziehungen kann ein Partner den anderen zu eigentlich ungewollten Transaktionen zwingen. Aufgrund der heterogenen Macht- und Abhängigkeitsverhältnisse im B2B-Geschäft sollen in dieser Arbeit sowohl Geschäftsbeziehungen symmetrischen als auch asymmetrischen Charakters betrachtet werden. Jedoch wurde aufgrund des beschränkten Umfangs des telefonischen Fragenkatalogs dieser Aspekt nicht explizit in die Untersuchung aufgenommen.

3.1.2. Theoretische Erklärungsansätze

Nach Diller ist ohne die Unterscheidung von Einzeltransaktionen und Geschäftsbeziehungen kein umfassendes und grundlegendes Verständnis von Beziehungsmarketing möglich[192]. Entsprechend werden die folgenden Erklärungsansätze der Entstehung von Geschäftsbeziehungen unter besonderer Berücksichtigung dieses Spannungsverhältnisses skizziert[193]. Dabei sind Austauschprozesse in der neoklassischen Theorie, Ansätze nach der Neuen Institutionenökonomie sowie verhaltenswissenschaftliche Erklärungsansätze zu unterscheiden.

Austauschprozesse in der neoklassischen Theorie:

„Marketingaktivitäten - und somit auch die Ausgestaltung von Geschäftsbeziehungen - kommen in der neoklassischen Welt nicht vor"[194]. Die von Gutenberg[195] entwickelte absatzwirtschaftliche Theorie unterstellt etwa Vollkommenheit der Märkte hinsichtlich der sachlichen Gleichartigkeit von Gütern, das Nichtvorhandensein persönlicher Präferenzen oder räumlicher und zeitlicher Differenzierungen zwischen Anbieter und Nachfrager sowie die vollkommene Markttransparenz. Treffend stellt Kaas fest, dass es im vollkommenen Markt nichts geben kann, „was durch Marketing gefördert oder verbessert werden könnte"[196]. Entsprechend lässt sich aus der neoklassischen Theorie kein Beitrag für das Zustandekommen von Geschäftsbeziehungen ableiten[197].

---

[192] Vgl. Diller (1997), S. 573
[193] Vgl. hierzu und zum Folgenden Peichl (2004), S. 29 ff.
[194] Ebenda, S. 30
[195] Vgl. Gutenberg (1984), S. 7 ff.
[196] Kaas (1992), S. 6
[197] Vgl. Aufderheide/ Backhaus (1995), S. 46 f.

B. Grundlagen der interaktiven Markenführung 81

Ansätze nach der Neuen Institutionenökonomie:

Die Neue Institutionenökonomie lässt sich in vier Theorien untergliedern, die im Folgenden kurz skizziert werden sollen[198].

- Die Property-Rights-Theorie setzt sich mit der Übertragung von Verfügungsrechten auseinander und versucht zu erklären, durch welche Koordinationsstrukturen und -formen die Verfügungsrechte den Marktteilnehmern effizient zuzuordnen sind.

- Die Informationsökonomie geht von der Unsicherheit der Marktteilnehmer aufgrund unterschiedlicher und unvollständiger Informationsstände aus. Sie analysiert, wie sich marktliche Koordinationsprozesse für Transaktionen unter Unsicherheit vollziehen und wie sich Verhaltensaussagen (z.B. über das Kaufverhalten) ableiten lassen.

- Auch die Principal-Agency-Theorie geht von unterschiedlichen Informationsständen der Marktteilnehmer aus. Sie unterscheidet zwischen einem Prinzipal und einem Agenten (z.B. die Beziehung zwischen Käufer und Verkäufer). Wenn der Prinzipal Aufgaben an einen Agenten delegiert, so bestehen Probleme des Informationsvorsprungs und der Nichtbeobachtbarkeit des Verhaltens des Agenten. Um zu gewährleisten, dass der Agent im Sinne des Prinzipals handelt, muss dieser entsprechende Anreizsysteme schaffen. Die Principal-Agency-Theorie versucht sodann, eine optimale Regelung für die Koordination der Auftragsbeziehung zwischen zwei Marktteilnehmern abzuleiten.

- Die Transaktionskostentheorie schließlich ist mikroanalytisch, institutionenvergleichend und einsparungsorientiert ausgerichtet[199]. Im Fokus stehen die Koordinationskosten von Transaktionen, die beim Ablauf von verschiedenen Phasen einer Geschäftsbeziehung (z.B. Anbahnung, Vereinbarung, Kontrolle, Anpassung) entstehen. Diese Kosten sind abhängig von der Häufigkeit, Unsicherheit und Spezifität der auszutauschenden Ressourcen. Je stärker diese Merkmale ausgeprägt sind, desto höher fallen die Transaktionskosten aus[200]. Zur Minimierung dieser Kosten ist die optimale Koordinationsform zu wählen, entweder Markt (d.h. Fremdbeschaffung) oder Hierarchie (Eigenerstellung). Diese ursprüngliche, bipolare Betrachtung wurde aber um ein Spektrum möglicher Zwischenformen („hybride Koordinationsmechanismen", z.B. allgemeine Kooperationen, Genossenschaften, Franchisesysteme) erweitert, welche die Basis für das Entstehen von Geschäftsbeziehungen bilden[201].

Die Neue Institutionenökonomie hebt unrealistische Annahmen der Neoklassik auf, führt Unsicherheit und somit beschränkt rationales sowie opportunistisches Handeln ein und lässt zum Markt alternative Koordinationsformen zu. Sie ist damit „zwar in der Lage, das Fundament

---

[198] Vgl. Peichl (2004), S. 31 ff. oder etwa Kaas (1995), S. 3 f.
[199] Vgl. Williamson (1991)
[200] Vgl. Plinke (1997), S. 10
[201] Vgl. Erlei (1998), S. 45, Peichl (2004), S. 32, Picot/ Dietl (1990), S. 182, sowie Williamson (1990), S. 94

82 3. Beziehungsmarketing

für das Auftreten von langfristigen Austauschbeziehungen zu schaffen, aber sie kann die intervenierende Variable ‚Verhalten der Marktteilnehmer' in ihren Theorien nur bedingt integrieren"[202]. Für eine umfassende Erklärung von Geschäftsbeziehungen sind daher verhaltenswissenschaftliche Erklärungsansätze heranzuziehen.

Verhaltenswissenschaftliche Erklärungsansätze:

Im Mittelpunkt verhaltenswissenschaftlicher Ansätze steht die Frage, warum Marktteilnehmer freiwillig ein beschränktes Wahlverhalten aufweisen und langfristige Geschäftsbeziehungen eingehen, anstatt für jede Transaktion nach der besten Beschaffungsalternative zu suchen[203]. Dieses wird in der entsprechenden Literatur mit psychologischen, soziologischen und institutionellen Faktoren begründet[204]. Je nach Zugang wurden verschiedene Modelle zur Erklärung der Existenz von Geschäftsbeziehungen entwickelt[205]. Diesen Modellen ist jedoch gemein, dass sie zur Analyse des Verhaltens in Geschäftsbeziehungen mit Konstrukten wie Vertrauen, Zufriedenheit oder Commitment arbeiten[206].

Nach Diller haben verhaltenswissenschaftliche Ansätze zwei entscheidende Vorteile[207]:

- Sie ermöglichen einen pluralistischeren und universelleren Zugang zur Thematik der Geschäftsbeziehungen.

- Aus der Analyse der Verhaltensweisen der Geschäftspartner lassen sich konkrete Handlungsempfehlungen für die Gestaltung der Geschäftsbeziehungen ableiten.

Die für die Gestaltung der Geschäftsbeziehungen notwendigen Grundlagen werden im nächsten Abschnitt vermittelt.

3.1.3. Management von Geschäftsbeziehungen

„Grundziel des Management von Geschäftsbeziehungen ist es, zu den wichtigen Personen der Anspruchsgruppen eines Unternehmens oder einer Institution persönliche Beziehungen zu knüpfen und zu pflegen und für das Unternehmen erfolgswirksam zu nutzen"[208]. Daraus lassen sich zunächst drei übergeordnete Zielsetzungen ableiten[209]:

---

[202] Peichl (2004), S. 33
[203] Vgl. hierzu und zum Folgenden Peichl (2004), S. 33 ff.
[204] Vgl. Sheth/ Parvatiyar (1995)
[205] Hierzu zählen beispielsweise das bereits erwähnte Beziehungsebenenmodell von Diller/ Kusterer (1988), das absatzkanalorientierte Modell von Ganesan (1994), Phasenmodelle zur Entwicklung von Geschäftsbeziehungen, wie das sektoral übergreifende Modell von Dwyer/ Schurr/ Oh (1987), und Prozessmodelle, z.B. Dabholkar/ Johnston/ Cathey (1994); vgl. Peichl (2004), S. 34.
[206] Vgl. Peichl (2004), S. 35
[207] Vgl. Diller (1994a), S. 6
[208] Belz et al. (1998), S. 19
[209] Vgl. hierzu und zum Folgenden ebenda, S. 66 f.

B. Grundlagen der interaktiven Markenführung 83

- Beziehungsprofile entwickeln und akquisitorische Potenziale gegenüber Konkurrenten aufbauen und sichern: Persönliche Beziehungen können die Sachleistung des Anbieters ergänzen und einen „emotionalen Mehrwert für Kunden"[210] schaffen. Durch ein solches zusätzliches Alleinstellungsmerkmal durch Beziehungen (Strategie der Beziehungsführerschaft) lässt sich die Attraktivität eines Lieferanten gerade in umkämpften Märkten mit überschaubaren Differenzierungsmöglichkeiten steigern. Im kontinuierlichen Kundendialog ergeben sich außerdem frühzeitig Informationen zu neuen Entwicklungen sowie zu Konkurrenzaktivitäten und Feedback zur Qualität der Geschäftsbeziehung.

- Kunden an das Unternehmen binden: Eine positive Zusammenarbeit für Kunden und Anbieter schafft eine Win-Win-Situation und sichert so bestehende Geschäftstransaktionen ebenso wie zukünftige Geschäftspotenziale. In diesem Zusammenhang gilt es insbesondere auch, Innovationen durch Beziehungen vorzubereiten und zu begleiten. So können etwa Widerstände abgebaut und Gegner und ihre Argumente frühzeitig berücksichtigt werden. Offenheit, gegenseitiges Vertrauen sowie informale und effiziente Zusammenarbeit schaffen Sicherheit und Effizienz in der Zusammenarbeit. Auf dieser Grundlage können durch Kundenstammpflege, Sonderleistungen oder Überbrückungsleistungen Kunden auch in schwierigen Zeiten „bei der Stange gehalten" werden.

- Die Wertschöpfung des Unternehmens steigern: Die Geschäftsbeziehung lässt sich durch Folgegeschäfte, Cross Selling und die Erweiterung des Angebots durch Know-How und Leistungssysteme ausbauen. Systematisches Beziehungsmanagement nutzt die individuellen Beziehungen und Beziehungsfähigkeiten der Führungskräfte und Mitarbeiter als Plattform für die Geschäfte. Dabei ist jedoch durch eine sorgfältige Selektion und Diagnose von aktuellen und potenziellen Geschäftsbeziehungen auf die Effizienz der Aktivitäten zu achten. Beziehungsnetze und „Mund-zu-Mund-Werbung" lassen sich darüber hinaus in vielen Märkten als viel versprechendes Akquisitionsinstrument nutzen.

Ausgewählte Ansatzpunkte zur Zielerreichung lassen sich im Rahmen dieser Arbeit aus einer Beziehungs-/ Geschäftsmatrix ableiten[211]. Diese stellt die Geschäfts- der Beziehungsebene gegenüber und zeigt mögliche Entwicklungspfade auf. Hierzu wird zunächst die Intensität und Bedeutung der geschäftlichen Zusammenarbeit in die folgenden Prozessstufen unterteilt:

1. Erste Bekanntschaft, d.h. das Leistungsangebot des Lieferanten ist dem Kunden bekannt, jedoch bestehen keine weiteren geschäftlichen Kontakte.

2. Vorgespräch, d.h. in persönlichen Gesprächen ist eine Bedarfsanalyse des Kunden vorgenommen und das Leistungsangebot des Anbieters grundsätzlich präsentiert worden.

---

[210] Belz et al. (1998), S. 22
[211] Vgl. hierzu und zum Folgenden ebenda, S. 57 ff.

84 3. Beziehungsmarketing

3. Spezifische Evaluation, d.h. auf der Basis eines spezifischen Angebots und interner Wirtschaftlichkeitsrechnungen können die Möglichkeiten der Zusammenarbeit fundiert beurteilt werden.

Diese ersten drei Phasen sind Vorstufen zu konkreten Geschäften und lassen sich als Pre-Marketing bezeichnen.

4. Erstauftrag, d.h. im Sinne eines Pilotprojektes ist die Zusammenarbeit i.d.R. noch begrenzt und vorsichtig.

5. Folgeaufträge, d.h. in einer etablierten Zusammenarbeit, die aber noch Ausbaupotenzial aufweist, kommt es zu regelmäßigen Geschäftstransaktionen.

6. Etablierte Zusammenarbeit, d.h. im Rahmen einer umfassenden Zusammenarbeit von Anbieter und Kunde sind die Geschäftspotenziale ausgeschöpft.

Analog lässt sich auch die Intensität der persönlichen Beziehung in verschiedene Entwicklungsphasen unterteilen:

1. Indirekte Beziehung, d.h. obwohl keine direkten Beziehungen bestehen, lassen sich möglicherweise indirekte Beziehungen über Dritte im Rahmen einer Empfehlungsstrategie nutzen.

2. Bekanntschaft, d.h. ein relativ unverbindliches Kennenlernen, bei dem Personen und Funktionen bekannt sind und bei Bedarf angesprochen werden können.

3. Unterbrochene Beziehung, d.h. frühere Beziehungen, die nicht mehr weitergeführt wurden, lassen sich möglicherweise reaktivieren.

4. Sporadische Beziehung, d.h. noch recht lose und zufällige Beziehungen.

5. Kontinuierliche Beziehung, d.h. Beziehungen werden regelmäßig gepflegt und aktiv gestaltet.

6. Freundschaft, d.h. gegenseitiges Verständnis, Offenheit, selbstverständliche Hilfe in Notsituationen usw. prägen das Verhältnis.

7. Persönliche Abhängigkeit, d.h. Voreingenommenheit aufgrund von Verfilzungen oder Verwandtschaft.

In der Abbildung 24 werden beide Dimensionen in einer Geschäfts-/ Beziehungsmatrix gegenübergestellt.

B. Grundlagen der interaktiven Markenführung 85

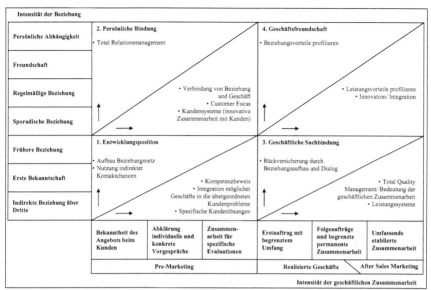

Abbildung 24: Geschäfts-/ Beziehungsmatrix zum systematischen Beziehungsmanagement
(Quelle: Belz et al. (1998), S. 58)

Aus der Gegenüberstellung beider Dimensionen in der Geschäfts-/ Beziehungsmatrix ergeben sich vier Positionen:

1. Entwicklungspositionen: In innovativen Geschäften (Neuprodukteinführung, Erschließung neuer Märkte etc.) gilt es, vorerst ein Beziehungsnetz aufzubauen und die Kompetenz für die Kunden nachzuweisen. Entscheidend dabei ist, die Leistung mit Kundenproblemen zu verknüpfen.

2. Persönliche Bindung: Die persönliche Beziehung dominiert die geschäftlichen Transaktionen. Entsprechend kritisch ist die Pflege der persönlichen Beziehungen, aber auch die Suche nach neuen Verbindungen von Beziehung und Geschäft. „Persönliche Bindung führt oft zu Geschäften, die nicht im Kompetenzbereich der Partner liegen. Deshalb ist ein verstärkter Sachbezug ausgesprochen wichtig, weil sonst Enttäuschungen vorprogrammiert sind"[212].

3. Geschäftliche Sachbindung: Hier dominiert die geschäftliche Transaktion. Möglicherweise lassen sich die Leistungsvorteile durch Total Quality Management und Leistungssysteme noch weiter steigern, sie bleiben bei Rückschlägen oder verstärkten Konkurrenzaktivitäten jedoch volatil. Daher gilt es, die geschäftliche Sachbindung durch Beziehungsaufbau und Dialog abzusichern.

---

[212] Belz et al. (1998), S. 60

4. Geschäftsfreundschaft: Bei der „Krönung der Zusammenarbeit"[213] gilt es, bestehende Beziehungs- und Leistungsvorteile zu halten und auszubauen. Durch Profilierung, Selektion und Weiterentwicklung der Beziehungen und Leistungen wird die zunehmende Auswechselbarkeit gegenüber Wettbewerbern vermindert.

Die Geschäfts-/ Beziehungsmatrix liefert erste, generische Hinweise dafür, wie das Vorgehen für bestimmte Kunden aussehen kann. Je nach Situation in der Praxis sind spezifische Analysen, Strategien und Aktivitäten festzulegen. Im Rahmen dieser Arbeit wird jedoch von einer weiteren Vertiefung abgesehen[214]. Stattdessen soll auf der Grundlage des Verständnisses von Geschäftsbeziehungen das Beziehungsmarketing vorgestellt werden.

3.2. Beziehungsmarketing

Das Beziehungsmarketing gehört zu den am intensivsten diskutierten Konzepten der Marketingwissenschaft. Basierend auf den Ausführungen zu Geschäftsbeziehungen soll in diesem Abschnitt zunächst eine Begriffsabgrenzung vorgenommen werden. Anschließend sollen für den Gang der Arbeit relevante Aspekte herausgearbeitet werden. Hierzu werden zunächst Erfolgsindikatoren des Beziehungsmarketing identifiziert, die zur Validierung der Relevanz des Markeneisbergs im B2B-Geschäft verwendet werden können. Als Vorstufe zur Konzeptionalisierung und Operationalisierung im Rahmen der externen Perspektive werden schließlich Ansatzpunkte vorgestellt, wie der Verkauf als Erfolgsfaktor des Beziehungsmarketing in einer empirischen Studie berücksichtigt werden kann.

3.2.1. Begriffsabgrenzung

Ausgehend von der Definition des Beziehungsmarketing im Abschnitt A.3.2. ergibt sich zunächst die Notwendigkeit einer Abgrenzung von Beziehungsmarketing und Beziehungsmanagement. Diller fasst Beziehungsmarketing als Unterkategorie des Beziehungsmanagements auf, da ersteres sich im Sinne einer „herkömmlichen" Marketingkonzeption lediglich mit externen und vertikalen, absatzseitigen Geschäftsbeziehungen beschäftigt. Dagegen beschränkt sich Beziehungsmanagement keineswegs auf Kundenbeziehungen, sondern es kann „als umfassenderes Konzept auch auf Lieferantenbeziehungen, auf Beziehungen zu Wettbewerbern sowie solche zu Drittinstitutionen und selbst auf unternehmensinterne Beziehungen ausgedehnt werden"[215]. Im Rahmen der externen Perspektive dieser Arbeit soll daher von Beziehungsmarketing gesprochen werden, für die unternehmensinternen Beziehungen zu

---

[213] Belz et al. (1998), S. 60
[214] Es sei hierzu insbesondere auf Belz et al. (1998) verwiesen.
[215] Diller (1995b), S. 442; diese Sichtweise ist jedoch nicht unumstritten: so ist beispielsweise nach Klee (2000), S. 33, Beziehungsmarketing der umfassendere Begriff, während der spezifischere Begriff des Beziehungsmanagement speziell die technologische Perspektive betont.

B. Grundlagen der interaktiven Markenführung

Mitarbeitern wird unter Bezug auf Abschnitt A.3.5. der Begriff des internen Marketing bzw. der internen Markenführung verwendet.

Seit dem Ende der 90er Jahre wird auch häufig der Begriff des Kundenbeziehungsmanagement (auch bezeichnet als CRM - Customer Relationship Management) verwendet. Dieser wird jedoch vorwiegend im Zusammenhang mit der Entwicklung und dem Einsatz von informationstechnischen Anwendungen zur systematischen Gestaltung von Kundenbeziehungen verwendet und stellt somit keine Alternative zum Begriff des Beziehungsmarketing dar[216].

In der deutschsprachigen Literatur wurde die wachsende Relevanz einer defensiven Marketingstrategie, die primär auf die Erhaltung bestehender Kunden abzielt, zunächst unter dem Begriff des Kundenstamm-Marketing[217] thematisiert und später als Nachkauf-Marketing[218] bezeichnet. Jedoch blieb die Akzeptanz des Nachkauf-Marketing im Wesentlichen auf den deutschsprachigen Raum begrenzt[219], während das Konzept des Kundenstamm-Marketing selbst hier vom Beziehungsmarketing verdrängt wurde[220]. Dabei unterscheidet sich das Beziehungsmarketing in erster Linie durch seinen konzeptionellen Anspruch. Die Vertreter des Beziehungsmarketing versuchen, ihren Ansatz als eine grundlegende Neuausrichtung des Marketing zu positionieren[221].

Eine weitere Abgrenzung erscheint sinnvoll gegenüber dem Begriff des Kundenbindungsmanagement. Dieses wird definiert als „die systematische Analyse, Planung, Durchführung sowie Kontrolle sämtlicher auf den aktuellen Kundenstamm gerichteten Maßnahmen mit dem Ziel, dass diese Kunden auch in Zukunft die Geschäftsbeziehung aufrechterhalten oder intensiver pflegen"[222]. Es stellt damit einen Teilaspekt des Beziehungsmarketing dar. Die Eingrenzung auf den aktuellen Kundenstamm erscheint jedoch für die Zielsetzung dieser Arbeit nicht sinnvoll, da sich die interaktive Markenführung im B2B-Verkauf auch auf potenzielle und ehemalige Kunden beziehen muss.

3.2.2. Erfolgsindikatoren des Beziehungsmarketing

Zur Erfolgskontrolle im Beziehungsmarketing sind „rein ökonomische Daten (z.B. Marktanteil, Kundendurchdringungsrate) nur teilweise geeignet. So sind Leistung und Gegenleistung

---

[216] Vgl. Bruhn (2001), S. VI
[217] Vgl. Weinhold-Stünzi (1987)
[218] Vgl. Hansen/ Jeschke (1992)
[219] Hennig-Thurau (1998), S. 30
[220] Wiechmann (1995), S. 43
[221] Vgl. Eggert (1999), S. 14 ff.; Beziehungsmarketing als Paradigmenwechsel in der Marketingwissenschaft wird insbesondere von Grönroos (1994) und Gummesson (1996) postuliert. Beziehungsmarketing stellt aber aus der Perspektive dieser Arbeit keine Neudefinition des Marketinggedankens oder einen fundamentalen Paradigmenwechsel im Marketing dar (vgl. etwa Tomczak (1996), S. 195 oder Meffert (1999), S. 424), sondern ist vielmehr eine Refokussierung und Erweiterung der traditionellen Sichtweise des Marketing und des Instrumenten-Mix (vgl. Finsterwalder (2002), S. 32). Nach Eggert (1999), S. 11, ist die Novität des Beziehungsmarketing kombinativ, nicht aber substantiell begründet.
[222] Homburg/ Bruhn (2003), S. 8

88   3. Beziehungsmarketing

zwar ein wichtiger, nicht jedoch der alleinige Fokus. Der Beziehungserfolg spiegelt sich aber auch in der Beziehungsqualität wieder"[223]. Dieser abstrakte Begriff erfasst die Güte der Zusammenarbeit zweier Geschäftspartner und wird in der Literatur in der Regel über drei zentrale Konstrukte abgedeckt: Zufriedenheit, Vertrauen und Commitment[224].

- Zufriedenheit lässt sich anhand verschiedener Theorien und Konzepte operationalisieren[225]. Es bietet sich jedoch an, auf das C/D-Paradigma (Confirmation/ Disconfirmation-Paradigm) als integrativen Rahmen zurückzugreifen[226]. Die Kernaussage lautet dann, dass Zufriedenheit bzw. Unzufriedenheit das Ergebnis einer vergleichenden Bewertung von Erwartungen und Erfahrungen ist. Bestätigung (Confirmation) liegt vor, wenn die Ist-Leistung der Soll-Leistung wenigstens entspricht. Zufriedenheit entsteht, wenn die Erwartungen übertroffen werden; Unzufriedenheit dagegen, wenn die gemachten Erfahrungen negativ von den Erwartungen abweichen.

  Zufriedenheitsurteile drücken grundsätzlich aus, wie positiv oder negativ ein Individuum einen Sachverhalt, der in der Vergangenheit liegt, interpretiert[227]. Ist das Urteilsobjekt eine komplexe und langfristige Geschäftsbeziehung, so muss der Urteilende Informationen integrieren, welche einerseits die verschiedenen Ebenen der Geschäftsbeziehung umfassen und welche sich andererseits auf die unterschiedlichen Phasen der Geschäftsbeziehung beziehen. So „müssen zahlreiche, teils auch gegenläufige Teilaspekte in einem komplexen Prozess zu einem übergreifenden Zufriedenheitsurteil integriert werden"[228]. Daher kommt es in der Praxis häufig vor, dass etwa die Qualitätsbeurteilungen von Unternehmensleistung und persönlicher Betreuung auseinander fallen[229].

- Nach Plötner ist Vertrauen eine Einstellung, nach der ein Entscheider in einer Situation, in der er zwischen alternativen Handlungsmöglichkeiten wählen kann, auf gewisse alternative Verhaltensweisen verzichtet[230]. Vertrauen entsteht, wenn ein Individuum den Partner als vertrauenswürdig einschätzt. Dieses Urteil wird aufgrund von Informationen gefällt, die negative Handlungen als unwahrscheinlich erscheinen lassen[231]. Nach Doney/ Cannon basieren solche Informationen entweder auf eigenen Erfahrungen, die ein Indivi-

---

[223] Ivens (2002b), S. 263
[224] Vgl. ebenda, S. 263 sowie beispielsweise Hennig-Thurau (2000), Werner (1997) oder Garbarino/ Johnson (1999); ein umfassender Literaturüberblick über in der Literatur vorgeschlagene Komponenten der Beziehungsqualität findet sich bei Klee (2000), S. 104 ff.
[225] In ihrer sehr guten Übersicht zum Thema stellen Homburg/ Stock (2001) in diesem Zusammenhang die Assimilationstheorie, die Kontrasttheorie, die Assimilations-Kontrast Theorie, den Typologisierungsansatz, die Attributionstheorie, die Prospect Theorie und das Mehr-Faktoren-Modell der Kundenzufriedenheit vor. Eine detaillierte Darstellung der einzelnen Zugänge erscheint im Rahmen dieser Arbeit nicht zielführend.
[226] Vgl. Homburg/ Stock (2001)
[227] Vgl. hierzu und zum Folgenden Ivens (2002b), S. 263 f.
[228] Ebenda, S. 264
[229] Vgl. Rudolph (1998)
[230] Plötner (1995); diese alternativen Verhaltensweisen sind mit Kosten und Zeitaufwand verbunden, beispielsweise Kontrolle der Lieferantenaktivitäten, Absicherung gegen Opportunismus oder Vermeidung aufwändiger Interaktion.
[231] Vgl. Ivens (2002b), S. 264

B. Grundlagen der interaktiven Markenführung 89

duum im Zuge wiederholter Transaktionen mit einem Lieferanten gemacht hat, oder auf externen Quellen (etwa Reputation)[232].

- Commitment in Geschäftsbeziehungen wird definiert als „an exchange partner believing that an ongoing relationship with another is so important as to warrant maximum efforts at maintaining it; that is, the committed party believes the relationship is worth working on to ensure that it endures indefinitely"[233]. Commitment als Werthaltung bildet demnach die Grundlage für eine Stabilisierung und Bindung des Kunden an den Lieferanten. Als „innere Verpflichtung" wird die Toleranz gegenüber und die Treue zum Geschäftspartner gefördert und damit eine der Austrittsbarrieren von Geschäftsbeziehungen erhöht[234]. Commitment schafft somit die Voraussetzung für eine freiwillige Kundenbindung[235].

Zufriedenheit, Vertrauen und Commitment sind in erster Linie Einstellungskonstrukte, mit denen die Beziehungsqualität operationalisiert werden soll. Einstellungen müssen jedoch nicht notwendigerweise in für Lieferanten vorteilhafte Kundenaktivitäten (Kauf, Wiederbzw. Zusatzkauf, Weiterempfehlung) münden. So können etwa Beziehungsaspekte in wirtschaftlich schwierigen Zeiten ökonomischen Kalkülen untergeordnet werden. Es erscheint daher sinnvoll, in dieser Arbeit neben der Einstellungswirkung auch die Verhaltenswirkung zu berücksichtigen.

Diese Auffassung basiert auf der Drei-Komponenten-Theorie der Einstellung[236]. Diese konzeptionalisiert die Einstellung als ein dreifaktorielles Konstrukt, das aus einem kognitiven, einem affektiven und einem konativen Faktor besteht. Dem liegt die Annahme einer allgemeinen Konsistenz von Denken, Fühlen und Handeln zugrunde. Nachdem in der 70er Jahren grundsätzliche Zweifel an der Zweckmäßigkeit dieses Einstellungskonstrukts aufkamen, fassten Fishbein/ Ajzen die drei Faktoren der Einstellung als eigenständige Konstrukte auf und verbanden sie untereinander durch Wirkungszusammenhangshypothesen[237]. Es entstand die „Theory of Reasoned Action".

Sie konzeptionalisierten die Einstellung als ein vorwiegend affektives Konstrukt. Aus dem konativen Faktor ging das Konstrukt der Verhaltensabsicht hervor, welche dem geplanten Verhalten einer Person unmittelbar vorgeordnet ist. Zwar können unter dem Einfluss situativer Zwänge Verhaltensabsichten revidiert oder auch ganz aufgegeben werden, in der Regel eignen sich Verhaltensabsichten aber zur Prognose des tatsächlichen Verhaltens[238]. Abbildung 25 fasst die Zusammenhänge zwischen Einstellung, Verhaltensabsicht und Verhalten zusammen. Demnach kann ein Lieferant im Rahmen des Beziehungsmarketing durch kommuni-

---

[232] Doney/ Cannon (1997)
[233] Morgan/ Hunt (1994), S. 23
[234] Vgl. Diller/ Kusterer (1988), S. 218
[235] Vgl. Ivens (2002b), S. 265; Kunden mit geringem Commitment können dagegen i.d.R. nur „unfreiwillig" über Monopole, Systeme und Verträge gebunden werden.
[236] Vgl. beispielsweise Rosenberg/ Hovland (1960)
[237] Fishbein/ Ajzen (1975)
[238] Ebenda, S. 41, vgl. Eggert (1999), S. 63 ff.

kationspolitische Maßnahmen und Erfahrungen die kognitiven Ansichten eines Kunden beeinflussen. Aus den kognitiven Ansichten ergibt sich die Einstellung, die wiederum Verhaltensabsicht und tatsächliches Verhalten des Kunden prädisponiert.

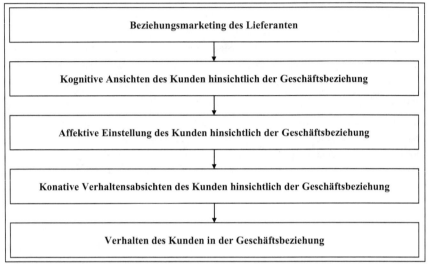

Abbildung 25: Einstellung und Verhalten nach der „Theory of Reasoned Action"
(Quelle: in Anlehnung an Fishbein/ Ajzen (1975), S. 15 und Eggert (1999), S. 69)

Im Rahmen des einstufigen empirischen Forschungsdesigns dieser Arbeit lassen sich aufwendige Erfassungen der ökonomischen Wirkungen (z.B. realisiertes Preispremium am Markt, Umsatz- oder Marktanteilsentwicklung) nicht umsetzen. Vor dem Hintergrund der Theory of Reasoned Action können aber Verhaltensabsichten als hinreichender Indikator für die Verhaltenswirkung des Beziehungsmarketing angesehen werden. Hierzu sind in der Literatur verschiedene Vorschläge gemacht worden, z.B.

- Weiterempfehlungsbereitschaft,
- Intensivierungsbereitschaft,
- Wechselabsicht,
- Wiederkaufabsicht und
- Zusatzkaufabsicht[239].

---

[239] Vgl. etwa Eggert (1999) für Weiterempfehlungsbereitschaft, Intensivierungsbereitschaft und Wechselabsicht sowie Giering (2000) für Wiederkaufabsicht und Zusatzkaufabsicht.

Dabei entsprechen im Wesentlichen die Intensivierungsbereitschaft der Zusatzkaufabsicht und die Wechselabsicht der Wiederkaufabsicht. Im Folgenden soll daher in Anlehnung an Giering mit den Konstrukten Weiterempfehlungsabsicht, Wiederkaufabsicht und Zusatzkaufabsicht gearbeitet werden[240].

In dieser Arbeit ist die Markenstärke im Sinne des Eisbergmodells die abhängige Variable. Um sicherzustellen, dass diese Konzeptionalisierung praxisrelevant ist, können Einstellungs- und Verhaltenwirkung zur Validierung verwendet werden. Es wird unterstellt, dass die Marke im B2B-Kontext nur dann als Zielgröße sinnvoll verwendet werden sollte, wenn diese für entsprechend positive Wirkungen steht. Mit Hilfe von Einstellungs- und Verhaltenwirkung soll daher die Relevanz des Markenstärkemodells im Sinne einer Erfolgswirkung für das B2B-Geschäft nachgewiesen werden. Abbildung 26 fasst die hierzu abgeleiteten Indikatoren zusammen.

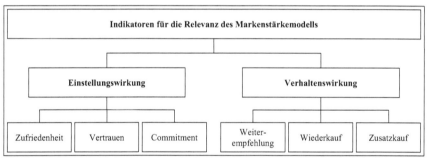

Abbildung 26: Indikatoren für die Relevanz des Markenwertmodells im B2B-Geschäft
(Quelle: Eigene Darstellung)

3.2.3. Die Operationalisierung der Erfolgsindikatoren

Hinsichtlich der Messung der Einstellungswirkung gibt es in der Literatur eine Fülle von Vorschlägen zur Operationalisierung. Bei der Auswahl der in dieser Arbeit verwendeten Indikatoren wurde zum einen auf kompakte Skalen geachtet, die aber zum anderen im B2B-Kontext bereits mit hohen Reliabilitäts- und Validitätswerten erfolgreich eingesetzt worden sind. Das Ergebnis findet sich im Anhang 1 dieser Arbeit Vor dem Hintergrund der Auswahlkriterien sind die durchweg hohen Werte des Cronbachschen Alpha nicht verwunderlich. Es kann demnach hinsichtlich der Einstellungswirkung von einer reliablen Messskala ausgegangen werden.

---

[240] Giering (2000), S. 17, wobei die Autorin hierin Komponenten der Kundenloyalität sieht.

92 3. Beziehungsmarketing

Die Auswahl der Operationalisierungsvorschläge zu Weiterempfehlungsabsicht, Wieder- sowie Zusatzkaufabsicht erfolgte analog. Auch hier sei für eine detaillierte Darstellung des Ergebnisses auf den Anhang 1 verwiesen. Die insgesamt hohen Werte des Cronbachschen Alpha lassen auf eine hohe Reliabilität der Konstruktmessung schließen. Zwar liegt der ent- sprechende Wert für die Weiterempfehlungsabsicht deutlich unter den beiden anderen, er ist jedoch noch deutlich oberhalb des kritischen Schwellenwertes von 0,7 und damit unbedenk- lich.

Im Folgenden werden die Erfolgsfaktoren des Beziehungsmarketing mit dem Ziel untersucht, unabhängige Variablen für die empirische Untersuchung herzuleiten.

3.2.4. Die Verkäuferpersönlichkeit als Erfolgsfaktor des Beziehungsmarketing

Beziehungsmarketing betrifft keinesfalls nur den persönlichen Verkauf, sondern das gesamte Marketinginstrumentarium eines Unternehmens[241]. Während die Sachleistungen im B2B- Geschäft zunehmend austauschbar werden, rücken jedoch die Fähigkeiten, die Kenntnisse und das Verhalten der Mitarbeiter im Kundenkontakt zunehmend in den Fokus[242]. „Heute sind es Menschen, die den Unterschied zwischen Anbietern ausmachen"[243]. Nach Homburg/ Schäfer/ Schneider ist dauerhafter Erfolg im Verkauf nicht von speziellen Verkaufstechniken ab- hängig, sondern davon, „ob man die richtigen Menschen an der Vertriebsfront hat"[244]. Nach ihrer Ansicht zeichnet sich eine erfolgreiche Verkäuferpersönlichkeit durch spezifische Persönlichkeitsmerkmale sowie durch Sozial- und Fachkompetenz aus[245].

Persönlichkeitsmerkmale:

„Persönlichkeitsmerkmale sind relativ konstante Eigenschaften, die sich im Vertrieb vor al- lem auf das Verhalten im Kundenkontakt auswirken"[246]. Von zentraler Bedeutung sind fol- gende vier Persönlichkeitsmerkmale:

- Kontaktfreudigkeit bedeutet, dass man den Kontakt mit anderen Menschen tendenziell als angenehm empfindet und ihn von sich aus sucht. Hierunter fällt auch die Fähigkeit, mit anderen Menschen zu kommunizieren, Informationen auszutauschen und Beziehungen mit ihnen aufzubauen und zu pflegen.

---

[241] Vgl. Belz et al. (1998), S. 35
[242] Darauf ist in dieser Arbeit bislang bereits wiederholt hingewiesen worden. Zum hier relevanten spezifischen Kontext vgl. etwa Bänsch (1998).
[243] Homburg/ Schäfer/ Schneider (2003), S. 233
[244] Ebenda, S. 233
[245] Vgl. zum Folgenden ebenda, S. 233 ff.
[246] Homburg/ Schäfer/ Schneider (2003), S. 234; zum Einfluss von Persönlichkeitsmerkmalen auf den Ver- kaufserfolg vgl. etwa Churchill/ Ford/ Hartley/ Walker (1985).

B. Grundlagen der interaktiven Markenführung   93

- Optimismus lässt Verkäufer auch in schwierigen Verkaufssituationen an den Erfolg glauben. Misserfolge werden schneller verarbeitet. Neue Kunden, Produkte und Ideen werden nicht als Bedrohung, sondern als Chance begriffen[247].

- Einfühlungsvermögen (Empathie) lässt Verkäufer die Perspektive ihrer Kunden bei ihrem Handeln berücksichtigen. Nur so lässt sich etwa bei der Argumentation der Kundennutzen in den Mittelpunkt stellen[248].

- Selbstwertgefühl beeinflusst Auftreten und Überzeugungskraft eines Verkäufers positiv. Man muss von sich selbst überzeugt sein, um andere zu überzeugen und Kompetenz auszustrahlen[249].

Sozialkompetenz:

„Sozialkompetenz ist einer der unbestrittenen Erfolgsfaktoren von Vertriebsmitarbeitern, der nach Meinung der meisten Vertriebsmanager in Zukunft noch an Bedeutung gewinnen wird"[250]. Die Fähigkeit von Menschen, die Interaktion mit anderen Menschen angenehm zu gestalten, hat positive Auswirkungen auf die empfundene Qualität des Verkaufsprozesses, die Wahrnehmung der Leistungsqualität, die Mitteilungsbereitschaft der Kunden und die Arbeitsatmosphäre im Verkaufssystem[251]. Folgende Facetten der Sozialkompetenz sind hierbei wichtig:

- Die Kommunikations- und Wahrnehmungsfähigkeit umfasst sowohl die sprachliche (z.B. Fragetechnik, aktives Zuhören) als auch die nicht-sprachliche (z.B. Körpersprache einsetzen und interpretieren) Kommunikation.

- Freundlichkeit sorgt im Kundengespräch für eine angenehme Atmosphäre. Freundliche Verkäufer lassen die Kunden ausreden, sprechen diese mit Namen an und bleiben auch freundlich, wenn sie selber unfreundlich behandelt werden (Deeskalation).

- Flexibilität bedeutet, dass Verkäufer in der Lage sind, sich auf unterschiedliche Persönlichkeitstypen im Buying Center ebenso wie situative Besonderheiten einzustellen. So muss ein Verkäufer auch in problematischen Phasen der Kundenbeziehung seine Rolle finden und sich über die Lebensdauer der Geschäftsbeziehung als „Beziehungsmanager"[252] bewähren.

---

[247] Vgl. zu den Erfolgsauswirkungen von Optimismus etwa Schulmann (1999).
[248] Vgl. zum Nachweis eines positiven Zusammenhangs zwischen Einfühlungsvermögen und Verkaufserfolg etwa Mcbane (1995).
[249] Vgl. Badovick/ Hadaway/ Kaminsky (1992)
[250] Homburg/ Schäfer/ Schneider (2003), S. 238
[251] Vgl. neben Homburg/ Schäfer/ Schneider (2003), S. 238 f., etwa auch Hennig-Thurau/ Thurau (1999)
[252] Homburg/ Schäfer/ Schneider (2003), S. 244

94 3. Beziehungsmarketing

- Teamfähigkeit, d.h. beispielsweise Kritikfähigkeit sowie die Fähigkeit, sich in eine Gruppe zu integrieren, gewinnt insbesondere aufgrund der zunehmenden Bedeutung des Team Selling innerhalb des Selling Centers zunehmend an Bedeutung.

Fachkompetenz:

„Unter Fachkompetenz werden die Kenntnisse und Fähigkeiten eines Vertriebsmitarbeiters verstanden, die er durch gezielte Trainingsmaßnahmen oder bei der Ausübung seines Berufes erworben hat"[253]. Folgende sechs Facetten der Fachkompetenz sind in diesem Zusammenhang wichtig:

- Selbstorganisation, z.B. das klare Setzen von Zielen und Prioritäten für die eigene Arbeit, eine funktionierende Termin- und Routenplanung oder die Organisation des eigenen Arbeitsplatzes (Ablage, Wiedervorlage usw.).

- Produktkenntnisse, d.h. Wissen über die eigenen ebenso wie die Konkurrenzprodukte.

- Kundenkenntnisse, z.B. Kenntnis der Wertschöpfungsprozesse beim Kunden.

- Marktkenntnisse, d.h. realistische Einschätzung der Marktposition des eigenen Unternehmens sowie Kenntnis veränderter technologischer, konjunktureller und rechtlicher Rahmenbedingungen.

- Betriebswirtschaftliche Kenntnisse, d.h. einerseits Verständnis für die internen Konsequenzen des eigenen Tuns (z.B. unnötige Preisnachlässe) und andererseits die Fähigkeit, die Wirtschaftlichkeit des eigenen Leistungsangebotes beim Kunden zu bewerten.

- Unter der Fähigkeit zum „Adaptive Selling" schließlich versteht man die angemessene Veränderung des Verkäuferverhaltens während einer Interaktion mit Kunden oder zwischen Interaktionen mit Kunden. Diese Fähigkeit beruht auf der Kategorisierung von früheren Verkaufserlebnissen, der hierarchischen Organisation der Wissensstruktur, der Ansammlung von Prozesswissen sowie der Informationssammlung über die aktuelle Situation und dem Vergleich mit gespeicherten Kategorien[254].

Die beschriebenen Persönlichkeitsmerkmale stellen eine wesentliche Grundlage für tragfähiges Beziehungsmarketing im B2B-Geschäft dar. Sie werden in dieser Arbeit als notwendige Voraussetzung für ein erfolgreiches Management von Geschäftsbeziehungen betrachtet. Als weitere, hinreichende Bedingung ist jedoch das Beziehungsverhalten anzusehen. Es erscheint als plausible Annahme, dass das bloße Vorhandensein von Fähigkeiten nicht notwendigerweise deren Anwendung impliziert. Zwar werden entsprechende Persönlich-

---

[253] Homburg/ Schäfer/ Schneider (2003), S. 246
[254] Vgl. neben Homburg/ Schäfer/ Schneider (2003), S. 249 ff., insbesondere Weitz/ Sujan/ Sujan (1986) und Spiro/ Weitz (1990).

B. Grundlagen der interaktiven Markenführung

keitsmerkmale ein erfolgreiches Management von Geschäftsbeziehungen begünstigen, während tragfähiges Beziehungsverhalten ohne entsprechende Grundfertigkeiten kaum aussichtsreich erscheint; die Unterstellung eines Automatismus erscheint jedoch nicht angebracht.

Daher soll hier zwischen relevanten Persönlichkeitsmerkmalen (im Sinne einer Grundvoraussetzung) und konkretem Beziehungsverhalten (im Sinne einer Anwendung) unterschieden werden. Interaktive Markenführung bedeutet demnach eben nicht nur, die richtigen Mitarbeiter auszuwählen, sondern auch, „deren PS auf die Straße zu bringen". Daher wird der Aspekt des Beziehungsverhaltens im nächsten Abschnitt vertieft.

3.2.5. Die Operationalisierung der Verkäuferpersönlichkeit

Die Schwierigkeit bei der Operationalisierung der Verkäuferpersönlichkeit ist es, beobachtbare Aspekte zu formulieren, die eine Beurteilung des Verkäufers durch einen Kunden erlauben. Hier soll auf die Checkliste zur Verkäuferpersönlichkeit von Homburg, Schäfer und Schneider[255] zurückgegriffen werden. Die Adaption für diese Arbeit beschränkte sich auf einige sprachliche Anpassungen. Das Cronbachsche Alpha für die verwendeten Konstrukte von 0,97 ist sehr hoch (siehe Anhang 1). Entsprechend kann eine hohe Reliabilität der verwendeten Indikatoren unterstellt werden.

3.2.6. Das Beziehungsverhalten als Erfolgsfaktor des Beziehungsmarketing

Zum Zustandekommen von Geschäftsbeziehungen ist eine Vielzahl von Theorien entwickelt worden (siehe Abschnitt B.3.1.2.). In der Literatur finden sich auch verschiedene Ansätze dafür, anhand welcher Dimensionen sich das Beziehungsverhalten eines Lieferanten gegenüber seinen Kunden strukturieren lässt. Die „wohl umfassendste und feinste Gliederung"[256] hierzu bietet die Theorie relationaler Verträge[257], die im Folgenden vorgestellt werden soll.

Als Bindeglied zwischen ökonomischer Theorie und Rechtswissenschaft verwendet die Theorie der relationalen Verträge das ökonomische Analyseinstrumentarium zur Betrachtung der Wirkungen verschiedener rechtlicher Regelungen[258]. Trotz der Ursprünge in der rechtssoziologischen Tradition hat sie großen Einfluss auf Ökonomie[259] und Marketing[260].

---

[255] Homburg/ Schäfer/ Schneider (2003), S. 311 f.

[256] Ivens (2002b), S. 259

[257] Auch als „Relational Exchange School" oder „Relational Contracting Theory" bezeichnet, vgl. Macneil (1978 und 1980). Gute deutschsprachige Übersichten finden sich etwa bei Beutin (2000), S. 58 ff., Ivens (2002a), S. 18 ff., und Werner (1997), S. 32 ff.; diese liegen auch der Darstellung im Rahmen dieser Arbeit zugrunde.

[258] Vgl. Erlei (1998), S. 27

[259] So ist etwa Williamson bei der Konzeption der Transaktionskostentheorie erheblich von der Theorie der relationalen Vertragsnormen beeinflusst worden, vgl. Ivens (2002a), S. 18.

Ein ökonomischer Austausch lässt sich im Wesentlichen durch drei Vertragsformen regeln. Jedoch sind klassische und neoklassische Verträge auf die ex ante Gestaltung von einmaligen, diskreten Transaktionen ausgerichtet. Die relationale Vertragstheorie dagegen behandelt langfristige Vereinbarungen, bei denen vergangene, gegenwärtige und zukünftige persönliche Beziehungen eine zentrale Rolle spielen. Ihre Verträge sind nicht rechtsverbindlich, implizit und informell. „Faktisch sind die meisten Transaktionen aufgrund relationaler Verträge mehr oder weniger fest in ein Beziehungsgeflecht eingebettet, das über die einzelne Transaktion hinausreicht. Einzelne Transaktionen sind normalerweise Teil langfristiger Geschäftsbeziehungen. Als solche spielen sie eine wichtige Rolle im modernen Wirtschaftleben"[261]. Das gilt gemäß der beschriebenen Spezifika in besonderem Maße auch für das B2B-Geschäft[262].

Die grundlegende Annahme der relationalen Vertragstheorie ist, dass schriftliche Verträge nur ein Teil der Grundlage für die Regelung langfristiger Geschäftsbeziehungen sind. Daneben entwickeln die Geschäftspartner gemeinsame Werte und Einigkeit hinsichtlich verschiedener „relevanter Fragen", die als relationale Normen bezeichnet werden. „Ihr Ziel ist es, die Unsicherheit, das Konfliktpotenzial und den Opportunismus von diskreten Transaktionen zu vermeiden"[263]. Konflikte werden demnach unter Beachtung gemeinsamer Werte und Erwartungen, d.h. durch „weiche" Regelungsmechanismen, gelöst[264]. Dazu müssen die Beziehungsnormen von den Beteiligten akzeptiert werden und zeitlich stabil sein.

Macneil[265] identifiziert so neun Beziehungsnormen, die in Abbildung 27 jeweils in Abhängigkeit von der Art der Austauschbeziehung (diskret oder relational) charakterisiert sind. Im Marketing wird diskreter Austausch als Transaktionsmarketing und relationaler Austausch als Beziehungsmarketing interpretiert[266]. Bei den Arten der Austauschprozesse handelt es sich naturgemäß um zwei Extremformen, welche die Pole eines Kontinuums darstellen[267]. „Eine Geschäftsbeziehung verfügt somit in den meisten Fällen über relationale Elemente, die mehr oder weniger stark ausgeprägt sind"[268].

---

[260] So liegt der Ansatz auch zahlreichen Forschungsansätzen im Beziehungsmarketing zugrunde oder gab ihnen zumindest wichtige Impulse, vgl. Ivens (2002a), S. 18.

[261] Richter/ Furubotn (1999), S. 173

[262] Vgl. Beutin (2000), S. 59

[263] Ebenda, S. 59

[264] Vgl. Dwyer/ Schurr/ Oh (1987)

[265] Macneil (1980), S. 39 ff.; jedoch ist dies nicht als abschließender Katalog zu interpretieren. So hat Ivens (2002a) in einem Review der auf Macneil aufbauenden Arbeiten zehn Beziehungsnormen identifiziert.

[266] Vgl. beispielsweise Homburg (1998)

[267] Vgl. Beutin (2000), S. 60

[268] Giering (2000), S. 53

B. Grundlagen der interaktiven Markenführung 97

Norm	Erklärung	Diskreter Austausch	Relationaler Austausch
Rollenintegrität	Rollen, die von den Beteiligten eingenommen werden, müssen intern konsistent und harmonisch sein sowie eingehalten werden	Einfache, eindimensionale Rollen	Komplexe Rollen, Netzwerke von Beziehungen
Gegenseitigkeit	Austausch findet nur statt, wenn alle Beteiligten sich verbessern und der Gewinn gerecht verteilt wird	Gewinn aus einer einzigen, genau definierten Transaktion mit klarer Aufteilung	Ungenau definierte Austauschbeziehungen bringen per se Gewinn für die Beteiligten, der geteilt wird
Implementation der Planung	Planung ist der Kern von Verträgen und deren Umsetzung eine Vertragsnorm	Lediglich interne Planung des Einzelnen	Planung zwischen allen Beteiligten ist wichtiger Bestandteil einer Beziehung
Konsenswirksamkeit	Einmal getroffene Entscheidungen werden aufrechterhalten	Nur Konsens für die einmalige Transaktion notwendig	Konsens ist für langfristige Beziehungen wichtig, da ein Beziehungsabbruch erfolgt, wenn kein Konsens herrscht
Flexibilität	Begrenzte Rationalität und verändernde Bedingungen machen Vertragsanpassungen notwendig	Anpassung durch neue, angepasste Verträge und Auflösung alter Vereinbarungen	Anpassung ist innerhalb existierender Beziehungen möglich
Vertragliche Solidarität	Entwicklung und Aufrechterhaltung von Beziehungen wird durch Solidarität gewährleistet	Vertrauen auf die rechtliche Durchsetzbarkeit	Vertrauen ist die Grundlage zur Aufrechterhaltung der Beziehung
Verbindende Normen	Versprechensprinzipien wie Restitution und Verlässlichkeit rufen Erwartungen hervor	Restitution erfolgt nur über rechtliche Durchsetzbarkeit	Restitution und Verlässlichkeit auf Versprechen basieren auf dem Vertrauen zwischen den Beteiligten
Machtbeschränkung	Macht beim Austausch muss freiwillig beschränkt werden, um eine gleiche Verteilung des Gewinns zu garantieren	Macht wird im rechtlich zulässigen Rahmen ausgeübt	Machtausübung wird freiwillig beschränkt
Harmonie mit sozialen Normen	Austauschbeziehungen müssen im Einklang mit sozialen Normen wie Privatsphäre, Freiheit, Ideologie etc. stehen	Verträge müssen nicht notwendigerweise mit sozialen Normen übereinstimmen	Soziale Normen sind integraler Bestandteil von Austauschbeziehungen

Abbildung 27: Beziehungsnormen in der Theorie relationaler Verträge
(Quelle: Macneil (1980, S. 39 ff.), zitiert nach Beutin (2000), S. 60)

Interpretiert man die Beziehungsnormen als Erwartungen, „so beziehen sich diese Erwartungen auf Verhaltensweisen des Partners. Ein Kunde kann ex post beurteilen, inwiefern das tatsächliche Verhalten eines Anbieters (…) seinen ex ante formulierten Erwartungen entspricht"[269]. Demnach lässt sich das aus Kundensicht relevante Beziehungsverhalten eines Lieferanten und seiner Mitarbeiter anhand der Beziehungsnormen aus der Theorie relationaler Verträge erfassen. Darüber hinaus liefert der Ansatz die Basis für andere relationale Konstrukte (z.B. Vertrauen, Commitment), ein Argument für die Betrachtung langfristiger Betriebskosten (statt der einseitigen Betrachtung von Preis und Akquisitionskosten) und einen Hinweis auf den Zusatznutzen langfristiger Geschäftsbeziehungen im Vergleich zu kurzfristigen Transaktionen[270].

Im Rahmen dieser Arbeit erscheint die Theorie relationaler Verträge somit geeignet, als Grundlage für die Operationalisierung des Beziehungsverhaltens zu dienen.

3.2.7. Die Operationalisierung des Beziehungsverhaltens

Zur Operationalisierung des Beziehungsverhaltens wird auf Ivens[271] zurückgegriffen. Dieser operationalisiert die zehn Beziehungsnormen der Theorie relationaler Verträge durch jeweils drei bis zehn Indikatoren. Branchenspezifika, die sich aus dem Fokus von Ivens auf die Marktforschungs- und Verpackungsindustrie ergeben, wurden durch die Eliminierung einzelner Items und durch verallgemeinernde Umformulierungen für den Verwendungszweck in dieser Arbeit entfernt. Aus Gründen des Fragebogenumfangs musste die Zahl der Indikatoren außerdem auf drei pro Beziehungsnorm bzw. Dimension beschränkt werden. Die Auswahl erfolgte im Rahmen eines Expertengesprächs[272] unter Zugrundelegung der Verkaufspraxis.

Das Cronbachsche Alpha für die in dieser Arbeit verwendeten Beziehungsnormen ist nahezu durchgängig (Ausnahmen: Gegenseitigkeit und Konfliktlösung) niedriger als in der Studie von Ivens[273], jedoch insgesamt durchaus im noch zufrieden stellenden Bereich. Das Cronbachsche Alpha für das Gesamtkonstrukt ist mit 0,93 hoch, so dass insgesamt von der Reliabilität der verwendeten Indikatoren ausgegangen werden kann (siehe Anhang 1).

Eine besondere Schwierigkeit ergibt sich bei der Adaption der Items zur Beziehungsnorm „Rollenintegrität". Ivens[274] argumentiert, dass bisher in der Literatur dokumentierte Skalen sich auf einem abstrakten Niveau bewegen, „das aus unserer Perspektive der inhaltlichen Ausrichtung nicht angemessen ist"[275]. Er nimmt daher den Nachteil in Kauf, die durchgängige

---

[269] Ivens (2002b), S. 261
[270] Vgl. Beutin (2000), S. 61 f.
[271] Ivens (2002a), S. 111 ff.
[272] Das Expertengespräch fand statt am 11. Januar 2005 (siehe Anhang 3).
[273] Vgl. Ivens (2002a), S. 179
[274] Vgl. Ivens (2002a), S. 113 ff.
[275] Ebenda, S. 115

B. Grundlagen der interaktiven Markenführung 99

Struktur des Antwortschemas aufzubrechen und die erzielten Ergebnisse für die Zusammenführung mit den anderen Konstruktwerten transformieren zu müssen. Dieser Ansicht wird in dieser Arbeit gefolgt. Die Generierung von allgemeinen, branchenübergreifenden und verkaufsspezifischen Funktionen basiert auf einem Gespräch mit Experten der Vertriebsberatungsgesellschaft Mercuri International[276].

3.3. Zusammenfassung

Die Geschäftsbeziehung besitzt einen zentralen Stellenwert für das B2B-Geschäft. Diese Begrifflichkeit ist in diesem Kapitel definiert worden, und es wurden theoretische Erklärungsansätze für die Entstehung von Geschäftsbeziehungen skizziert. Die anschließende Ausgestaltung ist Gegenstand des Geschäftsbeziehungsmanagements. Die Marketingwissenschaft hat auf die wachsende Bedeutung von Geschäftsbeziehungen mit dem Ansatz des Beziehungsmarketing reagiert.

Nach einer Begriffsabgrenzung sind zunächst die Erfolgsindikatoren des Beziehungsmarketing mit dem Ziel untersucht worden, die Erfolgswirksamkeit des im Rahmen der externen Perspektive verwendeten Markenwertmodells validieren zu können. Im Ergebnis lassen sich Indikatoren zur Einstellungswirkung (Zufriedenheit, Vertrauen, Commitment) von Indikatoren der Verhaltenswirkung (Weiterempfehlungsbereitschaft, Wieder- und Zusatzkaufabsicht) unterscheiden. Damit ist die Forschungsfrage 1.5. („Anhand welcher Indikatoren kann die Relevanz des Markenwertmodells im Sinne einer Erfolgswirkung für das B2B-Geschäft nachgewiesen werden?"; vgl. A.4.1.) nunmehr beantwortet. Die Operationalisierung für die empirische Untersuchung ist literaturgestützt erfolgt.

Die Forschungsfrage 1.1. („Welche Aspekte des persönlichen Verkaufs sind potenzielle Treiber des Markenwerts?"; vgl. A.4.1.) erscheint nach der Diskussion von Verkäuferpersönlichkeit und Beziehungsverhalten als Erfolgsfaktoren des Beziehungsmarketing hinreichend beantwortet. Beide Dimensionen können somit als unabhängige Einflussvariablen auf den Markenwert interpretiert werden.

Schließlich konnten für die Forschungsfrage 1.2. („Wie lassen sich die potenziell relevanten Aspekte des persönlichen Verkaufs als unabhängige Variablen operationalisieren?"; vgl. A.4.1.) Grundlagen abgeleitet werden. Die Verkäuferpersönlichkeit lässt sich anhand der Dimensionen Persönlichkeitsmerkmale sowie Sozial- und Fachkompetenz operationalisieren. Dagegen stellt hinsichtlich des Beziehungsverhaltens die Theorie relationaler Verträge mit ihren Beziehungsnormen einen ergiebigen Bezugsrahmen für eine Operationalisierung dar.

Damit liegen die zentralen Bausteine für eine Konzeptionalisierung der externen Perspektive und damit für die empirische Untersuchung vor. Abbildung 28 enthält ein erstes Grobmodell der Wirkungszusammenhänge.

---

[276] Das Expertengespräch fand statt am 11. Januar 2005 (siehe Anhang 3).

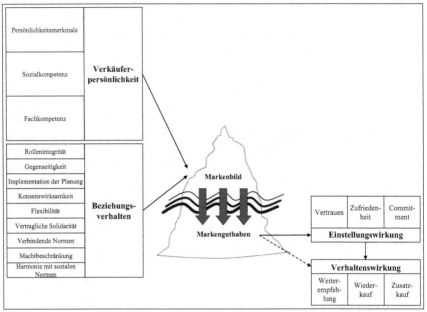

Abbildung 28: Grobmodell der Wirkungszusammenhänge aus der externen Perspektive
(Quelle: Eigene Darstellung)

4. Implikationen für Manager

Ausgangssituation und Spezifika des B2B-Geschäfts erfordern hier eine „andere" Markenführung. Zunächst ergeben sich besondere Schwerpunkte hinsichtlich der zentralen Markenfunktion (Komplexitätsreduzierung), des Verständnisses (B2B-Markenführung als Kompetenz- und Vertrauensmarketing) sowie der strategischen und operativen Markenführung. Aus dem Ansatz des Beziehungsmarketings folgt, dass die Qualität des Managements von Geschäftsbeziehungen durch den persönlichen Verkauf in besonderem Maße von der Verkäuferpersönlichkeit und dem Beziehungsverhalten abhängt.

Das Problem in der Praxis ist jedoch die Messbarkeit dieser Zusammenhänge. „Beispielsweise existieren für den Begriff ‚Einstellung' über 100 Definitionen. Dieser Definitionsumfang kann als reziproker Indikator der wissenschaftlichen Präzision und damit der Messbarkeit angesehen werden"[277]. Dieser Umstand ist ein wesentlicher Grund dafür, dass der Verkauf in vielen Unternehmen noch immer eine intransparente „Black Box" ist. Für Manager kommt es daher darauf an, die Input-Output-Relationen im Verkauf besser zu ver-

---

[277] Ahlert (2005), S. 226

B. Grundlagen der interaktiven Markenführung   101

stehen. Als Zielgröße (=Output) bietet sich das Markenkonzept an, denn herkömmliche finanzielle Kennzahlen erfassen psychosoziale und dynamische Auswirkungen der Verkaufsaktivitäten nur unzureichend. Zwar existiert auch zur Markenwertmessung eine Vielzahl von Ansätzen. Eine Analyse der Spezifika des B2B-Geschäfts führt jedoch zu einem Kriterienkatalog, mit dem geeignete Verfahren identifiziert werden können. Im Rahmen dieser Arbeit erscheint ein adaptierter Markeneisberg als besonders ergiebig für die Markenwertmessung im B2B-Geschäft. Situativ sollte die Relevanz des Markenwerts für ein B2B-Unternehmen zusätzlich durch geeignete Erfolgsindikatoren belegt werden können.

Die markentreibenden Erfolgsfaktoren (=Input) sind in aller Regel unternehmensspezifisch festzulegen. Die bisherige Diskussion hat jedoch gezeigt, dass der Einfluss des Verkaufs nicht zu unterschätzen ist. Wenn die Inputfaktoren sorgfältig definiert und operationalisiert werden, so erhält das Management insgesamt ein Instrumentarium, mit dem die Effektivität und Effizienz der Markenführung eingeschätzt werden kann. Speziell für das Verkaufscontrolling ergeben sich so interessante qualitative Ansätze für die Differenzierung der Verkaufsaktivitäten im Wettbewerb des 21. Jahrhunderts. Manager können so die „Black Box" öffnen und bislang verborgene Leistungspotenziale abrufen.

C. Wirkungszusammenhänge der interaktiven Markenführung

Im Rahmen der externen Perspektive dieser Arbeit soll der Einfluss des persönlichen Verkaufs auf die Markenstärke aus Kundensicht im B2B-Geschäft untersucht werden. Hierzu bietet sich ein empirisches Forschungsdesign an. Die Grundlagen hierzu sind im Teil B dieser Arbeit aus der Literatur abgeleitet worden.

Auf dieser Basis ist nun ein Untersuchungsmodell zu konzeptionalisieren und zu operationalisieren. Konzeptionalisierung lässt sich als Erarbeitung der relevanten Dimensionen eines Untersuchungsobjektes umschreiben. Die Operationalisierung folgt der Konzeptionalisierung, indem Indikatoren und Skalen zur Messung der Konstrukte entwickelt werden[1]. Anschließend werden die Charakteristika der Untersuchung dargestellt. Zunächst werden dann Ergebnisse strukturenprüfender und strukturenentdeckender Verfahren auf der Ebene des Gesamtwirkungsmodells präsentiert. Daran schließt sich eine Untersuchung der Relevanz des Markeneisbergs im B2B-Geschäft an. Es wird sodann die Markenwirkung von Verkäuferpersönlichkeit und Beziehungsverhalten untersucht. Schließlich werden verschiedene situative Moderatoren der Markenwirkung betrachtet. Zum Abschluss werden im Fazit Implikationen für die interaktive Markenführung abgeleitet.

1. Untersuchungsdesign

In diesem Abschnitt wird zunächst der konzeptionelle Ansatz der empirischen Erhebung verdeutlicht. Anschließend wird das Untersuchungsstrukturmodell präsentiert. Die Datenerhebungsmethodik wird ebenso beschrieben wie die Prüfung der Konstruktgüte. Schließlich erfolgt eine kritische Beurteilung der erarbeiteten Untersuchungskonzeption. Im Rahmen der Operationalisierung wird dieses fortlaufend konkretisiert.

1.1. Konzeptioneller Ansatz

Mit Hilfe eines empirischen Forschungsdesigns soll schwerpunktmäßig die erste Hauptforschungsfrage dieser Arbeit untersucht werden, die auf den Einfluss des persönlichen Verkaufs auf den B2B-Markenwert abzielt (vgl. A.4.). Im Teil B wurde hierzu der Bezugsrahmen entwickelt. Dabei wurden die theoretischen Konzepte der Markenführung und des Beziehungsmarketings auf den persönlichen Verkauf im B2B-Geschäft angewendet. Im Rahmen der Literaturauswertung konnten bereits verschiedene, aus der Hauptforschungsfrage abgeleitete Teilfragen geklärt werden. Die bisherigen Ergebnisse werden in Abbildung 29 zusammengefasst.

---

[1] Vgl. z.B. Schnell/ Hill/ Esser (1999), S. 123 ff.

Teilforschungsfrage	Ergebnisse
1.1. Welche Aspekte des persönlichen Verkaufs sind potenzielle Treiber des Markenwerts?	• Verkäuferpersönlichkeit • Beziehungsverhalten
1.2. Wie lassen sich die potenziell relevanten Aspekte des persönlichen Verkaufs als unabhängige Variablen operationalisieren?	• Verkäuferpersönlichkeit: Persönlichkeitsmerkmale, Sozial- und Fachkompetenz • Beziehungsverhalten: Beziehungsnormen aus der Theorie relationaler Verträge
1.3. Welches Markenwertmodell eignet sich für die Messung der Markenwirkung im Sinne einer abhängigen Variablen?	• Markeneisberg von Icon Added Value
1.4. Wie ist dieses Markenwertmodell gegebenenfalls auf die Spezifika des B2B-Geschäfts hin anzupassen?	• Anforderungen an Struktur- und Prozessmodell sind abgeleitet • Umsetzung im Rahmen der Operationalisierung
1.5. Anhand welcher Indikatoren kann die Relevanz des Markenwertmodells im Sinne einer Erfolgswirkung für das B2B-Geschäft nachgewiesen werden?	• Einstellungswirkung: Zufriedenheit, Vertrauen, Commitment • Verhaltenswirkung: Weiterempfehlungsbereitschaft, Wiederkaufabsicht und Zusatzkaufabsicht
1.6. Wie sind die Wirkungszusammenhänge zwischen dem Markenwert und den unabhängigen Variablen?	• Empirisch zu untersuchen
1.7. Welche unterschiedlichen Zugänge zur interaktiven Markenführung gibt es, und welche Konsequenzen haben diese jeweils für den Markenwert?	• Empirisch zu untersuchen

Abbildung 29: Stand bei der Beantwortung der Forschungsfragen zur externen Perspektive (Quelle: Eigene Darstellung)

Die noch offenen Forschungsfragen 1.6. und 1.7. sind nunmehr empirisch zu untersuchen mit dem Ziel, Ansatzpunkte für die interaktive Markenführung ableiten zu können. Hieraus wiederum sind Implikationen und Handlungsempfehlungen sowohl für die Theorie als auch für die Praxis des Verkaufs im B2B-Geschäft abzuleiten. Gleichzeitig sollen die Ergebnisse als Ausgangspunkt für die interne Perspektive dienen, die sich aus der Managementperspektive mit der Konzeption und Implementierung der interaktiven Markenführung beschäftigt. Abbildung 30 fasst den konzeptionellen Ansatz für die externe Perspektive zusammen.

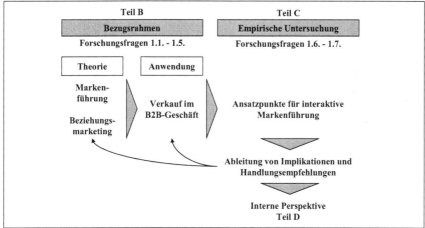

Abbildung 30: Konzeptioneller Ansatz der externen Perspektive
(Quelle: Eigene Darstellung)

1.2. Untersuchungsstrukturmodell

Die Markenstärke nach dem Eisbergmodell von Icon Added Value mit den Komponenten Markenbild und Markenguthaben stellt die abhängige Variable in der externen Perspektive dar[2]. Als unabhängige Variable sind bereits Verkäuferpersönlichkeit und Beziehungsverhalten abgeleitet worden. Nun stellt sich primär die Frage, welche Einflussfaktoren des persönlichen Verkaufs sich als Markentreiber herausstellen. Darüber hinaus ergeben sich jedoch noch weitere Problemstellungen, die im Folgenden beleuchtet werden sollen.

---

[2] Aufgrund der Ausführungen im Teil B.2.2.1. dieser Arbeit wird die Markenstärke im Vergleich zum (monetären) Markenwert als geeigneter für die vorliegende Problemstellung erachtet. Obgleich also in den Forschungsfragen vom Markenwert die Rede ist, erscheint die Verwendung der Markenstärke als abhängige Variable vor diesem Hintergrund sinnvoll.

1.2.1. Relativierung der persönlichen Marktbearbeitung

Es stellt sich die Frage, welchen relativen Einfluss die persönliche Marktbearbeitung im Rahmen des Leistungssystems auf den Markenwert hat. Es erscheint daher sinnvoll, zusätzlich den Einfluss der eigentlichen Kernleistung (z.B. Produkt, Preis) sowie der unpersönlichen Marktbearbeitung (z.B. Werbung, Pressearbeit) zu untersuchen. Da in dieser Arbeit von der Hypothese ausgegangen wird, dass der persönliche Verkauf im B2B-Geschäft einen beträchtlichen Stellenwert besitzt, ist zu erwarten, dass die persönliche Marktbearbeitung einen zumindest vergleichbaren Beitrag zur Markenstärke liefert.

Die Operationalisierung der Leistung eines Lieferanten hat eines der größten Probleme im Verlauf der empirischen Untersuchungskonzeption dargestellt. Zum einen existiert in der Literatur eine Vielzahl von Vorschlägen hierzu[3]. Zum anderen ist es aufgrund der fehlenden Branchenspezialisierung dieser Arbeit wohl auch kaum möglich, die vielen Facetten von Leistungssystemen im B2B-Geschäft zu erfassen. Davon ausgehend und unter Beachtung von Restriktionen hinsichtlich des Fragebogenumfangs hatte daher eine starke Beschränkung der Anzahl von aufzunehmenden Indikatoren zu erfolgen. Dies umso mehr, als dass die Leistung (ebenso wie die unpersönliche Marktbearbeitung) keine zentralen Konstrukte dieser Arbeit sind, sondern „nur" dazu dienen sollen, den relativen Einfluss der persönlichen Marktbearbeitung auf den Markenwert abzuschätzen. Daher werden hinsichtlich der Leistung lediglich fünf Aspekte abgefragt, und zwar jeweils nur mit einem Indikator: Qualität, Preis sowie Bedeutung, Komplexität und Spezifität der Leistung.

Das Cronbachsche Alpha des Konstrukts „Leistung" ist mit 0,68 knapp unterhalb des allgemein postulierten Schwellenwertes von 0,7, jedoch noch innerhalb des Rahmens, den manche Autoren für explorative Arbeiten für akzeptabel halten (siehe Anhang 1). In Anbetracht der Schwierigkeiten bei der Operationalisierung erscheint der Wert damit insgesamt noch hoch genug, um das Konstrukt nicht zu verwerfen. Hier ergeben sich aber Ansatzpunkte für weiterführende Arbeiten, die das relative Markengewicht von persönlicher und unpersönlicher Marktbearbeitung sowie der Leistung genauer untersuchen.

Eine Operationalisierung des Konstrukts „Unpersönliche Marktbearbeitung" im Sinne dieser Arbeit, also als Abgrenzung kommunikationspolitischer Instrumente vom persönlichen Verkauf, war in der Literatur nicht auffindbar. Basierend auf den Ergebnissen der Studie von Sta-

---

[3] Werner (1997) etwa operationalisiert die „Leistung im engeren Sinne" durch neun Indikatoren, weist aber auf weiterführende relevante Aspekte wie Ausmaß spezifischer Investitionen, Fristigkeit rechtlicher Regeln, Wichtigkeit des Kaufobjektes oder Produktkomplexität hin. Homburg (1998) identifiziert die Kundennähe des Leistungsangebots als bedeutsam und arbeitet mit den Dimensionen Produkt- und Dienstleistungsqualität, Qualität kundenbezogener Prozesse, Flexibilität im Umgang mit Kunden und Qualität der Beratung. Giering (2000) betont den Einfluss von Produktbedeutung und -komplexität, Beutin (2000) hebt dagegen auf Produkt- und Servicequalität ab. Stock (2003) untersucht darüber hinaus die Spezifität der Leistung, welche die Vorteilhaftigkeit einer Geschäftsbeziehung im Vergleich zum reinen Markt determiniert. Auffällig ist, dass der Preis der Leistung in diesen Arbeiten eher selten Beachtung findet. Die Arbeit von Stock zur Preissensitivität von Firmenkunden weist insbesondere auf einen hohen Stellenwert von Spezifität und Komplexität hin.

C. Wirkungszusammenhänge der interaktiven Markenführung 107

delmann/ Finsterwalder[4] zur Bedeutung bzw. zum Einsatz von Kommunikationsinstrumenten sowie eigenen Plausibilitätsüberlegungen wurde zunächst eine Shortlist relevanter Aspekte erstellt. Im Rahmen eines Workshops mit Experten von Icon Added Value wurden dann geeignete Items ausgewählt und formuliert[5]. Dabei wurden schließlich weniger die Instrumente in den Mittelpunkt der Abfrage gestellt, sondern die Wirkung der unpersönlichen Kommunikationsinstrumente. Nicht auszuschließen sind hierbei jedoch Überschneidungen mit Einflüssen des persönlichen Verkaufs. Hinsichtlich der Entwicklung einer überschneidungsfreien Messskala der unpersönlichen Marktbearbeitung ergibt sich ein interessanter Ansatzpunkt für weiterführende Forschungsprojekte. Trotz der insgesamt wenig fundierten Generierung der Indikatoren ergibt sich ein relativ hohes Cronbachsches Alpha von fast 0,8, so dass von einer ausreichenden Reliabilität der verwendeten Indikatoren ausgegangen werden kann (siehe Anhang 1).

1.2.2. Berücksichtigung situativer Moderatoren

Es ist zu vermuten, dass die Erfolgswirkung interaktiver Markenführung in Abhängigkeit von der Art der vorliegenden Geschäftsbeziehung, von bestimmten Kunden-, Produkt- und Anbietereigenschaften sowie von den Gegebenheiten des Marktumfelds variieren kann[6]. Vor diesem Hintergrund ergibt sich aus den Spezifika des B2B-Geschäfts die Notwendigkeit, Moderatoren der Markenwirkung der persönlichen Marktbearbeitung zu betrachten.

Nach dem Prozessmodell der Markenwertmessung in dieser Arbeit (vgl. Abb. 23) ist insbesondere Folgendes zu fordern:

- Integration des Buying Centers als Spezifikum des B2B-Geschäfts sowie

- Herstellung eines Situationsbezugs.

Der Situationsbezug lässt sich durch die Bildung relevanter Segmente herstellen. Hierzu bieten sich primär die Geschäftstypen nach Backhaus an, aber auch die Buying Center-Ebene sowie die wahrgenommene Qualität der Geschäftsbeziehung, die sich etwa über die Klassifizierung der betrachteten Lieferanten in Top- und Problem-Lieferanten erreichen lässt. Diese situative Moderatoren werden als Segmentierungsvariablen operationalisiert[7]

---

[4] Stadelmann/ Finsterwalder et. al. (2001)
[5] Der Workshop fand am 3. Dezember 2004 in Nürnberg statt (siehe Anhang 3).
[6] Vgl. Giering (2000), S. 102
[7] Die Mitarbeiterzahl und damit die Klassifizierung in KMUs und Großunternehmen ist nicht als situativer Moderator geeignet, da die Fallzahl für Großunternehmen so klein ist, dass bei der Durchführung multivariater Analysen methodische Probleme auftreten würden.

Zu den situativen Moderatoren, die nicht über Segmentierungsvariablen operationalisiert wurden, zählt insbesondere die Wettbewerbsintensität. Diese wurde in Anlehnung an Giering wie folgt operationalisiert[8]: „Der Wettbewerb in unserer Branche ist sehr intensiv".

1.2.3. Zusammenfassung der Komponenten zum Strukturmodell

Aus den beschriebenen Elementen lässt sich nun ein Strukturmodell als Grundlage für die empirische Überprüfung konstruieren[9]. Dieses Untersuchungsstrukturmodell ist in Abbildung 31 dargestellt.

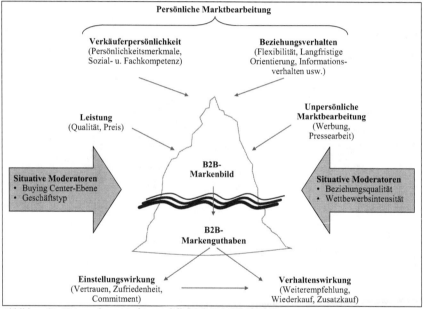

Abbildung 31: Untersuchungsstrukturmodell der externen Perspektive
(Quelle: Eigene Darstellung)

---

[8] Vgl. Giering (2000) in Anlehnung an Jaworsko/ Kohli (1993); Giering schlägt allerdings zur Operationalisierung fünf Indikatoren vor, von denen aus Gründen des limitierten Fragebogenumfangs nur dasjenige Item ausgewählt wurde, das am direktesten den relevanten Aspekt erfasst.

[9] Über die genannten Komponenten hinaus wurden mit dem Fragebogen allgemeine statistische Angaben erhoben, die für weitere statistische Auswertungen durch die Kooperationspartner Icon Added Value und Mercuri International verwendet werden.

C. Wirkungszusammenhänge der interaktiven Markenführung   109

1.3. Skalierung

Um die Zustimmung oder Ablehnung der Befragten zu operationalisierten Indikatoren messbar zu machen, „müssen diese in ein numerisches Relativ überführt werden"[10]. Hierzu werden üblicherweise Rating-Skalen verwendet, wobei zumeist von gleichen Abständen zwischen den einzelnen Ausprägungen ausgegangen wird, so dass Intervallskalen-Niveau angenommen werden kann, was wiederum zahlreiche multivariate Auswertungen ermöglicht[11]. Dabei wird die befragte Person aufgefordert, einer Eigenschaft eines Objektes in Form eines Indikators einen Zahlenwert auf einer vorgegebenen Antwortskala zuzuordnen.

In diesem Kontext betrifft ein übliches Entscheidungsproblem die Anzahl der Stufen einer Skala. Zwar steigt mit zunehmender Anzahl der Skalenstufen die Differenzierungsfähigkeit einer Skala, das Differenzierungsvermögen der Befragten nimmt jedoch ab. Auf die Reliabilität und Validität der Skala hat die Anzahl der Skalenstufen keine Auswirkung[12].

Die Durchführung von Telefonbefragungen ist in der Marketingforschung eher unüblich. Da die komplexen Quotierungen auf die Segmentierungsvariablen jedoch eine schriftliche Befragung im Rahmen dieser Arbeit als unvorteilhaft erscheinen lassen, ergibt sich die Frage nach einer optimalen Skala für Telefonbefragungen. Hierbei wurde auf das Expertenwissen der praktischen Marktforschung von Icon Added Value zurückgegriffen, die schwerpunktmäßig mit Telefonbefragungen im Consumerbereich arbeitet[13]. Demnach tendieren Befragte ohne visuelle Referenz intuitiv eher zu traditionellen und gelernten Skalen tendieren und legen diese mental zugrunde. Daher bietet sich für eine Telefonbefragung entweder das 6er-Schulnotensystem oder eine 10er-Skala an, die das Dezimalsystem der Mathematik wiedergibt. Da die 10er-Skala höhere Differenzierungsfähigkeit ohne Überforderung der Befragten verspricht, ist die Entscheidung zu ihren Gunsten gefallen. Auf Empfehlung der Experten von Icon Added Value wurde noch zusätzlich ein Nullpunkt in die Skala integriert, so dass die im Fragebogen verwendete Skala eigentlich eine 11er-Skala ist, also Stufen von 0 bis 10 umfasst.

Es sei darauf hingewiesen, dass eine solche Skala eher ungewöhnlich ist und entsprechend wenige Erfahrungs- und Vergleichswerte zu ihrer Praktikabilität existieren. Insofern stellte ihre Anwendung im Rahmen dieser Arbeit durchaus ein gewisses Risiko für die Datenerhebung dar. Im Rückblick und mit Blick auf einerseits das Feedback aus dem Telefonstudio und andererseits die Datenqualität hat sich diese Entscheidung jedoch insgesamt positiv auf die Durchführung der empirischen Studie ausgewirkt.

---

[10] Einwiller (2003), S. 166; siehe hier auch zum Folgenden.
[11] Vgl. Backhaus/ Erichson/ Plinke/ Weiber (2005), S. 5
[12] Vgl. Matell/ Jacoby (1971)
[13] Workshop vom 3. Dezember 2004 (siehe Anhang 3)

1.4. Datenerhebung

Es sollen situative Moderatoren des Wirkungszusammenhangs zwischen unabhängigen Variablen und der Markenstärke erhoben und entsprechend untersucht werden. Um für weitergehende Analysen ausreichende Fallzahlen in der Stichprobe für die einzelnen Aspekte zu erreichen, bietet es sich an, die Informationen als Segmentierungsvariable mit jeweils eigenen Quotenvorgaben zu erheben. Dieses Ziel würde im Falle einer schriftlichen Befragung entweder zu unverhältnismäßigem Aufwand bei der Ziehung des Adresssamples führen oder eine sehr große Anzahl zu versendender Fragebögen bedeuten.

Dagegen lässt sich ein solcher Ansatz im Rahmen einer Telefonbefragung durch vorgeschaltete Screenerfragen relativ leicht realisieren. Jedoch ist die professionelle Durchführung einer solchen Befragung unter Verwendung moderner Technologien (etwa Ziehung des Adresssamples, CATI-Technik, Durchführung durch professionelle Interviewer) nur in Zusammenarbeit mit einem externen Institut möglich. Im Rahmen dieser Arbeit wurde das Unternehmen abs Marktforschung Abele & Ströhle OHG in Ulm mit der Durchführung der Datenerhebung beauftragt. Abbildung 32 zeigt das Briefing, das zur Programmierung des Fragebogens und des vorgeschalteten Screeners verwendet wurde (vgl. auch den Fragebogen im Anhang 2).

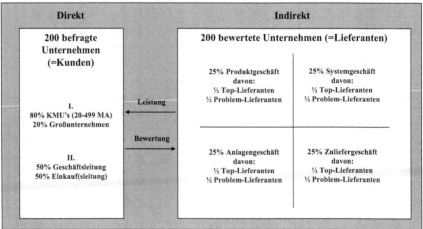

Abbildung 32: Externes Briefing zur Quotierung der Segmentierungsvariablen
(Quelle: Eigene Darstellung)

C. Wirkungszusammenhänge der interaktiven Markenführung 111

Die erste Segmentierungsvariable ist die Mitarbeiterzahl, die über das Adresssample abgedeckt wurde und zum Ziel hatte, einen Mix aus KMUs[14] und Großunternehmen in der Stichprobe sicherzustellen. Die zweite Segmentierungsvariable soll die zwei für die Auswahl von Lieferanten mutmaßlich bedeutendsten Buying Center-Ebenen abdecken, nämlich die Geschäftsleitung und den Einkauf. Die dritte Segmentierungsvariable betrifft die Geschäftstypen nach Backhaus.

Die vierte Segmentierungsvariable schließlich hat die Qualität der Lieferanten zum Inhalt und unterscheidet zwischen Top-Lieferanten und Problem-Lieferanten. Dabei ist ein Top-Lieferant im Fragebogen definiert als „ein Lieferant, der nicht nur aufgrund seiner Leistung eine signifikante Bedeutung für Ihre Wertschöpfungsprozesse hat, sondern sich darüber hinaus auch durch ein überdurchschnittliches Management der Geschäftsbeziehung mit Ihnen auszeichnet. Kurzum: Sie wünschten, alle Ihre Lieferanten wären so". Ein Problem-Lieferant dagegen wird beschrieben als „ein Lieferant, dessen Leistung zwar eine signifikante Bedeutung für Ihre Wertschöpfungsprozesse hat, mit dem Sie aber nicht zufrieden sind, entweder weil die Leistung oder die Geschäftsbeziehung aus Ihrer Sicht nicht zufrieden stellend ist". Aus Gründen der Quotensteuerung wurden beide Variablen miteinander verknüpft mit dem Ziel, innerhalb jeden Geschäftstyps eine ausgewogene Mischung aus Top- und Problemlieferanten zu erreichen.

Der programmierte Fragebogen wurde am 13. Juni 2005 anhand von zehn Live-Interviews einem Pretest unter realen Bedingungen unterzogen. Nach einigen Korrekturen insbesondere im Bereich der Quotensteuerung[15] und einem persönlichen Briefing der Interviewer wurde die Studie vom 15. Juni bis zum 14. Juli 2005 in Deutschland telefoniert. Die deskriptive Auswertung sowie die multivariate Analyse der Daten fand anschließend in Zusammenarbeit mit Methodenexperten aus der Marktforschung statt[16].

1.5. Beurteilung der Untersuchungskonzeption

Für empirische Studien ist entscheidend, auf welche Weise man eine Problemstellung auf eine formale Analyseebene überträgt, so dass die Ergebnisse zur Klärung der Ausgangsfragen beitragen können. In Anlehnung an Heckner[17] kann die Untersuchungskonzeption für die externe Perspektive dieser Arbeit anhand folgender Kriterien beurteilt werden:

---

[14] KMU = Kleine und mittlere Unternehmen, in diesem Fall definiert als solche Unternehmen, die zwischen 20 und 500 Mitarbeitern beschäftigen.

[15] So ist etwa eine Kontrollfrage hinzugefügt worden, die sicherstellt, dass die befragte Person die folgenden Fragen zur Geschäftsbeziehung und zum Außendienst des Lieferanten beantworten kann.

[16] Namentlich und dankend sind an dieser Stelle die Herren Johan Kuntkes (Associate Director bei Icon Added Value) und Dirk Amoneit (Geschäftsführer bei StatArts) zu erwähnen.

[17] Vgl. Heckner (1998), S. 83 ff.

- Theorieleitung: Die thematische Auseinandersetzung erfolgte -ausgehend von der Praxis- zunächst unter theoretischen Gesichtspunkten. Die Diskussion im Teil B dieser Arbeit hat zu einem soliden Fundament für die Konzeptionalisierung geführt.

- Einbezug relevanter Kriterien: Durch ein anwendungsorientiertes Forschungsverständnis und die daraus folgende Zusammenarbeit mit den Kooperationspartnern Icon Added Value und Mercuri International konnte das theoretische Gerüst um praxisbezogene Aspekte ergänzt werden.

- Objektivität: Die subjektiven Einflüsse des Wissenschaftlers auf die Ergebnisse einer empirischen Untersuchung sind zu minimieren. Durch einen standardisierten Aufbau des Fragebogens (nur geschlossene, keine offenen Fragen) sowie eine externe Durchführung der Feldarbeit kann diesem Aspekt Rechnung getragen werden. Hierauf wird im Rahmen der Operationalisierung noch einzugehen sein.

Vor dem Hintergrund dieser Aspekte erscheint die Untersuchungskonzeption für die Gewinnung einer soliden Datenbasis und deren Analyse ergiebig. Jedoch sei explizit darauf hingewiesen, dass mit dem Konzept keine Repräsentativität der Ergebnisse erreicht werden kann. Diese wäre gegeben, wenn die Stichprobe ein zuverlässiges Abbild der dahinter stehenden Gesamtheit abgibt. Da im Untersuchungskonzept keine Branchenbeschränkung stattfindet, führt die Heterogenität des B2B-Geschäfts dazu, dass es mit den zur Verfügung stehenden Ressourcen nicht möglich gewesen ist, eine repräsentative Befragung durchzuführen.

Entscheidend ist jedoch, dass die Daten mit Sachkenntnis interpretiert werden. Dann ist eine beschränkte Verallgemeinerung der Ergebnisse nicht ausgeschlossen, weshalb in dieser Arbeit durchaus generelle Handlungsempfehlungen für die interaktive Markenführung im B2B-Geschäft abgeleitet werden sollen.

2. Charakteristika der Stichprobe

Zur Beurteilung der Ergebnisse der Datenerhebung ist eine Betrachtung der Charakteristika der Stichprobe notwendig. Abbildung 33 liefert hierzu die entsprechenden Informationen.

C. Wirkungszusammenhänge der interaktiven Markenführung 113

		Absolut	in %
Stichprobengröße N		201	100,0
Unternehmensgröße	KMUs (20-499 Mitarbeiter)	182	90,5
	Großunternehmen (500+ Mitarbeiter)	19	9,5
Buying Center-Ebene	Geschäftsleitung	78	38,8
	Einkauf(sleitung)	123	61,2
Qualität der Geschäftsbeziehung	Top-Lieferant	119	59,2
	Problem-Lieferant	82	40,8
Geschäftstyp	Produktgeschäft	58	28,9
	Zuliefergeschäft	62	30,8
	Systemgeschäft	43	21,4
	Anlagengeschäft	38	18,9

Abbildung 33: Charakteristika der Stichprobe
(Quelle: Eigene Darstellung)

Insgesamt zeigt sich, dass die vorgegebene Quotierung durch das Feldinstitut nur ansatzweise erreicht worden ist. Hinsichtlich des Ziels, in den jeweiligen Segmenten ausreichende Fallzahlen für multivariate Analysen sicherzustellen, ist die Abweichung bei der Unternehmensgröße unproblematisch, da es sich hierbei nicht um einen a priori definierten Moderator handelt. Dagegen sind die Fallzahlen für das Systemgeschäft und das Anlagengeschäft mit jeweils deutlich unter 50 hinsichtlich der Aussagekraft segmentspezifischer Ergebnisse bereits im kritischen Bereich. Dies ist bei der Interpretation entsprechender Analysen zu beachten.

Eine Besonderheit ergibt sich hinsichtlich der Qualität der Geschäftsbeziehung und des Geschäftstyps. Aus Gründen der Quotensteuerung wurden beide Variablen miteinander verknüpft mit dem Ziel, innerhalb jeden Geschäftstyps eine ausgewogene Mischung aus Top- und Problem-Lieferanten zu erreichen. Abbildung 34 stellt das erzielte, insgesamt zufrieden stellende Ergebnis dar. Eine völlige Gleichverteilung war sicher ein unrealistisches Ziel, da Problem-Lieferanten tendenziell eher ausgetauscht werden dürften und damit in der Praxis seltener anzutreffen sind als Top-Lieferanten.

	Top-Lieferant	Problem-Lieferant
Systemgeschäft	26 (12,9%)	17 (8,5%)
Produktgeschäft	32 (15,9%)	26 (12,9%)
Anlagengeschäft	26 (12,9%)	12 (6,0%)
Zuliefergeschäft	35 (17,4%)	27 (13,4%)

Abbildung 34: Verteilung von Lieferantenqualität auf Geschäftstypen in der Stichprobe
(Quelle: Eigene Darstellung)

Im Ergebnis zeigt sich, dass die Fallzahlen für Problem-Lieferanten aus dem System- und Anlagengeschäft deutlich niedriger sind als die avisierten 25. Isolierte Auswertungen für diese Kombinationen würden sich unter diesen Umständen sicherlich verbieten. Im Kontext mit den anderen Kombinationen lassen sich aber zumindest Tendenzaussagen ableiten.

3. Zusammenhänge auf der Ebene des Gesamtwirkungsmodells

In diesem Abschnitt sollen die Zusammenhänge zwischen der Gesamtheit der Konstrukte im Gesamtwirkungsmodell untersucht werden. Zunächst kommen hierbei die strukturenprüfenden Verfahren der Regressionsanalyse und der Pfadanalyse zum Einsatz. Anschließend werden mit Hilfe der Multidimensionalen Skalierung und der Clusteranalyse Strukturen aufgedeckt.

3.1. Strukturenprüfende Verfahren

In diesem Abschnitt werden mit der multiplen Regressionsanalyse und der Pfadanalyse diejenigen multivariaten Analysemethoden beschrieben, die in dieser Arbeit zur Strukturprüfung im Untersuchungsmodell zur Anwendung kommen.

3.1.1. Dependenzanalyse mittels multipler Regressionsanalyse

Dependenzanalysen sind strukturenprüfende multivariate Analysemethoden, deren primäres Ziel in der Überprüfung von Zusammenhängen zwischen Variablen liegt. Basierend auf sachlogischen oder theoretischen Überlegungen können Vorstellungen über diese Zusammenhänge überprüft werden[18]. Dazu ist die a priori Einteilung der betrachteten Variablen in abhängige und unabhängige Variablen notwendig.

---

[18] Vgl. Backhaus/ Erichson/ Plinke/ Weiber (2005), S. 7 f.

Können alle Variablen auf metrischem Skalenniveau gemessen werden, so bietet sich die Verwendung der Regressionsanalyse an, das sicherlich „wichtigste und am häufigsten angewendete multivariate Analyseverfahren"[19]. Die Regressionsanalyse versucht, den Einfluss einer oder mehrerer unabhängiger Variablen auf eine abhängige Variable zu erklären. Dabei geht sie über eine Korrelationsanalyse hinaus, indem sie eine eindeutige, nicht umkehrbare Richtung des Zusammenhangs unter den Variablen unterstellt (Je-Desto-Beziehungen)[20]. Bei einer multiplen Regression wird mehr als eine unabhängige Variable in die Betrachtung aufgenommen[21].

Das Bestimmtheitsmaß R^2 als Verhältnis von erklärter Streuung zur Gesamtstreuung gibt an, ob die Regressionsfunktion die Stichprobenwerte gut repräsentiert und ob sie eine brauchbare Schätzung für den wahren Zusammenhang in der Grundgesamtheit darstellt. R^2 nimmt Werte zwischen 0 und 1 an. Es ist umso größer, je höher der Erklärungsanteil der im Regressionsmodell erfassten unabhängigen Variablen an der Variation der abhängigen Variablen ist.

3.1.2. Dependenzanalyse mittels Pfadanalysen

Die Pfadanalyse ist ein Spezialfall des regressionsanalytischen Ansatzes und dient ebenfalls der Überprüfung von Dependenzen zwischen Variablen[22]. Ausgangspunkt in dieser Arbeit ist das Eisbergmodell mit den Dimensionen Markenguthaben und Markenbild (endogene Variablen, die in einer Regressionsgleichung abhängige Variablen, in anderen Gleichungen aber erklärende Variablen sein können). Das Markenguthaben als langfristig entscheidender Erfolgsfaktor der Marke wird nun von einer unabhängigen Variablen (exogene Variable, die in keiner Modellgleichung abhängig ist) einerseits direkt und andererseits über den „Umweg" des kurzfristigen Markenbilds beeinflusst. Es ergibt sich folgendes Pfaddiagramm:

In diesem Fall sind statt einer Regressionsgleichung zwei notwendig. Diese werden als Strukturgleichungen bezeichnet[23]. Die Pfadanalyse überprüft nun sowohl gerichtete Beziehungen zwischen unabhängigen und abhängigen Variablen als auch zwischen verschiedenen abhängigen Variablen in einem einzigen Modell mittels zweier unabhängig voneinander durchgeführ-

---
[19] Backhaus/ Erichson/ Plinke/ Weiber (2005), S. 9
[20] Ebenda, S. 46
[21] Ebenda, S. 60; im Folgenden wird nur noch der Begriff „Regressionsanalyse" verwendet, gemeint ist jedoch stets die multiple lineare Form.
[22] Vgl. ebenda, S. 338 ff.; vgl. zu Grundlagen auch Bollen (1989)
[23] Backhaus/ Erichson/ Plinke/ Weiber (2005), S. 344 ff.

ter Regressionsanalysen. Es wird so keine Strukturgleichungs-Technik benötigt, gleichzeitig wird aber auch keine Kausalität überprüft.

Bei Icon Added Value wird die Pfadanalyse verwendet, um unter Beachtung direkter und indirekter Effekte die markentreibende Wirkung von Einflussgrößen zu untersuchen. Dabei werden zwei Werte ermittelt: die Markenwirkung („Brand Driver") und der Erfüllungsgrad („Absolute Score") einer unabhängigen Variablen. Die Markenwirkung ergibt sich aus der Verknüpfung der Pfadkoeffizienten, wobei die Koeffizienten der indirekten Wirkung multiplikativ verknüpft werden (d.h. Markenbild-Faktoren ohne Auswirkung auf das Markenguthaben bleiben unberücksichtigt) und anschließend additiv mit dem direkten Pfad kombiniert werden. Der Erfüllungsgrad ergibt sich aus dem so genannten „Superscore" bzw. einer Top-Box-Analyse, wobei in dieser Arbeit die drei obersten Skalenwerte (also 8, 9 und 10) berücksichtigt wurden. Aus der Gegenüberstellung beider Dimensionen lässt sich sodann möglicher Handlungsbedarf ableiten.

3.2. Ergebnisse strukturenprüfender Verfahren

In einem ersten Analyseschritt werden die Zusammenhänge zwischen den zentralen Konstrukten per Regressionsanalyse untersucht. Abbildung 35 zeigt das Ergebnis.

C. Wirkungszusammenhänge der interaktiven Markenführung 117

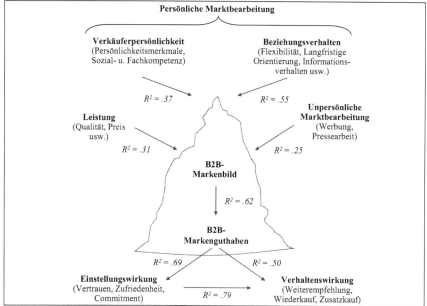

Abbildung 35: Quantifiziertes Gesamtwirkungsmodell der externen Perspektive
(Quelle: Eigene Darstellung)

Das quantifizierte Gesamtwirkungsmodell liefert bereits eine Vielzahl zentraler Ergebnisse für die externe Perspektive dieser Arbeit. Zunächst fallen die hohen Bestimmtheitsmaße für die zentralen Wirkungsketten auf. Die beiden Aspekte der persönlichen Marktbearbeitung haben deutlichen Einfluss auf das Markenbild, wobei das Beziehungsverhalten eindeutig wichtiger ist als die Persönlichkeit des Verkäufers. Die Markenwirkung von Leistung und unpersönlicher Marktbearbeitung ist im Vergleich geringer ausgeprägt. Im Unterschied zu vielen Bereichen des Konsumgüterbereichs ist die Leistung für die Markenwahrnehmung jedoch deutlich wichtiger als die unpersönliche Marktbearbeitung. Dennoch: Mit einem Erklärungsanteil von 25% der gesamten Streuung zeigt sich auch, dass die Kommunikationspolitik für den Markenwert im B2B-Geschäft durchaus eine Stellschraube darstellt und im Rahmen der Gesamtmarkenführung zu berücksichtigen ist.

Das Markenbild, dessen größter Treiber im B2B-Geschäft also die persönliche Marktbearbeitung ist, weist einen hohen Zusammenhang mit dem Markenguthaben auf. Allerdings sind 38% der gesamten Streuung auf andere Einflüsse zurückzuführen. Dieser dennoch starke Einfluss stützt die Aussage des Markeneisbergmodells, dass kurzfristige und langfristige Markenwirkungen zu unterscheiden sind. Das bedeutet für die Detailanalyse der Markentreiber aber auch, dass beide Effekte zu berücksichtigen sind. Es kommt daher bei solchen Untersuchungen die Pfadanalyse zum Einsatz.

Nach dem Grundprinzip des Markeneisbergs ist das langfristige Markenguthaben der eigentliche Erfolgsfaktor einer Marke. Auch diese Annahme lässt sich angesichts der quantifizierten Wirkungszusammenhänge im Modell bestätigen. Der Einfluss auf sowohl die Einstellung als auch das Verhalten ist deutlich, wobei es nach der Theory of Reasoned Action nicht überrascht, dass der direkte Einfluss des Markenguthabens auf das Verhalten geringer ist als der der Einstellungswirkung. Es sind auch hier die aufgrund der theoretischen Vorüberlegungen erwarteten direkten und indirekten Effekte zu konstatieren. Diese sind jeweils so deutlich, dass von einer internen Validierung des Markeneisbergs im B2B-Kontext gesprochen werden kann.

Zusammenfassend lassen sich die folgenden Ergebnisse aus dem quantifizierten Gesamtwirkungsmodell ableiten:

- Die Markenstärke eines Lieferanten hat auch im B2B-Geschäft einen großen Einfluss auf Einstellung und Verhalten der Beschaffenden.

- Der Markeneisberg stellt eine geeignete Methode zur Messung der Markenstärke im B2B-Geschäft dar.

- Die Markenstärke wird primär durch die persönliche Marktbearbeitung geprägt. Damit ist der persönliche Verkauf als Instrument der Markenführung im B2B-Geschäft anzusehen und entsprechend zu führen.

Die empirische Untersuchung bestätigt damit in vollem Umfang die theoretische Argumentation dieser Arbeit. Zur weiteren Analyse der Dependenzen soll nun die Pfadanalyse zum Einsatz kommen, um die Markenwirkung und den Erfüllungsgrad der verwendeten Konstrukte in einer Gesamtübersicht zu bewerten. Abbildung 36 zeigt das Ergebnis.

C. Wirkungszusammenhänge der interaktiven Markenführung   119

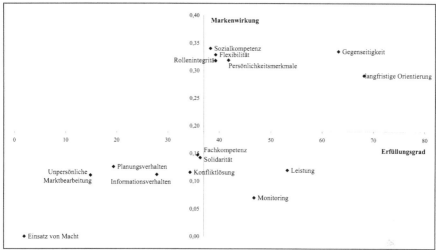

Abbildung 36: Markenwirkung vs. Erfüllungsgrad im Überblick
(Quelle: Eigene Darstellung)

In der grafischen Gegenüberstellung ergeben sich die Schnittpunkte der beiden Achsen jeweils aus den Mittelwerten (Markenwirkung: aggregierter Wert der Pfadanalyse, Erfüllungsgrad: Top-3-Box-Analyse der Nennungen). Es ergeben sich fünf verschiedene Cluster von Punkten. Zunächst ist der Einsatz von Macht ein Sonderfall. Offenkundig sind die wenigsten Lieferanten in Geschäftsbeziehungen in einer Machtposition. Dieser Aspekt ist daher für die Markenführung in der Praxis wohl nahezu irrelevant.

Eine Punktewolke befindet sich im linken unteren Quadranten. Hierbei handelt es sich um Aspekte, bei denen die Lieferanten aus Sicht der Beschaffenden eher Defizite haben. Dazu gehört vor allem die unpersönliche Marktbearbeitung, das Planungs- und Informationsverhalten. Da die Markenwirkung jedoch eher unterdurchschnittlich ist, besteht aus der Perspektive der Markenführung kein dringender Handlungsbedarf.

Im rechten unteren Quadranten finden sich zwei Aspekte, die aus Sicht der Beschaffenden zwar überdurchschnittlich umgesetzt werden, aber keine starken Markentreiber darstellen. Es sind dies die Leistung und das Monitoring. Beide Aspekte werden in der Praxis offenkundig bereits größtenteils erfüllt und können deswegen die Marke nicht weiter stärken. Zur Steigerung der Markenstärke müssen demnach weitere Treiber herangezogen werden, aber ein Unternehmen darf die Erfüllung der Bedürfnisse in diesem Quadranten nicht vernachlässigen.

Im rechten oberen Quadranten finden sich zwei Cluster. Erfüllungsgrad und Markenwirkung korrespondieren weitgehend hinsichtlich der langfristigen Orientierung und der Gegenseitigkeit. In der Praxis sind die kurzfristig orientierten Hardseller auf Lieferantenseite offenbar sel-

120   3. Zusammenhänge auf der Ebene des Gesamtwirkungsmodells

ten geworden. Stattdessen wird durch die Beschaffenden langfristige Orientierung am Win-Win-Prinzip attestiert. Gleichzeitig zeigt sich, dass ein beziehungsorientierter Verkauf auch eine deutliche Markenwirkung hat.

Deutlich weiter links, d.h. mit deutlich niedrigerem Erfüllungsgrad finden sich jedoch Ansatzpunkte zur weiteren Optimierung eines Beziehungsverkaufs. Es handelt sich um Aspekte mit hoher Markenwirkung, aber gerade noch durchschnittlicher Erfüllung durch die Lieferanten. Das Verkaufsmanagement muss demnach aus der Perspektive der Markenführung stärker auf die Persönlichkeitsmerkmale und insbesondere die Sozialkompetenz der Verkäufer achten. Dieses Ergebnis steht im Widerspruch zur verkäuferischen Qualifizierungspraxis, in der vor allem die Fachkompetenz im Mittelpunkt steht. Hinsichtlich des Beziehungsverhaltens gibt es aus Sicht der Beschaffenden Handlungsbedarf bei der Flexibilität und der Rollenintegrität. Demnach kommt es unter Markengesichtspunkten zukünftig noch mehr darauf an, die Kundenbedürfnisse zu verstehen und im Rahmen der gewünschten Funktionen umzusetzen (Rollenintegrität). Dabei stellt die Flexibilität offenkundig ein besonders ausgeprägtes Bedürfnis dar.

3.3. Strukturenentdeckende Verfahren

In diesem Abschnitt werden die Multidimensionale Skalierung und die Clusteranalyse als Verfahren beschrieben, welche zur explorativen Datenanalyse und damit zur Entdeckung von Strukturen im Untersuchungsmodell verwendet werden.

3.3.1. Exploration mittels Multidimensionaler Skalierung

Die Multidimensionale Skalierung (MDS) analysiert die Positionierung von Objekten im Wahrnehmungsraum von Personen[24]. Dabei wird die Gesamtheit der Positionen der Objekte im Wahrnehmungsraum in ihrer relativen Lage zueinander als Konfiguration bezeichnet. Während die Faktorenanalyse auf Eigenschaftsbeurteilungen von Objekten basiert, liegt der MDS lediglich die subjektive Beurteilung der Ähnlichkeiten zwischen den Objekten zugrunde. Dadurch sind die Ergebnisse schwieriger zu interpretieren, da der Bezug zwischen den gefundenen Dimensionen des Wahrnehmungsraumes und den empirisch erhobenen Eigenschaften der Objekte nicht besteht. Neben der Interpretation der Dimensionen stellt sich i.d.R. auch die Frage nach der Anzahl der Dimensionen. Diese ist bei Konfigurationen in einem subjektiven Wahrnehmungsraum a priori unbekannt und muss durch den Forscher bestimmt werden.

Die MDS bildet die Konfiguration, indem sie aus vorhandenen paarweisen Distanzen die relative Lage aller Objekte zueinander ermittelt. Die Distanzen im psychologischen Wahrneh-

---

[24]   Vgl. zur MDS Backhaus/ Erichson/ Plinke/ Weiber (2005), S. 619 ff.

C. Wirkungszusammenhänge der interaktiven Markenführung 121

mungsraum von Personen werden als Ähnlichkeiten bzw. als Unähnlichkeiten interpretiert. Die relative Position der Objekte zueinander wird dann grafisch adäquat abgebildet. „Je dichter zwei Objekte im Wahrnehmungsraum beieinander liegen, desto ähnlicher werden sie empfunden, und je weiter sie voneinander entfernt liegen, desto unähnlicher werden sie empfunden"[25]. Die resultierende Konfiguration ist dabei unabhängig von Spiegelung und Drehung. Nach der Interpretation der Dimensionen ist schließlich eine Aggregation der individuellen Wahrnehmungsräume zu einer Gruppenwahrnehmung durchzuführen.

Da in dieser Arbeit keine expliziten Ähnlichkeitsurteile erhoben worden sind, bieten sich die Korrelationen als Indikator hierfür an. Entsprechend sind die Korrelationen zwischen den Einflussfaktoren in eine Distanzmatrix überführt worden. Dabei wurde unterstellt, dass eine Korrelation von 1 einer Distanz von 0 entspricht.

3.3.2. Exploration mittels Clusteranalyse

Die Clusteranalyse als Verfahren zur Gruppenbildung strebt eine Bündelung von Personen bzw. Objekten an mit dem Ziel, diese so zu Gruppen zusammenzufassen, dass die Personen bzw. Objekte in einer Gruppe möglichst ähnlich und die Gruppen untereinander möglichst unähnlich sind[26]. Es geht „immer um die Analyse einer heterogenen Gesamtheit von Objekten (z.B. Personen, Unternehmen), mit dem Ziel, homogene Teilmengen von Objekten aus der Objektgesamtheit zu identifizieren"[27]. Ein wesentliches Charakteristikum der Clusteranalyse hierbei ist die gleichzeitige Heranziehung aller vorliegenden Eigenschaften zur Gruppenbildung.

Die Clusteranalyse vollzieht sich in zwei grundlegenden Schritten. Zunächst wird die Ähnlichkeit zwischen den Objekten anhand so genannter Proximitätsmaße quantifiziert. Dazu werden für jeweils zwei Personen die Merkmalsausprägungen überprüft, und anschließend wird versucht, durch einen Zahlenwert, der die Ähnlichkeit der Personen hinsichtlich der untersuchten Merkmale symbolisiert, die Unterschiede bzw. Übereinstimmungen zu messen. Im Rahmen dieser Arbeit wurde als Proximitätsmaß die Squared Euclidean Distance verwendet.

Im zweiten Schritt werden die Personen unter Anwendung eines Fusionierungsalgorithmus so zu Gruppen zusammengefasst, dass sich die Befragten mit weitgehend übereinstimmenden Eigenschaftsstrukturen in einer Gruppe wieder finden. Von der Vielzahl möglicher Cluster-Algorithmen wird in dieser Arbeit das Ward-Verfahren verwendet, ein agglomeratives hierarchisches Clusterverfahren. Die Clusteranalyse wird auf der Basis der Ausprägungen der Markentreiber (d.h. unabhängige Variablen ohne Eisberg-Dimensionen) durchgeführt.

---

[25] Backhaus/ Erichson/ Plinke/ Weiber (2005), S. 626
[26] Vgl. zur Clusteranalyse ebenda, S. 489 ff.
[27] Ebenda, S. 490

3.4. Ergebnisse strukturenentdeckender Verfahren

Zunächst erfolgt eine Multidimensionale Skalierung (MDS) der Markentreiber. Ziel dieser Positionierungsanalyse ist zu verstehen, wie die Treiber im Wahrnehmungsraum der Beschaffenden zusammenhängen. Zur leichteren Interpretation der Achsen wurde deren Anzahl a priori auf zwei beschränkt. Abbildung 37 stellt das Ergebnis der MDS dar[28].

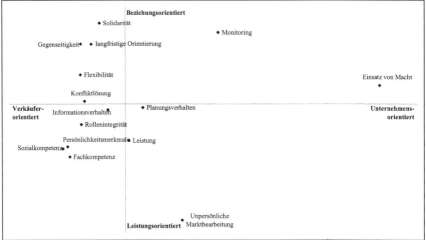

Abbildung 37: Multidimensionale Skalierung der Markentreiber
(Quelle: Eigene Darstellung)

Obgleich in der empirischen Untersuchung primär nach den Markentreibern Verkäuferpersönlichkeit und -verhalten gefragt wurde, deutet das Ergebnis der MDS darauf hin, dass in der Wahrnehmung der Kunden differenziert wird zwischen solchen Faktoren, die der Verkäufer selber beeinflussen kann, und solchen, bei denen das hinter dem Verkäufer stehende Lieferantenunternehmen als Urheber gesehen wird. So steht ganz rechts mit dem Einsatz von Macht ein Faktor, bei dem jeder Verkäufer auf ein starkes Unternehmen im Hintergrund angewiesen ist. Mit der unpersönlichen Marktbearbeitung und der Leistung finden sich außerdem diejenigen Markentreiber relativ weit rechts, die der Einflusssphäre des Verkäufers nur eingeschränkt zuzurechnen sind. Es bietet sich demnach an, den rechten Pol der waagerechten Achse als „unternehmensorientiert" zu interpretieren. Demnach werden auch hinsichtlich der Beziehungsnormen Monitoring und Planungsverhalten geringe Freiheitsgrade der Verkäufer unterstellt, und stattdessen wird offenkundig die Richtlinienlinienkompetenz des Unter-

---

[28] Der zur Gütebeurteilung der Konfiguration verwendete Kruskal's STRESS 1-Wert von 0,03889 weist in diesem Zusammenhang die Anpassungsgüte als gut aus, vgl. Anhang 3 sowie Backhaus/ Erichson/ Plinke/ Weiber (2005), S. 643.

C. Wirkungszusammenhänge der interaktiven Markenführung   123

nehmens als Ursache vermutet. Auf der linken Seite des Wahrnehmungsraums finden sind insbesondere die Eigenschaften der Verkäuferpersönlichkeit. Als Gegenpol zur „Unternehmensorientierung" bietet sich daher die Interpretation als „Verkäuferorientierung" an.

Die vertikale Achse des Wahrnehmungsraums weist am oberen Ende nur Beziehungsnormen aus. Es sind dies insbesondere diejenigen, die für langfristige Win-Win-Geschäftsbeziehungen stehen (Solidarität, Gegenseitigkeit und langfristige Orientierung). Folgt man dieser Interpretation, so gehört aus der Sicht der Beschaffenden auch das Monitoring von gemeinsamen Absprachen durchaus zum Win-Win-Prinzip hinzu. Insgesamt soll daher der obere Pol der vertikalen Achse als „beziehungsorientiert" interpretiert werden. Am unteren Ende des Wahrnehmungsraums finden sich dagegen eher Leistungsdimensionen. Hierzu ist neben der Unternehmensleistung selbst und der unpersönlichen Marktbearbeitung auch die Verkäuferpersönlichkeit und die Rollenintegrität zu zählen. Die Verkäuferpersönlichkeit wird aus Leistungssicht zunächst nach der Fachkompetenz, dann nach der Sozialkompetenz und schließlich nach allgemeinen Persönlichkeitsmerkmalen beurteilt. Da dieses durchaus plausibel erscheint, soll die „Leistungsorientierung" den Gegenpol zur „Beziehungsorientierung" bilden.

Interessant ist nun die Lage der einzelnen Markentreiber im so interpretierten Wahrnehmungsraum. Der Einsatz von Macht zeigt sich erneut als „Ausreißer", der mit keinem anderen Treiber im Zusammenhang steht. Ähnliches gilt für die unpersönliche Marktbearbeitung und die Beziehungsnorm Monitoring. Dagegen weist die Unternehmensleistung eine bemerkenswerte Nähe zur Verkäuferpersönlichkeit auf und ist auch insgesamt überraschend weit auf der verkäuferorientierten Seite. Demnach ist die Wahrnehmung der Leistung relativ stark an die des Verkäufers gekoppelt und umgekehrt. Mit Blick auf die Praxis erscheint dieses Ergebnis jedoch durchaus plausibel. Dort wird auch ein noch so guter Verkäufer in langfristigen Geschäftsbeziehungen keine Schlechtleistungen kompensieren können, und selbst ein Spitzenprodukt wird ohne kompetenten Verkauf zum Ladenhüter. Solche „Binsenweisheiten" der Praxis werden jedoch in der B2B-Markenführung zu wenig berücksichtigt. Dieses Ergebnis der MDS kann daher als Bestätigung für den Stellenwert einer interaktiven Markenführung verstanden werden. In diesem Kontext ist festzustellen, dass auch spezifische Verhaltensweisen des Verkäufers eng in Zusammenhang mit der Wahrnehmung der Leistung stehen, nämlich die Rollenintegrität, das Planungs- sowie das Informationsverhalten.

Weiterhin zeigt sich, dass die Beziehungsnorm Konfliktlösung in direkter Nachbarschaft zum Informationsverhalten und zur Flexibilität liegt. Der enge wahrgenommene Zusammenhang legt nahe, dass aus Sicht der Beschaffenden Flexibilität auf Lieferantenseite und eine offene Informationspolitik probate Mittel sind, Konflikte zu lösen bzw. gar nicht erst entstehen zu lassen. Auf die wahrgenommene Nähe von Gegenseitigkeit, Solidarität und langfristiger Orientierung und deren Interpretation als Determinanten des Win-Win-Prinzips in Geschäftsbeziehungen ist bereits weiter oben eingegangen worden.

Die MDS bietet interessante Einsichten in die Wahrnehmung der Markentreiber aus der Perspektive der beschaffenden Unternehmen. Sie liefert damit wichtige Grundlagen für die Interpretation der folgenden Ergebnisse.

Im letzten Schritt der Exploration wird nun eine Clusteranalyse durchgeführt[29]. Unter Anwendung des Ward-Verfahrens[30] verläuft dabei die Gruppenbildung in drei Schritten, deren jeweilige Ergebnisse sich aus Abbildung 38 entnehmen lassen.

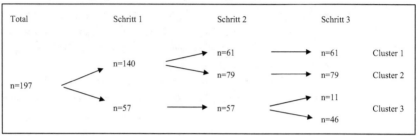

Abbildung 38: Ergebnisse der Clusterbildung nach dem Ward-Verfahren
(Quelle: Eigene Darstellung)

Das Ergebnis nach dem dritten Schritt wird jedoch verworfen, da sich ein Cluster auf der Basis von 11 Befragten nicht fundiert interpretieren lässt. Damit kommt das Ergebnis des zweiten Schritts zur Anwendung, nach dem sich drei Cluster ergeben. In der Abbildung 39 werden die unterschiedlichen Ausprägungen (Top-3-Boxes) hinsichtlich der verwendeten Konstrukte dargestellt, wobei statistisch signifikante Unterschiede der Cluster im Vergleich miteinander (auf einem Signifikanzniveau von 0,05, also mit 95% Sicherheit) durch Schattierung der Zellen gekennzeichnet sind.

---

[29] Aufgrund von Missing Values reduziert sich die Basis für diese Analyse von 201 auf 197.
[30] Backhaus/ Erichson/ Plinke/ Weiber (2005), S. 528, weisen darauf hin, „dass das Ward-Verfahren im Vergleich zu anderen Algorithmen in den meisten Fällen sehr gute Partitionen findet und die Elemente ‚richtig' den Gruppen zuordnet".

C. Wirkungszusammenhänge der interaktiven Markenführung 125

Top-3-Box-Nennungen in %	Total	Cluster 1	Cluster 2	Cluster 3
Verkäuferpersönlichkeit				
Persönlichkeitsmerkmale	41	39	62	18
Sozialkompetenz	38	33	61	16
Fachkompetenz	36	36	49	19
Verkäuferverhalten				
Rollenintegrität	39	43	54	18
Solidarität	36	49	39	21
langfristige Orientierung	68	75	75	54
Informationsverhalten	28	34	33	16
Flexibilität	39	41	54	18
Monitoring	47	54	35	58
Planungsverhalten	19	26	15	19
Gegenseitigkeit	63	67	76	44
Konfliktlösung	34	38	46	18
Einsatz von Macht	2	0	0	7
Weitere Einflussfaktoren				
Unpersönliche Marktbearbeitung	15	5	20	19
Leistung	53	52	62	46
Markenbild				
Klarheit	50	57	57	37
Präsenz	58	64	70	40
Auffälligkeit	53	48	67	44
Uniqueness	41	43	39	44
Attraktivität	32	36	41	19
Markenguthaben				
Sympathie	52	57	67	30
Vertrauen	60	59	80	37
Loyalität	67	69	73	60
Markenwirkungen				
Einstellungswirkung	41	41	58	21
Verhaltenswirkung	34	34	44	23
Basis	197	61	79	57

Abbildung 39: Ausprägungen der Konstrukte für die gefundenen Cluster
(Quelle: Eigene Darstellung)

Es zeigt sich, dass der Markeneisberg vom Cluster 3 über das Cluster 1 bis zum Cluster 2 deutlich an Stärke gewinnt. Markenbild und -guthaben verhalten sich dabei jeweils gleichartig und auch die Markenwirkungen korrespondieren entsprechend. Zur Interpretation der drei Cluster ist nun die Analyse der Einflussfaktoren auf dieses Ergebnis entscheidend. Dabei kann die Analyse der absoluten Ausprägungen zwar Hinweise liefern. Jedoch kann etwa die Leistung absolut gesehen einem Cluster schwach zugeordnet werden, aber trotzdem eine relative Stärke darstellen.

Aufgrund möglichen unterschiedlichen Antwortverhaltens zwischen den Clustern bietet es sich daher an, eine symmetrische Standardisierung der Werte vorzunehmen, um die relativen Stärken und Schwächen der Cluster hinsichtlich der Einflussfaktoren herauszuarbeiten. Dabei werden in einem ersten Schritt die Spalten- und Zeilensummen gebildet. Im zweiten Schritt werden die Erwartungswerte errechnet. Hierbei wird die Zeilensumme mit der Spaltensumme multipliziert und das Ergebnis durch die Gesamtsumme aller Spalten und Zeilen geteilt. Im dritten Schritt werden die Erwartungswerte von den beobachteten Werten abgezogen. Das Ergebnis sind standardisierte Werte. Infolge dieser Normalisierung kann es passieren, dass die Leistung für ein Cluster im Vergleich zu den anderen Clustern niedriger ist, aber für das Cluster dennoch einen relativ hohen Wert darstellt. Durch diese symmetrische Standardisierung, in der Spalten und Zeilensummen berücksichtigt werden, können relative Schwächen und Stärken herausgearbeitet werden. Das Ergebnis dieser Normalisierung zeigt Abbildung 40.

	Cluster 1	Cluster 2	Cluster 3
Persönlichkeitsmerkmale	-3	13	-10
Sozialkompetenz	-6	16	-10
Fachkompetenz	-1	6	-5
Rollenintegrität	2	7	-9
Solidarität	10	-6	-5
langfristige Orientierung	3	-9	7
Informationsverhalten	5	-1	-4
Flexibilität	1	8	-9
Monitoring	2	-25	23
Planungsverhalten	5	-10	5
Gegenseitigkeit	1	-1	0
Konfliktlösung	2	4	-6
Einsatz von Macht	-3	-3	5
Unpersönliche Marktbearbeitung	-11	2	9
Leistung	-5	-4	8

Abbildung 40: Relative Stärken und Schwächen der Cluster hinsichtlich der Einflussfaktoren (Quelle: Eigene Darstellung)

C. Wirkungszusammenhänge der interaktiven Markenführung 127

Auf der Grundlage dieser relativen Stärken und Schwächen und unter Rückgriff auf die Ergebnisse der MDS lassen sich nun die drei Cluster wie in Abbildung 41 dargestellt charakterisieren.

	Cluster 1	Cluster 2	Cluster 3
Markeneisberg	▪ Mittleres Bild ▪ Mittleres Guthaben	▪ Starkes Bild ▪ Starkes Guthaben	▪ Schwaches Bild ▪ Schwaches Guthaben
Relativ starke Einflussfaktoren	▪ Solidarität ▪ Informationsverhalten ▪ Planungsverhalten ▪ Gegenseitigkeit	▪ Sozialkompetenz ▪ Persönlichkeits- merkmale ▪ Fachkompetenz ▪ Rollenintegrität ▪ Flexibilität ▪ Konfliktlösung	▪ Monitoring ▪ Unpersönliche Markt- bearbeitung ▪ Langfristige Orien- tierung ▪ Einsatz von Macht ▪ Leistung ▪ Planungsverhalten
Relativ schwache Einflussfaktoren	▪ Unpersönliche Markt- bearbeitung ▪ Leistung ▪ Einsatz von Macht	▪ Monitoring ▪ Planungsverhalten ▪ Langfristige Orien- tierung ▪ Solidarität ▪ Gegenseitigkeit ▪ Einsatz von Macht	▪ Persönlichkeits- merkmale ▪ Sozialkompetenz ▪ Rollenintegrität ▪ Flexibilität ▪ Fachkompetenz ▪ Informationsverhalten ▪ Konfliktlösung
Einstellung zum Lieferanten	+	-	+
Einstellung zum Verkäufer	+	+	-
Interpretation	**Beziehungsorientierte Geschäftsbeziehung**	**Verkäuferorientierte Geschäftsbeziehung**	**Unternehmens-orientierte Geschäfts-beziehung**

Abbildung 41: Charakteristika und Interpretation der Cluster
(Quelle: Eigene Darstellung)

Demnach finden sich in der untersuchten Stichprobe drei grundlegend unterschiedliche Formen von Geschäftsbeziehungen wieder, die deutliche Konsequenzen für die Markenführung haben.

- In unternehmensorientierten Geschäftsbeziehungen spielen weder Verkäufer noch Win-Win-Prinzip eine entscheidende Rolle. Solche Geschäftsbeziehungen dürften demnach eher durch einen sachlichen Umgang miteinander geprägt sein. Zwar wird die Verfolgung einer langfristigen Zusammenarbeit durch den Lieferanten aus der Perspektive des beschaffenden Unternehmens durchaus geschätzt, jedoch nur unter Beachtung formaler Regeln. Dazu gehört ein ausgeprägtes Monitoring der gegenseitigen Rechte und Pflichten ebenso wie eine langfristige Planung mit der daraus resultierenden Berechenbarkeit. Dabei wird vom Lieferanten erwartet, dass er den Einsatz verfügbarer Machtpotenziale im Interesse der Geschäftsbeziehungen einschränkt. Dieses sind Punkte, die nach der MDS wohl eher der Richtlinienkompetenz des Lieferantenunternehmens zugerechnet werden. Die persönliche Interaktion mit Repräsentanten dieses Unternehmens ist dagegen eher sekundär. Dafür spricht auch der relativ hohe Stellenwert von unpersönlicher Marktbearbeitung und Leistung. Interessant ist nun, dass eine solche Haltung zur Geschäftsbeziehung offenbar mit einer niedrigen Markenstärke des Lieferanten aus Kundensicht einhergeht. Vor dem Hintergrund der gefundenen starken Einstellungs- und Verhaltenswirkung bedeutet dies, dass solche Geschäftsbeziehungen tendenziell instabil sind. Demnach kommt der Markenführung in solchen Fällen die Aufgabe zu, für emotionale Differenzierung zu sorgen. Es ergeben sich damit interessante Perspektiven für die interaktive Markenführung, denn das Differenzierungspotenzial des persönlichen Verkaufs stellt in solchen Geschäftsbeziehungen häufig „unentdecktes Land" dar. Jedoch wird es auch Fälle geben, in denen das beschaffende Unternehmen solche Ansätze bewusst ablehnt. In solchen Fällen ist der Einfluss der Markenführung sicherlich beschränkt und es gilt, die Geschäftsbeziehung im Rahmen des bestehenden Leistungssystems abzusichern.

- In beziehungsorientierten Geschäftsbeziehungen steht das Win-Win-Prinzip stark im Mittelpunkt. Die gegenseitige Unterstützung auch in problematischen Phasen steht nach den Ergebnissen der MDS für Beziehungsorientierung. Dazu gehört inhaltlich durchaus auch, dass Informationen offen ausgetauscht werden und die künftige Entwicklung der Geschäftsbeziehung systematisch geplant angegangen wird. Dagegen spielen Machtfragen und unpersönliche Marktbearbeitung eine eher schwache Rolle. Die eigentliche Leistung scheint in solchen Fällen eher Hygienefaktor zu sein. Im Vergleich zur unternehmensorientierten Geschäftsbeziehung haben verkäuferorientierte Beziehungsnormen eine hohe Bedeutung, jedoch nicht so sehr die Verkäuferpersönlichkeit. Man kann daher sagen, dass das Kundenunternehmen eine positive Einstellung sowohl zum Lieferantenunternehmen als auch zu dessen Repräsentanten hat, ohne jedoch den Verkäufer zu sehr im Fokus zu haben. Das Ergebnis ist eine insgesamt mittlere Markenstärke. Demnach ist eine konsistente Win-Win-Orientierung beider Elemente, also des Lieferanten und seiner Verkäufer, markentreibend. Für die Markenführung bedeutet dies, strategische Konsistenz zwischen den verschiedenen Unternehmensfunktionen sicherzustellen und insbesondere den Verkauf hierbei zu integrieren. Dabei kann die bislang in der Praxis häufig vernachlässigte interaktive Markenführung eine entscheidende Rolle spielen.

C. Wirkungszusammenhänge der interaktiven Markenführung 129

- In verkäuferorientierten Geschäftsbeziehungen steht die Verkäuferpersönlichkeit mit ihren Facetten Persönlichkeitsmerkmale, Sozial- und Fachkompetenz im Mittelpunkt. Dabei ist jedoch entscheidend, dass der Verkäufer auch die Bedürfnisse seiner Kunden optimal erfüllt (Rollenintegrität), sich flexibel veränderten Rahmenbedingungen anpasst und Konflikte früh und systematisch entschärft. Insofern geht es hierbei nicht um „Verkäufergurus", denen die Kunden vor Begeisterung blind aus der Hand fressen (wie in der Praxis häufig gemutmaßt wird), sondern um solche Verkäufer, die ihre Qualitäten konsequent im Sinne des Kunden einsetzen. Dieser Prozess läuft jedoch offenkundig auf einer persönlich und emotional verbindlichen Basis ab, für die ein Monitoring, Planungsrituale oder auch der Einsatz von Macht kontraproduktiv wären. Eher überraschend ist das Ergebnis, dass auch die Beziehungsnormen Langfristige Orientierung, Solidarität und Gegenseitigkeit relative Schwächen solcher Geschäftsbeziehungen sind, die nach der MDS stark das Win-Win-Prinzip und die Beziehungsorientierung repräsentieren. Eine mögliche Erklärung hierfür könnte sein, dass sich die dahinter liegende Verbindlichkeit in der persönlichen Beziehung zum Verkäufer bereits so stark manifestiert, dass weitere Aktivitäten als überflüssig angesehen werden. In solchen Geschäftsbeziehungen dürfte ein Wort oder ein Handschlag weiter gehende Sicherheitsvorkehrungen und Solidaritätsbekundungen ersetzen. In jedem Falle ist das Ergebnis eine hohe Markenstärke. Der Verkäufer erweist sich in dieser Art von Geschäftsbeziehungen als stärkster Markentreiber. Demnach ist es die Aufgabe der Markenführung, den Erfolgsfaktor Verkauf systematisch in die Markenstrategie einzubinden. Auch hierbei erweisen sich Maßnahmen der interaktiven Markenführung als angezeigt.

Insgesamt wird deutlich, dass die Markenstärke von der Art der Geschäftsbeziehung abhängt. Diese wiederum wird im B2B-Geschäft determiniert durch den Stellenwert, der dem persönlichen Verkauf zugemessen wird: je wichtiger (und besser) der Verkäufer, desto höher die Markenstärke. Für die Markenführung bedeutet dies, dass die Aufgabenstellung situativ variieren muss. Die interaktive Markenführung kann jedoch in jedem Fall einen wichtigen Beitrag leisten. Andererseits legen die Ergebnisse der Clusteranalyse nahe, dass die Marke nicht für alle Mitglieder der Stichprobe den gleichen Stellenwert haben könnte. Im nächsten Abschnitt soll daher die Relevanz der Marke für das B2B-Geschäft näher untersucht werden.

4. Relevanz der Marke im B2B-Geschäft

Das quantifizierte Gesamtwirkungsmodell hat im Sinne einer studieninternen Validierung des Markeneisbergs die deutliche Einstellungs- und Verhaltenwirkung der Marke im B2B-Geschäft dargelegt. Die Praxiserfahrung besagt jedoch, dass es in der Realität eine Vielzahl von Inkonsistenzen zwischen Einstellung zur Marke und Verhalten gibt. So werden Lieferanten etwa aus unternehmenspolitischen oder persönlichen Beweggründen ausgewählt, die häufig im Widerspruch zum wahrgenommenen Markenwert stehen. Teilweise sind es auch einfache ökonomische Vorteile der Wettbewerber, welche die Markenwirkung überstrahlen. Ein hohes Markenguthaben muss also nicht notwendigerweise entsprechendes Verhalten nach sich ziehen.

Aus diesem Grunde soll hier eine Analyse der Brand Relationship Cluster erfolgen. Dieses Verfahren wird bei Icon Added Value verwendet, um einerseits inkonsistente Wahrnehmungsmuster einer Marke zu identifizieren und andererseits die Hebel zu liefern, um mit geeigneten Marketingmaßnahmen entsprechende Inkonsistenzen abbauen zu können und die Kunden näher an die Marke heranzuführen[31]. Die Brand Relationship Cluster beschreiben Konsumenten nach ihrer Nähe zur Marke. Segmentiert werden die Befragten dabei nach ihrer Einstellung zur Marke und anhand ihrer Verhaltenspräferenz bezüglich der Marke. Es handelt sich dabei um eine Intra-Markenanalyse, d.h. es werden allein die markeninduzierten Hebel ohne Einbeziehung von Wettbewerbs- und Markeneffekten betrachtet.

Im Rahmen der Analyse von Brand Relationship Clustern werden die Befragten nach einem standardisierten Algorithmus anhand ihrer Angaben zur Verhaltenspräferenz und zum Markenguthaben jeweils in drei Gruppen eingeteilt, nämlich in Personen mit einer hohen, mittleren und niedrigen Präferenz bzw. Einstellung. Eine Kreuztabellierung beider Variablen und Zusammenfassung der so gebildeten Kombinationen liefert Gruppen mit unterschiedlich ausgeprägter Nähe zur Marke. Die entstandenen Brand Relationship Cluster sind Voraussetzung für die Durchführung einer „Brand Shift Potential Analysis", die untersucht, wie inkonsistente Personen zu konsistenten Personen konvertiert werden können und wie distanzierte Personen näher an eine Marke herangeführt werden können.

In dieser Arbeit wird die Analyse von Brand Relationship Clustern durchgeführt, um die Relevanz der Marke im B2B-Geschäft näher zu untersuchen. Dabei wird das Markenguthaben als Substitut für die Einstellungswirkung interpretiert und der abgefragten Verhaltenswirkung gegenübergestellt. So sollen Inkonsistenzen aufgedeckt und interpretiert werden[32]. Abbildung 42 zeigt das Ergebnis in Form einer Kreuztabelle, in der die Ausprägungen jeweils in den Klassen „Gut", „Mittel" und „Schlecht" dargestellt sind.

---

[31] Die Darstellung der Brand Relationship Cluster-Analyse basiert auf dem Workshop vom 3. Dezember 2004 (siehe Anhang 3) sowie Berens/ Christian/ Burghardt (2003).

[32] Aufgrund von Missing Values reduziert sich die Basis für diese Analyse von 201 auf 168.

C. Wirkungszusammenhänge der interaktiven Markenführung   131

		Guthaben		
		Schlecht	Mittel	Gut	**Total**
	Gut		18	46	64
Verhalten	Mittel	8	30	42	80
	Schlecht	14	9	1	24
Total		22	57	89	168

Abbildung 42: Kreuztabellierung Markenguthaben vs. Verhaltenwirkung
(Quelle: Eigene Darstellung)

Auf der grau unterlegten Diagonale liegt Konsistenz zwischen Einstellung und Verhalten vor. Dies betrifft aber nur knapp die Hälfte (53,6%) der analysierten Fälle. Aus den verschiedenen Kombinationen lassen sich nun fünf Brand Relationship Cluster ableiten.

- Loyalisten (27%, n=46): Hier korrespondiert eine positive Einstellung im Sinne eines hohen Markenguthabens im beschaffenden Unternehmen mit positiven Verhaltensindikatoren gegenüber dem Lieferanten. Solche Geschäftsbeziehungen dürften aufgrund der inhärenten Konsistenz ein hohes Maß an Stabilität aufweisen.

- Pragmatiker (11%, n=18): Ein lediglich mittleres Guthaben korrespondiert hier mit positiver Verhaltenswirkung. Damit ist eine Inkonsistenz zwischen Einstellung und Verhalten verbunden. Es handelt sich hier möglicherweise um solche Geschäftsbeziehungen, in denen man sich häufig aneinander reibt, das beschaffende Unternehmen aber letztlich keine bessere Alternative zum aktuellen Lieferanten sieht. Solche Konstellationen sind in langjährig gewachsenen Geschäftsbeziehungen vorstellbar, die plakativ als eheähnlich charakterisiert werden können. Aufgrund entweder mangelnder Alternativen oder hoher Umstellungskosten wird pragmatisch am Status Quo festgehalten. Jedoch sind solche Geschäftsbeziehungen im Falle sich ändernder Umweltkonstellationen potenziell instabil. Daher muss aus Lieferantensicht in solchen Fällen nach Indikatoren gesucht werden, die aufzeigen, an welchen Stellen die Einstellung bzw. die Beziehung krankt.

- Ausbaufähige (25%, n=42): Hier steht ein gutes Markenguthaben einer lediglich mittelmäßigen Verhaltenswirkung entgegen. Auch hier besteht also eine Inkonsistenz. Das bedeutet, dass trotz positiver Markenwerte zukünftig eher wechselhaftes Einkaufsverhalten zu erwarten ist. Entsprechend gilt es zu ergründen, warum dieser Kundenkreis kein einstellungskonformes Verhalten zeigt. Möglicherweise gibt es im beschaffenden Unternehmen Restriktionen oder Vorgaben, die einer engeren Geschäftsbeziehung im Wege stehen. Im Rahmen einer individuellen Kundenbearbeitungsstrategie sollten solche Blockaden mit dem Ziel eines Ausbaus der Geschäftsbeziehung reduziert oder entfernt werden.

- Potenzialkunden (18%, n=30): Diese Gruppe hat eine mittlere Präferenz für die Marke im Sinne der Verhaltenswirkung und zugleich eine mittlere emotionale Bindung im Sinne des Markenguthabens. Es liegt also durchaus konsistentes Verhalten vor. Entsprechend dürfte das Ziel der Kundenbearbeitung in solchen Fällen darin bestehen, die in der Geschäftsbeziehung enthaltenen Zukunftspotenziale durch eine Verbesserung der Einstellung und der Verhaltenspräferenz auszuschöpfen. Hierzu sind entsprechende Ansatzpunkte zu identifizieren, gleichzeitig gilt es jedoch zu bedenken, dass kurzfristige Wertschöpfungsgewinne eher unrealistisch sind. Denn nach dem Eisbergmodell ist das präferenzwirksame Markenguthaben nur langfristig und indirekt zu beeinflussen. Entsprechend ist es sinnvoll, eine Entwicklung in Richtung der ausbaufähigen Geschäftsbeziehungen anzustreben

- Gefährdete (19%, n=32): In dieser Gruppe findet sich der Rest, d.h. der Kundenkreis, der erst wenig Erfahrungen mit dem Lieferanten gemacht hat bzw. bereits so viele negative Erfahrungen gemacht hat, dass eine Abwendung von der Geschäftsbeziehung bereits im Gange ist. In beiden Fällen ist die Geschäftsbeziehung als hochgradig instabil und gefährdet anzusehen. Es gilt daher, bei (potenziellen) Neukunden so schnell wie möglich eine Markenpräferenz für den Lieferanten aufzubauen sowie gleichzeitig Absprungskandidaten rechtzeitig zu identifizieren und Rückgewinnungsmaßnahmen einzuleiten. In jedem Fall geht es darum, durch eher kurzfristige Maßnahmen die gefährdete Kundenbeziehung in Richtung Potenzialkunden zu entwickeln.

Abbildung 43 stellt die fünf Brand Relationship Cluster grafisch dar und zeigt mögliche Entwicklungspfade auf. Die Größe der Brand Relationship Cluster approximiert die Verteilung in der zugrunde liegenden Stichprobe. Da diese keine Repräsentativität beansprucht, ergibt sich ein interessanter Forschungsansatz für zukünftige Arbeiten, welche die Anteile der Cluster an Geschäftsbeziehungen in der Praxis auf repräsentativer Basis untersuchen.

C. Wirkungszusammenhänge der interaktiven Markenführung 133

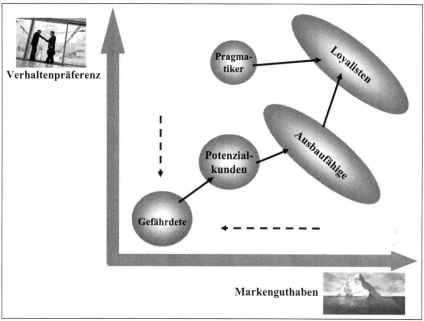

Abbildung 43: Die fünf Brand Relationship Cluster
(Quelle: Eigene Darstellung in Anlehnung an Berens/ Christian/ Burghardt (2003), S. 5)

Nach der Ableitung und Darstellung der Brand Relationship Cluster schließt sich nun die Frage nach den Erfolgsfaktoren auf den Entwicklungspfaden an. Dazu werden zunächst die in der Studie erfassten Markentreiber für die fünf Gruppen nebeneinander gestellt (Abbildung 44).

Top-3-Box-Nennungen in %	Total	Brand Relationship Cluster				
		Loyalisten	Ausbau-fähige	Pragma-tiker	Potenzial-kunden	Gefährdete
Verkäuferpersönlichkeit						
Persönlichkeitsmerkmale	35	67	50	44	30	6
Sozialkompetenz	32	67	52	28	13	6
Fachkompetenz	31	70	52	11	17	3
Beziehungsverhalten						
Rollenintegrität	33	74	48	28	17	6
Solidarität	31	67	38	44	10	13
langfristige Orientierung	57	89	81	83	47	31
Informationsverhalten	23	48	29	39	10	6
Flexibilität	31	65	45	44	13	6
Monitoring	41	63	64	56	23	31
Planungsverhalten	16	28	21	39	7	6
Gegenseitigkeit	51	83	81	83	33	16
Konfliktlösung	28	57	31	56	17	9
Einsatz von Macht	1	0	0	6	0	6
Weitere Einflussfaktoren						
Leistung	44	76	74	61	23	13
Unpersönliche Marktbearbeitung	14	26	24	33	0	3

Abbildung 44: Ausprägungen der Markentreiber für die Brand Relationship Cluster
(Quelle: Eigene Darstellung)

Es zeigen sich deutliche Niveauunterschiede bei der Bewertung der Markentreiber für die jeweils betrachteten Lieferanten. Diese werden nun für die vier Entwicklungspfade näher betrachtet, um jeweils Ansatzpunkte für die Transformation von Geschäftsbeziehungen abzuleiten.

- Gefährdete -> Potenzialkunden: Geschäftsbeziehungen auf diesem Entwicklungspfad sind entweder hinsichtlich des Markenguthabens, hinsichtlich der Verhaltenspräferenz oder hinsichtlich beider Dimensionen gleichzeitig zu verbessern. Betrachtet man die Unterschiede in den jeweiligen Bewertungen, so ergeben sich die größten Differenzen hinsichtlich der Persönlichkeitsmerkmale (24 Prozentpunkte), der Gegenseitigkeit (18), der langfristigen Orientierung (15) und der Fachkompetenz (14). Eine plausible Interpretation ist, dass bei Neukunden die persönliche Sympathie gegenüber dem Verkäufer nicht nur die

Beurteilung von dessen Fachkompetenz beeinflusst, sondern auch die Marken- und Verhaltenspräferenz determiniert. Demnach wäre ein zentraler Ansatzpunkt für die positive Entwicklung gefährdeter Kundenbeziehungen in der Person des Verkäufers zu suchen. Demgegenüber erscheint es plausibel, das nahende Ende von bestehenden Geschäftsbeziehungen vor allem auf einen Mangel an Gegenseitigkeit und langfristiger Orientierung zurückzuführen. Zur Sicherung bzw. Rückgewinnung solcher Geschäftsbeziehungen wäre demnach durch die Markenführung vor allem das Win-Win-Prinzip in der Geschäftspolitik des Lieferanten zu betonen. Unter Beachtung umgekehrter Vorzeichen lässt sich außerdem konstatieren, dass der Einsatz von Macht und Monitoring zur Transformation solcher Geschäftsbeziehungen kontraproduktiv sind. Statistisch signifikant (auf einem Niveau von 90%) ist lediglich der Unterschied bei den Persönlichkeitsmerkmalen, was nochmals die entscheidende Rolle des Verkäufers bei der Entwicklung von Geschäftsbeziehungen unterstreicht.

- Potenzialkunden -> Ausbaufähige: Auf diesem Entwicklungspfad steht die Entwicklung des Markenguthabens im Mittelpunkt. Statistisch signifikant (auf einem Niveau von 99%) sind die Differenzen hinsichtlich der Leistung (50 Prozentpunkte), der Gegenseitigkeit (48), des Monitorings (41) und der Sozialkompetenz (39). Zur weiteren Stabilisierung der Geschäftsbeziehung tritt demnach neben das Win-Win-Prinzip die Leistung als Determinante des Markenguthabens. Vermutlich aufgrund der höheren Verbindlichkeit solcher Geschäftsbeziehungen hat das Monitoring von getroffenen Vereinbarungen hier einen deutlich positiven Stellenwert. Schließlich ist auch wieder die Persönlichkeit des Verkäufers gefordert. Diesmal sind jedoch weniger die Persönlichkeitsmerkmale entscheidend, sondern vielmehr die Sozialkompetenz. Damit ist der Umgang mit dem Kunden ein zentraler Faktor für die Markenwahrnehmung auf diesem Entwicklungspfad.

- Ausbaufähige -> Loyalisten: Bei dieser Transformation kommt es darauf an, das aufgebaute Markenguthaben auch in entsprechende Verhaltenspräferenzen umzusetzen. Statistisch signifikante Unterschiede zwischen den beiden Brand Relationship Clustern ergeben sich (auf einem Niveau von 95%) hinsichtlich der Solidarität (29 Prozentpunkte) sowie (auf einem Niveau von 90%) hinsichtlich der Rollenintegrität (26) und der Konfliktlösung (26). Im Sinne des Win-Win-Prinzips geht es auf diesem Entwicklungspfad also insbesondere um die Unterstützung des Abnehmers durch den Lieferanten auch in problematischen Phasen. Der besondere Stellenwert dieses Treibers hängt möglicherweise mit dem Zeitpunkt der Untersuchung zusammen, die in einer Down Economy durchgeführt wurde. Der Verkäufer kann den Entwicklungspfad primär mit seinem Verhalten unterstützen. Dabei kommt es in besonderem Maße darauf an, die kundenseitigen Bedürfnisse durch entsprechende Performance den benötigten Rollen zu erfüllen und entstehende Konflikte frühzeitig aufzulösen. Das deutet darauf hin, dass ein professionelles Beschwerdemanagement auf diesem Entwicklungspfad wichtig wird.

- Pragmatiker -> Loyalisten: Auf diesem Entwicklungspfad kommt es darauf an, die bestehende Verhaltenspräferenz in Geschäftsbeziehungen durch ein entsprechendes Markenguthaben bzw. eine korrespondierende Einstellung abzusichern. Erneut kann eine Analyse der Unterschiede zwischen den Clustern hierfür Anhaltspunkte liefern. Statistisch signifikante Unterschiede ergeben sich auf einem Niveau von 99% hinsichtlich der Fachkompetenz (58 Prozentpunkte) und der Rollenintegrität (46). Signifikant auf einem Niveau von 95% ist außerdem die Differenz bei der Sozialkompetenz (40). Vor dem Hintergrund des hohen Stellenwerts der Fachkompetenz lässt sich vermuten, dass sich die Rollenintegrität vor allem auf beratende Funktionen des persönlichen Verkaufs bezieht. Demnach sind Verkäufer auf diesem Entwicklungspfad primär als Kundenberater gefragt. Die Praxiserfahrung zeigt jedoch, dass Fachwissen so kommuniziert werden muss, dass der Empfänger die Inhalte auch versteht und umsetzen kann. Vor diesem Hintergrund ist der Stellenwert der Sozialkompetenz folgerichtig, da diese Voraussetzung dafür ist, dass der Verkäufer „die Sprache des Kunden" spricht. Die Beratungsqualität mit ihren Facetten Bedarf, Inhalt und Kommunikation erweist sich in dieser Konstellation somit als zentraler Treiber des Markenguthabens und damit des erforderlichen Entwicklungspfads.

Insgesamt belegen die empirischen Ergebnisse im Rahmen der externen Perspektive dieser Arbeit die Markenrelevanz im B2B-Geschäft. Eine nähere Analyse der Brand Relationship Cluster deutet jedoch darauf hin, dass im B2B-Geschäft grundsätzlich mit Inkonsistenzen zwischen Markenwert und Verhaltenspräferenz zu rechnen ist. Dementsprechend ist Markenführung im B2B-Geschäft sehr differenziert für verschiedene Kundengruppen zu betreiben. Eine starke Marke ist vor diesem Hintergrund tendenziell eine notwendige, nicht aber hinreichende Bedingung für stabile Geschäftsbeziehungen. Die differenzierte Umsetzung durch die Markenführung erscheint als entscheidend für den Erfolg oder Misserfolg von B2B-Marken. Dabei erweisen sich Verkäuferpersönlichkeit und -verhalten in situationsspezifischen Ausprägungen als zentral für die Entwicklung von Geschäftsbeziehungen.

Daher sollen im Folgenden vor allem die Markentreiber zur konkreten Umsetzung in die Unternehmenspraxis im Rahmen der internen Perspektive untersucht werden. Entsprechend schließt sich an diesen Abschnitt eine Detailanalyse der verschiedenen Wirkungszusammenhänge an.

5. Markenwirkung der Verkäuferpersönlichkeit

In diesem Abschnitt werden die Komponenten der Verkäuferpersönlichkeit näher untersucht. Dazu wird auf die Detailergebnisse der Pfadanalyse zurückgegriffen, d.h. für jeden einzelnen Indikator wird der direkte und indirekte Effekt auf das Markenguthaben gemessen und durch einen Zahlenwert ausgedrückt, der auf einer Verknüpfung beider Effekte beruht. Abbildung 45 zeigt die Indikatoren nach der Stärke ihrer Markenwirkung geordnet.

C. Wirkungszusammenhänge der interaktiven Markenführung 137

Indikator: Die Außendienstmitarbeiter des Lieferanten ...	Dimension	Marken- wirkung
... sind teamfähig	Sozialkompetenz	0,3503
... gehen ihre Aufgaben stets mit einem gesunden Optimismus an	Persönlichkeitsmerkmale	0,3241
... kennen und verstehen ihre Kunden sehr gut	Fachkompetenz	0,3035
... verfügen über ein hohes Maß an Einfühlungsvermögen	Persönlichkeitsmerkmale	0,3014
... sind kompetent in der sprachlichen Kommunikation	Sozialkompetenz	0,3009
... sind stets freundlich zu ihren Kunden	Sozialkompetenz	0,2914
... hören ihren Kunden aktiv zu	Sozialkompetenz	0,2813
... verfügen über umfassende Kenntnisse ihres Marktes	Fachkompetenz	0,1436
... können sich auf Basis ihres Erfahrungsschatzes auf jeden Kunden einstellen	Fachkompetenz	0,1357
... verfügen über ein gesundes Selbstwertgefühl	Persönlichkeitsmerkmale	0,1263
... verfügen über umfassende Produktkenntnisse (sowohl über eigene als auch Wettbewerbsleistungen)	Fachkompetenz	0,1248
... beherrschen auch die nicht-sprachliche Kommunikation	Sozialkompetenz	0,1232
... sind flexibel	Sozialkompetenz	0,1184
... haben Spaß am Kundenkontakt	Persönlichkeitsmerkmale	0,1159
... verfügen über fundierte betriebswirtschaftliche Kenntnisse	Fachkompetenz	0,1105
... können sich selbst gut organisieren	Fachkompetenz	0,0972

Dimensionen	Marken- wirkung
Sozialkompetenz	0,3402
Persönlichkeitsmerkmale	0,3190
Fachkompetenz	0,1471

Abbildung 45: Markenwirkung der Indikatoren zur Verkäuferpersönlichkeit
(Quelle: Eigene Darstellung)

Es zeigt sich, dass die ersten sieben Markentreiber einen deutlichen Abstand vor den folgenden Indikatoren haben. Darunter finden sich vier Treiber, die der Dimension Sozialkompetenz zuzuordnen sind. Die stärkste Markenwirkung dabei hat die Teamarbeit. Nicht der verkaufende Einzelkämpfer prägt also den Markenwert, sondern die Art und Weise, wie der Verkäufer mit dem Innendienst, dem technischen Außendienst, dem Key Account Management etc. zusammenarbeitet. Integration der Kundenkontaktschnittstellen zu einem abgestimmten Ganzen ist demnach eine wichtige Aufgabe der interaktiven Markenführung. Bei der Auswahl der Verkäufer ist neben der Teamfähigkeit aber auch auf die Freundlichkeit und die Qualität der Zwei-Wege-Kommunikation (d.h. sprechen und zuhören) zu achten. Für positive Markenwirkungen sollten die Verkäufer darüber hinaus optimistisch veranlagt und in der Lage sein, sich in den Kunden hineinzuversetzen.

Dagegen sind die meisten Persönlichkeitsmerkmale und auch weitere Aspekte der Fachkompetenz deutlich schwächere Markentreiber. In der Praxis stehen jedoch gerade diese Dimensionen häufig im Fokus. Gerade bei der Personalselektion im Außendienst werden regelmäßig Persönlichkeitsmerkmale wie Kontaktfreudigkeit, Selbstwertgefühl und Einfühlungsvermögen überproportional stark gewichtet. Die Personalqualifizierung betont dagegen häufig die „Klassiker" der Fachkompetenz (Produktkenntnisse, Marktkenntnisse, betriebswirtschaftliche Kenntnisse und Verkaufstechnik). Die vorliegenden empirischen Ergebnisse regen zum Überdenken dieser Gewichtungen an und können situativ den Ausgangspunkt für eine Neujustierung im vertrieblichen Personalwesen darstellen.

Zur Ableitung von Prioritäten bietet sich erneut eine grafische Gegenüberstellung der Markenwirkung mit dem wahrgenommenen Erfüllungsgrad aus Sicht der beschaffenden Unternehmen an. Dabei werden die Achsenschnittpunkte aus der Gesamtdarstellung beibehalten, d.h. die zugrunde liegenden Mittelwerte beziehen sich auf alle betrachteten Konstrukte. Abbildung 46 zeigt das Ergebnis.

C. Wirkungszusammenhänge der interaktiven Markenführung 139

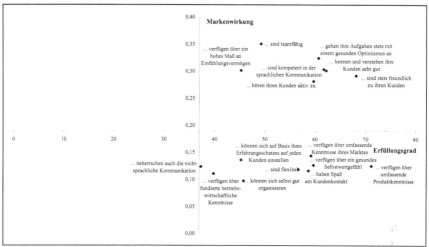

Abbildung 46: Markenwirkung vs. Erfüllungsgrad für die Indikatoren der Verkäuferpersönlichkeit
(Quelle: Eigene Darstellung)

Neben der deutlichen Zweiteilung der Indikatoren in starke und schwache Markentreiber fällt vor allem auf, dass allen Indikatoren ein überdurchschnittlicher Erfüllungsgrad zugebilligt wird. Jedoch ist diesbezüglich eine große Streuung festzustellen. So ist in der Gruppe der starken Markentreiber die Freundlichkeit kein wahrgenommenes Problem. Dagegen ist der Erfüllungsgrad hinsichtlich der Teamfähigkeit und des Einfühlungsvermögens deutlich niedriger. Hier sind entsprechende Prioritäten zu setzen. Im unteren Quadranten herrscht grundsätzlich markenbezogene Übererfüllung durch die Lieferanten bzw. ihre Verkäufer. Die Produktkenntnisse etwa sind zwar umfassend, stellen jedoch keinen Markentreiber dar. Interessant ist, dass die größten Optimierungspotenziale bei „Klassikern" der verkäuferischen Qualifizierung gesehen werden: Körpersprache, betriebswirtschaftliche Kenntnisse (wohl besonders im technischen Außendienst), kundenindividuelle Betreuung und Selbstorganisation. Obgleich häufig und in Anbetracht der Ergebnisse wohl auch nicht zu unrecht in der Praxis beklagt, so ist hier aus Sicht der Markenführung aufgrund der relativ geringen Markenwirkung dennoch kein primärer Handlungsbedarf zu konstatieren.

Zusammenfassend scheint interaktive Markenführung ein Umdenken hinsichtlich des Verkäuferbildes in Personalwesen und Management zu erfordern. Sozialkompetenz sollte stärker gewichtet werden, und zwar nicht nur im Kundenkontakt, sondern auch im Innenverhältnis. Nicht mehr der allein agierende und kurzfristig denkende Umsatzjäger ist auf vielen Märkten gefragt, sondern zunehmend ein teamfähiger und konstruktiver „Kundenversteher". Mit Blick auf die Praxis dürfte eine solche Verschiebung des Fokus in so mancher Verkaufsorganisation einem Paradigmenwechsel gleichkommen. Entscheidungsträger in der Praxis sind vor dem

Hintergrund dieser Ergebnisse aufgefordert, ihre Organisationen, aber auch ihre eigenen Denkweisen kritisch und situativ zu überprüfen. Wird Handlungsbedarf konstatiert, erhält aufgrund der tiefgreifenden Veränderungen im Selbstverständnis des Verkaufs das Umsetzungsmanagement eine zentrale Bedeutung für eine funktionierende interaktive Markenführung.

6. Markenwirkung des Beziehungsverhaltens

In diesem Abschnitt wird nun von der Person des Verkäufers abstrahiert und stattdessen dessen Verhalten in Geschäftsbeziehungen auf der Basis der zugrunde gelegten Beziehungsnormen untersucht. Dabei erfolgt die Analyse jedoch analog, d.h. auch hier stehen die Ergebnisse der Pfadanalyse im Mittelpunkt und werden zuerst als Ranking betrachtet und danach grafisch dem jeweiligen Erfüllungsgrad gegenübergestellt.

Abbildung 47 zeigt die entsprechenden Indikatoren nach der Stärke ihrer Markenwirkung geordnet.

Indikator	Dimension und Bezeichnung	Marken-wirkung
Persönliche Betreuungsfunktion	Rollenintegrität_5	0,3593
In Verhandlungen mit uns verhält der Lieferant sich stets fair	Gegenseitigkeit_2	0,3414
Der Lieferant bringt uns stets den erforderlichen Respekt entgegen	Gegenseitigkeit_3	0,3414
Der Lieferant hält uns über Veränderungen, die uns betreffen, i.d.R. rechtzeitig auf dem Laufenden	Informationsverhalten_2	0,3216
Beschwerden werden von diesem Lieferanten gut aufgenommen und abgewickelt	Flexibilität_2	0,3093
Der Lieferant hat langfristige Ziele für seine Geschäftsbeziehung zu uns	langfristige Orientierung_2	0,2934
Wenn sich eine unvorhergesehene Situation ergeben würde, wäre der Lieferant dazu bereit, von existierenden Absprachen abzuweichen und eine neue Vereinbarung auszuarbeiten	Flexibilität_3	0,2927

(Fortsetzung …)

C. Wirkungszusammenhänge der interaktiven Markenführung 141

(... Fortsetzung)

Der Lieferant sucht bei Konflikten nach spezifischen Lösungsansätzen, die unserer Geschäftsbeziehung weiterhelfen	Konfliktlösung_2	0,2863
Der Lieferant würde uns in problematischen Situationen im Rahmen seiner Möglichkeiten behilflich sein	Solidarität_2	0,2840
Der Lieferant macht sich Gedanken über die Gründe von Konflikten	Konfliktlösung_1	0,2832
Beratung bei der Bestimmung unseres Bedarfs in Einkaufssituationen	Rollenintegrität_1	0,1602
Der Lieferant ist an Verbesserungen, welche die Beziehung als Ganzes, und nicht nur ihn individuell voran bringen, interessiert	Solidarität_1	0,1328
Der Lieferant hat kein Problem damit, wenn wir ihm einen Gefallen schulden	Solidarität_3	0,1307
Information über Veränderungen im Angebot des Lieferanten	Rollenintegrität_6	0,1307
Information über neue Produkte/ Leistungen des Lieferanten	Rollenintegrität_4	0,1304
Beratung beim Einsatz des Produktes/ der Leistung in unserem Unternehmen	Rollenintegrität_3	0,1258
Der Lieferant geht davon aus, dass die Geschäftsbeziehung zu uns für ihn langfristig profitabel sein wird	langfristige Orientierung_3	0,1244
Informationsaustausch über Markttrends und Wettbewerbsaktivitäten	Rollenintegrität_9	0,1226
Vermittlungsfunktion bei grundlegenden Konflikten mit dem Lieferanten	Rollenintegrität_8	0,1221
Der Lieferant betrachtet jeden Konfliktfall für sich, unabhängig davon, wer wir sind und welche Geschäfte wir mit ihm insgesamt tätigen	Konfliktlösung_1	0,1191
Der Lieferant diskutiert Fragen, welche für die strategische Entwicklung unserer gemeinsamen Beziehung wichtig sind, mit uns	Planungsverhalten_3	0,1128

(Fortsetzung ...)

142 6. Markenwirkung des Beziehungsverhaltens

(... Fortsetzung)

Der Lieferant ist daran interessiert, dass beide Seiten langfristig von der Beziehung profitieren	Gegenseitigkeit_1	0,1121
Eine langfristige Geschäftsbeziehung mit uns zu pflegen ist diesem Lieferanten wichtig	langfristige Orientierung_1	0,1119
Der betrachtete Lieferant nimmt erkennbar Planungen für die Zukunft unserer Geschäftsbeziehung vor	Planungsverhalten_1	0,1101
Der Lieferant versorgt uns von sich aus mit allen Informationen (über Neuheiten, Trends etc.), die für uns hilfreich sein können	Informationsverhalten_1	0,1034
Der Lieferant reagiert flexibel auf Änderungswünsche	Flexibilität_1	0,0917
Operatives Beschwerde- bzw. Reklamationsmanagement	Rollenintegrität_7	0,0860
Der betrachtete Lieferant formuliert explizite Ziele für die Zukunft unserer Geschäftsbeziehung	Planungsverhalten_2	0,0808
Der Lieferant gibt auch vertrauliche Informationen an uns weiter, z.B. zu seiner Kostenlage	Informationsverhalten_3	0,0753
Der Lieferant achtet stets darauf, dass wir Absprachen (Beschaffung von Informationen, Vermittlung von Kontakten u.ä.) auch einhalten	Monitoring_2	0,0747
Auftragsannahme	Rollenintegrität_2	0,0695
Der betrachtete Lieferant überwacht den rechtzeitigen Eingang und die Höhe unserer Zahlungen genau	Monitoring_1	0,0000
Würden wir unsere Verpflichtungen gegenüber diesem Lieferanten nicht einhalten, so würde er uns unverzüglich darauf aufmerksam machen	Monitoring_3	0,0000
Der Lieferant erwähnt uns gegenüber häufig, welche Machtmittel ihm zur Verfügung stehen, um seine Interessen durchzusetzen	Einsatz von Macht_1	0,0000
Der Lieferant zögert in Konfliktsituationen nicht, Druck auf uns auszuüben	Einsatz von Macht_2	0,0000
Der Lieferant setzt Machtmittel nur ein, wenn dies den Fortbestand der Geschäftsbeziehung mit uns nicht gefährdet	Einsatz von Macht_3	0,0000

(Fortsetzung ...)

C. Wirkungszusammenhänge der interaktiven Markenführung 143

(... Fortsetzung)

Dimensionen	Marken-wirkung
Gegenseitigkeit	0,3349
Flexibilität	0,3289
Rollenintegrität	0,3180
langfristige Orientierung	0,2913
Solidarität	0,1422
Planungsverhalten	0,1258
Konfliktlösung	0,1158
Informationsverhalten	0,1118
Monitoring	0,0700
Einsatz von Macht	0,0000

Abbildung 47: Markenwirkung der Indikatoren zum Beziehungsverhalten
(Quelle: Eigene Darstellung)

Auch bezüglich dieses Wirkungszusammenhangs gibt es eine Gruppe von (hier: zehn) Indikatoren, die eine deutlich überdurchschnittliche Markenwirkung aufweisen. Demnach sind folgende Aspekte für die interaktive Markenführung von Bedeutung:

- Die persönliche Betreuung ist die wichtigste markenbezogene Rolle, die von Verkäufern im B2B-Geschäft erwartet wird.

- Gegenseitigkeit ist die markenwirksamste Beziehungsnorm. Markentreibend ist jedoch überraschenderweise weniger der Win-Win-Gedanke, nach dem beide Seiten langfristig von der Geschäftsbeziehung profitieren (Indikator Gegenseitigkeit_1), sondern zwischenmenschliche Aspekte, wie Fairness und Respekt.

- Obwohl das Informationsverhalten als Beziehungsnorm insgesamt eher weniger markenwirksam ist, ist das kontinuierliche und rechtzeitige Informieren über kundenrelevante Veränderungen ein wichtiger Aspekt der interaktiven Markenführung.

- Flexibilität ist eine wichtige Beziehungsnorm für die interaktive Markenführung. Dazu sind vor allem das Beschwerdemanagement und eine situative Veränderungsbereitschaft zu zählen.

- Die langfristige Orientierung des Lieferanten als Markentreiber macht sich aus Sicht der beschaffenden Unternehmen daran fest, dass der Lieferant erkennbar langfristige Ziele für die Geschäftsbeziehung verfolgt.

- Um das Konfliktlösungsverhalten markenwirksam zu gestalten, sollte der Lieferant nach spezifischen Lösungsansätzen suchen und den Konfliktursachen auf den Grund gehen.

- Schließlich ist auch die Beziehungsnorm der Solidarität, verstanden als Hilfsbereitschaft in problematischen Situationen, als Markentreiber anzusehen.

Auch für das Beziehungsverhalten bietet es sich in einem zweiten Schritt an, die Ergebnisse der Pfadanalyse dem Erfüllungsgrad grafisch gegenüberzustellen. Das Ergebnis zeigt Abbildung 48. Zur besseren Übersicht sind die Indikatoren dabei mit Kurznamen versehen, deren Zugehörigkeit sich aus der oben stehenden Tabelle (Abbildung 47) ersehen lässt.

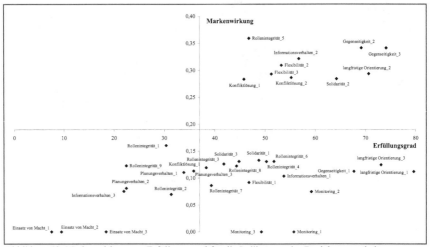

Abbildung 48: Markenwirkung vs. Erfüllungsgrad für die Indikatoren des Beziehungsverhaltens
(Quelle: Eigene Darstellung)

Es wird auch grafisch sehr deutlich, dass die zehn Markentreiber sich hinsichtlich ihrer Markenwirkung signifikant von den anderen Indikatoren abheben. Sie finden sich allesamt im rechten oberen Quadranten, d.h. sie weisen insgesamt einen überdurchschnittlichen Erfüllungsgrad auf. Dies gilt besonders für den respektvollen Umgang (Gegenseitigkeit_3), langfristige Geschäftsbeziehungsziele (langfristige Orientierung_2) und Fairness (Gegenseitigkeit_2). Dagegen fallen im Vergleich die Konfliktursachenforschung (Konfliktlösung_1) und die persönliche Betreuungsfunktion (Rollenintegrität_5) deutlich ab. Demnach sind im Rahmen der Markenführung Prioritäten vor allem bei der persönlichen Betreuung, der Konfliktlösung und der Flexibilität zu setzen.

Die weniger markentreibenden Indikatoren weisen eine hohe Streuung in den beiden unteren Quadranten auf. Insbesondere der rechte untere Quadrant kann im Einzelfall der Markenführung Hinweise zur optimierten Ressourcensteuerung und Prioritätensetzung geben. Jedoch

C. Wirkungszusammenhänge der interaktiven Markenführung 145

soll an dieser Stelle auf eine weitere Diskussion der relativ unwirksamen Markentreiber verzichtet werden.

Insgesamt zeigt das empirische Ergebnis, dass sich die Vielzahl der operationalisierten Beziehungsnormen hinsichtlich ihrer Markenwirkung deutlich auf einige ausgewählte Aspekte reduzieren lässt. Zum einen ergeben sich hieraus für die Praxis Ansatzpunkte für eine differenzierte interaktive Markenführung. Zum anderen wäre es zur weiteren Vertiefung wünschenswert, wenn sich zukünftige Forschungsarbeiten intensiver mit den markentreibenden Aspekten des Beziehungsverhaltens beschäftigten.

7. Situative Moderatoren der Markenwirkung

Bislang sind die grundlegenden Wirkungszusammenhänge im Untersuchungsmodell diskutiert worden. Aufgrund des dieser Arbeit zugrunde liegenden anwendungsorientierten Wissenschaftsverständnisses einerseits und der inhärenten Komplexität des B2B-Geschäftes andererseits ist jedoch bereits auf der Konzeptionsebene davon ausgegangen worden, dass die Stärke der untersuchten Zusammenhänge von verschiedenen situativen Rahmenbedingungen beeinflusst („moderiert") wird. Diese Hypothese wird im Folgenden für vier potenzielle Moderatoren überprüft.

7.1. Markenwirkung der Moderatoren

In einem ersten Schritt werden die potenziellen situativen Moderatoren hinsichtlich ihrer Markenwirkung untersucht. Die Moderatoren werden dabei als Segmente der Grundgesamtheit aufgefasst. Je Moderator lässt sich dann der entsprechende Wert für Markenbild und Markenguthaben ermitteln und grafisch vergleichen. Das Ergebnis wird in Abbildung 49 dargestellt.

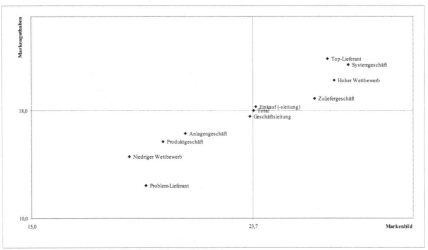

Abbildung 49: Vergleich der Markenwirkung der Moderatoren
(Quelle: Eigene Darstellung)

Es ist zunächst angesichts der bisherigen Ergebnisse wenig überraschend, dass die Beziehungsqualität die Extrempole der Darstellung liefert. Problem-Lieferanten haben die schlechtesten Eisbergwerte, Top-Lieferanten zeichnen sich durch ein besonders großes Markenguthaben aus. Im Gegensatz dazu zeigt sich, dass die Einschätzung der Markenstärke relativ wenig durch die Buying Center-Ebene determiniert wird. Einkauf(-sleitung) und Geschäftsleitung liegen sehr dicht am Durchschnitt, der sich aus der Totalbetrachtung ergibt.

Interessant erscheint, dass die Wettbewerbsintensität in der Branche des Abnehmers Auswirkungen auf die wahrgenommene Markenstärke der Lieferanten hat. Hoher Wettbewerb (Top-2-Box) geht mit hoher Markenstärke einher. Es ergibt sich eine Polarität, die derjenigen zwischen Top- und Problem-Lieferant nahezu entspricht. Offenbar steigen mit dem Wettbewerbsdruck die Ansprüche der Kunden. In der Folge haben Top-Lieferanten mit einer ausgeprägten Markenstärke einen deutlichen Wettbewerbsvorteil. Aufgrund des festgestellten deutlichen Zusammenhangs zwischen Verkauf und Markenstärke heißt dies wohl auch: Interaktive Markenführung wirkt besonders stark bei Kunden, die in einem intensiven Wettbewerb stehen. Hier kann der Verkauf einen entscheidenden Mehrwert für die Wertschöpfungsprozesse der Kunden leisten und wird mit Markenstärke belohnt. Die herkömmliche Sichtweise, nach der höhere Wettbewerbsintensität notwendigerweise mit höherer Preissensibilität einhergeht, lässt sich anhand der vorliegenden Ergebnisse weder bestätigen noch widerlegen.

Hinsichtlich der Geschäftstypen ergibt sich ein geteiltes Bild. Die beiden Geschäftstypen, die auf Kaufverbünden basieren, weisen eine deutlich höhere Markenstärke auf als diejenigen, bei denen Einzeltransaktionen im Vordergrund stehen. Interpretiert man Kaufverbund als lang-

C. Wirkungszusammenhänge der interaktiven Markenführung 147

fristige Geschäftsbeziehung, so spricht dieses Ergebnis erneut für den Stellenwert des Geschäftsbeziehungsmanagements in der B2B-Markenführung. Insbesondere im Systemgeschäft dominieren Lieferanten mit starken Marken. Hier spielt es sicherlich eine Rolle, dass die Anbieter sehr genau geprüft werden, bevor sich der Abnehmer für eine Systemtechnologie entscheidet. Die Annahme scheint berechtigt, dass auch der Verkauf und somit die interaktive Markenführung hier bereits im Vorfeld dieser Entscheidung einen entscheidenden Erfolgsbeitrag leisten können. Das weit überdurchschnittliche Markenguthaben zeigt jedoch, dass es den erfolgreichen Systemanbietern aber auch langfristig gelingt, sich in der Kundenwahrnehmung zu differenzieren.

Lieferanten des Zuliefergeschäfts weisen dagegen in erster Linie ein überdurchschnittliches Markenbild auf, während das Markenguthaben kaum vom Totalwert abweicht. Möglicherweise ist die Wahrnehmung des Lieferanten hier sehr viel stärker durch das Tagesgeschäft geprägt und entsprechend kurzfristig ausgelegt. Für Unternehmen dieses Geschäftstyps ergeben sich hieraus Ansatzpunkte für ein stärker langfristig orientiertes Geschäftsbeziehungsmanagement.

Lieferanten aus dem Anlagen- und Produktgeschäft liegen hinsichtlich ihrer Markenstärke relativ dicht zusammen, und zwar beide im unterdurchschnittlichen Bereich. Angesichts der bisherigen Ergebnisse lautet die Empfehlung, dass in diesen Geschäftstypen trotz der vorherrschenden Einzeltransaktionen stärker in ein längerfristiges Geschäftsbeziehungsmanagement investiert werden sollte, um so die Markenwahrnehmung zu verstetigen. Um die Vorteile einer starken B2B-Marke ausschöpfen zu können, dürfen sich die betreffenden Lieferanten nicht länger primär auf die Leistung verlassen. Interaktive Markenführung kann hier den Horizont erweitern und brach liegende Erfolgspotenziale ausschöpfen helfen.

Im Ergebnis zeigt sich, dass professionelles Geschäftsbeziehungsmanagement und enge Unterstützung der Abnehmer auf deren Märkten für Lieferanten im B2B-Geschäft die Stellschrauben sind, mit denen ihre Wahrnehmung als Toplieferant und damit die Markenstärke positiv beeinflusst werden können. Dieser Mechanismus gilt offenbar für beide betrachteten Ebenen des Buying Centers in ähnlicher Form.

Nachdem die grundlegenden Unterschiede zwischen den potenziellen Moderatoren deutlich geworden sind, soll im Folgenden untersucht werden, wie die Markenwirkungen des Gesamtstrukturmodells situativ beeinflusst werden. Ziel ist es dabei, für die interaktive Markenführung Empfehlungen für die kurze Frist abzuleiten. Hierzu werden die Korrelationen zwischen den Markentreibern und dem Markenbild für die sich aus den Moderatoren ergebenden Untergruppen verglichen[33].

---

[33] Dabei werden nur signifikante Korrelationen (auf 0,01- und 0,05-Niveau) betrachtet. Im Fall geringer Basen kann dies dazu führen, dass geringe Korrelationen im Folgenden mit 0 dargestellt werden. Dies betrifft aufgrund der Charakteristika der Stichprobe insbesondere die Betrachtung der Geschäftstypen.

7.2. Moderierender Einfluss der Buying Center-Ebene

In dieser Arbeit ist das in der Praxis regelmäßig komplexe Buying Center des beschaffenden Unternehmens auf zwei Ebenen reduziert worden, nämlich die Geschäftsleitungsebene und die Einkaufsebene. Beide Ebenen sind als Segmentierungsvariablen mit entsprechender Quotierung operationalisiert worden. Abbildung 50 zeigt die unterschiedlichen Wirkungszusammenhänge für die beiden Teilgruppen.

Korrelationen mit dem Markenbild	Total	Einkauf (-sleitung)	Geschäftsleitung
Verkäuferpersönlichkeit			
Persönlichkeitsmerkmale	0,61	0,58	0,65
Sozialkompetenz	0,56	0,50	0,63
Fachkompetenz	0,57	0,49	0,68
Beziehungsverhalten			
Rollenintegrität	0,66	0,67	0,64
Solidarität	0,63	0,60	0,66
langfristige Orientierung	0,53	0,50	0,58
Informationsverhalten	0,49	0,42	0,59
Flexibilität	0,55	0,53	0,58
Monitoring	0,26	0,00	0,38
Planungsverhalten	0,53	0,48	0,58
Gegenseitigkeit	0,59	0,56	0,62
Konfliktlösung	0,54	0,54	0,52
Einsatz von Macht	0,00	0,00	0,00
Weitere Einflussfaktoren			
Leistung	0,56	0,54	0,59
Unpersönliche Marktbearbeitung	0,50	0,43	0,58

Abbildung 50: Moderierender Einfluss der Buying Center-Ebene
(Quelle: Eigene Darstellung)

Es zeigt sich, dass fast alle Markentreiber auf Geschäftsleitungsebene stärker wirken als im Einkauf. Hinsichtlich der Verkäuferpersönlichkeit haben Sozial- und Fachkompetenz, aber auch Persönlichkeitsmerkmale aus Sicht der Geschäftsleitung eine deutlich höhere Markenwirkung. Je höher die Ebene im Buying Center, desto mehr kommt es demnach auf die Verkäuferpersönlichkeit an. In vielen Unternehmen der Praxis ist jedoch zu beobachten, dass sich Verkäufer mit Kontakten auf höheren Buying Center-Ebenen eher schwer tun. Gründe hierfür sind in der Regel subjektive Ängste und objektive Qualifizierungsdefizite. Die Ergebnisse le-

C. Wirkungszusammenhänge der interaktiven Markenführung 149

gen jedoch nahe, dass über einen professionellen und persönlich verbindlichen Auftritt des Verkäufers auf der Ebene der Geschäftsleitung eher Chancen zu realisieren als Risiken zu befürchten sind.

Hinsichtlich des Beziehungsverhaltens wirken besonders die Faktoren Informationsverhalten, Monitoring und Planungsverhalten auf der Geschäftsleitungsebene deutlich stärker als im Einkauf. Hier wird offenkundig vom Verkäufer ein professionelles Geschäftsbeziehungsmanagement erwartet: Die Geschäftsbeziehung soll langfristig geplant und die Umsetzung der Planung entsprechend überwacht werden. Dabei sollen relevante Informationen zügig weitergegeben werden.

Schließlich fällt auf, dass die unpersönliche Marktbearbeitung auf der Geschäftsleitungsebene eine stärkere Markenwirkung als im Einkauf hat. Da auf dieser Ebene der persönliche Kontakt häufig seltener ist als mit dem Einkauf, ist es nicht überraschend, dass andere Einflüsse neben dem Verkäufer an Geltung gewinnen. Das bedeutet für die interaktive Markenführung, dass gerade im Umgang mit höheren Ebenen des Buying Centers der Verkäufer mit entsprechenden flankierenden Maßnahmen des Marketing-Mix zu unterstützen ist. So kann sich etwa der Lieferant auf Messen oder in Fachzeitschriften differenzierend darstellen und gleichzeitig den Verkauf durch professionelle VKF-Materialien und Präsentationsvorlagen aufwerten.

Insgesamt erweist sich die Buying Center-Ebene als Moderator der Markenwirkungen und ist im Rahmen der interaktiven Markenführung entsprechend zu berücksichtigen. Insbesondere die Effektivität auf Geschäftsführungsebene ist durch den persönlichen Auftritt, ein professionelles Geschäftsbeziehungsmanagement und Marketing-Mix-Unterstützung auszubauen.

7.3. Moderierender Einfluss des Geschäftstyps

In dieser Arbeit wird zur Operationalisierung des Geschäftstyps die Typologie von Backhaus verwendet. Die vier Typen (Produkt-, Zuliefer-, Anlagen- und Systemgeschäft) sind als Segmentierungsvariablen mit entsprechender Quotierung im Studienkonzept berücksichtigt worden. Abbildung 51 zeigt die unterschiedlichen Wirkungszusammenhänge für die vier Teilgruppen.

Korrelationen mit dem Markenbild	Total	System-geschäft	Produkt-geschäft	Anlagen-geschäft	Zuliefer-geschäft
Verkäuferpersönlichkeit					
Persönlichkeitsmerkmale	0,61	0,00	0,76	0,67	0,44
Sozialkompetenz	0,56	0,43	0,74	0,60	0,35
Fachkompetenz	0,57	0,00	0,72	0,69	0,37
Beziehungsverhalten					
Rollenintegrität	0,66	0,62	0,76	0,63	0,50
Solidarität	0,63	0,59	0,74	0,65	0,51
langfristige Orientierung	0,53	0,00	0,65	0,72	0,39
Informationsverhalten	0,49	0,52	0,60	0,58	0,31
Flexibilität	0,55	0,34	0,73	0,60	0,41
Monitoring	0,26	0,00	0,00	0,43	0,00
Planungsverhalten	0,53	0,00	0,73	0,67	0,33
Gegenseitigkeit	0,59	0,51	0,67	0,62	0,46
Konfliktlösung	0,54	0,00	0,74	0,58	0,33
Einsatz von Macht	0,00	0,00	0,00	0,00	0,00
Weitere Einflussfaktoren					
Leistung	0,56	0,55	0,62	0,63	0,34
Unpersönliche Marktbe-arbeitung	0,50	0,35	0,55	0,62	0,33

Abbildung 51: Moderierender Einfluss des Geschäftstyps
(Quelle: Eigene Darstellung)

Aufgrund der geringen Fallzahlen für die einzelnen Geschäftstypen sind die Ergebnisse leider nur eingeschränkt interpretierbar. Für das Systemgeschäft ergeben sich nur wenige signifikante Korrelationen, die darüber hinaus im Vergleich zu den anderen Geschäftstypen kaum nennenswerte Charakteristika erkennen lassen. Nach den vorliegenden Ergebnissen sind die Markenwirkungen der betrachteten Faktoren am geringsten im Zuliefergeschäft ausgeprägt. Das könnte bedeuten, dass hier beispielsweise Wertschöpfungsprozesse wichtiger sind als interaktive Markenführung. Entsprechend schwer wäre es dann für den persönlichen Verkauf eines Lieferanten im Zuliefergeschäft, sich im Vergleich zum Wettbewerb zu differenzieren.

Dagegen weist das Produktgeschäft ebenso wie das Anlagengeschäft jeweils durchaus einige Faktoren auf, die eine überdurchschnittliche Markenwirkung haben. Da diese aber gemäß Abschnitt C.8.1. die im Vergleich der Geschäftstypen geringste Markenstärke besitzen, drängt sich eine andere Interpretation der Ergebnisse auf. Demnach könnten die Ergebnisse auf Erfolgspotenziale hinweisen. Gerade aufgrund der relativ schwach ausgeprägten Markenstärke sind die Chancen für die interaktive Markenführung hoch, im Produkt- und Anlagengeschäft

C. Wirkungszusammenhänge der interaktiven Markenführung 151

den Unterschied im Vergleich zum Wettbewerb auszumachen. Dagegen könnten solche Potenziale im Zuliefer- und Systemgeschäft bereits weitgehend ausgeschöpft sein. Die Hebelwirkung der interaktiven Markenführung wäre demnach im Produkt- und Anlagengeschäft am höchsten, während sie im Zuliefer- und Systemgeschäft eher einen Hygienefaktor darstellt.

Zusammengefasst lassen die Ergebnisse eine abschließende Beurteilung der situativ moderierenden Wirkung der Geschäftstypen nicht zu. Hier besteht weiterer Forschungsbedarf mit höheren Fallzahlen je Typ. Die Daten weisen jedoch darauf hin, dass die Hebelwirkung der interaktiven Markenführung bei der Ausschöpfung von Erfolgspotenzialen in Abhängigkeit von Marktcharakteristika variiert und damit ein moderierender Effekt vorliegt.

7.4. Beziehungsqualität

Die Beziehungsqualität wird in dieser Arbeit durch eine Differenzierung nach Top- und Problemlieferanten berücksichtigt. Auch dieser Aspekt wurde als Segmentierungsvariable mit entsprechender Quotierung operationalisiert. Abbildung 52 zeigt die unterschiedlichen Wirkungszusammenhänge für die beiden Teilgruppen.

Korrelationen mit dem Markenbild	Total	Toplieferant	Problemlieferant
Verkäuferpersönlichkeit			
Persönlichkeitsmerkmale	0,61	0,52	0,61
Sozialkompetenz	0,56	0,38	0,64
Fachkompetenz	0,57	0,47	0,57
Beziehungsverhalten			
Rollenintegrität	0,66	0,55	0,69
Solidarität	0,63	0,52	0,65
langfristige Orientierung	0,53	0,29	0,63
Informationsverhalten	0,49	0,39	0,48
Flexibilität	0,55	0,29	0,65
Monitoring	0,26	0,41	0,00
Planungsverhalten	0,53	0,41	0,54
Gegenseitigkeit	0,59	0,47	0,59
Konfliktlösung	0,54	0,43	0,52
Einsatz von Macht	0,00	0,00	0,00
Weitere Einflussfaktoren			
Leistung	0,56	0,51	0,52
Unpersönliche Marktbearbeitung	0,50	0,47	0,45

Abbildung 52: Moderierender Einfluss der Beziehungsqualität
(Quelle: Eigene Darstellung)

Im Vergleich zeigt sich, dass die Markenwirkung der untersuchten Faktoren bei Problemlieferanten deutlich stärker ausgeprägt ist als bei Toplieferanten (Ausnahme: Monitoring). Auch in diesem Fall bietet es sich an, die Ergebnisse als Erfolgspotenziale zu interpretieren. Das Markenbild als Zielgröße impliziert kurzfristige Wahrnehmungseffekte. In langfristigen und stabilen Geschäftsbeziehungen ist jedoch das Markenguthaben so ausgeprägt, dass sich durch interaktive Markenführung vergleichsweise weniger Markenbildeffekte realisieren lassen als im Falle volatiler Geschäftsbeziehungen. Im Hinblick auf kurzfristige Erfolgspotenziale ist der persönliche Verkauf somit eher als „Troubleshooter" bei Problemlieferanten einzusetzen. Für das langfristige Geschäftsbeziehungsmanagement und damit für die langfristige Markenführung ist dagegen ein langer Atem notwendig.

Im Ergebnis zeigt sich ein deutlicher moderierender Einfluss der Qualität der Geschäftsbeziehung. Je besser diese ist, desto weniger scheinen kurzfristige Erfolgspotenziale durch interaktive Markenführung realisierbar zu sein. Umgekehrt: Je volatiler die Geschäftsbeziehung,

C. Wirkungszusammenhänge der interaktiven Markenführung 153

desto dringender sollte der persönliche Verkauf als Instrument der Markenführung angesehen und eingesetzt werden.

7.5. Wettbewerbsintensität

Die Wettbewerbsintensität auf dem Markt des Abnehmers wird in dieser Arbeit über einen Indikator gemessen. Abbildung 53 vergleicht die Markenwirkungen bei hoher (hier definiert als Top-2-Box der Nennungen) und niedriger Wettbewerbsintensität.

Korrelationen mit dem Markenbild	Total	Niedrige Wettbewerbsintensität	Hohe Wettbewerbsintensität
Verkäuferpersönlichkeit			
Persönlichkeitsmerkmale	0,61	0,71	0,50
Sozialkompetenz	0,56	0,64	0,45
Fachkompetenz	0,57	0,64	0,47
Beziehungsverhalten			
Rollenintegrität	0,66	0,71	0,57
Solidarität	0,63	0,68	0,58
langfristige Orientierung	0,53	0,48	0,53
Informationsverhalten	0,49	0,57	0,43
Flexibilität	0,55	0,58	0,51
Monitoring	0,26	0,00	0,22
Planungsverhalten	0,53	0,61	0,47
Gegenseitigkeit	0,59	0,63	0,53
Konfliktlösung	0,54	0,55	0,50
Einsatz von Macht	0,00	0,00	0,00
Weitere Einflussfaktoren			
Leistung	0,56	0,63	0,46
Unpersönliche Marktbearbeitung	0,50	0,71	0,35

Abbildung 53: Moderierender Einfluss der Wettbewerbsintensität
(Quelle: Eigene Darstellung)

Im Falle niedriger Wettbewerbsintensität auf den Märkten der Abnehmer ist die Markenwirkung der untersuchten Faktoren insgesamt deutlich stärker als im Fall hoher Wettbewerbsintensität (Ausnahmen: Langfristige Orientierung und Monitoring). Da nach den Ergebnissen aus dem Abschnitt C.7.1. eine hohe Wettbewerbsintensität tendenziell mit einem hohen Markenwert und intensiven Geschäftsbeziehungen einher geht, lassen sich die Daten erneut am besten als Erfolgspotenziale interpretieren.

Aufgrund der vorherrschenden Strukturen auf den B2B-Märkten ist eine niedrige Wettbewerbsintensität auf den Märkten des Kunden als Marktführerschaft interpretierbar. In diesem Fall hat der Abnehmer entsprechende Markt- und damit auch Verhandlungsmacht. Das Interesse, sich mit Lieferanten zu strategischen Partnerschaften zusammen zu tun, ist dann vergleichsweise gering. Eine interaktive Markenführung, welche die beiderseitigen Vorteile langfristiger Geschäftsbeziehungen zu vermitteln vermag, bietet hier Erfolgspotenziale. Dagegen bedeutet eine hohe Wettbewerbsintensität nach den vorliegenden Daten eher eine Intensivierung der Zusammenarbeit mit strategischen Lieferanten. In diesen Fällen ist die interaktive Markenführung langfristiger Begleiter und Hygienefaktor im Vernetzungsprozess. Die kurzfristigen Erfolgspotenziale sind dann eher gering.

Zusammenfassend erweist sich auch die Wettbewerbsintensität als situativer Moderator der Markenwirkung. Je niedriger die Wettbewerbsintensität auf den Märkten des Kunden und damit je höher dessen Marktmacht, desto eher ist die interaktive Markenführung gefordert, auch ohne zusammenschweißenden äußeren Druck Geschäftsbeziehungsmanagement zu gestalten. Je höher dagegen die Wettbewerbsintensität auf den Märkten des Kunden, desto wichtiger werden langfristige Aspekte der Partnerschaft. Interaktive Markenführung ist dann primär langfristig ausgerichtet und vermag nur noch in geringem Maße, kurzfristig das Markenbild zu beeinflussen.

8. Implikationen für die interaktive Markenführung

Der im ersten Teil der Arbeit argumentativ hergeleitete Stellenwert der Marke im B2B-Geschäft kann mit der vorliegenden Studie im Rahmen der externen Perspektive dieser Arbeit bestätigt werden. Demnach steht die Markenstärke in engem Zusammenhang mit den klassischen Konstrukten des Beziehungsmarketing und weist einen hohen Einfluss auf Einstellung und Verhalten auf. Der adaptierte Markeneisberg hat sich in diesem Zusammenhang als geeignetes Messinstrument für Anwendungen im B2B-Geschäft erwiesen.

Davon ausgehend konnte die Forschungsfrage 1.6. („Wie sind die Wirkungszusammenhänge zwischen dem Markenwert und den unabhängigen Variablen?", vgl. A.4.1.) empirisch untersucht werden. Die persönliche Marktbearbeitung weist demnach den erwarteten hohen markentreibenden Einfluss auf, auch und gerade im Vergleich mit den herkömmlichen Einflussfaktoren der Leistung und unpersönlichen Marktbearbeitung. Der Verkauf ist also als Instrument der Markenführung explizit zu berücksichtigen. Damit bestätigt sich auch die Notwendigkeit einer interaktiven Markenführung. In der Detailsicht ergeben sich deutliche Unterschiede hinsichtlich der Stärke verschiedener untersuchter Markentreiber. Mit den dargestellten Ergebnissen lassen sich Schwerpunkte und Prioritäten für die Markenführung ableiten.

Dabei ist jedoch zu beachten, dass die interaktive Markenführung hochgradig differenziert erfolgen muss. Zunächst ergibt sich aus den Charakteristika des B2B-Geschäfts die Notwendigkeit eines stark situativen Ansatzes. Die Untersuchung von Moderatoren der Markenwirkung hat etwa gezeigt, dass interaktive Markenführung je nach Buying Center-Ebene, Geschäftstyp, Beziehungsqualität und Wettbewerbsintensität auf dem Abnehmermarkt unterschiedlich auszugestalten ist. Weiterhin hat die Analyse die Existenz unterschiedlicher Cluster von Geschäftsbeziehungen nachgewiesen, die sich durch unterschiedliche Markenwerte und Schwerpunkte der Markenführung auszeichnen.

Auf der Grundlage dieser Ergebnisse kann auch die Forschungsfrage 1.7. beantwortet werden („Welche unterschiedlichen Zugänge zur interaktiven Markenführung gibt es, und welche Konsequenzen haben diese jeweils für den Markenwert?", vgl. A.4.1.). Stellt man nämlich die Brand Relationship Cluster (aus der Analyse inkonsistenten Verhaltens) den Geschäftsbeziehungsclustern (aus der Clusteranalyse) gegenüber, so ergeben sich unterschiedliche situative Optionen für die interaktive Markenführung. Abbildung 54 stellt diese grafisch dar.

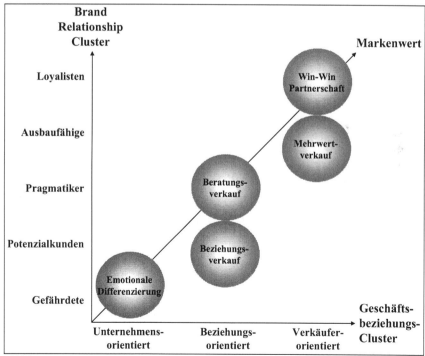

Abbildung 54: Situative Optionen der interaktiven Markenführung
(Quelle: Eigene Darstellung)

156 8. Implikationen für die interaktive Markenführung

Die Abbildung basiert auf der Gegenüberstellung von Marken- und Geschäftsbeziehung. Beiden Achsen liegt nach der Operationalisierung in dieser Arbeit der Markenwert in Form der Markenstärke zugrunde. Diese nimmt entlang der Diagonale stetig zu. Aus den unterschiedlichen Kombinationen der Cluster ergeben sich situative Ansatzpunkte für die interaktive Markenführung, die im Folgenden kurz charakterisiert werden sollen.

- Emotionale Differenzierung: Die Untersuchung legt nahe, dass unternehmensorientierte Geschäftsbeziehungen stark leistungsbezogen sind. Da diese im B2B-Geschäft zunehmend austauschbar werden, kann man solche Beziehungen als gefährdet ansehen. Die interaktive Markenführung muss in solchen Fällen für emotionale Differenzierung sorgen. Das bedeutet, dass die Interaktionsebene systematisch so zu gestalten ist, dass ein einzigartiges (und identitätskonformes) Vorstellungsbild in den Köpfen der Kundenmitarbeiter entsteht. Konkret heißt das, den Verkaufsmitarbeiter und sein sachliches wie auch emotionales Leistungsversprechen bewusst als Instrument der Markenführung zu etablieren. Diese Strategie eignet sich auch und gerade für die Neukundengewinnung.

- Beziehungsverkauf: Potenzialkunden haben gegenüber dem Lieferanten eine mittlere Einstellungs- und Verhaltenspräferenz. In beziehungsorientierten Geschäftsbeziehungen wird die Leistung zum Hygienefaktor. Wesentlich wichtiger ist eine Win-Win-Orientierung des Lieferanten und seines Verkäufers. Entsprechend steht im Mittelpunkt des Beziehungsverkaufs die Gestaltung der Kundenbeziehung. Dabei sind die Erwartungen an die Verkäuferleistung noch eher gering. Es ist die Aufgabe der interaktiven Markenführung, glaubwürdig das Interesse des Lieferanten an der Geschäftsbeziehung und die möglichen Vorteile beider Seiten aus einer weiteren Intensivierung zu verdeutlichen. Demnach wird die emotionale Differenzierung hier in ein Korsett aus langfristig gültigen und gegenseitig verbindlichen Regelungen und Normen verstetigt. Mit der steigenden Verbindlichkeit der Kundenbeziehung steigt auch die Markenstärke.

- Beratungsverkauf: Pragmatiker erkennen nüchtern die Vorteile der Kundenbeziehung, ohne jedoch emotional an die Marke des Lieferanten gebunden zu sein. Aufgrund der damit verbundenen inhärenten Instabilität der Kundenbeziehung obliegt es der interaktiven Markenführung, für ein höheres Maß an Kundenbegeisterung zu sorgen. Die Analyse möglicher Entwicklungspfade hat gezeigt, dass die Beratungsqualität in solchen Konstellationen der zentrale Markentreiber ist. Demnach muss der Verkäufer mit Rat und Entscheidungsunterstützung stärker in den Mittelpunkt der Kundenwahrnehmung rücken. Mit den gestiegenen und hoffentlich erfüllten Erwartungen des Kunden an den Verkäufer steigt die Markenstärke weiter.

- Mehrwertverkauf: Mit dem steigenden Stellenwert des Verkäufers ändert sich auch der Charakter der Geschäftsbeziehung. In verkäuferorientierten Geschäftsbeziehungen ist der Verkäufer selbst der stärkste Markentreiber. Ausbaufähige Brand Relationship Cluster zeichnen sich aber durch Inkonsistenzen aus, d.h. trotz einer hohen Begeisterung über die

C. Wirkungszusammenhänge der interaktiven Markenführung 157

Marke bzw. den Verkäufer unterbleibt ein entsprechendes Verhalten. Die interaktive Markenführung muss mögliche Blockaden identifizieren und abbauen. Dieses gelingt nach aller Erfahrung am ehesten durch die Schaffung nachhaltiger und messbarer Mehrwerte im Rahmen der Kundenbeziehung. Entsprechend muss der Verkäufer die Wertschöpfungsprozesse seines Kunden verstehen und systematisch Beiträge zu deren Optimierung erarbeiten. Mit dem realisierten Mehrwert aus Kundensicht steigt auch die Markenstärke des Lieferanten.

- Win-Win-Partnerschaft: Auf der Basis einer hervorragenden Unternehmens- und Verkäuferleistung korrespondiert bei Loyalisten eine positive Einstellung zur Marke des Lieferanten mit einer positiven Verhaltenspräferenz. Konsistenz bedeutet eine stabile Kundenbeziehung. Aufgabe der interaktiven Markenführung ist es dann, den Status einerseits abzusichern und andererseits die eigenen Vorteile sicherzustellen. Solche Bemühungen können in Konzepten wie Key-Account- bzw. Key-Supplier-Management, Wertschöpfungspartnerschaften oder strategischen Allianzen münden. Der Verkäufer ist nun verantwortlich für ein komplexes Beziehungs- und Prozessgeflecht zwischen seinem Unternehmen und dem Kunden. Je höher die Wins auf beiden Seiten und je intensiver die Partnerschaft, desto höher die Markenstärke.

Unterschiedliche Verkaufsstile sind grundsätzlich nichts Neues. Innovativ an dieser Betrachtung ist jedoch der Bezug zur Marke bzw. die Verknüpfung von Markenstärke und Geschäftsbeziehungsmanagement. Der Markenwert[34] stellt in der interaktiven Markenführung eine messbare und konkrete Zielgröße für die integrierte Ausrichtung und unternehmensweite Abstimmung von Verkaufsaktivitäten dar. Er gibt den Verkaufsstilen einen systematischen Bezugsrahmen und macht sie damit im Sinne eines Managementprozesses strategisch plan- und steuerbar.

Die Analyse in diesem Teil der Arbeit hat gezeigt, dass die Marke zwar eine notwendige, jedoch keine hinreichende Bedingung für erfolgreiche und stabile Geschäftsbeziehungen im B2B-Geschäft ist. Markenwert und Verhalten können inkonsistent sein. Die Marke darf daher nicht Selbstzweck sein, sondern die Markenführung setzt an Verkaufsaktivitäten an und versucht, diese systematisch im Sinne einer markentreibenden Gesamtwirkung zu steuern. Das Konzept der interaktiven Markenführung setzt damit ein Verständnis der Wechselwirkungen zwischen Input (Verkauf) und Output (Markenwirkung) voraus. Betrachtet man die Marke als das Ergebnis aller Marketing- und Verkaufsaktivitäten, dann lässt sich die Notwendigkeit einer interaktiven Markenführung wie folgt auf den Punkt bringen: Man kann nicht nicht markenwirksam verkaufen[35].

---

[34] Und zwar unabhängig von seiner Operationalisierung und damit auch unabhängig davon, ob die Markenstärke oder der Markenwert betrachtet wird. Da die folgenden Ausführungen, auch im Teil D dieser Arbeit, Verallgemeinerungen der bisherigen Ergebnisse darstellen, wird von nun an nicht weiter differenziert und grundsätzlich von „Markenwert" gesprochen.

[35] In Anlehnung an Watzlawick/ Bavelas/ Jackson (1967), S. 51: „Man kann nicht nicht kommunizieren".

Für das B2B-Geschäft bedeutet dies, dass die Marke stärker als Erfolgsfaktor wahrgenommen werden muss und dass innerhalb der Markenführung die Perspektive um Verkaufsaspekte erweitert werden muss. Für den Verkäufer bedeutet dies wiederum einen erhöhten Druck zur Integration in das Verkaufssystem und ein verändertes Zielsystem, das nun um den Markenwert erweitert wird.

Für die Gestaltung der interaktiven Markenführung lassen sich aus den Ergebnissen viele nützliche Ansatzpunkte ableiten. Jedoch steht und fällt das Konzept mit einer erfolgreichen Implementierung in die Verkaufsorganisation. Die Umsetzung ist die wesentliche Herausforderung für das Management. Mit diesem Aspekt beschäftigt sich nun die interne Perspektive dieser Arbeit, die sich im folgenden Teil anschließt.

D. Implementierung der interaktiven Markenführung

Gemäß der Definition aus dem Teil A.3.6. wird die interaktive Markenführung in dieser Arbeit als Managementprozess aufgefasst. Für ein systematisches Management sind Ziele, Strukturen und Prozesse erforderlich. Die interne Perspektive entspricht damit einer Managementperspektive.

Zunächst wird das Konzept der internen Markenführung als Ansatz für die Implementierung der interaktiven Markenführung vorgestellt. Als Ausgangspunkt für die Entwicklung eines markenbezogenen Zielsystems wird das Verkaufssteuerrad zur Erarbeitung der interaktiven Markenidentität entwickelt. Anschließend wird ein markenbasiertes Verkaufssystem konzipiert, indem die Markenspezifika anhand eines Strukturmodells herausgearbeitet werden. Anhand eines Prozessmodells wird sodann die Implementierung der interaktiven Markenführung skizziert. Schließlich werden kurz die Möglichkeiten aufgezeigt, die sich aus der Ableitung eines „Verkaufswerts" ergeben. Am Ende dieses Teils erfolgt eine Zusammenfassung und Beurteilung der Ergebnisse.

1. Grundlagen interner Markenführung

Es ist in dieser Arbeit wiederholt deutlich gemacht geworden, welche zentrale Stellung die Mitarbeiter eines Unternehmens bei der erfolgreichen Umsetzung von Strategien wie etwa dem Beziehungsmarketing einnehmen. Es ist daher nicht überraschend, dass sich parallel zur Diskussion um das Beziehungsmarketing eine Linie in der Marketingwissenschaft entwickelt hat, die sich mit der Frage beschäftigt, inwieweit das Marketinginstrumentarium auch innerhalb eines Unternehmens mit den Mitarbeitern als „Zielgruppe" angewendet werden kann. Auch hierzu liegen mittlerweile Konzepte und Instrumente vor, die für die interne Perspektive dieser Arbeit ergiebig erscheinen.

In diesem Kapitel soll daher zunächst der Zusammenhang zwischen Beziehungsmarketing und Markenführung verdeutlicht werden. Anschließend werden die Grundlagen der internen Markenführung dargestellt. Es folgt eine Übersicht zu Instrumenten und Implementierungsansätzen der internen Markenführung. Am Ende des Kapitels schließlich erfolgt eine Zusammenfassung mit den Implikationen für den weiteren Gang der Arbeit.

1.1. Beziehungsmarketing und Markenführung

Im Teil B dieser Arbeit sind die Themenkomplexe Markenführung und Beziehungsmarketing analysiert worden, und zwar weitgehend unabhängig voneinander. In der externen Perspektive dieser Arbeit, die zwei grundsätzlich separate Linien der Marketingwissenschaft widerspiegelt, wird ein Kunde im B2B-Geschäft demnach einerseits durch die Markenführung und andererseits durch das Beziehungsmarketing beeinflusst.

Für eine integrierte Betrachtung erscheint jedoch eine zusätzliche interne Perspektive notwendig. Denn während unter (externer) Markenführung zumeist die (Einweg-) Kommunikation eines Unternehmens zu seinen Kunden verstanden wird, impliziert das Beziehungsmarketing die persönliche Interaktion (d.h. Zweiweg-Kommunikation) zwischen den Repräsentanten beider Parteien. Damit sich beide Prozesse ergänzen, ist eine Abstimmung notwendig. Demnach gilt es, die Mitarbeiter durch interne Markenführung so einzubinden, dass ihr Geschäftsbeziehungsmanagement kongruent zur Markenführung ist, die wiederum aus einer planvollen Unternehmensstrategie abgeleitet sein sollte. Abbildung 55 verdeutlicht diese Zusammenhänge.

Abbildung 55: Die interne Perspektive als Schnittstelle zwischen Beziehungsmarketing und Markenführung
(Quelle: Eigene Darstellung)

Nach dieser Sichtweise rücken die Begriffe „Interaktion" und „Kommunikation" in den Fokus. „If relationships are the objective, then impersonal mass communication must be supplemented, especially in business-to-business (...) categories, by personal customized communication that by definition is interactive"[1]. Diese Zusammenhänge werden in der Literatur zum Beziehungsmarketing jedoch häufig zugunsten von Konstrukten wie Vertrauen und Commitment vernachlässigt, welche jedoch letztlich Ergebnis von Kommunikation und Interaktion sind[2].

„The key to managing the point of perception is to deliver and receive messages on a platform of strategic consistency. That does not mean all messages say the same thing. Strategic consistency means the messages are appropriate for their audiences; however, there is consistency in the way corporate values are presented, how products perform, and how the brand is identi-

---

[1] Duncan/ Moriarty (1998), S. 8
[2] Vgl. ebenda, S. 3

fied and positioned. As brand messages are decoded - assuming they are not inconsistent - they are transformed into the stakeholder perceptions that are the building blocks of brand relationships"[3].

Betrachtet man also die Zusammenhänge zwischen Beziehungsmarketing und Markenführung unter Kommunikationsaspekten, so sind alle Unternehmensebenen als Absender von Botschaften zu berücksichtigen. In einer vereinfachten Darstellung sollen hierbei nun Unternehmens-, Marketing- und Verkaufsebene voneinander unterschieden werden. Diese kommunizieren jeweils mit den Kunden. Die resultierende Interaktion prägt die Geschäftsbeziehung, die wiederum die Wahrnehmung des Unternehmens, der Unternehmensmarke und deren Wertigkeit beeinflusst. Diese Zusammenhänge verdeutlicht Abbildung 56.

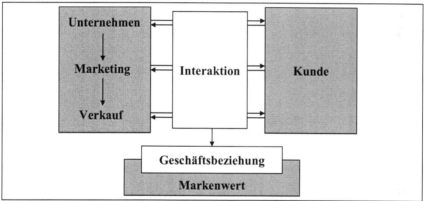

Abbildung 56: Interaktion als Basis für Beziehungsmarketing und Markenführung
(Quelle: Eigene Darstellung in Anlehnung an Duncan/ Moriarty (1998), S. 9)

Im Ergebnis beeinflussen Kommunikation und Interaktion Geschäftsbeziehung und Markenwert in erheblichem Ausmaß. Jedoch: „(...) most organizational dimensions (other than marketing communication) are ignored, not recognized, or taken for granted (...)"[4]. Dies gilt, wie bereits dargelegt wurde, in besonderer Weise für den B2B-Verkauf. Beziehungsmarketing und Markenführung sind daher im Rahmen einer internen Perspektive zu integrieren, die am Mitarbeiter ansetzt. Interaktive Markenführung hat somit die Zielsetzung, die persönliche Interaktion im Rahmen des Beziehungsmarketing strategisch planvoll zu gestalten und mit der (Unternehmens-) Markenführung abzustimmen.

---

[3] Duncan/ Moriarty (1998), S. 7
[4] Ebenda, S. 8

162 1. Grundlagen interner Markenführung

1.2. Grundlagen der internen Markenführung

Der Ansatz der internen Markenführung hat sich aus der Diskussion um das interne Marketing entwickelt (siehe auch A.3.5. in dieser Arbeit). Es lassen sich drei Sichtweisen des internen Marketing identifizieren, die für die vorliegende Problemstellung in unterschiedlichem Maße relevant sind[5].

Zunächst kann internes Marketing als Sammelbegriff für die gegenüber internen Austauschpartnern eingesetzten Mittel zur Verhaltenssteuerung angesehen werden: „(…) internal marketing has been seen as a process by which marketing tools and techniques can be used to motivate employees to achieve the organization's goals and objectives (…)"[6]. Die innerbetriebliche Anwendung der klassischen Marketinginstrumente erscheint jedoch nur hinsichtlich der Kommunikationspolitik ergiebig. „ Andere Marketinginstrumente lassen sich kaum sinnvoll intern anwenden bzw. ihr Einsatz stellt nichts anderes als eine marketingbezogene Neubenennung bekannter Steuerungs- und Einflußinstrumente dar. Insofern ist diese Verwendung des Begriffs ‚Internes Marketing' wenig fruchtbar"[7].

Zum zweiten wird internes Marketing unter der Maxime der internen Kundenorientierung gesehen. „We can think of internal marketing as viewing employees as internal customers, viewing jobs as internal products, and then endeavoring to offer internal products that satisfy the needs and wants of these internal customers while addressing the objectives of the organization"[8]. Hierbei zeigen sich die Wurzeln des Konzepts aus dem Dienstleistungsmarketing[9]. Die Grundüberlegung besagt, dass nur zufriedene Mitarbeiter bereit und in der Lage sind, sich kundenorientiert zu verhalten. Direkte Mitarbeiterkontakte mit Kunden entscheiden demnach in erheblichem Maße über Kundenzufriedenheit und damit letztlich den Erfolg des anbietenden Unternehmens („Moments of Truth"). Bruhn spricht in diesem Zusammenhang von einem Inside-out-Ansatz, da ausgehend von der internen Mitarbeiterzufriedenheit erst im zweiten Schritt die Kundenorientierung verfolgt wird[10]. Eine solche Vorgehenslogik kann aber falsche Impulse setzen und die Innenzentrierungstendenzen fördern[11].

„Finally, internal marketing has been seen as a device by which organizational change can be accomplished and strategies implemented"[12]. Stauss bezeichnet ein solches Verständnis des internen Marketing als "Interne Steuerung zu absatzorientierten Zwecken"[13]. Dazu muss der ursprünglich auf die Beziehung zwischen Organisation und Mitarbeiter beschränkte Betrachtungshorizont durch die beiden Beziehungsdimensionen Organisation/ Kunde und Mitarbei-

---

[5] Vgl. etwa Rafiq/ Ahmed (2000) oder Stauss (2000)
[6] Miles/ Mangold (2004), S. 67 f.
[7] Stauss (2000), S. 209
[8] Berry (1984), S. 272
[9] Vgl. Stauss (2000)
[10] Vgl. Bruhn (1999), S. 39
[11] Vgl. Müller (1999), S. 341
[12] Miles/ Mangold (2004), S. 68
[13] Stauss (2000), S. 207, vgl. auch A.3.5. in dieser Arbeit.

D. Implementierung der interaktiven Markenführung 163

ter/ Kunde erweitert werden. Zudem muss eine isoliert betrachtete Mitarbeiterorientierung in die übergeordnete Maxime der Kundenorientierung integriert werden[14]. Für externe Märkte entwickelte Marketingstrategien müssen den eigenen Mitarbeitern kommuniziert und verdeutlicht werden, so dass sie die Mitarbeiter akzeptieren und verinnerlichen. Ein solches weites Verständnis des internen Marketing erscheint für die interne Perspektive dieser Arbeit ergiebig. Besonders treffend erscheint vor diesem Hintergrund die folgende Definition: „Internal marketing is a planned effort using a marketing-like approach (...) to overcome organizational resistance to change and to align, motivate and interfunctionally co-ordinate and integrate (...) employees towards the effective implementation of corporate and functional strategies (...) in order to deliver customer satisfaction (...) through a process of creating motivated and customer orientated employees"[15].

In ihrer wegweisenden Arbeit stellt Wittke-Kothe[16] jedoch fest, dass sich die Literatur zum internen Marketing nicht explizit mit der unternehmensinternen Umsetzung einer angestrebten Markenidentität beschäftigt. Dagegen werden aus ihrer Sicht in der Literatur zur Markenführung die große Bedeutung der Mitarbeiter für die Realisierung einer angestrebten Markenidentität sowie die daraus resultierende Notwendigkeit der unternehmensinternen Verankerung der Markenidentität insbesondere bei der identitätsorientierten Markenführung betont, ohne jedoch konkrete Hinweise zur Umsetzung zu geben. Sie entwickelt daher im Rahmen eines Phasenmodells der internen Markenführung verhaltenswissenschaftlich fundierte Handlungsanweisungen für die Implementierung. Da die unternehmensinterne Umsetzung der interaktiven Markenführung den Fokus der internen Perspektive dieser Arbeit darstellt, erhält der Ansatz nach Wittke-Kothe hierbei einen besonderen Stellenwert.

1.3. Instrumente der internen Markenführung

Nach Wittke-Kothe kommen als Instrumente der internen Markenführung alle Instrumente in Betracht, „mit deren Hilfe das Mitarbeiterverhalten analysiert oder beeinflusst werden kann"[17]. Die Nähe von internem Marketing und interner Markenführung wird hierbei dadurch deutlich, dass Wittke-Kothe im Wesentlichen auf das Instrumentarium von Stauss[18], der interne Kommunikation, personalpolitische Instrumente und den personalorientierten Einsatz externer Marketinginstrumente unterscheidet, zurückgreift und lediglich interne Marktforschung als eigenständiges Instrument hinzufügt. Diese Instrumente umfassen jeweils eine Vielzahl möglicher Einzelmaßnahmen und werden im Folgenden überblicksartig dargestellt.

---

[14] Vgl. Bruhn (1999), S. 18, Müller (1999), S. 344, und Töpfer (1999), S. 416
[15] Rafiq/ Ahmed (2000), S. 454; in der deutschsprachigen Literatur wird auch häufig vom erweiterten Ansatz des internen Marketing nach Bruhn (1999) gesprochen.
[16] Vgl. Wittke-Kothe (2001), S. 3 f.
[17] Ebenda, S. 11
[18] Vgl. Stauss (2000), S. 210 ff.

Unter interner Kommunikation versteht man „den planvollen Einsatz von kommunikativen Maßnahmen zur systematischen Beeinflussung von Kenntnissen, Einstellungen und Verhaltensweisen der (...) Mitarbeiter"[19] des Unternehmens. Die verwendeten Maßnahmen sind zumeist nicht neu, sie sind aber an der zentralen Markenführungsstrategie auszurichten. Sie können zur Strukturierung hinsichtlich des Einsatzortes und der beabsichtigten Zielrichtung differenziert werden[20] (Abbildung 57).

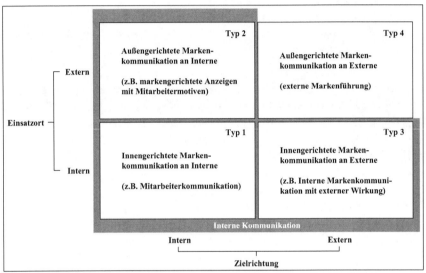

Abbildung 57: Einsatzort und Zielrichtungen von Instrumenten zur internen Kommunikation (Quelle: Kernstock/ Brexendorf (2004, S. 267) in Anlehnung an Bruhn (1999, S. 38)

Im Rahmen der internen Markenführung können die Kommunikationsinstrumente vom Typ 1, 2 und 3 eingesetzt werden. Typ 1 umfasst solche Maßnahmen, die intern mit internen Zielsetzungen eingesetzt werden (z.B. Mitarbeiterzeitschrift). Kommunikationsmaßnahmen vom Typ 2 werden extern mit internen Zielsetzungen eingesetzt (z.B. extern gerichtete Anzeigen mit Mitarbeitermotiven, die eine positive Wirkung auf die Mitarbeiter ausüben und eine Mitarbeiterbindung erzielen sollen). Maßnahmen vom Typ 3 schließlich werden intern mit externen Zielsetzungen eingesetzt (z.B. Trainingsprogramme, welche die Markenwerte nach innen vermitteln sollen, um diese dann an den Kunden weiterzugeben).

Wittke-Kothe unterscheidet Kommunikationsmaßnahmen im Rahmen der internen Markenführung nach der Kontinuität (kontinuierlich vs. unregelmäßig), nach der Anzahl der durch

---

[19] Stauss/ Hoffmann (1999), S. 369
[20] Vgl. hierzu und zum Folgenden Kernstock/ Brexendorf (2004), S. 267 ff.

D. Implementierung der interaktiven Markenführung   165

das Medium erreichten Personen (Individual- vs. Massenkommunikation) und danach, ob es sich um verbale (schriftliche bzw. mündliche) oder non-verbale Kommunikation handelt[21] (siehe Abbildung 58).

		Individualkommunikation	**Massenkommunikation**
Verbal	**Kontinuierlich, regelmäßig**	Mitarbeiter-Jahresgespräche	Mitarbeiterzeitschrift, Intranet, Mitarbeiter-Jahresberichte, Handbücher, Schwarzes Brett
	Unregelmäßig, anlassbezogen	Anlassbezogene individuelle oder Kleingruppen-Gespräche sowie Workshops mit Informations- bzw. Kommunikationszielen, E-Mails	Sonderausgabe Mitarbeiterzeitschrift, E-Mails, Informationsmärkte, Sonderveranstaltung zum Start eines Projektes, Videos, Poster
Non-verbal		Verhalten, Entscheidungen und Prioritäten der Führungskräfte gegenüber einzelnen Mitarbeitern	Verhalten, Entscheidungen und Prioritäten der Unternehmensleitung, Symbole bzw. Hinweisreize (z.B. Farbcodes, Logos)

Abbildung 58: Beispiele für Maßnahmen der internen Kommunikation
(Quelle: Wittke-Kothe (2001), S. 12)

Stauss[22] subsumiert unter interner Individualkommunikation vor allem interne Trainings und interaktive Kommunikation (z.B. Konferenzen, Abteilungsleitertagungen, Mitarbeitergespräche u.ä.). Ergänzend dazu führt er als Mittel der internen Massenkommunikation Rundschreiben, Firmenzeitschriften, Videos und Business TV an.

Neben der internen Kommunikation kann auch der Einsatz personalpolitischer Instrumente erheblich zur Beeinflussung des Mitarbeiterverhaltens im Sinne der angestrebten Markenidentität beitragen[23]. In Anlehnung an Stauss[24] identifiziert Wittke-Kothe Instrumente der Personalbeschaffung, der Anreizpolitik, der Personalentwicklung sowie der Arbeitsgestaltung als besonders relevant für die interne Markenführung[25].

- Bei der Personalbeschaffung ist zwischen interner Personalbeschaffung zur Deckung des Personalbedarfs durch bestehende Mitarbeiter und externer Personalbeschaffung zu unterscheiden, bei der neue Mitarbeiter aus dem unternehmensexternen Umfeld eingestellt werden. Neben der Anwerbung und Eignungsprüfung interner bzw. externer Kandidaten

---

[21]   Vgl. Wittke-Kothe (2001), S. 11 f.
[22]   Vgl. Stauss (2000), S. 214 f.
[23]   Vgl. Wittke-Kothe (2001), S. 12 ff.
[24]   Vgl. Stauss (2000), S. 211 ff.
[25]   Vgl. hierzu und zum Folgenden Wittke-Kothe (2001), S. 12 ff.

166   1. Grundlagen interner Markenführung

geht es hierbei vor allem auch um die Eingliederung von Mitarbeitern durch ihre Einführung und Einarbeitung.

- Die Anreizpolitik stellt monetäre (z.B. Prämie) und nicht-monetäre (z.B. Beförderung) Belohnungen zur Förderung gewünschten Mitarbeiterverhaltens zur Verfügung. Dabei ist die Verknüpfung der Anreize mit vorab spezifizierten Zielen (z.B. Kundenorientierung) und die Messbarkeit der Leistung von zentraler Bedeutung.

- Bei der Personalentwicklung geht es darum, Mitarbeiter aller hierarchischen Stufen durch Trainings und Workshops für aktuelle und zukünftige Herausforderungen zu qualifizieren.

- Schließlich zielt die Arbeitsgestaltung auf die Anpassung der Arbeit an die Mitarbeiter ab. Dabei geht es neben der Wirtschaftlichkeit von Arbeitsplätzen vor allem auch um das soziale Ziel der Erhöhung der Arbeitszufriedenheit.

Zum dritten geht es beim mitarbeiterorientierten Einsatz externer Marketing-Instrumente um solche primär an externe Zielgruppen ausgerichtete Maßnahmen, welche die Mitarbeiter als „second audience"[26] haben[27]. Instrumente wie Werbung und Public Relations können demnach auch im Innenverhältnis Unternehmenswerte vermitteln und die Einstellungen der Mitarbeiter (z.B. Stolz, Moral) beeinflussen. Für interne Markenführung bedeutsam ist vor allem der mitarbeiterorientierte Einsatz externer Kommunikationsinstrumente (z.B. Firmenbekleidung, Visitenkarten oder Namensschilder) sowie der externen Marktforschung (z.B. regelmäßige Erhebung des Markenimages bei den Kunden als Grundlage für die Bewertung der Mitarbeiterleistung).

Als viertes Instrument der internen Markenführung nennt Wittke-Kothe die interne Marktforschung, „d.h. die systematische Sammlung, Aufbereitung, Analyse und Interpretation von Daten über Führungskräfte und Mitarbeiter des Unternehmens zum Zweck der Informationsgewinnung für Entscheidungen zu deren Beeinflussung. Sie bildet die informative Basis für die Auswahl und Ausgestaltung der anderen Instrumente der internen Markenführung"[28]. Im Rahmen von interner Primärforschung lassen sich Beobachtungen (z.B. Fehlzeiten, Fluktuationsraten, Sitzungsbeobachtungen oder Firmenrundgänge) und Befragungen (z.B. qualitative Interviews, standardisierte Befragungen oder teilstandardisierte Gruppendiskussionen) unterscheiden.

Bruhn bemängelt an der hier zugrunde liegenden Auffassung des internen Marketing, sie sei zu einseitig und eine solche Einteilung der Instrumente werde „dem erweiterten Anspruch einer Integration von Instrumenten des Personal- und Marketingmanagements nicht umfassend gerecht. So werden interne Wirkungen des Marketing nur von den intern eingesetzten Kommunikationsinstrumenten abgeleitet bzw. von den Abstrahlungseffekten der extern eingesetz-

---

[26]   Berry (1984), S. 275
[27]   Vgl. hierzu und zum Folgenden Stauss (2000), S. 215 f., und Wittke-Kothe (2001), S. 14
[28]   Wittke-Kothe (2001), S. 15

D. Implementierung der interaktiven Markenführung 167

ten Instrumente"[29]. Er schlägt alternativ zwei gleichwertige Klassen von Instrumenten des internen Marketing vor, nämlich Instrumente des personalorientierten Marketing-Managements ("Outside-in-Ansatz") und Instrumente des marketingorientierten Personalmanagements ("Inside-out-Ansatz"). Trotz dieser sicherlich berechtigten Kritik soll in dieser Arbeit mit der Klassifizierung gearbeitet werden, die nach Wittke-Kothe Grundlage der internen Markenführung ist[30].

1.4. Implementierung der internen Markenführung

In der Literatur zum internen Marketing wird darauf hingewiesen, dass mit der praktischen Umsetzung in einem Unternehmen eine ganze Reihe von Schwierigkeiten einhergehen können[31]. Diese resultieren aus drei Bereichen und können sich gegenseitig beeinflussen. Es kann unterstellt werden, dass diese Barrieren der Implementierung auch im Rahmen der internen Markenführung Relevanz besitzen.

- Inhaltlich-konzeptionelle Barrieren: Hierbei handelt es sich um Fehlinterpretationen des internen Marketinggedankens (z.B. mangelhafte Mitarbeiterorientierung, Vernachlässigung des ganzheitlichen Ansatzes oder Schwierigkeiten mit der Erfolgskontrolle) und um mangelhaft geplante Umsetzungsversuche (z.B. Implementierung isolierter Teilaspekte). Fehler auf dieser allgemeinen Ebene können Barrieren in den folgenden Kategorien erst entstehen lassen.

- Organisatorisch-strukturelle Barrieren: Diese erschweren einen ganzheitlichen Ansatz dann, wenn Schnittstellen zwischen Abteilungen nicht klar geregelt sind. Sie resultieren beispielsweise in fehlenden bzw. unklaren Entscheidungskompetenzen oder bisweilen auch in einem destruktiven persönlichen Macht- bzw. kollektiven Abteilungsdenken.

- Personell-kulturelle Barrieren: "Kann die Fachkompetenz der Mitarbeiter noch vergleichsweise einfach über Schulungen, Trainings- und Personalentwicklungsmaßnahmen (…) erreicht werden, so sind die weitaus größeren Implementierungshindernisse im psychologisch-emotionalen Bereich zu finden"[32]. In der Praxis muss auf Grund des Veränderungscharakters des internen Marketing mit Widerständen gerechnet werden. Änderungswiderstände können Veränderungen im Allgemeinen betreffen oder sich auf ein konkret bevorstehendes Veränderungsprojekt beziehen. Dabei kann das Mitarbeiterverhalten in der Person selbst begründet sein oder mit der Situation zusammenhängen[33]. Es erscheint daher eine formal äußerst behutsame Vorgehensweise bei der Implementierung angebracht.

---

[29] Bruhn (1999), S. 37
[30] Zur Begründung siehe Abschnitt A.3.5.
[31] Vgl. hierzu und zum Folgenden Ahmed/ Rafiq (2002), S. 45 ff., oder Bruhn (1999), S. 43 ff.
[32] Bruhn (1999), S. 45
[33] Vgl. Wittke-Kothe (2001), S. 33 ff.

Aufgrund der notwendigen Bewusstseinsbildungsprozesse der Mitarbeiter und der Implementierungsbarrieren muss die Implementierung interner Markenführung als mittel- bis langfristiger Prozess angesehen werden. Ihre Umsetzung, verstanden als Spezifizierung von Zielen, Inhalten und Ausprägungsformen, sowie Durchsetzung im Sinne von breit angelegter Akzeptanzschaffung im Unternehmen sollten daher in Phasen erfolgen. Hierzu ist zunächst ein vierstufiges Phasenkonzept vorgeschlagen worden[34]:

- Verpflichtung der Führungskräfte,
- Kommunikation mit den Mitarbeitern,
- Vermittlung des erforderlichen Know-hows und
- Verpflichtung der Mitarbeiter.

Unter Rückgriff auf verhaltenswissenschaftliche Grundlagen hat Wittke-Kothe jedoch später ein deutlich überarbeitetes Phasenmodell der internen Markenführung vorgeschlagen[35] (Abbildung 59).

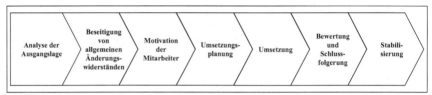

Abbildung 59: Phasenmodell der internen Markenführung
(Quelle: vereinfachte Darstellung nach Wittke-Kothe (2001), S. 86)

Das Modell soll helfen, innerhalb der internen Markenführung Determinanten des individuellen Mitarbeiterverhaltens zu erkennen und die grundsätzlichen Möglichkeiten zu deren Beeinflussung zu durchleuchten. Da der Ansatz damit für die interne Perspektive dieser Arbeit ergiebig erscheint, sollen die sieben Phasen im Folgenden kurz charakterisiert werden. Als Ausgangspunkt wird dabei stets eine interne Veränderung angenommen, wie sie die Implementierung einer interaktiven Markenführung sicherlich darstellen würde.

- Phase 1 - Analyse der Ausgangslage[36]: Zunächst ist zu überprüfen, ob die Voraussetzungen für eine erfolgreiche Beeinflussung der Mitarbeiter im Sinne der angestrebten Markenidentität gegeben ist und welcher interne Änderungsbedarf hinsichtlich des Selbst-

---

[34] Vgl. Bruhn (1999), S. 48 ff., sowie George/ Grönroos (1995), S. 72-80
[35] Vgl. Wittke-Kothe (2001); im Rahmen der verhaltenswissenschaftlichen Grundlagen untersucht sie insbesondere bedürfnisbezogene Anreizkategorien, Kategorien von Änderungswiderständen sowie den Prozess der Entstehung von Mitarbeiterverhalten und Ansatzpunkte zu seiner Beeinflussung.
[36] Vgl. Wittke-Kothe (2001), S. 87 ff.

bildes besteht. Hierzu sind zunächst das einheitliche Verständnis und die Unterstützungsbereitschaft der Führungsebene zu überprüfen (z.b. mittels qualitativer Interviews und standardisierter Befragungen). Zum zweiten sind etwaige Änderungswiderstände auf Mitarbeiterebene bereits im Vorfeld zu identifizieren, welche die grundsätzliche Einsatzbereitschaft der Mitarbeiter für das bevorstehende Implementierungsprojekt hemmen könnten. Hierbei werden mittels Sekundär- (z.b. vergangene Mitarbeiterbefragungen, innerbetriebliche Beschwerdemedien) und Primärforschung (z.b. standardisierte Mitarbeiterbefragung, Beobachtung von Fluktuationsraten) Anhaltspunkte für die Existenz unterschiedlicher Typen von Änderungswiderständen gesucht (Abbildung 60). Als dritte Aufgabe der Eingangsanalyse schließlich erfolgen die Ermittlung des Selbstbildes der Markenidentität (d.h. die subjektiven Ansichten und Vorstellungen der Mitarbeiter über die Marke) und die Analyse der Unternehmenskultur (d.h. vorherrschende Werte, Normen und Denkhaltungen). Mittels Befragungen wird jeweils der Ist-Zustand erhoben und dem Soll-Zustand gegenübergestellt. Aus diesem Vergleich werden das Ausmaß des Änderungsbedarfes und die einzelnen Ansatzpunkte abgeleitet.

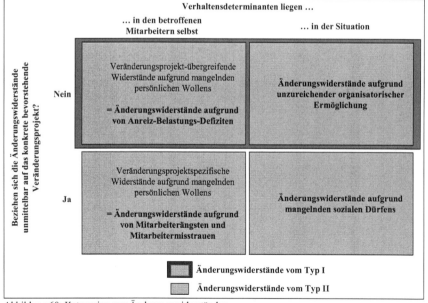

Abbildung 60: Kategorien von Änderungswiderständen
(Quelle: Wittke-Kothe (2001), S. 34)

170 1. Grundlagen interner Markenführung

- Phase 2 - Beseitigung von Änderungswiderständen vom Typ I[37]: Widerstände, die sich auf Veränderungen im Allgemeinen beziehen (Typ I), müssen vor Beginn weiterer Maßnahmen zur Mitarbeiterbeeinflussung beseitigt werden, da sonst die nachfolgenden Maßnahmen zur Bekämpfung von konkreten und projektbezogenen Änderungswiderständen (Typ II) erfolglos bleiben würden. Änderungswiderstände aufgrund von Anreiz-Belastungsdefiziten entstehen, wenn Mitarbeiter meinen, in Relation zu internen oder externen Vergleichspersonen unzureichende Anreize zu erhalten oder zu viele Belastungen tragen zu müssen, oder wenn es in der Vergangenheit Anreizreduktionen oder Belastungssteigerungen gab, die von den Mitarbeitern nicht akzeptiert worden sind. Entsprechend ist mit bedürfnisbezogenen Anreizkategorien zu arbeiten, die monetäre, nicht-monetäre existenzielle, soziale oder selbstbezogene Aspekte betreffen können[38]. Änderungswiderstände aufgrund unzureichender organisatorischer Ermöglichung entstehen, wenn Mitarbeiter meinen, dass ihnen nicht ausreichend Ressourcen (z.B. Zeit) für die aktive Unterstützung bevorstehender Veränderungen zur Verfügung stehen. Zur Beseitigung dieser Widerstände müssen Führungskräfte die Ressourcenausstattung entweder vor Projektbeginn verbessern (z.B. Repriorisierung laufender Projekte) oder dies glaubhaft ankündigen.

- Phase 3 - Motivation der Mitarbeiter[39]: Nach der erfolgreichen Beseitigung der Änderungswiderstände vom Typ I sind nun Maßnahmen zur Bekämpfung von Änderungswiderständen vom Typ II zu planen und umzusetzen. Änderungswiderstände aufgrund von Mitarbeiterängsten entstehen, wenn sich die Mitarbeiter unzureichend über das Implementierungsprojekt informiert fühlen, sie Angst haben, dem Projekt oder dessen Folgen nicht gewachsen zu sein, oder sie konkrete negative Folgen der Implementierung befürchten (z.B. Verlust von Status oder gar Arbeitsplatz). Zur Beseitigung bieten sich Maßnahmen der internen Kommunikation oder Garantien (z.B. Arbeitsplatzgarantie) an. Änderungswiderstände aufgrund von Mitarbeitermisstrauen entstehen, wenn die Mitarbeiter keine Notwendigkeit für eine Veränderung sehen oder nicht an den Umsetzungserfolg glauben. Entsprechend gilt es, Problembewusstsein zu schaffen, Zusammenhänge zu verdeutlichen und den nachhaltigen Umsetzungswillen der Führungskräfte zu bekräftigen. Änderungswiderstände aufgrund mangelnden sozialen Dürfens entstehen schließlich, wenn die Mitarbeiter bei aktiver Unterstützung des Implementierungsprojektes soziale Bestrafungen durch ihre Vorgesetzten oder Kollegen befürchten. In solchen Fällen müssen die Führungskräfte ihre Unterstützung im Rahmen von Arbeitsgruppensitzungen oder individuellen Mitarbeitergesprächen deutlich kommunizieren. Neben der Beseitigung von Änderungswiderständen vom Typ II geht es in dieser Phase zum zweiten um die

---

[37] Vgl. Wittke-Kothe (2001), S. 98 ff.

[38] Wittke-Kothe bezieht sich hierbei auf die ERG-Theorie (Existence - Relatedness - Growth) von Alderfer (1969), welche die Bedürfnishierarchie von Maslow auf Organisationen überträgt. Die Theorie gehört zu den Inhaltstheorien der Motivation, die sich mit der Frage beschäftigen, welche Bedürfnisse für das Arbeitsverhalten relevant sind. Jedoch kann hierauf im Rahmen dieser Arbeit nicht näher eingegangen werden.

[39] Vgl. Wittke-Kothe (2001), S. 100 ff.

D. Implementierung der interaktiven Markenführung 171

Schaffung von Unterstützungsbereitschaft für die Realisierung der angestrebten Marken-identität. Entsprechend sind die Mitarbeiter über die Ziele der internen Markenführung zu informieren, ihre Bedeutung für die Zielrealisierung aufzuzeigen sowie der Wert der Ziel-realisierung durch Verknüpfung mit Anreizen zu steigern. Zum dritten ist die Bildung der Intention zu fördern, die Realisierung der angestrebten Markenidentität im Rahmen einer Selbstverpflichtung aktiv zu unterstützen[40]. Die Handlungsintention beendet die predezisionale Motivationsphase, und nach dem Abwägen und Wählen wird mit dem sprichwörtlichen „Überschreiten des Rubikon" das Planen eingeleitet. Hierzu geeignet sind Veranstaltungen, welche den Mitarbeitern Aufbruchstimmung vermitteln (z.B. Vor-schau einer neuen Werbekampagne oder markenbezogene Giveaways).

- Phase 4 - Umsetzungsplanung[41]: Nachdem die aktive Unterstützung der Mitarbeiter ge-sichert ist, muss nun die Umsetzung der angestrebten internen Markenidentität geplant bzw. vorbereitet werden. Aufgaben dabei sind die Unterstützung der Mitarbeiter bei der Bildung von Vorsätzen, die spezifizieren, welche Handlungen bzw. Umsetzungsmaß-nahmen wann, wo , wie und wie lange zur Realisierung der angestrebten Markenidentität auszuführen sind, sowie die Förderung der Initiierung der in den Vorsätzen spezifizierten Handlungen. Hierzu sind mögliche Umsetzungsmaßnahmen zu generieren und zu kommunizieren. Dabei werden üblicherweise nur ausgewählte Mitarbeiter (z.B. im Rahmen von Projektteams) beteiligt. Die Ergebnisse werden anschließend an die übrigen Mitarbeiter kommuniziert. Schließlich gilt es, die Mitarbeiter dabei zu unterstützen, bei den dafür vorgesehenen Gelegenheiten bzw. Zeitpunkten mit der Umsetzung der zuvor spezifizierten Maßnahmen zur Realisierung der angestrebten Markenidentität zu beginnen (z.B. Bereitstellung externaler Hinweisreize oder Anregung eines öffentlichen Bekennt-nisses der Mitarbeiter zu den generierten Maßnahmenplänen).

- Phase 5 - Umsetzung[42]: Ziel dieser Phase ist die erfolgreiche Umsetzung der soeben spezi-fizierten Umsetzungsmaßnahmen durch die Mitarbeiter. Die Führungskräfte müssen dies unterstützen durch „die Vermittlung notwendiger Fähigkeiten und Fertigkeiten an die Mitarbeiter sowie die Schaffung erforderlicher organisatorischer Rahmenbedingungen zu Beginn der Umsetzungsphase, die Unterstützung der Mitarbeiter bei Soll-Ist-Vergleichen sowie die Unterstützung der Mitarbeiter bei der Handlungsregulation zur Reduktion nega-tiver Soll-Ist-Abweichungen im Falle eines Nachlassens der Anstrengungsbereitschaft in

---

[40] Wittke-Kothe rekurriert hierbei auf das Rubikonmodell der Handlungsphasen (vgl. Gollwitzer, 1996 und Heckhausen, 1989). Es handelt sich um „ein Modell, das zwischen motivationalen Aspekten der Heraus-bildung von Handlungszielen und der Bewertung von Handlungsergebnissen sowie volitionalen (willent-lichen) Aspekten der Initiierung und Ausführung von Handlungen zur Zielerreichung (d.h. des Zielstrebens) unterscheidet" (Wittke-Kothe (2001), S. 39 f.). Jedoch kann hierauf im Rahmen dieser Arbeit nicht näher eingegangen werden.

[41] Vgl. Wittke-Kothe (2001), S. 125 ff.

[42] Vgl. ebenda, S. 141 ff.

172　　1. Grundlagen interner Markenführung

langwierigen oder schwierigen Zeiten der Umsetzung, bei unzureichenden oder fehlerhaften Umsetzungsplänen sowie im Falle so genannter Konfusionseffekte"[43].

- Phase 6 - Bewertung und Schlussfolgerung[44]: In dieser Phase wird bewertet, ob die Ziele der internen Markenführung erreicht worden sind. Weiterhin sind Schlussfolgerungen für das weitere Zielstreben abzuleiten. Diese Ziele können gefördert werden durch „Rückmeldungen über erzielte (Miss-)Erfolge, die Realisierung positiver Handlungsfolgen und die Beeinflussung von Attributionsprozessen im Falle von Erfolgen, die Beeinflussung von Attributionsprozessen und die Unterstützung bei der Ableitung von Schlussfolgerungen für künftiges Zielstreben im Falle von Misserfolgen sowie die Schaffung von Gerechtigkeitsempfinden"[45].

- Phase 7 - Stabilisierung[46]: Das zur Markenidentität bzw. zu den damit verbundenen Werten, Normen und Denkhaltungen der Unternehmenskultur konforme Verhalten der Mitarbeiter ist für eine nachhaltige Wahrnehmung der unternehmensexternen Bezugsgruppen langfristig zu stabilisieren. Bei bestehenden Mitarbeitern erfordert eine solche Stabilisierung, dass die Gestaltung der Anreizsysteme dauerhaft an entsprechendes Mitarbeiterverhalten bzw. dessen Ergebnisse geknüpft werden müssen. Auch sind interne Kommunikation, die Arbeitsumgebung der Mitarbeiter sowie die internen Qualifikations- und Beförderungssysteme auf Dauer konsistent an der Markenidentität auszurichten. Hinsichtlich neuer Mitarbeiter lässt sich eine Stabilisierung der Markenidentität durch die markenkonforme Anwerbung, Auswahl sowie Eingliederung geeigneter Bewerber bzw. Mitarbeiter erreichen.

Zusammenfassend ist festzustellen, dass das Phasenmodell der internen Markenführung nach Wittke-Kothe theoretisch fundiert eine Vielzahl wertvoller Aspekte zur Implementierung bietet. Es soll daher als ein zentrales Modell der internen Perspektive dieser Arbeit für die Darstellung der Implementierung zugrunde gelegt werden.

1.5. Zusammenfassung

In diesem Abschnitt ist die interne Markenführung als notwendiges Bindeglied zwischen der tradierten externen Sichtweise der Markenführung und dem Beziehungsmarketing gekennzeichnet worden. Für die Konzeption eines markenbasierten Verkaufsmanagements im Rahmen der internen Perspektive dieser Arbeit ist das Konzept damit von zentraler Bedeutung. Eine genauere Untersuchung des Ansatzes hat die Nähe, aber auch die Unterschiede zum weit verbreiteten Ansatz des internen Marketing verdeutlicht. Es ist ebenfalls gezeigt geworden, dass das Instrumentarium beider Konzepte weitgehend deckungsgleich ist. Hinsichtlich der

---

[43]　Wittke-Kothe (2001), S. 141
[44]　Vgl. ebenda, S. 150 ff.
[45]　Ebenda, S. 150
[46]　Vgl. ebenda, S. 156 ff.

D. Implementierung der interaktiven Markenführung 173

Implementierung gibt es jedoch mit dem Phasenmodell nach Wittke-Kothe einen spezifischen und fundierten Ansatz für die interne Markenführung.

Hinsichtlich der Forschungsfrage 2 dieser Arbeit („Wie sieht die Konzeption eines markenbasierten Verkaufsmanagements zur Implementierung interaktiver Markenführung aus?") konnten in diesem Abschnitt wesentliche Grundlagen abgeleitet werden. Es ist deutlich geworden, dass die Konzeption eines markenbasierten Verkaufsmanagements zur Implementierung interaktiver Markenführung am Mitarbeiter ansetzen muss. Dazu erscheint das dargestellte Instrumentarium als ergiebig.

2. Entwicklung einer verkäuferischen Markenidentität

In diesem Abschnitt wird zunächst das Markensteuerrad als Identitätsansatz dargestellt. Hieraus wird sodann ein Verkaufssteuerrad abgeleitet. Es folgt die Skizzierung der Schritte zur Entwicklung der Verkaufsidentität. Schließlich wird das Spannungsverhältnis von Konformität und Individualität im persönlichen Verkauf sowie das von individueller und standardisierter Kundenbetreuung diskutiert.

2.1. Das Markensteuerrad als Identitätsansatz der Markenführung

Nach Esch[47] ist die Positionierung der Marke das Fundament der Markenführung, die in der Markenidentität ihren Ausgangspunkt hat. „Die Markenidentität bringt zum Ausdruck, wofür eine Marke stehen soll. Sie umfasst die essenziellen, wesensprägenden und charakteristischen Merkmale einer Marke"[48]. Sie ist letztlich das Selbstbild der Marke aus Unternehmenssicht und dient als Zielvorgabe für die Markenpositionierung im Wettbewerbsumfeld. Durch die Umsetzung in sichtbare Maßnahmen ergibt sich aus der Sicht der Anspruchsgruppen ein Markenimage. Das bei den Anspruchsgruppen erzielte Markenimage (Ist-Image) ist regelmäßig zu prüfen und der Markenidentität (Soll-Image) zu Steuerungszwecken gegenüberzustellen. „Markenidentität und Markenpositionierung reflektieren aus Unternehmenssicht die Aktionsebene, das Markenimage steht hingegen für die Wirkungsebene"[49].

Voraussetzung für eine identitätsorientierte Markenführung ist die klare Erfassung der Markenidentität. Esch vergleicht vor diesem Hintergrund folgende Ansätze zur Erfassung der Markenidentität[50]:

- Identitätsansatz von Aaker,

---

[47] Vgl. Esch (2004), S. 83 ff.
[48] Esch (2004), S. 84
[49] Meier-Kortwig/ Stüwe (2000), S. 190, zitiert nach Esch (2004), S. 86
[50] Vgl. Esch (2004), S. 89 ff.; auf eine Darstellung aller vier Ansätze wird hier verzichtet und stattdessen auf Esch verwiesen. Interessant für den weiteren Gang der Arbeit ist vielmehr die Bewertung der Ansätze und die resultierende Präferenz für das Markensteuerrad.

174   2. Entwicklung einer verkäuferischen Markenidentität

- Identitätsansatz von Meffert/ Burmann,

- Identitätsansatz von Kapferer und

- Markensteuerrad als Identitätsansatz.

Er kommt zu dem Ergebnis, dass die ersten drei Zugänge eine Reihe von Übereinstimmungen hinsichtlich der berücksichtigten Identitätskriterien aufweisen. Sie seien zweckmäßig und „eignen sich in besonderem Maße zur Ableitung von wirksamen Zugängen zur Markenidentität. Allerdings sind sie als Klassifikationsraster zur endgültigen Festlegung der Markenidentität weniger geeignet. Dies liegt zum einen daran, dass entsprechend der Hemisphärenforschung die wesentlichen Trennungen zwischen verbalen und nonverbalen sowie rationalen und emotionalen Markenelementen nicht erfolgen"[51].

Vor diesem Hintergrund empfiehlt Esch das Markensteuerrad von Icon Added Value zur Strukturierung der Markenidentität, „weil es verhaltenswissenschaftlich fundiert abgeleitet ist und die wenigsten Überschneidungen zwischen den einzelnen Dimensionen der Markenidentität aufweist. Zudem überzeugt das Markensteuerrad (…) durch seine Einfachheit und Verständlichkeit"[52].

Das Markensteuerrad differenziert zwischen der linken und der rechten Hirnhälfte[53]. Die linke Seite des Markensteuerrads entspricht der sachlich-rationalen Sichtweise der linken Hirnhälfte und umfasst zwei Kernbereiche:

- Die Kompetenz der Marke („Wer bin ich?") bildet die Wurzeln der Marke ab.

- Die Benefits und die Reasons Why für die Marke („Was biete ich an?") beziehen sich auf Eigenschaften der Marke sowie auf konkrete Nutzen für ihre Kunden.

Die rechte Seite des Markensteuerrads entspricht der modalitätsspezifischen und emotionalen Sichtweise der rechten Hirnhälfte und umfasst ebenfalls zwei Kernbereiche:

- Die Markentonalität („Wie bin ich?") reflektiert die Emotionen und Gefühle, die mit einer Marke verknüpft werden.

- Das Markenbild bzw. die Markenikonographie („Wie trete ich auf?") umfasst hingegen alle sichtbaren modalitätsspezifischen Eindrücke einer Marke (z.B. visuelle oder akustische Eindrücke).

Abbildung 61 stellt das Markensteuerrad mit seinen zwei Hemisphären und vier Kernbereichen dar.

---

[51] Esch (2004, S. 99); zur Hemisphärenforschung siehe die Ausführungen im Teil B.1.5.1. dieser Arbeit.
[52] Ebenda, S. 100 f.
[53] Vgl. hierzu und zum Folgenden ebenda, S. 96 ff.

D. Implementierung der interaktiven Markenführung 175

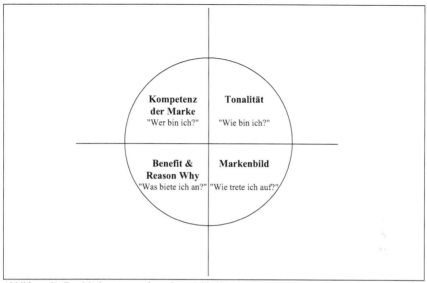

Abbildung 61: Das Markensteuerrad von Icon Added Value
(Quelle: Esch (2004), S. 98 nach Informationen von Icon Added Value)

2.2. Vom Markensteuerrad zum Verkaufssteuerrad

Für die interaktive Markenführung ist das Konzept des Markensteuerrads als Identitätsansatz auf die Interaktionsebenen eines Unternehmens im B2B-Geschäft zu übertragen. Gemäß der Fokussierung dieser Arbeit ist das Markensteuerrad hier insbesondere auf den B2B-Verkauf anzuwenden und entsprechend zu konkretisieren.

In der Praxis arbeiten im Verkaufssystem häufig Individualisten, die über quantitative Zielvorgaben gesteuert werden. Spannungen zwischen Marketing und Verkauf, zwischen Außen- und Innendienst, aber auch zwischen Verkaufsgebieten und Kundenzuständigkeiten sind eher die Regel als die Ausnahme. So existiert häufig eine Vielzahl von persönlich motivierten Verkaufs- und Beziehungsstilen einzelner Verkäufer innerhalb eines Verkaufssystems in mehr oder weniger friedlicher Koexistenz. Das Konzept des Team Selling[54] ist in den meisten real existierenden Unternehmen Fiktion.

Dieser Zustand stellt die größte Hürde für die Integration des persönlichen Verkaufs in eine systematische Markenführung im B2B-Geschäft dar. Eine Identität im Sinne eines gemeinsam getragenen Selbstverständnisses und konstruktiven Wir-Gefühls existiert häufig bestenfalls inoffiziell. Hier anzusetzen erscheint daher als sinnvoller erster Schritt für die Implemen-

---

[54] Vgl. zum Team Selling etwa Bußmann/ Rutschke (1998).

176 2. Entwicklung einer verkäuferischen Markenidentität

tierung einer interaktiven Markenführung. Es gilt, eine mit der Markenstrategie kompatible Identität im Verkaufssystem aufzubauen.

Nur Verkäufer, die sich kompatibel zur Unternehmensstrategie verhalten, können gleichzeitig individuell erfolgreich sein, übergreifende Kundenprogramme (etwa CRM oder KAM) umsetzen und die Wertschöpfung des Gesamtunternehmens steigern. Sie identifizieren sich mit ihrem Arbeitgeber und positionieren sich selbst als Mehrwertleistung, die im Einklang mit dem Leistungsversprechen des Lieferanten steht. Ein Verkäufer, der sich als Markenführungsinstrument versteht, transportiert die Werte des Unternehmens und verankert diese im Bewusstsein des Kunden.

Analog zu den Fragestellungen des Markensteuerrads muss sich auch das Verkaufssystem fragen, für welche Kernkompetenz es steht, welcher Kundennutzen hieraus entsteht, welchen Stellenwert die emotionalen Aspekte von Geschäftsbeziehungen haben sollen und wie der verkäuferische Auftritt gestaltet werden soll. Bei aller notwendigen Individualität und situativen Flexibilität im täglichen Verkauf entsteht so nach innen ein Leitbild, das die Mitglieder eines Verkaufssystems auf gemeinsame Ziele, Werte und Normen festlegt. Ohne eine solche Verkaufsidentität entsteht die Markenwahrnehmung aus einem Nebeneinander individuell determinierter Markenimages im Markt. Durch die Ausrichtung an einem „Verkaufssteuerrad" ergibt sich dagegen durch einen integrierten Marktauftritt die Chance, positive Markeneffekte zu realisieren.

Ein einheitlich agierender und an übergeordneten Werten orientierter Verkauf steigert jedoch nicht nur den Markenwert. Nach innen stiftet die Verkaufsidentität Orientierung für die Handelnden. Über Teameffekte sind auch positive Auswirkungen auf Mitarbeiterzufriedenheit und -loyalität zu erwarten. Für das Verkaufsmanagement ergibt sich die Perspektive, den individuellen und kollektiven Verkaufserfolg nicht mehr ausschließlich an quantitativen und vergangenheitsorientierten Erfolgsgrößen zu messen. Die Fähigkeit des Verkäufers, ein identitätskonformes Vorstellungsbild in den Köpfen der relevanten Buying-Center-Mitglieder zu verankern, stellt ein zentrales vorökonomisches und qualitatives Kriterium dar, welches nach den empirischen Befunden der externen Perspektive eine hohe Prognosekraft für zukünftige Ergebnisse aufweist.

Selbstverständlich ist ein Verkaufssteuerrad unternehmensindividuell zu konkretisieren. Zur Illustrierung und als Leitbild für die Praxis soll jedoch eine beispielhafte Umsetzung erfolgen. Hierzu bieten sich aufgrund des langfristigen Charakters der Markenidentität weder die im Teil C erarbeiteten fünf situativen Optionen der interaktiven Markenführung noch die mehr oder weniger instabilen Brand Relationship Cluster an. Vielmehr soll auf das Ergebnis der Clusteranalyse zurückgegriffen werden (vgl. C.4.2.). Diese hat drei markenrelevante Formen von Geschäftsbeziehungen aus Kundensicht aufgezeigt. Aus Lieferantenperspektive können die Cluster als Kundenerwartungen interpretiert werden. Je nachdem, welches Erwartungs-

D. Implementierung der interaktiven Markenführung

muster im Kundenstamm eines beliebigen Unternehmens vorherrscht, ergeben sich unterschiedliche generische Verkaufssteuerräder. Diese sind in Abbildung 62 dargestellt.

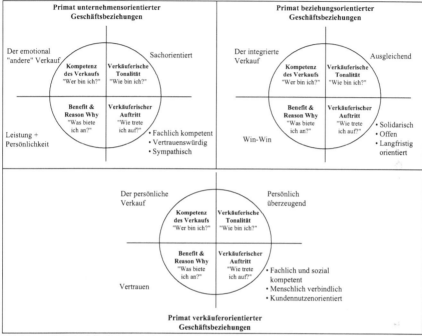

Abbildung 62: Beispielhafte generische Verkaufssteuerräder
(Quelle: Eigene Darstellung)

Ein Primat unternehmensorientierter Geschäftsbeziehungen bedeutet die Notwendigkeit emotionaler Differenzierung. Die Kernkompetenz des Verkaufs sollte daher im Selbstverständnis begründet sein, „anders" als der Wettbewerb zu verkaufen. Neben die (zumeist austauschbare) Leistung sollte daher die Persönlichkeit des Verkäufers explizit als Differenzierungsfaktor in das Angebot integriert werden. Obgleich die verkäuferische Tonalität primär leistungs- und damit sachorientiert ist, sollte der Verkäufer über seinen Auftritt das Markenbild einzigartig machen. Dieser Auftritt sollte fachlich kompetent und menschlich sympathisch sein sowie auf den Aufbau von Vertrauen hinwirken.

Wenn beziehungsorientierte Geschäftsbeziehungen im Kundenstamm überwiegen, dann besteht die Kernkompetenz des Verkaufs darin, sich mit anderen Unternehmensfunktionen zu einem integrierten Gesamtangebot abzustimmen. Entscheidender Benefit des Angebots ist dann das Win-Win-Prinzip. Der Verkäufer ist hier der ausgleichende Makler zwischen den Interessen von Anbieter und Kunde. Dazu sollte sein Auftritt insbesondere die Werte Solidarität, Offenheit und langfristige Orientierung vermitteln.

Im Falle mehrheitlich verkäuferorientierter Geschäftsbeziehungen ist der persönliche Verkauf als Kernkompetenz der Marke zu betonen. Der zentrale Benefit des Angebots ist dann Vertrauen. Dazu muss die verkäuferische Tonalität persönlich überzeugend sein. Dieser Eindruck ergibt sich am ehesten, wenn der verkäuferische Auftritt fachlich sowie sozial kompetent, menschlich verbindlich und dabei stets kundennutzenorientiert ist.

Auch wenn die dargestellten Verkaufssteuerräder stark generischer Natur sind, so wird dennoch deutlich, dass je nach zugrunde liegendem Leitbild sehr unterschiedliche Verkaufsidentitäten mit verschiedenen Konsequenzen für die interaktive Markenführung resultieren können. Interaktive Markenführung als Managementprozess kann es sich nicht leisten, diesen Prozess dem Zufall zu überlassen. Daher kann die Erarbeitung eines Verkaufssteuerrads als Ausgangspunkt der interaktiven Markenführung angesehen werden.

2.3. Entwicklung der Verkaufsidentität

Eine Identität kann nicht verordnet werden, weder auf Gesamtunternehmensebene noch auf der Ebene des Verkaufssystems. Daher ist es wichtig, im Sinne des internen Marketing die betroffenen Mitarbeiter in die Entwicklung der Verkaufsidentität zu integrieren. In Anlehnung an Esch bieten sich hierbei die folgenden Schritte an[55]:

- Erfassung der Innensicht: Zunächst ist ein Verkaufssteuerrad aus der internen Sicht zu entwickeln. Hierbei erscheint ein zweistufiges Vorgehen sinnvoll. Das verantwortliche Management innerhalb und außerhalb des Verkaufssystems sollte ein Ist-Steuerrad für den Verkauf als Ganzes entwickeln. Dabei steht die Frage im Vordergrund, wie der Verkauf als Funktion intern wahrgenommen wird. In aller Regel wird das Ergebnis aufgrund der Heterogenität der Verkaufsmannschaft eher diffus ausfallen. Es sollten daher zeitgleich die einzelnen Mitarbeiter gebeten werden, in analoger Form ihr Selbstbild zu reflektieren. Das Ergebnis sind individuelle Steuerräder, die die Bandbreite der unterschiedlichen verkäuferischen Vorgehensweisen widerspiegeln und wertvolle Hinweise für den Implementierungsprozess geben.

- Erfassung der Außensicht: Hierbei ist ein Ist-Steuerrad aus Kundensicht zu erheben. Dies erfolgt üblicherweise anhand empirischer Primärdatenerhebungen. Aufwand und Kosten lassen sich jedoch begrenzen, wenn anstatt standardisierter Kundenbefragungen Workshops mit ausgewählten Ist- und Zielkunden durchgeführt werden (Fokusgruppen). In jedem Falle sollten auch die wichtigsten Wettbewerber analog erfasst werden. Dieses ist zum einen für eine spätere wettbewerbsorientierte Positionierung wichtig und zum ande-

---

[55] Vgl. Esch (2004), S. 112 f.

D. Implementierung der interaktiven Markenführung 179

ren Voraussetzung für die Einschätzung der Ansprüche von Nicht-Kunden und damit für die Neukundengewinnung.

- Zusammenführung von Innen- und Außensicht: Die erhobenen Ist-Steuerräder werden zusammengeführt und verglichen. Die Differenzen werden sodann analysiert und bewertet. Insbesondere die Gegenüberstellung von individuellem Selbstbild und Fremdbild ist dafür geeignet, dass die einzelnen Mitarbeiter sich als Instrumente der Markenführung selbst entdecken. Auf übergeordneter Managementebene wird dagegen deutlich, welche Schritte im Rahmen interaktiver Markenführung notwendig sind. So entstehen unternehmensweit Verständnis und Commitment für die Rolle des Verkaufs in der Markenführung.

- Entwicklung des Soll-Steuerrads: Als Ergebnis aus der Bewertung und Synthese der Ist-Steuerräder wird ein Soll-Steuerrad als Vorgabe für die interaktive Markenführung entwickelt. Entscheidend ist dabei, dass das resultierende Verkaufssteuerrad kompatibel ist mit der Gesamtmarkenstrategie des Unternehmens. Idealerweise kann hierzu auf ein Markensteuerrad für das Gesamtunternehmen zurückgegriffen werden, das auch für andere Unternehmensfunktionen wie etwa das Marketing verbindlich ist.

- Ableitung der verkäuferischen Positionierung: Basierend auf dem Soll-Steuerrad sind (etwa in internen Workshops) die Implikationen zusammen mit den Mitarbeitern zu erarbeiten. Zum einen muss die Notwendigkeit zur Veränderung vermittelt werden, zum anderen aber auch der daraus resultierende Nutzen für Unternehmen und Verkaufsmitarbeiter. In Einzelgesprächen und Coachings[56] sollte der individuelle Handlungsbedarf und Fortschritt erörtert bzw. begleitet werden.

2.4. Konformität vs. Individualität im persönlichen Verkauf

Es ist zu erwarten, dass im Verlauf der Entwicklung einer Verkaufsidentität Widerstände zu Tage treten. In der Praxis wird Individualität und weitgehende Unabhängigkeit im Verkauf regelmäßig mit allen Mitteln verteidigt. „Hier liegt die Achillesferse des Verkaufs. Die meisten Verkäufer haben eine tiefe Abneigung gegen jede Art von Planung und Analyse und sind relativ spontan eingestellt [woraus] viele Probleme bei der Strategieumsetzung resultieren"[57]. Dies ist nach Dannenberg durch emotionale Besonderheiten der Verkäufer begründet[58]:

- Werdegang und Berufsmotive: Viele Verkäufer sind erst nach Jahren in ihrer angestammten Tätigkeit in den Verkauf gewechselt. Neben der Chance auf ein höheres Einkommen spielt hierbei häufig das Streben nach Unabhängigkeit und Selbständigkeit eine zentrale

---

[56] Coaching bezeichnet eine individuelle Beratungsleistung an die Mitarbeiter durch interne Führungskräfte oder externe Spezialisten. Als eine Hilfe zur Selbsthilfe wirken diese Unterstützungsmaßnahmen indirekt auf das Verhalten der Mitarbeiter im Sinne des internen Marketing. Vgl. etwa Beck/ Schwarz (1997), S. 122, sowie Schönig (2001), S. 175.

[57] Dannenberg (1997), S. 29

[58] Vgl. ebenda, S. 29 ff.

180   2. Entwicklung einer verkäuferischen Markenidentität

Rolle. Tatsächlich beschränken sich persönliche Kontakte „zur Zentrale" in vielen Unternehmen auf wenige Tage im Jahr, und es bleibt zumeist dem Verkäufer überlassen, wie er die gewünschten Ergebnisse erzielt. Diese Freiheiten werden in aller Regel vehement verteidigt, während alle Versuche, die Arbeit und den Tagesablauf nachvollziehbarer und somit kontrollierbarer zu machen, grundsätzlich abgelehnt werden.

- Erfahrungswerte: Da es im Verkauf praktisch keine Berufsausbildung gibt, haben sich die Verkäufer nach dem Trial-and-Error-Prinzip ihre eigenen Wege zum Erfolg gesucht. Der persönliche Erfolgsweg ist dadurch jedoch häufig überproportional stark durch Zufälle, spontane Reaktionen beim Kunden und den Einsatz der eigenen Persönlichkeit geprägt. Die Gewohnheit bei „bewährten" Arbeitsabläufen verhindert dabei oft die flexible Berücksichtigung neuer Vorgaben.

Im Ergebnis sind viele Verkaufssysteme außerordentlich veränderungsresistent. Es ist zu erwarten, dass sich viele Verkäufer bei Vorgaben hinsichtlich ihres verkäuferischen Auftretens darauf berufen, dass ihre Persönlichkeit und Individualität „den Unterschied ausmacht". Ein Ersatz von Individualität durch Konformität wird daher mit Sicherheit Proteststürme auslösen. Auch aus Sicht des Verkaufsmanagements herrscht häufig Unsicherheit: Ist der Erfolg einzelner, so genannter Spitzenverkäufer auf andere Komponenten des Verkaufssystems übertragbar oder ist Erfolg nur eine Frage der persönlichen Kompetenz?

Bei genauer Betrachtung wird schnell deutlich, dass es sich bei der wahrgenommenen Gegensätzlichkeit der Alternativen zumeist um emotional überhöhte Reaktionen auf einen Veränderungsimpuls handelt. Tatsächlich sind Individualität und Konformität im Verkauf nur scheinbar Gegensätze. In dieser Arbeit ist wiederholt deutlich geworden, welchen entscheidenden Beitrag die Individualität des Verkäufers zum Markenwert und zur Qualität der Geschäftsbeziehung leistet. Individualität ist daher ein Wert, den es zu erhalten gilt, jedoch nicht uneingeschränkt. Ebenso wahr ist, dass jeder Verkäufer Angestellter seines Unternehmens ist und damit zur Strategieumsetzung verpflichtet ist. Im Falle der interaktiven Markenführung ist ein möglichst einheitlicher Marktauftritt des Verkaufssystems zentraler Bestandteil der Strategie. Diese Einheitlichkeit braucht jedoch situative Flexibilität, die durch die Individualität des Verkäufers gewährleistet wird.

Insofern bedeutet interaktive Markenführung nicht etwa die Einführung von „Verkaufsrobotern". Sie verlangt jedoch die reflektierte Einordnung persönlicher Interessen in einen strategischen Kontext. Die vorökonomischen Marken- und quantitativen Zielvorgaben stellen somit Leitplanken für die tägliche Arbeit dar, innerhalb derer die verkäuferische Souveränität unangetastet bleibt. Sie stellen sicher, dass der einzelne Verkaufsmitarbeiter sich ebenso wie das gesamte Verkaufssystem in eine gewünschte Richtung entwickelt.

Diese Einsicht ist notwendige Voraussetzung dafür, dass der einzelne Verkaufsmitarbeiter seine eigenen Glaubenssätze verlässt und sich an der gemeinsam entwickelten und getragenen Verkaufsidentität orientiert. Der scheinbare Interessenkonflikt zwischen Individualität und

D. Implementierung der interaktiven Markenführung 181

Konformität ist daher von Anfang an explizit zu thematisieren und im Verlaufe des Implementierungsprozesses (vgl. D.4.) möglichst vollständig aufzulösen. Es muss deutlich werden: „Das, was nach motivierenden Freiräumen und Flexibilität vor Ort aussieht, führt letztlich nur zu einem dramatischen Profilverlust im Markt"[59]. Gegen diese schleichende Vergiftung der strategischen Unternehmenspositionierung wirkt das Konzept der interaktiven Markenführung als Gegenmittel.

2.5 Individuelle vs. standardisierte Kundenbetreuung

Ein weiterer zu erwartender Einwand gegen die interaktive Markenführung ist derjenige, dass jeder Kunde anders ist und demgemäß eine individuelle Betreuung benötigt. Bei einer standardisierten Betreuung nach einem allgemein gültigen Verkaufssteuerrad, so das Argument, fühlen die Kunden sich nicht mehr ernst genommen und wandern ab.

Tatsächlich wird in der Praxis ein gewisses Maß an individueller Betreuung von den Kunden gefordert. Die Frage ist, ob dies der Einführung einer in gewisser Weise standardisierten Verkaufsidentität widerspricht. Die Formulierungen deuten es bereits an: Auch hier gibt es kein Entweder-oder, sondern wohl eher ein Sowohl-als-auch.

Zunächst einmal wird kein Verkäufer bestreiten, dass seine eigene Persönlichkeit und die geschäftlichen Rahmenbedingungen eine bedingungslose Individualisierung der Kundenbetreuung von Beginn an ausschließen. Erfahrene Verkäufer haben in aller Regel persönliche Standards für ihr Verhalten in bestimmten, wiederkehrenden Situationen entwickelt, die je nach situativen Rahmenbedingungen modifiziert werden. Umgekehrt wird kein rationaler Kunde erwarten, dass seine individuellen Bedürfnisse stets vollkommen erfüllt werden. Im Gegenteil, eine gewisse und adäquate Routine wird häufig als Ausweis von Professionalität empfunden.

Wenn nun eine vollkommen individuelle Kundenbetreuung illusorisch und eine absolut standardisierte Betreuung kontraproduktiv ist, so kann die Lösung des Konflikts nur in einem gesunden Mix beider Ansätze liegen. In der Realität wird der Mix jedoch häufig vom Verkäufer individuell und nach persönlichen Präferenzen gewählt. Der Widerstand gegen eine standardisierte Kundenbetreuung ist in solchen Fällen dann nur ein Scheingefecht zum Erhalt gewohnter Freiheitsgrade. Aus Unternehmenssicht ist es naturgemäß sinnvoller, wenn der Mix durch die Unternehmens- und/ oder Markenstrategie determiniert wird.

Vor diesem Hintergrund muss eine Verkaufsidentität festlegen, welche Bedürfnisse welcher Kunden mit Priorität zu versehen sind. Nicht jeder Kunde ist König und nicht jeder Kundenwunsch ein Befehl. „Die Informationsgrundlage von Verkäufern ist häufig zu schmal und zu sehr von regionalen und persönlichen Besonderheiten geprägt, um über die allgemeinen

---

[59] Dannenberg (1997), S. 93

Schwerpunkte der eigenen Arbeit zu entscheiden"[60]. Daher muss die Verkaufsidentität aufgrund strategischer Überlegungen vorgeben, ob sich der Verkauf eher über eine Personen-, eine Unternehmens- oder eine Leistungspräferenz definieren soll. Diese Alternativen schließen einander nicht aus, sie standardisieren lediglich die individuell durch den Verkäufer zu setzenden Prioritäten.

Letztlich bestimmt (=standardisiert) die Verkaufsidentität, welche Pfeile mit welchen ballistischen Eigenschaften sich im Köcher des Verkäufers befinden. Der Verkäufer ist jedoch derjenige, der situativ (=individuell) entscheidet, welchen Pfeil er auflegt. Die Schusstechnik schließlich ist und bleibt das differenzierende Merkmal im Verkauf. Sie muss jedoch mit der Munition harmonieren. Gelingt es der interaktiven Markenführung, Strategie und Umsetzung aufeinander abzustimmen, so wird die scheinbare Polarität von individueller und standardisierter Kundenbetreuung aufgehoben. Eine systematische und dosierte Standardisierung durch eine Verkaufsidentität wird so zur Voraussetzung für nachhaltig erfolgreiche individuelle Schwerpunkte bei der Kundenbetreuung.

3. Konzeption eines markenbasierten Verkaufssystems

In diesem Abschnitt werden die Markenspezifika analysiert, die ein markenbasiertes Verkaufssystem auszeichnen. Zunächst wird hierzu ein geeignetes Strukturmodell vorgestellt. Anschließend werden die Markenspezifika auf den verschiedenen Ebenen diskutiert.

3.1. Strukturmodell eines markenbasierten Verkaufssystems

Zur systematischen Darstellung der Markenspezifika eines markenbasierten Verkaufssystems bedarf es eines Strukturmodells. In dieser Arbeit soll hierzu auf das Modell von Dannenberg zur Strategieumsetzung im Vertrieb zurückgegriffen werden[61]. Darin werden sehr praxisorientiert Ansatzpunkte im Verkaufssystem aufgezeigt, die zur systematischen Strategieumsetzung entsprechend konfiguriert werden müssen. Ausgehend von einer auf Vertriebsinformationen basierenden Vertriebsstrategie unterscheidet Dannenberg die Konzeptionsebene, die Durchführungsebene und die persönliche Führungsebene. Dabei bezieht sich die Vetriebskonzeption auf die Rahmenbedingungen der Vertriebsarbeit, die Durchführungsebene auf die tagtägliche Verkaufsarbeit und die Führungsebene auf die Rolle der Führungskräfte bei der Strategieumsetzung. Es wird jedoch relativ kurz auf die Personalpolitik eingegangen, die aus der Perspektive dieser Arbeit einen wichtigen Beitrag zur interaktiven Markenführung leisten kann.

---

[60] Dannenberg (1997), S. 93
[61] Vgl. ebenda; obgleich eigentlich ein Prozess dargestellt werden soll, lässt sich das Modell auch als Strukturmodell im Rahmen dieser Arbeit interpretieren.

Daher wird das Modell von Dannenberg für die Verwendung in dieser Arbeit wie in Abbildung 63 dargestellt modifiziert.

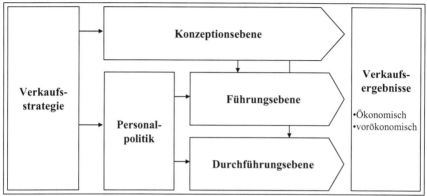

Abbildung 63: Strukturmodell eines markenbasierten Verkaufssystems
(Quelle: Eigene Darstellung in Anlehnung an Dannenberg (1997), S. 42)

Im Folgenden werden die einzelnen Komponenten des Strukturmodells einzeln mit Blick auf entsprechende Markenspezifika dargestellt.

3.2. Markenspezifika der Verkaufsstrategie

Die Markenorientierung ist allgemein in der Unternehmensphilosophie und im Speziellen der Verkaufsidentität eines B2B-Unternehmens zu verankern. Die Unternehmensphilosophie als Analyse- und Gestaltungsobjekt des normativen Managements[62] prägt jegliches markenrelevante Denken, Fühlen und Handeln in der Unternehmung. Sie bietet damit Ansatzpunkte für eine „weiche" Verhaltenssteuerung in der Kundeninteraktion[63]. Die Verkaufsidentität ist der Ausgangspunkt für ein „Management by Values", das die oft unbewussten Filter-, Bewertungs- und Auswahlprozesse im Verkaufssystem steuert.

Die Umsetzung der Soll-Verkaufsidentität über das Verkaufssteuerrad wird so zum Erfolgsfaktor, mit dem sich folgende Vorteile realisieren lassen:

---

[62] Klee (2000), S. 180, definiert normatives Management als „die systematische Analyse und Beeinflussung der Basiswerte und Hintergrundüberzeugungen der Unternehmensmitglieder, d.h. der paradigmatische - bewussten und unbewussten - intrapsychologischen Grundlagen jeglichen Denkens, Handelns und Fühlens in der Unternehmung, mithin der ‚Weltbilder' der Unternehmensmitglieder".
[63] Vgl. hierzu und zum Folgenden Klee (2000), S. 181 ff.

184 3. Konzeption eines markenbasierten Verkaufssystems

- Ein Management by Values kann gerade bei selbststeuernden Einheiten des Verkaufssystems mit hohem Autonomiegrad die Qualität des Geschäftsbeziehungsmanagements des einzelnen Verkäufers positiv beeinflussen[64].

- Die Identifikation von dezentral agierenden Verkaufsmitarbeitern mit dem Verkaufssystem kann eine integrierende Wirkung entfalten.

- Eine marken- und damit wertorientierte Ausrichtung der Strukturebenen des Verkaufssystems determiniert direkt die internen Rahmenbedingungen der interaktiven Markenführung.

Letztlich ist eine markenorientierte Verkaufsidentität die Voraussetzung dafür, dass das Leistungs- und Beziehungsverhalten des Verkaufssystems zum Markentreiber werden kann. Dafür ist es jedoch notwendig, Emotionalität in Geschäftsbeziehungen und Markenwert im B2B-Geschäft anzuerkennen und „nicht als Einfallstor der Irrationalität zu verteufeln oder in den Zwängen des Führungsalltags dem Primat eines kurzfristig orientierten Hard Fact- und Zahlendenkens zu erliegen"[65].

Die Berücksichtigung von Marken- und Wertaspekten darf jedoch nicht zu einer Vernachlässigung des Verkaufens im Verkaufssystem führen. Vielmehr ist ein Ausgleich zwischen herkömmlichen Absatz-, Umsatz- und Gewinnzielen auf der einen Seite und vorökonomischen Markenzielen auf der anderen Seite anzustreben. Dazu sind aus der Strategie zunächst direkte verkäuferische Zielgrößen (z.B. Umsatz) für Produkte bzw. Produktgruppen und Kunden bzw. Kundengruppen abzuleiten. Aus einer ganzheitlichen Sichtweise sind jedoch auch indirekte Zielsetzungen zu berücksichtigen. Diese ergeben sich aus der Rolle, die der Verkauf bei der Umsetzung des Marketing-Mix spielt. Dannenberg nennt diese indirekten Zielsetzungen „Positionierungs- und Imageziele"[66], was aus der Perspektive dieser Arbeit weitgehend den herkömmlichen Markenzielen entspricht. Abbildung 64 macht den Sachverhalt deutlich.

---

[64] Zur Funktionsweise eines Management by Values vgl. Klee (2000), S. 192 f.
[65] Ebenda, S. 182 f.
[66] Vgl. Dannenberg (1997), S. 73 f.

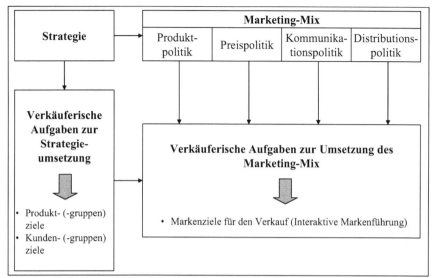

Abbildung 64: Ableitung von Verkaufszielen aus der Unternehmensstrategie
(Quelle: Eigene Darstellung in Anlehnung an Dannenberg (1997), S. 73)

Eine markenbasierte Verkaufsstrategie erfordert somit eine zusätzliche Zieldimension, welche die verkäuferischen Aktivitäten über Markenziele stärker in die gesamtunternehmerische Strategieumsetzung integriert. Der Beitrag des Verkaufs zur Umsetzung des Marketing-Mix wird in der Praxis häufig übersehen. Folgende Aspekte sind hierbei zu berücksichtigen[67]:

- Verkäuferische Umsetzung der Produktpolitik: Hierbei ist der emotionale Kundenbedarf als Produktleistung zu berücksichtigen. Sachliche und emotionale Leistungskriterien (und damit Unternehmens- und Verkäuferleistung) verschmelzen in der Kundenwahrnehmung zu einer Einheit. Es gilt daher, die Persönlichkeit des Kunden richtig zu erkennen und durch die eigene Persönlichkeit und angepasstes Verhalten im Rahmen der Vorgaben aus der Verkaufsidentität individuell zu berücksichtigen. Hinzu kommt häufig eine Beratungsleistung durch das Verkaufssystem, die situativ (und damit individualisiert und differenziert) einen mehrwertigen Produktbestandteil darstellen kann. Schließlich kann der Verkauf auch bei der klassischen Produktentwicklung und -ausgestaltung dadurch einen wichtigen Beitrag leisten, indem er als Marktforscher vorab gezielt Meinungen der Kunden analysiert oder diese sogar direkt in den Entwicklungsprozess integriert.

- Verkäuferische Umsetzung der Preispolitik: In der Verkaufspraxis werden Preis und Konditionen zumeist nur als Mittel zur kurzfristigen Umsatzmaximierung eingesetzt. Als re-

---

[67] Vgl. Dannenberg (1997), S. 78 ff.

gelmäßiger und von Kundenseite heftig kritisierter Agenda-Punkt von Verkaufsgesprächen ist der Preis einer der sensibelsten und emotionsgeladensten Begriffe für Verkäufer. Gerade deswegen ist es jedoch entscheidend, das Verkaufssystem in die aktive Umsetzung von Preisstrategien einzubinden. Über Steuerungsgrößen wie Kundendeckungsbeiträge oder Durchschnittspreise und -rabatte pro Verkäufer lässt sich der Verkauf zu einem preispolitischen Instrument entwickeln, das selbstbewusst Preise nennt, überzeugt Preisstellungen verteidigt und verantwortungsbewusst mit Preiskonzessionen umgeht. Von zentraler Bedeutung bei Preisverhandlungen ist auch der richtige Einsatz von produkt- und kundenbezogenen Konditionen. Denn der undifferenzierte und nicht abgestimmte Einsatz von Kunden- und Produktkonditionen kann Preisstrategien für einzelne Produkte wirkungslos werden lassen.

- Verkäuferische Umsetzung der Kommunikationspolitik: Die Kommunikationspotenziale, die durch Interaktion der eigenen Mitarbeiter mit Kunden entstehen, werden aufgrund eines einseitig auf klassische Werbung ausgerichteten Verständnisses von Kommunikationspolitik häufig vernachlässigt. Verkäuferische Kommunikationskonzepte sind zu entwickeln, die nicht nur den Außendienst, sondern alle Mitglieder des Verkaufssystems berücksichtigen. Hierzu bietet sich die Verwendung von Verkaufssteuerrädern als Ausgangspunkt an. So lassen sich strategiekonforme Kommunikationsziele und -maßnahmen ableiten, die dann wiederum an die betroffenen Mitarbeiter kommuniziert und mit ihnen trainiert werden müssen.

- Verkäuferische Umsetzung der Distributionspolitik: Neben Entscheidungen über logistische Fragen und deren Umsetzung sowie der grundsätzlichen Auswahl des Vertriebssystems gehört zur Distributionspolitik auch eine der Kernaufgaben des Verkaufs, nämlich der Aufbau, der Ausbau und die Pflege der Absatzkanäle und Kundengruppen. Hierbei ist in der Praxis häufig ein gewisses Beharrungsvermögen des Verkaufs in einem angestammten Bereich zu beobachten. Es fällt vielen Verkäufern schwer, sich auf neue Kundengruppen oder Absatzkanäle einzustellen. Entscheidend ist auch hier, die Motive für ein solches Verhalten zu verstehen und im Rahmen des Implementierungsprozesses zu berücksichtigen. Ansonsten ist der Erfolg sinnvoller Distributionsstrategien durch mangelnde Akzeptanz im Verkaufssystem bereits von Beginn an gefährdet.

Es wird angesichts dieser erweiterten Aufgabendefinition deutlich, dass interaktive Markenführung über das klassische „Verkaufen" hinausgeht. Dannenberg spricht vor diesem Hintergrund vom „strategischen Verkäufer", der unterschiedliche Funktionsbilder beherrschen können muss[68]. Ein Verkauf mit einem solchen strategischen Selbstverständnis unterstützt eine differenzierende Positionierung seines Unternehmens durch sein Management der Geschäftsbeziehungen und wird aus Kundensicht zu einem untrennbaren und unverwechselbaren Be-

---

[68] Vgl. Dannenberg (1997), S. 159 ff.; er nennt sechs Funktionsbilder: Infobroker, Marktmanager, Berater, Betreuer, Teamplayer und Verkäufer.

D. Implementierung der interaktiven Markenführung 187

standteil des Unternehmensauftritts. Kurzum: er wird im B2B-Geschäft zum zentralen Markentreiber. Es ist daher für die Markenführung eines Lieferanten sinnvoll, den Verkauf entsprechend bei der Strategieformulierung zu berücksichtigen. So gesehen betreibt Dannenbergs „strategische Verkäufer" interaktive Markenführung.

Es ist offenkundig, dass derartige strategische Anforderungen hohe Ansprüche an die Mitarbeiter des Verkaufssystems stellen. Daher soll im Folgenden explizit auf die Markenspezifika einer entsprechend ausgerichteten Personalpolitik eingegangen werden.

3.3. Markenspezifika der Personalpolitik

Zur Förderung des strategischen bzw. markenorientierten Verhaltens im Verkaufssystem eines Lieferanten muss geeignetes Personal gefunden bzw. vorhandenes in diese Richtung qualifiziert werden. Zudem müssen durch Regelungen zur Leistungsbeurteilung, Entlohnung und Honorierung die Rahmenbedingungen zur gezielten Förderung entsprechenden Verhaltens geschaffen werden. Rekrutierung und Qualifizierung sowie Beurteilung und Honorierung zielen einerseits auf die Kompetenzen der Mitarbeiter und andererseits auf die Steuerung ihrer Aktivitäten. Beides ist nicht unabhängig voneinander. Die Einstellungen und Fähigkeiten sowie das Wissen der Verkaufsmitarbeiter determiniert die Quantität, Qualität und Richtung der verkäuferischen Aktivitäten, welche wiederum die Ergebnisse hervorrufen. Abbildung 65 stellt diese Zusammenhänge grafisch dar.

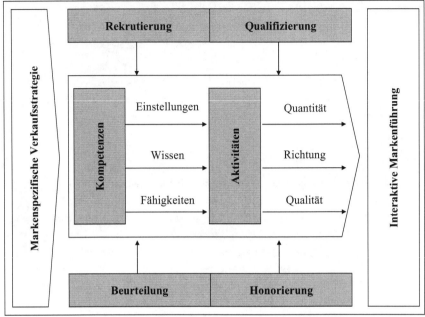

Abbildung 65: Relevante Aspekte der Personalpolitik für die interaktive Markenführung
(Quelle: Eigene Darstellung in Anlehnung an Binckebanck (2004), S. 168)

Im Folgenden werden die vier relevanten Bereiche der Personalpolitik kurz charakterisiert[69].

- Rekrutierung: Durch die Gewinnung neuer Mitarbeiter bietet sich dem Lieferanten eine Steuerungsmöglichkeit zur Förderung gewünschter Verhaltensmerkmale. Durch gezielte verhaltensbezogene Selektionsverfahren können Verkaufsmitarbeiter gefunden werden, die dem Sollprofil ohne intensive Qualifizierungsmaßnahmen bereits weitgehend entsprechen. Dieses Sollprofil ergibt sich aus dem Soll-Verkaufssteuerrad. Zunächst lassen sich notwendige markentreibende Aktivitäten ableiten. Es ist dann zu analysieren, welche Kompetenzen die Mitarbeiter als Voraussetzung für diese Aktivitäten aufweisen müssen. Ist beispielsweise eine ausgeprägte Kundennutzenorientierung erwünscht, so würde es sich anbieten, Bewerber hinsichtlich ihrer Empathie zu prüfen. Das bedeutet jedoch, dass die verbreitete Praxis, Bewerber primär nach Sachkompetenz und formaler Ausbildung zu beurteilen, zu kurz greift. Zur Beurteilung spezieller Verhaltensprofile bieten sich verschiedene Interviewformen, Referenz- und Background-Analysen sowie Persönlichkeitstests an[70]. Besondere Bedeutung in diesem Zusammenhang hat das Assessment-Center, bei dem die Fähigkeiten eines Kandidaten in einer simulierten Arbeitssituation getestet

---

[69] Vgl. Dannenberg (1997), S. 100 ff., und Schönig (2001), S. 155 ff.
[70] Für einen Überblick über diese Verfahren sei auf Schönig (2001), S. 160 f., verwiesen.

D. Implementierung der interaktiven Markenführung   189

und von geschulten Beobachtern bewertet werden. Solche Verfahren machen verhaltens-bezogene Rekrutierung zwar relativ aufwändig. Dieser Aufwand ist jedoch als Investition zur Reduzierung von Fluktuationen und Fehlbesetzungen zu sehen. Eine konsequente Rekrutierung anhand von markenspezifischen Vorgaben kann darüber hinaus auch eine Signalwirkung bei bestehenden Mitarbeitern haben, da dadurch die Bedeutung der interaktiven Markenführung für das Unternehmen unterstrichen wird und interne gruppendynamische Effekte ausgelöst werden können.

- Qualifizierung: Verkäuferische Aus- und Weiterbildung ist zumeist nur in Großunternehmen institutionalisiert, wobei sie dort in der Regel der Personalabteilung untersteht und dort häufig losgelöst von konkreten Problemstellungen lediglich „verwaltet" wird. Aus der Sicht der Verkaufsmitarbeiter stellen interne oder externe Qualifizierungsangebote willkommene Möglichkeiten zur individuellen Karriereplanung oder persönlichen Entwicklung dar. Grundsätzlich wirkt sich die Anerkennung als förderungswürdiger Teil des Unternehmens durchaus positiv auf die Motivation aus. Eine solche Sichtweise der Qualifizierung verkennt jedoch die für eine interaktive Markenführung notwendigen Steuerungsmöglichkeiten. Verhaltensförderung im Sinne des Verkaufssteuerrads wird weder durch Einstiegsweiterbildung (zur Optimierung des Einstiegs neuer Mitarbeiter) noch durch Aufstiegsweiterbildung (Sicherstellung der nötigen Zusatzqualifikationen für die Übernahme höherer Führungsaufgaben) erreicht. Es bietet sich vielmehr eine Anpassungsweiterbildung[71] an, bei der die Konsequenzen und Veränderungen, die aus der interaktiven Markenführung resultieren, vermittelt werden. In einem ersten Schritt wird hierbei informiert und sensibilisiert. Darauf aufbauen können die Mitarbeiter durch aktive Verhaltenstrainingsformen (Fallstudien, Planspiele, Rollenspiele, Teambuilding Workshops etc.) gemäß dem Soll-Verhaltensprofil geschult werden. Abbildung 66 stellt den Ablauf eines entsprechenden Qualifizierungsprozesses dar.

---

[71] Vgl. Schönig (2001), S. 167 ff.

Stufe	Qualifizierungsmaßnahmen	Einstellung und Motivation der Verkaufsmitarbeiter
1	Analyse des Ist-Verhaltens, Abgleich mit dem Soll-Verhaltensprofil gemäß Verkaufssteuerrad und Identifizierung des Qualifizierungsbedarfs	Der Verkäufer hält sich für kompetent und baut auf seine jahrelange Erfahrung. Er setzt keine Strategie um, sondern „macht seinen Job". Marke ist im B2B-Geschäft nur die neueste Beschäftigungstherapie aus der Marketingabteilung.
2	Die Bedeutung der Marke und der Beitrag des Verkaufs werden aufgezeigt. Das Konzept der interaktiven Markenführung wird vorgestellt und Konsequenzen werden erläutert. Vertrauen in das Konzept wird vermittelt.	Der Verkäufer beginnt langsam, seine Marktbearbeitung und die Anforderungen des Marktes mit anderen Augen zu sehen. Er pendelt zwischen dem bewussten Erleben der Defizite und dem Bewahren der heilen Welt.
3	Es werden neue Vorgehensweisen erarbeitet, Techniken und Wissen vermittelt und die Anwendung eingeübt.	Motivation und Selbstvertrauen steigen während der Maßnahmen. In der Verkaufspraxis spürt der Mitarbeiter aber schnell, dass zwischen Soll und Ist noch eine erhebliche Lücke klafft. Es besteht die Gefahr der Demotivation und des Rückfalls in alte Gewohnheiten.
4	In der Praxis wird permanent Hilfestellung geleistet (z.B. durch Coaching). In weiteren Workshops werden Einzelthemen vertieft, Praxiserfahrungen ausgewertet und auch Korrekturen vorgenommen	Es gab erste Erfolgserlebnisse und langsam hat der Verkäufer seinen individuellen Zugang zur interaktiven Markenführung gefunden.

Abbildung 66: Ablauf eines markenbezogenen verkäuferischen Qualifizierungsprozesses (Quelle: in Anlehnung an Dannenberg (1997), S. 115)

- Beurteilung: Ein adäquates Beurteilungssystem ist zum einen die Grundlage für die Ableitung individueller Qualifizierungsmaßnahmen und zum anderen die Basis für die Honorierung der geleisteten Arbeit im Falle eines variablen Entlohnungssystems. Beurteilungen im Sinne von Anerkennung und Karrierevoraussetzung können einen wesentlichen Beitrag zur Motivation leisten. Sie werden jedoch in der Praxis meistens nur mündlich und

D. Implementierung der interaktiven Markenführung 191

unsystematisch vorgenommen[72]. Selbst wenn es formale Beurteilungssysteme gibt, so kranken sie häufig an einer zu statischen Handhabung und an der Abhängigkeit von persönlichen Einschätzungen. Interaktive Markenführung erfordert dagegen ein schriftliches Anforderungsprofil, dessen Beurteilungskriterien auf die unternehmensspezifische Markenstrategie abgestimmt sind. Hierzu sind in einem ersten Schritt die relevanten Beurteilungskriterien festzulegen. Diese sollten sowohl Kompetenzen als auch Aktivitäten umfassen, die markentreibend wirken und somit die Qualität der interaktiven Markenführung determinieren. Kompetenzen und Aktivitäten sind durch den Verkäufer direkt beeinflussbar, während die resultierenden Ergebnisse stark von externen Einflussfaktoren abhängen. Die Ergebnisse fließen in die variable Entlohnung ein, und sind somit erfahrungsgemäß bereits ausreichend stark berücksichtigt. Im zweiten Schritt sind eindeutige Abstufungen zwischen sehr guten und sehr schlechten Ausprägungen auf einer Skala zu definieren. Dabei sollte die Skala genug Abstufungen aufweisen, um den Verkaufsmitarbeiter wirklich individuell einschätzen zu können[73]. Schließlich ist ein Soll-Profil für die interaktive Markenführung und eventuell ein Mindestprofil als Einstellungsvoraussetzung zu definieren. Dieses Soll-Profil sollte aber nicht nur Maximalwerte umfassen, sondern das Leistungsniveau beschreiben, das für eine gute Ausführung der Tätigkeit notwendig ist und von ungefähr zwei Dritteln der Verkaufsmitarbeiter auch erreicht werden kann.

- Honorierung: Eine leistungsabhängige Honorierung in Form variabler Entlohnungssysteme ist heute im Verkauf weitgehend üblich[74]. Hinsichtlich der interaktiven Markenführung gilt, dass diese nur dann als wichtiges Beurteilungskriterium der Leistung in der Personalpolitik ernst genommen wird, wenn entsprechendes Verhalten durch immaterielle und materielle Anreize kontinuierlich gewürdigt bzw. Zuwiderhandeln konsequent sanktioniert wird. Der kritische Punkt bei der Gestaltung variabler Entlohnungssysteme ist grundsätzlich die Definition der Bemessungsgrundlagen. In der Praxis wird die Honorierung zumeist an Verkaufsergebnisse geknüpft. Vor diesem Hintergrund ist der Markenwert eines Lieferanten regelmäßig zu messen und als Zielgröße neben Absatz, Umsatz und Gewinn mit dem Entlohnungssystem zu verbinden. Bei der Messung sollten auch die Einflussfaktoren identifiziert werden, damit die Markenwirkung externer Faktoren von solchen Einflüssen unterschieden werden kann, die der Verkäufer direkt kontrollieren kann. Zur zielgenauen Strategieumsetzung bzw. zur Verhaltenssteuerung ist es darüber hinaus sinnvoll, zumindest einen Teil des variablen Anteils an den Weg zum Ziel zu koppeln. Dazu bietet sich ein Leistungslohnmodell an, bei welchem neben dem fixen Grundgehalt und etwaiger Fringe Benefits (z.B. Geschäftswagen) ein Teil des Gehaltes direkt vom Ergebnis der Verhaltenbeurteilung im Sinne der Verkaufsidentität bzw. des Verkaufssteuer-

---

[72] Vgl. hierzu und zum Folgenden Dannenberg (1997), S. 107 ff.
[73] Bei Dannenberg (1997) und in der Beratungspraxis von Mercuri International wird hierbei eine 5-er-Skala verwendet.
[74] Vgl. Dannenberg (1997), S. 103 ff., und Schönig (2001), S. 170 ff.

rads abhängt. Insofern ist ein markenorientiertes Beurteilungssystem eine wesentliche Voraussetzung für die Kopplung der Honorierung an die Qualität der interaktiven Markenführung. Die Stärke der Steuerungswirkung hängt von verschiedenen Faktoren ab. Zunächst ist sie abhängig von der Attraktivität des variablen Anteils. Weiterhin dürfen innerbetriebliche Regelungen nicht dazu führen, dass ausgezahlte variable Anteile nach unten fixiert werden. Bei der Verknüpfung zwischen Berichts- und Entlohnungssystem ist weiterhin darauf zu achten, dass keine verkäuferischen Selbstverständlichkeiten honoriert werden. Voraussetzung hierfür ist eine anspruchsvolle, individuelle und differenzierte Definition des Soll-Verhaltensprofils.

Zu beachten ist schließlich, dass sich Honorierung nicht auf die finanzielle Entlohnung beschränkt. Zum einen können auch immaterielle Anreize (z.B. Geschenke oder Belobigungen für besondere Leistungen) eine bedeutende Motivationsquelle darstellen. Die Bedürfnisbefriedigung durch die Tätigkeit selbst (intrinsische Motivation, z.B. Leistungserlebnis, Sinnhaftigkeit der Arbeit etc.) erzeugt zum anderen erheblich mehr und deutlich langfristiger Leistungsbereitschaft als die Folgen der Arbeit (extrinsische Motivation, z.B. Gehalt, Status etc.). Daher ist die Implementierung der internen Markenführung als interner Marketingprozess von zentraler Bedeutung, da ohne die gelebte Überzeugung der Mitarbeiter die Wirksamkeit formalisierter Leistungsanreize a priori eingeschränkt ist.

Es wird deutlich, dass die Personalpolitik für die interaktive Markenführung äußerst wichtig ist. Letztere wird von Menschen getragen und gelebt. Daher sind die Menschen im Verkauf mit ihren Kompetenzen und Aktivitäten auch konzeptionell zu berücksichtigen. Es kann keine interaktive Markenführung ohne ein internes Buying-in geben. Dieser Überzeugungsprozess verläuft jedoch nicht schicksalhaft, sondern lässt sich durch eine stringente Personalpolitik unterstützen, beschleunigen und nachhaltig absichern.

3.4. Markenspezifika der Durchführungsebene

Auf der Durchführungsebene ist zu prüfen, welche Konsequenzen der Ansatz der interaktiven Markenführung auf das Verhalten und die Tagesarbeit der Mitarbeiter haben. Nach Dannenberg sind für eine Strategieumsetzung auf dieser Ebene grundsätzlich sechs Aspekte wichtig[75]. Diese sind in der Abbildung 67 dargestellt.

---

[75] Vgl. hierzu und zum Folgenden Dannenberg (1997), S. 135 ff.

D. Implementierung der interaktiven Markenführung 193

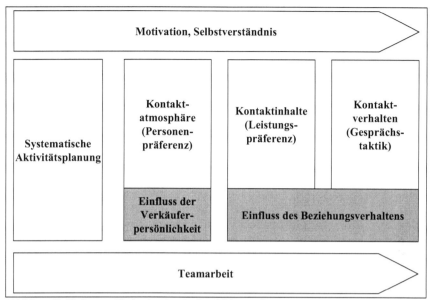

Abbildung 67: Markenspezifische Aspekte der Durchführungsebene
(Quelle: Eigene Darstellung in Anlehnung an Dannenberg (1997), S. 135 ff.)

Es sei darauf hingewiesen, dass in diesem Ansatz einer der Ursprünge für die Konzeption der empirischen Untersuchung in dieser Arbeit liegt. Die Personenpräferenz hat einen engen Bezug zur Verkäuferpersönlichkeit, während Kontaktinhalte und -verhalten dem Beziehungsverhalten entsprechen. Im Folgenden werden die markenspezifischen Aspekte der Durchführungsebene einzeln dargestellt.

- Motivation, Selbstverständnis: Eine Strategie der interaktiven Markenführung verlangt von den Verkaufsmitarbeitern in aller Regel ein verändertes Selbstverständnis. Sie sind nun nicht mehr de facto alleinverantwortlich für die Markt- und Kundenbetreuung, sondern müssen sich in die Verkaufsorganisation integrieren und deren Verkaufsidentität adaptieren. Tradierte quantitative Zielvorgaben werden durch die qualitative Markenorientierung relativiert. Die langfristige Perspektive der Markenführung manifestiert sich in einem kodifizierten Geschäftsbeziehungsmanagement. Verkauf ist nicht länger das „bessere Marketing", sondern beide Funktionen arbeiten verzahnt mit dem Ziel der Strategieumsetzung. Diese Veränderungen werden einen direkten Einfluss auf die Motivation und damit die Leistungsbereitschaft der Verkaufsmitarbeiter haben. Grundsätzlich zeigt die Erfahrung, dass die meisten Verkaufsmitarbeiter sich eher als Berater denn als Verkäufer definieren[76]. Demnach müsste die interaktive Markenführung diesem weit verbreiteten Selbstverständnis im Sinne eines „Upgrading" der Verkaufstätigkeit entgegenkommen. Mögliche Widerstände dürften eher aus der Einschränkung verkäuferischer Freiheitsgrade und der bereits angesprochenen Polarisierung von Individualität und Konformität resultieren. Es muss im Rahmen des Implementierungsprozesses erreicht werden, dass die Verkäufer eine positive Einstellung zur interaktiven Markenführung finden. Ohne eine solche Motivation, die im Kopf eines jeden einzelnen Mitarbeiters entsteht, besteht die akute Gefahr des Scheiterns.

- Systematische Aktivitätsplanung: „Eine systematische Aktivitätsplanung ist einer der entscheidendsten und auch schwierigsten Arbeitsschritte auf dem Weg zur Strategieumsetzung"[77]. Grundsätzlich behalten die üblichen Instrumente[78] auch im Rahmen interaktiver Markenführung ihre Gültigkeit. Weiterhin sind bestehende Geschäftsbeziehungen zu gestalten und gleichzeitig neue Kunden zu gewinnen bzw. Altkunden zurück zu gewinnen. Die Markenführung darf dabei nicht zu einer einseitigen Fokussierung auf Bestandskunden führen. Markenwert und Reputation werden ebenso wie ein konsistentes Auftreten des Verkaufs über den gesamten Lebenszyklus der Geschäftsbeziehung hinweg sehr wohl auch positive Effekte auf die Neukundengewinnung haben. Interaktive Markenführung gibt demnach keine Richtung für die Verkaufsaktivitäten vor. Die anteilige Quantität der jeweiligen Aktivitäten ergibt sich aus den Prioritäten, die die Unternehmensstrategie durch differenzierte Zielsysteme vorgibt. Markenspezifika betreffen in erster Linie die Qualität der durchgeführten Aktivitäten. Diese lässt sich aber nur eingeschränkt planen, da sie sich aus der situativen Interaktion zwischen Verkaufs- und Kundenmitarbeitern ergibt. Die Existenz eines anhand eines Verkaufssteuerrads kodifizierten gemeinsamen verkäuferischen Selbstverständnisses kann als übergreifendes Leitbild jedoch dafür sorgen, dass die Vielzahl der Interaktionen einem impliziten Steuerungsmechanismus gehorcht. Die interaktive Markenführung ist also weniger bei der systematischen Aktivitätsplanung zu berücksichtigen, sondern sie wird erst konkret bei der individuellen Kontaktvorbereitung.

- Kontaktatmosphäre und Personenpräferenz: „Allgemein gesehen können Kontaktatmosphären technischer oder serviceorientierter, innovativer order konservativer sein. Dabei vermischen sich Produktleistung, bewusstes Verhalten und Persönlichkeit der Vertriebsmitarbeiter"[79]. Höflichkeit, der Aufbau eines dialogorientierten Klimas und die Berück-

---

[76] Dannenberg (1997) weist jedoch darauf hin, dass es sich hierbei um eine künstliche Polarisierung zwischen Beratung und Verkauf handelt, die auf einer tief verwurzelten Angst vorm Klinkenputzer-Image und damit vor Zurückweisung basiert. „Beraten bedeutet, einem anderen Menschen zu helfen, eine Problemlösung zu finden oder eine Entscheidung zu treffen. Nichts anderes ist Verkaufen. (…) Der einzige Unterschied zwischen einem Berater und einem Verkäufer ist die fehlende Neutralität" (S. 135 f.).
[77] Ebenda, S. 147
[78] Nach Dannenberg (1997), S. 138 ff., ist hierbei vor allem das Plattformmodell zu nennen. Für eine detailliertere Darstellung sei hier auf die Originalquelle verwiesen.
[79] Dannenberg (1997), S. 151

D. Implementierung der interaktiven Markenführung 195

sichtigung des emotionalen Bedarfs sind hierbei das „Atmosphäre-Fundament, auf dem Strategien einen trittfesten Untergrund finden"[80]. Interaktive Markenführung erfordert eine Gesprächsatmosphäre, deren Qualität über das generisch Positive hinausgeht. Es ist eine spezifische Kombination aus Persönlichkeitsmerkmalen, Fach- und Sozialkompetenz gefragt, die einerseits das positive Klima nicht gefährdet, aber andererseits so spezifisch „anders" ist, dass sich eine differenzierende Wahrnehmung der Verkäuferpersönlichkeit und der Gesprächsatmosphäre einstellt. Die Ergebnisse der empirischen Untersuchung haben gezeigt, dass der Stellenwert der einzelnen Persönlichkeitsdimensionen von der Qualität der Geschäftbeziehung abhängt bzw. diese langfristig determiniert. Die Kontaktatmosphäre als Ausweis der Personenpräferenz des Kunden ist somit im Rahmen der interaktiven Markenführung bewusst zu gestalten. Dies gilt insbesondere für die Neukundengewinnung, bei der eine kundenindividuelle Abmischung der Atmosphärenelemente aufgrund der fehlenden persönlichen Erfahrungen noch nicht möglich ist. Hier erscheint es sinnvoll, im Markt einen unverwechselbaren Eindruck zu hinterlassen. Dies kann insbesondere durch einen einheitlichen Auftritt des Außendienstes bei Akquisitionsaktivitäten erreicht werden. Je weiter fortgeschritten der Lebenszyklus einer Geschäftsbeziehung jedoch ist, desto stärker ist die Interaktion aufgrund der persönlichen Historie zu individualisieren. Die systematische Entwicklung der Kontaktatmosphäre im Verlauf der Geschäftbeziehung ist demnach ein zentrales Instrument der interaktiven Markenführung, dessen Gewicht jedoch von der Verkaufsidentität abhängt: je verkäuferorientierter die Geschäftsbeziehung, desto größer der Stellenwert des Instruments „Kontaktatmosphäre".

- Kontaktinhalte und Leistungspräferenz: Während die Kontaktatmosphäre eher emotionale Aspekte der Verkaufsgesprächsführung betrifft, betreffen Kontaktinhalte die sachliche Darstellung von Sachverhalten. „Die Ableitung der Inhalte der Kundenkontakte wird meist den Verkäufern überlassen und ist kein Element der Strategieformulierung. Gesprächsthemen/ Argumente und strategischer Ansatz liegen daher häufig weit auseinander"[81]. Grundsätzlich ergeben sich die Gesprächsinhalte aus den Kundenbedürfnissen. Typischerweise sind diese sachlicher (d.h. leistungsbezogen) und emotionaler (d.h. personenbezogen) Natur. Die Ergebnisse der empirischen Untersuchung in dieser Arbeit legen nahe, dass darüber hinaus auch beziehungsbezogene Bedürfnisse einen wesentlichen Beitrag zur Markenwahrnehmung liefern. Daher sind im Rahmen der interaktiven Markenführung neben den Klassikern der Verkaufsgesprächsführung vor allem auch die Beziehungsnormen aus der Theorie relationaler Verträge zu berücksichtigen. Die expliziten und impliziten Anforderungen des Kunden an das Geschäftsbeziehungsmanagement des Verkäufers sind zu analysieren und zu thematisieren. Der langfristige Umgang miteinander

---

[80] Dannenberg (1997), S. 148
[81] Ebenda, S. 156; der Autor fordert daher „simple Argumentations-Checklisten für den Verkauf, die neben technischen Eigenschaften auch die Kundenvorteile, die passenden Bedarfssituationen und Referenzobjekte beinhalten".

sollte bewusst zur Steuerung der Leistungspräferenzen eingesetzt werden. Dies setzt natürlich ein Interesse des Kunden an einer langfristigen Zusammenarbeit voraus. Ist diese (z.B. bei Erstkäufen) nicht oder nur eingeschränkt vorhanden, so erfordert interaktive Markenführung, dass die nachhaltigen Vorteile einer langfristigen Zusammenarbeit „verkauft" werden. Insgesamt erweitert die interaktive Markenführung also das inhaltliche Repertoire des Verkäufers explizit um das Beziehungsverhalten zwischen Lieferant und Abnehmer.

- Kontaktverhalten und Gesprächstaktik: „Über die Körpersprache, die Wortwahl und die Ausdrucksweise wird das Gesprächsklima beeinflusst, Images und psychologische Positionierungen werden für den Kunden greifbar"[82]. Während das Kontaktverhalten Kontaktatmosphäre permanent begleitet, geht es hinsichtlich der Kontaktinhalte vor allem darum, die in Aussicht gestellten Werte und Beziehungsnormen vorzuleben. Die Gesprächstaktik ist also auf Glaubwürdigkeit ausgerichtet. Sie setzt die B2B-Markenführung als Kompetenz- und Vertrauensmarketing konkret in die Praxis um. Entsprechenden Stellenwert besitzt das Beziehungsverhalten, das sich im Verlauf eines Kundenkontakts in unterschiedlicher Form manifestieren kann. Abbildung 68 zeigt beispielhaft, wie sich die interaktive Markenführung im Kontaktverhalten äußern kann.

Phase	Kontaktverhalten	Einfluss der interaktiven Markenführung	
Eröffnung	Präsentation der eigenen Person, Unternehmensvorstellung, Dialogaufbau	Markenwerte wie Solidarität, Offenheit und Zuverlässigkeit vorleben	
Bedarfsanalyse	Erforschung der Bedarfssituation, offene und lenkende Fragen	Lenkung des Kundenbedarfs auf markenrelevante Anforderungen, z.B. Geschäftsbeziehungsmanagement oder Win-Win-Prinzip	Permanente Begleitung durch Gesprächsatmosphäre
Argumentation	Beweis der Bedarfserfüllung, Präsentation des Angebots, Demonstration	Herausstellung der strategisch wichtigen Eigenschaften/ Kundennutzen, ggf. durch persönliches Verhalten spürbar machen	
Einwand-behandlung	Verhandlungstechnik	Win-Win-Situationen schaffen, Positionen ändern, aber strategische Interessen im Rahmen der Geschäftsbeziehung beibehalten	
Abschluss-technik	Zusammenfassung, Klärung von Abwicklungsfragen, Festlegung der weiteren Vorgehensweise	Wiederholung der Kundennutzen, die den Markenwert treiben	

Abbildung 68: Berücksichtigung der interaktiven Markenführung im Kontaktverhalten (Quelle: in Anlehnung an Dannenberg (1997), S. 157)

---

[82] Dannenberg (1997), S. 156

D. Implementierung der interaktiven Markenführung 197

- Teamarbeit: Die Fokussierung dieser Arbeit auf den Verkäufer greift für die praktische Umsetzung zu kurz. Interaktive Markenführung wird durch das gesamte Verkaufssystem (und darüber hinaus alle weiteren Kundenkontaktpunkte, z.B. Marketing, Top Management) betrieben. In der Praxis sind analoge Maßnahmen daher auch für den Innendienst, den technischen Kundendienst, Key Account Management, Call-Center usw. durchzuführen. Die Herausforderung besteht jedoch darin, „die Abteilungszäune abzuschaffen und verschiedene ‚Kulturen' miteinander zu verbinden. (...) Jeder muss sich als Teil eines Ganzen und nicht als Nabel der Welt verstehen"[83]. Dieser Aspekt unterstreicht erneut die Notwendigkeit einer strategisch abgeleiteten Marken- bzw. Verkaufsidentität, die als übergreifendes Leitbild für interne Marketingmaßnahmen dienen können. Hierzu sind zum einen organisatorische Rahmenbedingungen zu schaffen, auf die im Zusammenhang mit der Konzeptionsebene noch eingegangen wird. Zum anderen ist eine bestimmte Form des Teamverhaltens zu fördern, das Dannenberg wie folgt beschreibt:

- „Informationen werden strukturiert (und nicht nach eigenem Gutdünken) gesucht und ausgetauscht. Jeder interessiert sich für die Erfahrungen des anderen. Persönliches Know how wird nicht gehortet, sondern investiert.

- Informationen werden nicht nur aufgenommen, sondern auch angenommen und verarbeitet. Der gemeinsame Erfolg ist reizvoller als die persönliche Eitelkeit. Mannschaftsspieler sind gesucht und keine Einzelkämpfer.

- Es werden persönliche Hoheitsrechte (auch Kompetenzen genannt) aufgegeben und Vorgaben akzeptiert, um Synergien zu nutzen und die Gruppenkompetenz zu stärken."[84]

Der Erfolg interaktiver Markenführung erweist sich auf der Durchführungsebene des Verkaufssystems. Hier entscheidet sich letztlich, ob die Mitarbeiter in der Lage sind, die intendierten Markenwerte im Kundenkontakt interaktiv umzusetzen. Die Diskussion verschiedener relevanter Dimensionen hat gezeigt, dass sich die Verkauftätigkeit hierbei nicht revolutionär verändern muss. Jedoch kommen mit der Markenorientierung jeweils spezifische Aspekte zu den ohnehin bereits hohen Anforderungen an den Verkäufer hinzu. Naturgemäß bedeutet dies, dass die Mitarbeiter entsprechend zu unterstützen sind. Diese Unterstützung ist dabei nicht nur Aufgabe der Personalpolitik, sondern auch die Führungs- und Konzeptionsebene müssen entsprechend konfiguriert werden. Diesbezüglich werden beide Ebenen im Folgenden diskutiert.

---

[83] Dannenberg (1997), S. 158 f.
[84] Ebenda, S. 158 f.

3.5. Markenspezifika der Führungsebene

Die Führungsebene stellt den Transmissionsriemen für die interaktive Markenführung (wie auch für jede andere Form der Strategieumsetzung) dar. Es ist die Führungskraft, die das Zielsystem für die Verkaufsorganisation auf die einzelnen Mitarbeiter herunter bricht und dabei individuelle Stärken und Schwächen berücksichtigt. Bewährt hat sich hierbei der so genannte Verkaufsleitungsplan nach Dannenberg[85].

Hierbei wird auf der Grundlage eines Soll-Ist-Abgleichs das notwendige Veränderungsvolumen identifiziert. Der Vergleich mit den Verkaufszielen der Vergangenheit führt unmittelbar zur Frage „Was muss zusätzlich erreicht werden" und mittelbar zu differenzierten Zielen pro Person. Im zweiten Schritt werden die Aktivitäten der Vergangenheit analysiert, die den Ergebnissen vorausgingen. Dieser Schritt führt zur Frage „Was muss anders gemacht werden als früher?" und damit zur Aktivitätsplanung pro Verkäufer. Da andere Aktivitäten möglicherweise andere Kompetenzen der Verkaufsmitarbeiter erfordern, führt die Analyse der bestehenden Qualifikationen zunächst zur Frage „Welche anderen Fertigkeiten müssen dafür beherrscht werden?" und dann zu einer individuellen Entwicklungsplanung. Abbildung 69 macht die Zusammenhänge deutlich.

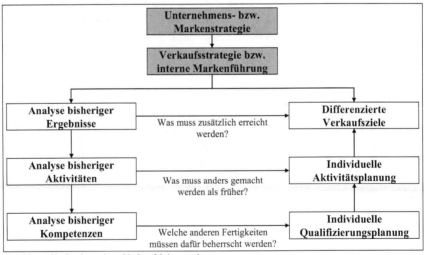

Abbildung 69: Struktur eines Verkaufsleitungsplans
(Quelle: in Anlehnung an Dannenberg (1997), S. 127)

---

[85] Vgl. Dannenberg (1997), S. 121 ff.

D. Implementierung der interaktiven Markenführung 199

Eine individuell angepasste Führung muss also drei Faktoren berücksichtigen: persönliche Ziele, Aktivitäten und Qualifizierungsmaßnahmen. Die Führungskraft muss zunächst auf der Basis des Deltas zwischen Ist und Soll den Nutzen der interaktiven Markenführung für den zukünftigen individuellen Erfolg transparent machen. Sie muss darauf aufbauend in der Lage sein, konkrete und individuelle Aktivitäten für die interaktive Markenführung abzuleiten. Und sie muss schließlich berücksichtigen, dass das individuelle Kompetenzniveau diesen Veränderungen entspricht und gegebenenfalls entsprechende Maßnahmen definieren.

Die Führungskräfte haben demnach eine direkte Verantwortung für die Umsetzung der interaktiven Markenführung auf der Durchführungsebene. Diese Verantwortung sollte in jedem Fall nicht nur ideeller Natur sein, sondern sich konkret in den Zielsystemen der Führungskräfte mit entsprechenden Konsequenzen für ihre Vergütung manifestieren.

Bislang sind die Führungsinhalte dargestellt worden. Diese sollten die Grundlage für das Führungsverhalten bilden. Jedoch ist nach verschiedenen Studien eine fehlende Mitarbeiterorientierung im Führungsverhalten verantwortlich für eine unzureichende Identifikation der Mitarbeiter mit unternehmerischen Vorgaben[86]. Die Beziehung zwischen Führungskraft und Mitarbeiter wird vor diesem Hintergrund gelegentlich auch als interne Kundenbeziehung bezeichnet[87]. Es wird unterstellt, dass die Führungskraft durch ihr Führungsverhalten eine Dienstleistung an ihre Mitarbeiter erbringt und dass diese Austauschbeziehung optimiert werden kann.

Hierzu muss sich die Führungskraft zunächst ihrer Vorbildfunktion und der damit zusammenhängenden Verantwortung bewusst werden. Denn nur wer sich selbst mit seinem Verhalten und seinen Entscheidungen den Anforderungen der interaktiven Markenführung unterwirft, kann entsprechendes Verhalten glaubwürdig von seinen Mitarbeitern verlangen[88].

Darüber hinaus muss die Führungskraft die ihr zur Verfügung stehenden Möglichkeiten zur Förderung entsprechenden Mitarbeiterverhaltens auch einsetzen. Hinsichtlich der interaktiven Markenführung sind aus dem weiten Aufgabenbereich der Personalführung vor allem drei Bereiche zu nennen[89].

- Förderungs- und Unterstützungsmaßnahmen: Nach Bruhn/ Grund ist Vertrauen auch für die interne Kundenbeziehung zwischen Führungskraft und Mitarbeiter von zentraler Bedeutung[90]. Entsprechend sollte die Führungskraft eine Vertrauensbeziehung mit ihren Mitarbeitern aufbauen und sich dabei als zentrale Anlaufstation für Probleme und Ideen anbieten[91]. Als Coach und Berater sollte sie bei der Umsetzung der Markenorientierung

---

[86] Vgl. etwa Lintermeier (1999), S. 656 f., und Müller (1999), S. 342 f., sowie Schönig (2001), S. 174
[87] Vgl. etwa Schönig (2001), S. 174 ff.
[88] Vgl. Töpfer (1999), S. 417
[89] Vgl. hierzu und zum Folgenden Schönig (2001), S. 175 ff.
[90] Vgl. Bruhn/ Grund (1999), S. 508 ff.; die Autoren subsumieren darunter die Determinanten Bestätigung, Verlässlichkeit, Kontinuität, Gerechtigkeit und Kommunikation.
[91] Horovitz (1989), S. 86 f., schlägt hierzu etwa das so genannte „Management by walking around" und Tage bzw. Stunden der „offenen Tür" vor.

200 3. Konzeption eines markenbasierten Verkaufssystems

unterstützend Einfluss nehmen. Zusätzlich kann den einzelnen Mitarbeitern mit einem Mentor eine weitere Bezugsperson zur Seite gestellt werden[92]. Schließlich ist hierunter das Informationsverhalten zu subsumieren. Die Führungskraft ist verantwortlich dafür, dass die Mitarbeiter Zugang zu allen notwendigen Informationen für die interaktive Markenführung haben. Besonders für neue Mitarbeiter bieten sich etwa Argumentationscheck-listen und schriftlich fixierte Interaktionsstandards an. „Neben den schriftlichen Kommu-nikationsformen (Memos etc.) sollte besonders der persönliche Kontakt (Sitzungen, Mit-arbeitergespräche etc.) zur Sicherstellung eines einheitlichen und aktuellen Kenntnis-stands genutzt werden"[93].

- Aufgaben- und Kompetenzverteilung: Interaktive Markenführung bedarf der situativen Flexibilität und Entscheidungsfreiheit auf der Durchführungsebene. Hierzu ist gegebenen-falls der Handlungsspielraum der Mitarbeiter durch die Delegation von Kompetenzen zu erweitern. Durch ein solches so genanntes Empowerment „wird auf eine Stärkung der Stellung des Mitarbeiters in der Kundenkontaktsituation abgezielt. Die gesteigerte Selb-ständigkeit und Eigenverantwortung wirken im Sinne eines Vertrauensbeweises positiv auf die Arbeitsmotivation und das Selbstverständnis der Mitarbeiter. Bei der Übertragung entsprechender Aufgaben und Kompetenzen muss darauf geachtet werden, dass diese als geschlossene Komplexe delegiert werden und von entsprechenden Weiterbildungsmaß-nahmen begleitet werden"[94]. Damit sich die mit dem Empowerment verbundenen Vorteile im Sinne der interaktiven Markenführung auswirken, ist flankierend ein Kontroll- bzw. Beurteilungssystem einzuführen.

- Zielbestimmung und Leistungsbeurteilung: Schönig empfiehlt in diesem Zusammenhang ein Management by Objectives: „Die übergeordnete Instanz steuert dabei mittels Soll-Vorgaben und Fortschritts- und Ergebniskontrolle die nachgeordnete Instanz, welche im Sinne des Empowerment mit eigener Handlungskompetenz und Selbstverantwortung aus-gestattet ist. Dabei werden die Soll-Vorgaben und Kontrollinhalte/ -methoden gemeinsam zwischen Vorgesetzten und Mitarbeitern bestimmt. In Ausnahmesituationen, deren Lö-sung die Kompetenzen und Fähigkeiten des Mitarbeiters überschreiten, ist eine Rück-delegation an den Vorgesetzten vorgesehen"[95]. Die konkreten Aufgaben der Führungs-kraft liegen demnach in der Zielbestimmung, der Fortschrittsüberwachung und der Gestal-tung der Beurteilungs- bzw. Feedbackprozesse an den Mitarbeiter. Hinsichtlich der inter-aktiven Markenführung sind entsprechende qualitative Verhaltensziele in den Zielkatalog aufzunehmen. Das bedeutet aber, dass eine Beurteilung nicht anhand ökonomischer Controllinggrößen möglich ist, sondern die Beobachtung der Verkaufsmitarbeiter bei der

---

[92] „Mentoring wird allgemein als sinnvoller Weg für die Verankerung von (neuen) kulturellen Werten in Organisationen gesehen" (Schönig (2001), S. 175)

[93] Schönig (2001), S. 175 f.; vgl. auch George/ Grönroos (1995)

[94] Schönig (2001), S. 176.; vgl. auch z.B. Bruhn/ Grund (1999), S. 519, und Töpfer (1999), S. 426 ff.

[95] Schönig (2001), S. 178; zwar bezieht sich der Autor auf das interne Marketing in Wirtschaftsverbänden, der Argumentation wird jedoch in dieser Arbeit auch für das B2B-Geschäft gefolgt.

D. Implementierung der interaktiven Markenführung 201

Arbeit erfordert (Verhaltensmessung durch Mitreisen anhand transparenter Kriterien)[96]. Die Ergebnisse fließen ein in Beurteilungs- bzw. Mitarbeitergespräche, in denen die Zielerreichung in periodischen Abständen bewertet wird. Darüber hinaus dienen solche Führungsgespräche der Diskussion von Problemen und Lösungsansätzen und sind Grundlage für das variable Entlohnungssystem sowie die „Bestimmung des Bedarfs von organisatorischen Veränderungen, entsprechender Unterstützungsleistungen und nötigen internen oder externen Weiterbildungen"[97] der einzelnen Verkaufsmitarbeiter.

Zusammengefasst zeigt sich, dass die bekannten Regeln und Instrumente der Personalführung auch für die interaktive Markenführung ausreichend sind. Die Verkaufsidentität kann als qualitatives Leitbild für ein Management by Objectives dienen. Problematisch ist dabei lediglich die Verhaltensmessung, die von den Führungskräften ein noch größeres Engagement fordert. Deswegen und wegen ihrer ideellen Vorbildfunktion sind die Führungskräfte auch im Implementierungsprozess von einer herausragenden Bedeutung, der das Phasenmodell von Wittke-Kothe nicht nachkommt.

3.6. Markenspezifika der Konzeptionsebene

Die Konzeptionsebene eines Verkaufssystems determiniert die Rahmenbedingungen des Verkaufens. Sie beschreibt im Wesentlichen die Aufbau- und Ablauforganisation[98], welche die Durchführungsebene einerseits direkt und andererseits indirekt über die Führungsebene beeinflusst. Darüber hinaus sollen in diesem Zusammenhang ausgewählte Aspekte eines markenorientierten Verkaufscontrollings angesprochen werden.

- Aufbau- und Ablauforganisation: Die Dienstleistungsforschung hat gezeigt, dass die starke Vertikalisierung traditioneller Organisationsstrukturen der Kundenorientierung nicht gerecht wird[99]. Da die Struktur der Strategie folgen sollte[100], ist die Aufbauorganisation so anzupassen, dass interaktive Markenführung auch ermöglicht wird. „Zur Entbürokratisierung und Steigerung der Flexibilität gilt es daher im Sinne einer horizontaleren Ausrichtung, die Abflachung bzw. Umkehrung der Organisationspyramide voranzutreiben"[101]. Dies gilt auch für die unterschiedlichen Funktionen in einem Verkaufssystem[102]. Eine flache Verkaufsorganisation kann hier „Ab - teilungsdenken" verhindern und den Mitarbei-

---

[96] Vgl. Dannenberg (1997), S. 129 ff.
[97] Schönig (2001), S. 179
[98] Nach Dannenberg (1997), S. 93 ff., beschreibt die Vertriebskonzeption differenzierte Vertriebsziele, die Organisations- und Kommunikationsstruktur, Steuerungssysteme und den Einsatz von unterstützendem Material. Über differenzierte Vertriebsziele und Steuerungssysteme ist bereits an anderer Stelle berichtet worden, und der Einsatz von unterstützendem Material erscheint für die interaktive Markenführung als eher sekundär.
[99] Vgl. Meffert (1994), S. 4
[100] „Structure follows Strategy", vgl. etwa Dannenberg (1997), S. 100
[101] Schönig (2001), S. 182
[102] Für einen Vergleich der Stärken und Schwächen von Key Account Manager, regionalem Außendienstverkäufer, Innendienstverkäufer, Kundendiensttechniker und Merchandiser siehe Dannenberg (1997), S. 97.

tern in Interaktionssituationen ausreichende Kompetenzen und genügend Handlungsspielraum zur Verfügung stellen. Übergeordnete Aufgaben lassen sich durch Projektteams bearbeiten, die im Rahmen verbindlicher Vorgaben selbstständig vorgehen. Hierbei wird hinsichtlich Aufgaben der Markenführung erneut die Notwendigkeit einer Verkaufsidentität deutlich, die durch die Berücksichtigung aller Verkaufsfunktionen als Steuerungsmechanismus gerade in flachen Verkaufssystemen integrative Wirkung auf teilautonome Einheiten haben dürfte. Ein weiterer Vorteil flacher und flexibler Verkaufsorganisationen ist in einer intensivierten funktionsübergreifenden Zusammenarbeit zu sehen, welche die Koordination und den Informationsfluss zwischen den Mitarbeitern stärkt[103]. Ein gestärktes Verständnis für die Zusammenhänge im Verkaufssystem und den eigenen Markenbeitrag wirkt sich als Job Enrichment positiv auf die Bindung zum Unternehmen aus[104]. Andererseits ergibt sich aus dem hohen Delegationsgrad und der flacheren Organisationsstruktur eine Vergrößerung der Kontrollspanne der einzelnen Führungskräfte[105]. Um dennoch eine Verkaufsarbeit im Sinne der interaktiven Markenführung sicherzustellen, empfiehlt sich für die Ablauforganisation ein systematisches Prozessmanagement. Ein markenorientiertes Verkaufsprozessmanagement bestimmt die markenrelevanten Prozesse und definiert jeweils entsprechende Prozessschritte, -ziele, Erfolgsquoten sowie Hilfsmittel[106].

- Verkaufscontrolling: Der Verkauf im Allgemeinen und die interaktive Markenführung im Besonderen stellen Ansprüche an die Erfolgsmessung, denen das herkömmliche Controlling zumeist nicht gerecht wird. Die Diskussion um die Balanced Scorecard hat die Problematik der rein quantitativen und vergangenheitsorientierten Betrachtung hinreichend aufgezeigt. Es gibt in der Praxis eine Vielzahl von einsatzbereiten Analyseinstrumenten, mit denen sich jeweils einzelne Aspekte des Verkaufens untersuchen lassen. Es erscheint sinnvoll, diese Toolbox zunächst danach zu klassifizieren, ob es sich um primär quantitative oder qualitative Instrumente handelt. Im zweiten Schritt kann unterschieden werden, ob es sich um Instrumente handelt, die primär die Durchführungsebene betrachten (also Kompetenzen und Aktivitäten) oder die Perspektive eher auf die normative Ebene des Verkaufssystems gerichtet ist, also sich mit der Konzeptionsebene, den internen und externen Rahmenbedingungen und den erzielten Ergebnissen beschäftigt[107]. Die beiden Dimensionen ergeben als Matrix dargestellt eine einfache Klassifizierung der möglichen Instrumente. In Abbildung 70 sind die vier Felder der Matrix ohne Anspruch auf Vollständigkeit mit einigen in der Praxis üblichen Instrumenten beispielhaft gefüllt.

---

[103] Vgl. Schönig (2001), S. 183
[104] Vgl. Becker (1999), S. 288 f.
[105] Vgl. hierzu und zum Folgenden Schönig (2001), S. 183
[106] Für eine allgemeine Darstellung des Verkaufsprozessmanagements sei hier auf Huckemann/ Bußmann/ Dannenberg/ Hundgeburth (2000) verwiesen.
[107] Vgl. hierzu und zum Folgenden Binckebanck (2004), S. 169 ff.

D. Implementierung der interaktiven Markenführung

	Verkaufskompetenzen	**Verkaufskonzeption**
Qualitative Sichtweise	• Sales Competence Assessment Center (SCAC) • Audit der Verkaufsidentität • Mitarbeiterinterviews • Selbsteinschätzung der Kenntnisse und Fähigkeiten der Verkaufsmitarbeiter • Mitreisen und Begleitung der Mitarbeiter on-the-job • ...	• Verkaufsprozessmanagement • Verkaufsstrategieaudit • Differenziertes verkäuferisches Zielsystem • Gebietsplanung • Marktforschungsdaten • Entlohnungs- und Steuerungssysteme • Schnittstellenaudit • ...
	Verkaufsaktivitäten	**Verkaufsergebnisse**
Quantitative Sichtweise	• Systematische Aktivitätenplanung • Aktivitätenmonitoring • Führungsaudits • Umsatzpotenzialanalysen und Ausschöpfungsberechnung • Benchmarking • Kundenplanung • Stabilitätsindikatoren • ...	• Audit der Controlling-Daten (Umsatz, DB, Soll-Ist, etc.) • Kundenstammanalyse (inkl. ABC, Vertriebskosten etc.) • Data Mining/ OLAP • Kundenzufriedenheitsuntersuchungen und Indexberechnung • Kundenwertanalysen • Reklamationsstatistiken • ...
	Durchführungsebene	**Normative Ebene**

Abbildung 70: Klassifizierung von ausgewählten Instrumenten des Verkaufscontrolling (Quelle: in Anlehnung an Binckebanck (2004), S. 169)

Aus dieser Toolbox sind nun diejenigen Instrumente auszuwählen, die für die interaktive Markenführung relevant sind. Dazu sind die unternehmensspezifischen Markentreiber im Vorfeld punktgenau zu ermitteln. Im Idealfall kann analog zur empirischen Untersuchung in dieser Arbeit der aktive Markenwertbeitrag über Ursache-Wirkungs-Relationen zwischen den Erfolgsfaktoren dargestellt und mit Kennzahlen zur Ergebnismessung konkretisiert werden. Dafür sollte im Sinne des Empowerment neben den notwendigen Top-Down-Abgleich mit den strategischen Markenzielen ein Bottom-Up-Prozess treten, der die betroffenen Verkaufsmitarbeiter in den Prozess einbindet. So wird einerseits die Strategiekonformität des Verkaufscontrollings sichergestellt, andererseits werden die Wirkungszusammenhänge für die Mitarbeiter transparent und somit eine wesentliche Voraussetzung dafür geschaffen, dass sich die Verkaufsorganisation mit dem Instrumentarium identifiziert. Basierend auf den ErgebnisseN dieser Vorgehensweise werden nun aus der Toolbox die relevanten Instrumente ausgewählt. Dabei ist zu beachten, dass die Stellschrauben der Führungsebene (Ergebnisse, Aktivitäten, Kompetenzen, konzeptionelle Rahmenbedingungen) ausreichend abgedeckt sind und die Instrumente analog zu den Kausalrelationen zwischen den Erfolgsfaktoren sinnvoll miteinander verknüpft werden.

Im Idealfall ergibt sich am Ende des Prozesses eine Kennzahlensystematik analog zur Cockpit-Sichtweise der Balanced Scorecard eine „Verkaufs-Scorecard für die interaktive Markenführung". Diese ist in ihrer Entstehung und generischen Grundstruktur in Abbildung 71 dargestellt.

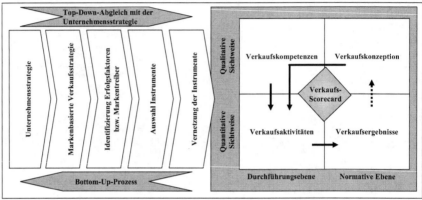

Abbildung 71: Ableitung und Struktur einer Verkaufs-Scorecard für die interaktive Markenführung (Quelle: in Anlehnung an Binckebanck (2004), S. 171)

Im Ergebnis erhält das Verkaufsmanagement eine permanente Darstellung der Verkaufs- und Markenperformance und ist so sehr viel früher bei auftretendem Anpassungsdruck in der Lage, zu reagieren bzw. zu korrigieren. Gleichzeitig wird die Art und Weise, wie die interaktive Markenführungsstrategie umgesetzt werden soll, für die Mitarbeiter nachvollziehbar und kann anhand eindeutiger Zielsysteme auch entsprechend honoriert werden. Das Kompetenzprofil der Mitarbeiter kann punktgenau durch Personalentwicklungsmaßnahmen verbessert werden, wodurch das Know-How des Verkaufssystems als Ganzes kontinuierlich verbessert werden kann.

Insgesamt ist die Konzeptionsebene als notwendige, aber nicht hinreichende Bedingung für die interaktive Markenführung zu charakterisieren. Eine adäquate Verkaufskonzeption der Aufbau- und Ablauforganisation ist die Voraussetzung für die Umsetzung der Markenspezifika in der Personalpolitik sowie auf der Durchführungs- und Führungsebene. Wird sie nicht strategiekonform konfiguriert, so ist die interaktive Markenführung zum Scheitern verurteilt. Daneben ist das markenbasierte Verkaufscontrolling nicht nur eine Ansammlung von Mess- und Analyseinstrumenten, sondern markenwertorientiertes Steuerungsinstrument des Verkaufsmanagements und zentraler Bestandteil der Strategieumsetzung mit hoher interner Akzeptanz.

D. Implementierung der interaktiven Markenführung   205

4. Implementierungsprozess der interaktiven Markenführung

In diesem Abschnitt wird zunächst ein eigenes Prozessmodell zur Implementierung der interaktiven Markenführung entwickelt. Darauf aufbauend erfolgt dann eine kurze Charakterisierung der einzelnen Phasen.

4.1. Prozessmodell zur Implementierung der interaktiven Markenführung

Das Phasenmodell der internen Markenführung nach Wittke-Kothe (vgl. Abschnitt B.3.4.) erscheint nach der markenspezifischen Diskussion der Strukturelemente eines Verkaufssystems für die Implementierung der interaktiven Markenführung zu stark mitarbeiter- und verhaltensorientiert. Neben der Durchführungsebene sind auch Konzeptions- und Führungsebene zu berücksichtigen sowie eine Verknüpfung zur Verkaufsstrategie sicherzustellen. Das Prozessmodell ist also mit dem Strukturmodell der internen Perspektive zu verknüpfen.

Dazu erscheint es sinnvoll, den Prozess mit einer Zieldefinition zu beginnen. Diese findet im Rahmen verkaufsstrategischer Überlegungen statt und beinhaltet insbesondere die im Verkaufssteuerrad kodifizierte Soll-Verkaufsidentität. Diese gilt es, im Verkauf des Implementierungsprozesses in eine Ist-Verkaufsidentität zu übersetzen.

Anschließend findet eine Analyse der Ausgangslage statt, die in die Umsetzungsplanung mündet. Da hierbei die normativen Vorgaben für die Führungs- und Durchführungsebene entwickelt werden, lassen sich diese beiden Prozessschritte der Konzeptionsebene zurechnen. Im nächsten Schritt sind die Führungskräfte als Multiplikatoren aktiv in den Implementierungsprozess einzubinden. So ist die Führungsebene etwa bereits im nächsten Prozessschritt gefordert, zur Beseitigung von Änderungswiderständen vom Typ I und II beizutragen. Erst dann geht es an die Umsetzung, und zwar auf Konzeptions-, Führungs- und Durchführungsebene. Zur Motivation der Mitarbeiter auf der Durchführungsebene ist dabei grundsätzlich top-down vorzugehen, d.h. interne Rahmenbedingungen und Vorbildfunktion der Führungskräfte sollten den Mitarbeitern beweisen, dass die Implementierung der interaktiven Markenführung von entsprechender Bedeutung ist und sie nicht einseitig mit Veränderungen belastet werden.

Die Bewertung des Umsetzungserfolgs sollte dagegen bottom-up erfolgen, d.h. die Analyse beginnt beim Individuum, wird auf der Führungsebene aggregiert und schließlich auf der Konzeptionsebene mit dem Plan verglichen. Im Falle einer positiven Bewertung setzt schließlich eine systematische Stabilisierung ein, die von der Konzeptionsebene ausgehend über die Führungskräfte das Verhalten der Mitarbeiter auf der Durchführungsebene die interaktive Markenführung als Ist-Verkaufsidentität langfristig absichern soll. Abbildung 72 zeigt die Zusammenhänge auf.

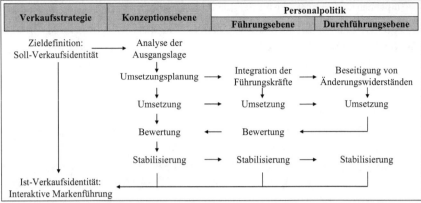

Abbildung 72: Prozessmodell zur Implementierung der interaktiven Markenführung
(Quelle: Eigene Darstellung)

4.2. Die Prozessschritte zur Implementierung der interaktiven Markenführung

Im Folgenden sollen nun die einzelnen Phasen des Prozessmodells zur Implementierung der interaktiven Markenführung charakterisiert werden.

- Zieldefinition: Wenn interaktive Markenführung durch den Verkauf betrieben werden soll, so ist dieses als Ziel explizit zu definieren. Sodann beginnt die bereits beschriebene Erarbeitung der gewünschten Verkaufsidentität. Diese ist die Grundlage für die qualitative Dimension des Zielsystems, welche über ein „Management by Values" die „weiche" Verhaltenssteuerung zum Ziel hat. Parallel dazu sind „harte" Ziele für ein flankierendes „Management by Objectives" abzuleiten. Hierbei ist die Rolle des Verkaufs für die Strategieumsetzung ebenso zu berücksichtigen wie die Aufgaben zur Umsetzung des Marketing-Mix. Das resultierende Zielsystem hat demnach eine quantitative und eine qualitative Dimension. Beide sind aufeinander abzustimmen und anhand der übergeordneten Unternehmensstrategie auszurichten. Aus der Perspektive der interaktiven Markenführung bedeutet dies für das Verkaufssystem das Ziel, die besten bzw. aus Kundensicht geeignetsten Geschäftsbeziehungen anzubieten. Das Management der Geschäftsbeziehungen durch den Verkauf im Rahmen einer Strategie der „Beziehungsführerschaft" wird zum differenzierenden Wettbewerbsfaktor.

- Analyse der Ausgangslage: Hierbei wird zunächst die Ist-Verkaufsidentität aus interner und externer Perspektive untersucht. Die Abweichungen zum Soll-Steuerrad zeigen das Ausmaß der notwendigen Veränderungen im Verkaufssystem auf. Möglicherweise ergeben sich aber Informationen, die dazu führen, dass die Soll-Verkaufsidentität modifiziert wird. So ist etwa denkbar, dass die Unterschiede zwischen strategischer Zielsetzung und realem Ist-Zustand so groß sind, dass eine Durchsetzung der Verkaufsidentität utopisch und kontraproduktiv wäre. Ein wichtiger Aspekt dieser Phase ist also ein „Realitäts-check" der Zieldefinition. Weiterhin ist der Status auf allen Strukturebenen des Verkaufs-systems zu erheben. Während Wittke-Kothe die entsprechenden Aspekte auf der Führungs- und Durchführungsebene betont, lautet die Empfehlung dieser Arbeit ange-sichts der bisherigen Ergebnisse, dass auch die konzeptionellen Rahmenbedingungen (d.h. Personalpolitik und Konzeptionsebene) darauf hin zu überprüfen sind, ob sie eine inter-aktive Markenführung fördern, lediglich zulassen oder gar behindern würden.

- Umsetzungsplanung: Diese Phase wird bei Wittke-Kothe ganz und gar verhaltenswissen-schaftlich interpretiert. Aus der Sicht dieser Arbeit erscheint es sinnvoller, eine ganzheit-liche Perspektive auf die Implementierung zu behalten. Das bedeutet, dass aus dem Ab-gleich zwischen Soll und Ist nicht nur Konsequenzen für die Führungs- und Durchfüh-rungsebene erwachsen, sondern eben auch für die Personalpolitik und die Konzeptions-ebene. Die Beseitigung von allgemeinen Änderungswiderständen und die Motivation der Mitarbeiter erscheinen nur dann Erfolg versprechend, wenn die entsprechenden Maß-nahmen glaubwürdig in einen Gesamtimplementierungsprozess eingebunden sind. Daher sollte diese Phase nicht nur breiter interpretiert werden als bei Wittke-Kothe, sondern es erscheint auch sinnvoll, die Planung im Sinne einer Gesamtkonzeption durchzuführen, bevor man mit Umsetzungsmaßnahmen beginnt. So lassen sich etwa rechtliche Probleme (Betriebsrat, Arbeitsrecht) ebenso im Vorfeld identifizieren wie beispielsweise frühzeitig einzubindende interne Meinungsführer und Multiplikatoren.

- Integration der Führungskräfte: Vor dem Hintergrund der Bedeutung der Führungsebene als Transmissionsriemen der Strategieumsetzung erscheint eine stärkere Differenzierung im Vergleich zur Durchführungsebene als bei Wittke-Kothe sinnvoll. Wird die interaktive Markenführung nicht durch die Führungskräfte getragen und in ihren praktischen Konse-quenzen vorgelebt, so sind die weiteren Maßnahmen zum Scheitern verurteilt. Auch auf dieser Ebene sind Änderungswiderstände allgemeiner und sodann spezifischer Art zu be-seitigen, bevor man die aktive Unterstützung des Implementierungsprozesses erwarten kann. Da auch Führungskräfte (nur) Menschen sind, gelten die gleichen psychologischen Mechanismen wie später bei den Verkaufsmitarbeitern. Dabei ergibt sich der Vorteil, dass die Wirksamkeit der Konzepte, Argumentationsketten und Materialien anhand der Re-aktion der Führungskräfte überprüft werden kann, bevor der Rollout auf der Durchfüh-rungsebene beginnt. Auch der Multiplikatoreffekt wird erfahrungsgemäß stärker, wenn man die entsprechenden Situationen selber durchlebt hat. Es ist auch sicherzustellen, dass die Führungskräfte am Ende dieser Phase über die notwendigen Fähigkeiten und Kompe-tenzen verfügen, um die Multiplikatorrolle auszufüllen. Nicht zu übersehen ist dabei jedoch, dass es auf der Führungsebene neben der argumentativen Überzeugung und Quali-fizierung auch angepasster Steuerungssysteme zur nachhaltigen Verhaltensänderung be-darf. So ist etwa der Erfolg als Multiplikator explizit in das individuelle Zielsystem jeder einzelnen Führungskraft aufzunehmen.

208 4. Implementierungsprozess der interaktiven Markenführung

- Beseitigung von Änderungswiderständen auf der Durchführungsebene: Analog zu Wittke-Kothe sollte hierbei zwischen allgemeinen Widerständen vom Typ I und spezifischen Widerständen vom Typ II unterschieden werden. In dieser Arbeit sollen jedoch die beiden Phasen „Beseitigung von allgemeinen Änderungswiderständen" und „Motivation der Mitarbeiter" in einem Prozessschritt zusammengefasst werden. Inhaltlich gilt jedoch, dass zunächst Widerstände vom Typ I beseitigt werden müssen, bevor eine Motivation der Mitarbeiter über die Beseitigung von Widerständen vom Typ II möglich ist. Dabei spielen die Führungskräfte als Multiplikatoren eine entscheidende Rolle. Hinsichtlich der Ausgestaltungsmöglichkeiten sei an dieser Stelle auf Wittke-Kothe verwiesen[108].

- Umsetzung: Für die Umsetzung auf der Durchführungsebene gelten die Hinweise von Wittke-Kothe analog[109]. Darüber hinaus ist jedoch auch auf der Konzeptionsebene mit der Umsetzung der geplanten Maßnahmen (etwa hinsichtlich der Instrumente, Anreizsysteme und Verkaufsorganisation) zu beginnen. Nachdem die Führungsebene bereits eine aktive Rolle bei der Beseitigung von Änderungswiderständen bei ihren Mitarbeitern gespielt hat, ist hier nun eine Verstetigung des positiven Einflusses gefragt. In dieser Phase müssen die Führungskräfte primär die interaktive Markenführung vorleben und ihre Mitarbeiter bei der Implementierung unterstützen.

- Bewertung: Die Umsetzung der Maßnahmen ist hinsichtlich ihrer Richtung und Effektivität permanent durch das Verkaufscontrolling zu überwachen. Dabei sollten Misserfolge und Rückschläge zu Beginn der Umsetzungsphase nicht dazu führen, dass der gesamte Prozess in Frage gestellt wird. Am Anfang eines jeden langfristigen Veränderungsprozesses ist mit Ineffizienzen zu rechnen. Jedoch sollte sich nach einer gewissen Zeit eine Verbesserung einstellen, und zwar über das Niveau vor Beginn des Prozesses hinaus. Daher sollte nach einem halben Jahr eine erste Zwischenbilanz und nach spätestens einem Jahr eine grundlegende Bewertung des Erfolgs der interaktiven Markenführung stattfinden. Wichtig dabei ist, dass die Bewertung bottom-up erfolgt. Das bedeutet, dass die individuellen Erfahrungen und Eindrücke der Verkaufsmitarbeiter durch die Führungskräfte gesammelt und bewertet werden. Auf der Konzeptionsebene wird dieser Innensicht die Außensicht in Form von Leistungsindikatoren aus der Verkaufs-Scorecard gegenübergestellt.

- Stabilisierung: Im Falle einer positiven Bewertung muss eine nachhaltige Stabilisierung der interaktiven Markenführung als Verkaufsansatz erfolgen. Die Verkaufsidentität hat dazu fortgesetzt als Leitbild für alle Strukturebenen des Verkaufssystems zu gelten. Konzeptions-, Führungs- und Durchführungsebene sowie Personalpolitik sind auf Dauer konsistent am Verkaufssteuerrad auszurichten. Gleichzeitig muss jedoch auf der Ebene der Verkaufsstrategie sichergestellt werden, dass die Verkaufsidentität nicht statisch interpre-

---
[108] Vgl. Wittke-Kothe (2001), S. 98 ff.
[109] Vgl. ebenda, S. 141 ff.

D. Implementierung der interaktiven Markenführung 209

tiert wird, sondern sich dynamisch dem Wettbewerbsumfeld und Veränderungen der internen Rahmenbedingungen (etwa Änderungen der Unternehmens- oder Vertriebsstrategie) anpasst. Auch Anregungen aus dem Verkaufssystem heraus sollten aufgenommen und gegebenenfalls berücksichtigt werden. Nur eine lebendige Verkaufsidentität kann auch gelebt werden.

5. Vom Markenwert zum Verkaufswert

Die bisherigen Ausführungen haben sich auf Diagnose und Therapie des Markenwerts in Form der Markenstärke beschränkt. Dies reicht zur Ausgestaltung und Steuerung der interaktiven Markenführung durchaus aus. Für Aspekte der Ressourcenoptimierung erscheint darüber hinaus aber auch eine monetäre Zielgröße wünschenswert. So wird in der Praxis etwa häufig die Frage gestellt, was ein Verkaufssystem eigentlich kosten darf. Auch für die Allokation eines Markenführungsbudgets ist es hilfreich zu wissen, welchen relativen Beitrag die Dimensionen Leistung, unpersönliche und persönliche Marktbearbeitung zum Unternehmenserfolg liefern.

Im Folgenden soll eine mögliche Lösung für diese Problemstellung für den Fall skizziert werden, dass der Umsatz die zu betrachtende Zielgröße des Unternehmenserfolgs darstellt. Dann ist zunächst der jeweilige Umsatzbeitrag von Leistung, unpersönlicher und persönlicher Marktbearbeitung zu ermitteln. Näherungsweise ließe sich der jeweilige relative Beitrag zum Markenwert analog der Vorgehensweise in der externen Perspektive ermitteln und als Schlüssel für den Umsatzbeitrag übernehmen. Wesentlich fundierter lässt sich dieser Schlüssel durch dekompositionelle (z.B. Conjoint-Analysen) und kompositionelle Verfahren bestimmen[110].

Als Ergebnis ergeben sich statt einer globalen Umsatzgröße drei Teilgrößen. Der Leistungsumsatz resultiert aus objektiven und sachlichen Aspekten der Unternehmensleistung (z.B. Produktqualität, Preis etc.). Der Umsatz, der auf die Qualität der persönlichen Marktbearbeitung zurückzuführen ist, soll vereinfacht als Verkaufsumsatz bezeichnet werden. In analoger und ähnlich vereinfachender Form soll derjenige Umsatzbeitrag als Werbeumsatz bezeichnet werden, welcher der unpersönlichen Marktbearbeitung zuzurechnen ist.

Diesen drei Umsatzgrößen lassen sich nun die jeweiligen Kosten gegenüberstellen, d.h. die Kosten der Leistungserstellung, der unpersönlichen Marktbearbeitung und des Verkaufssystems. Hinsichtlich des Verkaufs ergibt sich aus der Differenz aus Verkaufsumsatz und Verkaufskosten ein Delta, das die Wertschöpfung des Verkaufs widerspiegelt. Diese Differenz lässt sich als Steuerungsgröße für den Verkaufswert (Sales Force Equity) interpretieren. Ist sie positiv, so schafft das Verkaufssystem einen Mehrwert. Die interaktive Markenführung kann in diesem Fall für eine Absicherung bzw. für einen Ausbau dieses Mehrwerts eingesetzt werden. Ist die Differenz dagegen negativ, so wird das Verkaufsbudget nicht effektiv ver-

---

[110] Vgl. Baumgarth (2004b), S. 91„ Högl/ Hupp/ Maul/ Sattler (2002) sowie Sattler (2001), S. 158.

wendet. Es ist dann unternehmensspezifisch zu prüfen, inwieweit ein Methoden-Mix aus Kosteneinsparungen und Effizienzsteigerungen (etwa durch eine systematische interaktive Markenführung) in dieser Situation Verbesserungen herbeiführen kann. Abbildung 73 fasst die Vorgehensweise zur Bestimmung des Verkaufswerts beispielhaft zusammen.

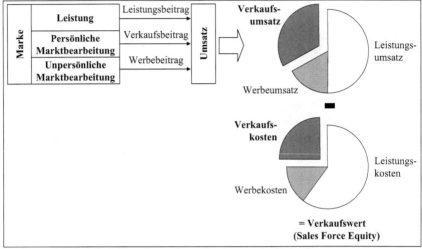

Abbildung 73: Beispielhafte Vorgehensweise zur Bestimmung des Verkaufswerts
(Quelle: Eigene Darstellung)

6. Beurteilung der Konzeption

Im Rahmen der internen Perspektive sind die Anforderungen an das Management der interaktiven Markenführung untersucht worden. Darauf basierend lassen sich nunmehr die entsprechenden Forschungsfragen zu diesem Themenkreis beantworten.

Zur Steuerung der interaktiven Markenführung (Forschungsfrage 2.1.: „Wie lässt sich eine verkäuferische Markenidentität als Leitbild für dezentrale Verkaufsaktivitäten entwickeln?", vgl. A.4.2.) ist ausgehend vom Konzept des Markensteuerrads vorgeschlagen worden, analog ein Verkaufssteuerrad zur Erfassung der Verkaufsidentität zu verwenden. Die Vorgehensweise hierbei ist ebenfalls beschrieben worden. Die Ausrichtung des Verkaufssystems an einer übergeordneten Verkaufsidentität ist für die Praxis zwar sinnvoll, jedoch aufgrund von Änderungswiderständen nicht unproblematisch. Die beiden kritischsten zu erwartenden Einwände sind beschrieben und bewertet worden. Dabei hat sich gezeigt, dass die interaktive Markenführung durch die Verkaufsidentität ein strategisches Wertesystem vorgibt, in dessen

D. Implementierung der interaktiven Markenführung 211

Grenzen die Verkäufer weiterhin autonom und situativ über die kundenspezifische Vorgehensweise entscheiden.

Zur Konzeption der interaktiven Markenführung (Forschungsfrage 2.2.: „Welche Spezifika sind bei der Konzeption einer Verkaufsorganisation für die interaktive Markenführung zu beachten?", vgl. A.4.2.) ist literaturbasiert ein Strukturmodell vorgelegt worden. Ausgehend von einer markenbasierten Verkaufsstrategie der „Beziehungsführerschaft" sind die Markencharakteristika für die Personalpolitik sowie die Durchführungs-, Führungs- und Konzeptionsebene skizziert worden. Im Ergebnis konnte keine sensationell neue Verkaufskonzeption abgeleitet werden. Vielmehr lebt die interaktive Markenführung von den richtigen Weichenstellungen bei vielen Einzelaspekten. Interaktive Markenführung liefert keinen „Stein der Weisen", sondern ein Modell für regelmäßige, systematische und kontinuierliche Entscheidungen im Verkaufssystem. Sie ist Leitbild, keine Patentlösung.

Zur Implementierung der interaktiven Markenführung (Forschungsfrage 2.3.: „Wie ist der Implementierungsprozess für die interaktive Markenführung zu gestalten?", vgl. A.4.2.) ist ein Prozessmodell erarbeitet worden. Dieses verknüpft die Phasen der internen Markenführung nach Wittke-Kothe mit dem Strukturmodell. Die einzelnen Prozessschritte sind abschließend mit dem Ziel skizziert worden, einen groben Leitfaden zur Implementierung der interaktiven Markenführung in der Praxis zu entwerfen.

Schließlich ist zum Abschluss mit dem Verkaufswert ein Ansatz vorgestellt worden, der ausgehend von den Überlegungen zur interaktiven Markenführung eine monetäre Zielgröße zur Steuerung des Verkaufs definiert.

E. Fazit

Zum Abschluss dieser Arbeit soll zunächst eine kurze Zusammenfassung der zentralen Ergebnisse erfolgen. Anschließend werden Ansatzpunkte für weitere Forschungsarbeiten dargestellt, bevor schließlich ein Ausblick erfolgt.

1. Zusammenfassung

Komplexe Unternehmen brauchen eine „andere" Markenführung. B2B-Markenführung bedeutet in erster Linie Kompetenz- und Vertrauensmarketing. Zielsetzung dieser Arbeit ist es vor diesem Hintergrund, den persönlichen Verkauf als differenzierendes Instrument in die Markenführung im B2B-Geschäft einzubinden. Hierzu sind zwei unterschiedliche Perspektiven eingenommen worden.

Im Rahmen der externen Perspektive wurde empirisch aus Kundensicht untersucht, welche Relevanz die Markenstärke eines Lieferanten im B2B-Geschäft hat und welche Markentreiber im persönlichen Verkauf existieren. Dazu wurde die Markenstärke mit dem Eisbergmodell von Icon Added Value gemessen. Die Validität dieses Ansatzes konnte anhand einer ausgeprägten Einstellungs- und Verhaltenswirkung des Markenguthabens bestätigt werden. Das Markenbild wird primär durch die persönliche Marktbearbeitung geprägt. Interaktive Markenführung als der Managementprozess der Planung, Implementierung und Kontrolle beziehungsgestaltender Interaktionsprozesse mit aktuellen und potenziellen Kunden eines B2B-Unternehmens durch sein Verkaufssystem mit dem Ziel, ein identitätskonformes Vorstellungsbild in den Köpfen der relevanten Buying-Center-Mitglieder zu verankern, ist daher ein zentraler Bestandteil von B2B-Marken.

Stellschrauben der interaktiven Markenführung eines Lieferanten für seinen persönlichen Verkauf sind Persönlichkeitsmerkmale und Beziehungsverhalten. Diese sind in Abhängigkeit vom Charakter der Geschäftsbeziehungen mit unterschiedlichem Stellenwert zu konfigurieren. Durch eine Clusteranalyse sind beziehungsorientierte, verkäuferorientierte und unternehmensorientierte Geschäftsbeziehungen identifiziert worden, die jeweils unterschiedliche Konsequenzen für den Stellenwert des Verkäufers und die Markenstärke haben. Eine Analyse der Brand Relationship Cluster zeigt darüber hinaus, dass bei Individuen Marken- und Verhaltenspräferenz inkonsistent sein können.

Interaktive Markenführung muss sich daher zum einen an der Art der übergeordneten Geschäftsbeziehung und zum anderen am individuellen Verhalten des Interaktionspartners innerhalb der Geschäftsbeziehung orientieren. Es ergibt sich die Notwendigkeit einer situativen Interpretation der interaktiven Markenführung. Es sind fünf situative Optionen der interaktiven Markenführung charakterisiert worden, die jeweils unterschiedliche markentreibende Wirkungen aufweisen. Dabei zeigt sich, dass die Marke zwar eine notwendige, jedoch keine hinreichende Bedingung für erfolgreiche und stabile Geschäftsbeziehungen im B2B-Geschäft

214 2. Limitationen

darstellt. Interaktive Markenführung ist daher keine Erfolgsgarantie, sondern liefert ein Leitbild für ein situatives Management by Values. Zielsetzung dabei ist die Beziehungsführerschaft, d.h. die Strategie, im Markt durch ein optimales Geschäftsbeziehungsmanagement ein differenzierendes Profil sicherzustellen. Die Entscheidung darüber, was im Einzelfall „optimal" ist, trifft jedoch weiterhin der Verkäufer, wenn auch im Rahmen engerer strategischer Vorgaben.

Die Erarbeitung und Umsetzung dieser Vorgaben steht im Mittelpunkt der internen Perspektive dieser Arbeit. Die Unternehmens- und damit Markenwerte, die der Verkauf bei seinen situativen Entscheidungen als Leitlinien zu berücksichtigen hat, ergeben sich aus der Verkaufsidentität. Diese manifestiert sich im Verkaufssteuerrad. Zur Umsetzung der Verkaufsidentität im Verkaufssystem sind verschiedene Ebenen zu berücksichtigen, die sich aus dem Strukturmodell der interaktiven Markenführung ergeben. Anhand eines Prozessmodells lassen sich Empfehlungen zur Implementierung ableiten.

Grundsätzlich ist die interaktive Markenführung in ein Gesamtkonzept einzubinden, das etwa auch Kommunikationsaktivitäten umfasst. Dabei ist kritisch zu prüfen, ob sie im Einzelfall sinnvoll ist, d.h. Erfolgspotenziale aufweist. Denn die Heterogenität des B2B-Geschäfts bedeutet, dass der Einfluss des Verkaufs auf die Marke variiert.

Im Ergebnis stellt die interaktive Markenführung dennoch einen konzeptionellen Ansatz dar, durch den der persönliche Verkauf als Markeninstrument aktiv und systematisch im Sinne der Unternehmensstrategie gesteuert werden kann. Vor dem Hintergrund der Zusammenhänge von Geschäftsbeziehung, Marke und Unternehmenserfolg erscheint eine stärkere Berücksichtigung von Markenaspekten im B2B-Geschäft im Allgemeinen und im persönlichen Verkauf im Besonderen wünschenswert.

2. Limitationen

Aus verschiedenen Einschränkungen dieser Arbeit ergeben sich Ansatzpunkte für weitere Forschungsarbeiten. Da die Zusammenhänge zwischen Verkauf, Geschäftsbeziehung und Marke im B2B-Geschäft bislang wenig Beachtung gefunden haben, wurde hier ein breiter Forschungsansatz gewählt. Folgende Limitationen sind zu konstatieren:

- Empirische Basis: Zwar erscheint die Fallzahl für statistische Auswertungen ausreichend, angesichts der Heterogenität des B2B-Geschäfts musste von konkreten Handlungsempfehlungen jedoch Abstand genommen werden. Es besteht keine Repräsentativität der Ergebnisse. Die Ergebnisse sind eher allgemein gültiger Natur und müssen für einzelne Branchen, Märkte und Unternehmen konkretisiert werden. Insofern erscheinen weitere, fokussierte empirische Untersuchungen angezeigt.

- Vertiefung inhaltlicher Aspekte: Aufgrund des explorativen Charakters und der Beschränkungen infolge der telefonischen Befragungsform konnten nicht alle Aspekte mit der

E. Fazit 215

wünschenswerten Fundierung untersucht werden. So leidet der ermittelte relative Beitrag von persönlicher und unpersönlicher Marktbearbeitung sowie Unternehmensleistung in dieser Arbeit unter einer knappen Operationalisierung der beiden letztgenannten Dimensionen. Im Rahmen der persönlichen Marktbearbeitung sind dagegen Beziehungsnormen (etwa Einsatz von Macht) untersucht worden, die sich als wenig praxisrelevant herausgestellt haben. Aufbauend auf den vorliegenden Ergebnissen können zukünftige Forschungsarbeiten die jeweiligen Aspekte wesentlich schärfer fassen und so ihre empirische Ergebnisqualität im Vergleich zur vorliegenden Arbeit deutlich steigern.

- Dynamische Betrachtung: Gemäß dem Interaktionsansatz der IMP Group (vgl. B.1.2.5.) liegt der Schwerpunkt der Ausführungen dieser Arbeit auf der Atmosphäre der Interaktion. Es liegt eine statische Zeitpunktbetrachtung von Geschäftsbeziehungen vor. Interessant wäre eine Untersuchung der Entwicklung von Interaktionen (="Episoden") im Verlauf der Geschäftsbeziehungen.

- Qualitative Fallstudienforschung: Die interne Perspektive ist in dieser Arbeit konzeptionell und damit zwangsläufig allgemein behandelt worden. Um die Inhalte zu konkretisieren und die literaturgestützten Empfehlungen einem Praxischeck zu unterziehen, erscheint es sinnvoll, diesen Teil qualitativ zu vertiefen. Hierzu bieten sich etwa Fallstudien von Unternehmen an, die in ihrer Branche eine überragende Verkaufsqualität realisieren. Es wäre dann jeweils zu prüfen, inwieweit Werte bei der Verkaufssteuerung eine Rolle spielen und wie diese Werte im Markt und in der Interaktion weitergegeben werden[1].

3. Ausblick

In wirtschaftlich schwierigen Zeiten und unter dem Eindruck tief greifender struktureller Umbrüche im B2B-Geschäft ist die nachhaltige Sicherung von Wettbewerbsvorteilen für die unternehmerische Zukunft wichtiger denn je. In Gesprächen mit Praktikern fällt angesichts dieser Herausforderungen eine weit verbreitete Hoffnungslosigkeit und Frustration auf. Top-Manager meinen, sie hätten alle Prozesse „reengineered" sowie die vorhandenen Kosteneinsparungspotenziale ausgeschöpft und stehen doch wie einst Sisyphus wieder am Ausgangspunkt ihrer Bemühungen. Verkäufer beschwören dagegen gerne die „guten alten Zeiten" und lamentieren über die vorherrschende „Geiz-ist-geil"-Mentalität in ihren Märkten.

Beide Sichtweisen gehen auf dieselbe Wurzel zurück: Die Probleme von heute und morgen sollen mit den Konzepten von gestern gelöst werden. Wenn das nicht funktioniert, dann sind je nach Gemütslage die Globalisierung, die Kunden oder die Politiker schuld. Die Zukunft

---

[1] Hierzu sei etwa auf das (allerdings branchenfremde) Beispiel der Allianz Lebensversicherungs-AG verwiesen. Hier gelingt es, durch ausgeprägte Dezentralisierung der Verkaufsorganisation einen besonderen Grad an Kundennähe zu realisieren, der als Preispremium von den Kunden honoriert wird. Die interne Markenführung erweist sich als Integrationsmechanismus im dezentralen Vertrieb von Finanzdienstleistungen. Vgl. Binckebanck/ Becker (2005).

wird jedoch „totaliter aliter"[2]. Unternehmen sollten daher weder der Vergangenheit hinterhertrauern, noch dem neuesten Management Fad hinterherlaufen, sondern sich vielmehr auf die eigenen Stärken besinnen. Im Hinblick auf den Verkauf bedeutet dies, den Verkäufer nicht lediglich als ausführendes Organ der Distributionspolitik zu betrachten. Der persönliche Verkauf kann mehr als „nur" verkaufen: Er kommuniziert darüber hinaus die unternehmerischen (Mehr-)Werte und schafft eine differenzierende Positionierung in den Köpfen der Kunden. Die Frage ist, ob es sich Unternehmen zu Beginn des 21. Jahrhunderts leisten können, diese Prozesse dem Zufall zu überlassen.

Die interaktive Markenführung kann und will aufgrund der Heterogenität des B2B-Geschäfts (und zweifellos auch des Kundenstamms eines jeden Unternehmens) keine Universalstrategie sein. Sie ist vielmehr als grundlegendes Leistungspotenzial von Unternehmungen zur Schaffung von Wettbewerbsvorteilen zu interpretieren, das erst dann situativ aktiviert wird, wenn die Analyse von Markt, Kunde und Geschäftsbeziehung dies als sinnvoll erscheinen lässt. Sie macht damit „Schweiß, Blut und Tränen" nicht überflüssig, sondern sie bedeutet viel Arbeit. Es steht zu hoffen, dass diese Arbeit einen Beitrag dazu leisten konnte, die Sinnhaftigkeit dieser Investition deutlich zu machen. Denn auch zukünftig gilt: „Ohne Fleiß kein Preis".

---

[2] Aus der Geschichte „Der Mönch von Heisterbach", in der zwei fromme Mönche sich darüber verabreden, dass der, der zuerst stürbe, dem anderen erscheinen solle, um ihm zu sagen, ob es im Himmel so sei, wie erwartet, also „taliter", oder ob es anders als vorgestellt sei, also „aliter". Der zuerst verstorbene Mönch erscheint seinem Mitbruder wie versprochen und sagt ihm nur die zwei Worte „totaliter aliter", also: unvorstellbar anders als erwartet. Zitiert nach Huckemann/ Bußmann/ Dannenberg/ Hundgeburth (2000), S. IX.

217

Literaturverzeichnis

A

Ahlert, D. (2003): Warum ein zentrales Brand Controlling unverzichtbar wird – Grundzüge eines integrierten und wertorientierten Markenmanagements, Brandsboard, Münster

Ahlert, D. (2005): Markenmanagement, Marketing und Vertrieb – Schlagkräftiges Triumvirat oder Anachronismus, in: Ahlert, D./ Becker, B./ Evanschitzky, H./ Hesse, J./ Salfeld, A. (Hrsg.), Exzellenz in Markenmanagement und Vertrieb – Grundlagen und Erfahrungen, Wiesbaden, S. 211-229

Ahmed, P.K./ Rafiq, M. (2002): Internal Marketing, Oxford/ Woburn

Alderfer, C.P. (1969): An Empirical Test of a New Theory of Human Needs, in: Organizational Behavior and Human Performance, Vol. 4, S. 142-175

Anderson, E./ Chu, W./ Weitz, B.A. (1987): Industrial Purchasing, in: Journal of Marketing, Vol. 51, Nr. 3, S. 71-86

Andresen, Th. (1991): Innere Markenbilder: MAX - und wie er wurde, was er ist, in: Planung & Analyse, Nr. 1, S. 28-34

Andresen, Th./ Esch, F.R. (1994): Messung des Markenwerts, in: Tomczak, T./ Reinecke, S. (Hrsg.), Marktforschung, St. Gallen, S. 212-230

Andresen, Th./ Esch, F.R. (2001): Messung der Markenstärke durch den Markeneisberg, in: Esch, F.R. (Hrsg.), Moderne Markenführung: Grundlagen, Innovative Ansätze, Praktische Umsetzungen, 3. Auflage, Wiesbaden, S. 1081-1103

Aufderheide, D./ Backhaus, K. (1995): Institutionenökonomische Fundierung des Marketing: Der Geschäftstypenansatz, in: Kaas, K.P. (Hrsg.), Kontrakte, Geschäftsbeziehungen, Netzwerke - Marketing und Neue Institutionenökonomik, Düsseldorf, S. 43-60

B

Backhaus, K. (2003): Industriegütermarketing, 7. Auflage, München

Backhaus, K. (2001): Bedeutung der Markenpolitik im Industriegüterbereich, in: Industriegütermarketing im Fokus, Nr. 2, S. 25-28

Backhaus, K./ Aufderheide, D./ Späth, G.M. (1994): Marketing für Systemtechnologien, Stuttgart

Backhaus, K./ Erichson, B./ Plinke, W./ Weiber, R. (2005): Multivariate Analysemethoden - Eine anwendungsorientierte Einführung, 11. Auflage, Berlin/ Heidelberg

Badovick, G./ Hadaway, F./ Kaminsky, P. (1992): Attributions and Emotions: The Effects of Salesperson Motivation After Successful vs. Unsuccessful Quota Performance, in: Journal of Personal Selling & Sales Management, Vol. 12, Nr. 3, S. 1-10

Bänsch, A. (1998): Verkaufspsychologie und Verkaufstechnik, 7. Auflage, München

Barten, G. (2004): Beziehungsmanagement im Vertrieb von industriellen Produktionsanlagen - ein kaufphasensegmentierender Ansatz integrierter Kommunikation, in: Baumgarth, C. (Hrsg.), Marktorientierte Unternehmensführung - Grundkonzepte, Anwendungen und Lehre, Frankfurt am Main, S. 3-33

Baumgarth, C. (1998): Vertikale Marketing-Strategien im Investitionsgüterbereich, Frankfurt am Main

Baumgarth, C. (2004a): Markenpolitik: Markenwirkungen - Markenführung - Markenforschung, 2. Auflage, Wiesbaden

Baumgarth, C. (2004b): Markenwert von B-to-B-Marken, in: Baumgarth, C., Marktorientierte Unternehmensführung - Grundkonzepte, Anwendungen und Lehre, Frankfurt am Main, S. 77-96

Beck, R./ Schwarz, G. (1997): Personalentwicklung, Alling

Becker, F. (1999): Marketingorientierte Ausrichtung der Personalentwicklung, in: Bruhn, M. (Hrsg.), Internes Marketing: Integration der Kunden- und Mitarbeiterorientierung - Grundlagen - Implementierung - Praxisbeispiele, 2. Auflage, Wiesbaden, S. 273-292

Becker, J. (1994): Vom Massenmarketing über das Segmentmarketing zum kundenindividuellen Marketing (Customized Marketing), in: Tomczak, T./ Belz, C. (Hrsg.), Kundennähe realisieren, St. Gallen, S. 15-30

Bejou, D. (1997): Relationship Marketing: Evolution, Present State, and Future, in: Pychology & Marketing, Vol. 14, Nr. 8, S. 727-736

Bekmeier-Feuerhahn, S. (1998): Marktorientierte Markenbewertung: eine konsumenten- und unternehmensbezogene Betrachtung, Wiesbaden

Belz, C. (1990): Erfolgreiche Markenführung, in: Rehbinder, M. (Hrsg.), Marke und Marketing, Bern, S. 97-120

Belz, C. (1999): Verkaufskompetenz: Chancen in umkämpften Märkten, Konzepte und Innovationen, Kunden- und Leistungskriterien, Organisation und Führung, 2. Auflage, St. Gallen

Belz, C. (2004a): „Marketing Reloaded" – Marketingparadigmen auf dem Prüfstand, in: Thexis – Fachzeitschrift für Marketing, Nr. 2, S. 3-7

Belz, C. (2004b): Markenführung im Spannungsfeld - Erfolgreiche Initiativen in komplexen Unternehmen, Thexis – Fachbericht für Marketing (Entwurf)

Belz, C. (2004c): Business-to-Business-Marketing und Industrie, in: Belz, C./ Bieger, Th. (Hrsg.), Customer Value: Kundenvorteile schaffen Unternehmensvorteile, St. Gallen, S. 527-576

Belz, C./ Bieger, Th. (Hrsg.) (2004): Customer Value: Kundenvorteile schaffen Unternehmensvorteile, St. Gallen

Belz, C./ Bircher, B./ Büsser, M./ Hillen, H./ Schlegel, H.J./ Willée, C. (1991): Erfolgreiche Leistungssysteme - Anleitung und Beispiele, Stuttgart

Belz, C./ Kopp, K. M. (1994): Markenführung für Investitionsgüter als Kompetenz- und Vertrauensmarketing, in: Bruhn, M. (Hrsg.), Handbuch Markenartikel, Band III, Stuttgart, S. 1577-1602

Belz, C./ Schuh, G./ Groos, S.A./ Reinecke, S. (1997): Erfolgreiche Leistungssysteme in der Industrie, in: Belz, C./ Schuh, G./ Groos, S.A./ Reinecke, S. (Hrsg.), Industrie als Dienstleister, St. Gallen, S. 14-107

Belz, C. et al. (1998): Erkenntnisse zum systematischen Beziehungsmanagement, in: Belz, C. u.a., Management von Geschäftsbeziehungen: Konzepte - Integrierte Ansätze - Anwendungen in der Praxis, St. Gallen/ Wien

Bentele, G./ Buchele, M.-S./ Hoepfner, J./ Liebert, T. (2003): Markenwert und Markenwertermittlung - eine systematische Modelluntersuchung und -bewertung, Wiesbaden

Berens, H./ Christian, B./ Burghardt, K. (2003): Brand Relationship Cluster & Brand Shift Potential: Zum Zusammenhang zwischen Einstellung, Präferenz und Verhalten, Internes Papier von icon its - Methodology vom 22.09.2003

Berry, L.L. (1983): Relationship Marketing, in: Berry, L.L./ Shostack, G.L./ Upah, G.D. (Hrsg.), Emerging perspectives on services marketing, Chicago, S. 25-28

Berry, L.L. (1984): The employee as customer, in: Lovelock, C.H. (Hrsg.), Services Marketing: Text, cases and readings, Eaglewood Cliffs, S. 271-278

Berthon, P./ Hulber, J./ Pitt, L. F. (1999): Brand Management Prognostications, in: Sloan Management Review, Winter 1999, S. 53-65

Beutin, N. (2000): Kundennutzen in industriellen Geschäftsbeziehungen, Wiesbaden

Binckebanck, L. (2004): Vertriebsanalytik: Steuerung jenseits der Zahlenfriedhöfe, in: Ahlert, D./ Dannenberg, H./ Huckemann, M. (Hrsg.), Der Vertriebs-Guide, 2. Ausgabe, München

Binckebanck, L. (2006): Interaktive Markenführung im B2B-Verkauf, Dissertation, St. Gallen

Binckebanck, L./ Becker, B. (2005): Interne Markenführung als Integrationsmechanismus im dezentralen Vertrieb von Finanzdienstleistungen, in: Ahlert, D./ Olbrich, R./ Schröder, H. (Hrsg.), Jahrbuch Vertriebs- und Handelsmanagement 2005: Netzwerke in Vertrieb und Handel, 2005, S. 275-289

Boisot, M. (2000): Is there a complexity beyond the reach of strategy?, in: Emergence, 2 (1), S 114-134

Bollen, K.A.. (1989): Structural equations with latent variables, new York

Bromley, D.B. (1993): Reputation, Image and Impression Management

Bruhn, M. (2001): Relationship Marketing - Das Management von Geschäftsbeziehungen, München

Bruhn, M. (1999): Internes Marketing als Forschungsgebiet der Marketingwissenschaft - Eine Einführung in die theoretischen und praktischen Probleme, in: Bruhn, M. (Hrsg.), Internes Marketing: Integration der Kunden- und Mitarbeiterorientierung - Grundlagen - Implementierung - Praxisbeispiele, 2. Auflage, Wiesbaden, S. 15-44

Bruhn, M. (2002): Marketing - Grundlagen für Studium und Praxis, 6. Auflage, Wiesbaden

Bruhn, M./ Bunge, M. (1994): Beziehungsmarketing - Neuorientierung für die Marketingwissenschaft und -praxis?, in: Bruhn, M./ Meffert, H./ Wehrle, F. (Hrsg.), Marktorientierte Unternehmensführung im Umbruch - Effizienz und Flexibilität als Herausforderung des Marketing, Stuttgart, S. 41-84

Bruhn, M./ Grund, M. (1999): Interaktionen als Determinante der Zufriedenheit und Bindung von Kunden und Mitarbeitern, in: Bruhn, M. (Hrsg.), Internes Marketing: Integration der Kunden- und Mitarbeiterorientierung - Grundlagen - Implementierung - Praxisbeispiele, 2. Auflage, Wiesbaden, S. 495-524

Burger, H.-G. (2003): Das sind die 50 Besten, in: DLG-Mitteilungen, Nr. 11, S. 68-69

Büschken, J. (1999): Wirkung von Reputation zur Reduzierung von Qualitätsunsicherheit, Ingolstadt

Bußmann, W.F./ Rutschke, K. (1998): Team Selling - Gemeinsam zu neuen Vertriebserfolgen, 2. Auflage, Landsberg/ Lech

C

Cann, C.W. (1998): Eight Steps to Building a Business-to-Business Relationship, in: Journal of Business & Industrial Marketing, Vol. 13, Nr. 4/5, S. 393-405

Cannon, J./ Homburg, C. (1998): Buyer-Supplier Relationships and Customer Firm Costs, Arbeitspapier Nr. 13, State College, PA: Institute for the Study of Business Markets, Pennsylvania State University

Caspar, M./ Hecker, A./ Sabel, T. (2002): Markenrelevanz in der Unternehmensführung - Messung, Erklärung und empirische Befunde für B2B-Märkte, Arbeitspapier Nr. 4 des Marketing Centrum Münster in Kooperation mit McKinsey & Company, Münster

Choffray, J.-M./ Lilien, G.L. (1978): Assessing Response to Industrial Marketing Strategy, in: Journal of Marketing, Nr. 2, Vol. 42, S. 20-31

Churchill, G./ Ford, N./ Hartley, S./ Walker, O. (1985): The Determinants of Salesperson Performance: A Meta-Analysis, in: Journal of Marketing Research, Vol. 22, Mai, S. 103-118

Cronbach, L. (1951): Coefficient Alpha and the Internal Structure of Tests, in: Psychometrika, Vol. 16, S. 297-334

D

Dabholkar, P.A./ Johnston, W.J./ Cathey, A.S. (1994): The Dynamics of Long-Term Business-to-Business Exchange Relationships, in: Journal of the Academy of Marketing Science, Vol. 22, Nr. 2, S. 130-145

Dannenberg, H. (1997): Vertriebsmarketing - Wie Strategien laufen lernen, 2. Auflage, Neuwied

Diller, H. (1994a): Ergebnisse der Metaplan-Diskussion „Beziehungsmanagement" (BM) beim BM-Workshop am 27.9.1993 in Frankfurt/ Main, in: Backhaus, K./ Diller, H. (Hrsg.), Arbeitsgruppe Beziehungsmanagement. Dokumentation des 1. Workshops vom 27.-28.09.1993 in Frankfurt/ Main, Münster und Nürnberg, S. 1-7

Diller, H. (1994b): State of the Art: Beziehungsmanagement, Arbeitspapier Nr. 31 des Lehrstuhls für Marketing an der Friedrich-Alexander-Universität Erlangen-Nürnberg, Nürnberg

Diller, H. (1995a): Beziehungsmanagement, in: Tietz, B./ Köhler, R./ Zentes, J. (Hrsg.), Handwörterbuch des Marketing, 2. Auflage, Stuttgart, S. 286-300

Diller, H. (1995b): Beziehungs-Marketing, in: WiSt, Vol. 24, Nr. 9, S. 442-447

Diller, H. (1997): Beziehungsmanagement, in: Die Betriebswirtschaft, Vol. 57, Nr. 4, S. 572-575

Diller, H./ Kusterer, M. (1988): Beziehungsmanagement: theoretische Grundlagen und empirische Befunde, in: Marketing ZFP, Vol. 10, Nr. 3, S. 211-220

Doney, P./ Cannon, J. (1997): An Examination of the Nature of Trust in Buyer-Seller Relationships, in: Journal of Marketing, April, S. 35-51

Drees, N. (1999): Markenerfolgsforschung und Markenberatung in Deutschland - Ergebnisse einer empirischen Studie, in: transfer - Werbeforschung & Praxis, Heft 4, S. 24-28

Duncan, T./ Moriarty, S.E. (1998): A Communication-Based Marketing Model for Managing Relationships, in: Journal of Marketing, April, S. 1-13

Dwyer, F.R./ Schurr, P.H./ Oh, J. (1987): Developing Buyer-Seller-Relationships, in: Journal of Marketing, Vol. 51, April, S. 11-28

E

Egan, C./ Shipley, D./ Howard, P. (1992): The Importance of Brand Names in Industrial Markets, in: Baker, M.J. (Hrsg.), Perspectives on Marketing Management, 2. Bd., Wiley, Chichester

Eggert, A. (1999): Kundenbindung aus Kundensicht: Konzeptualisierung - Operationalisierung - Verhaltenswirksamkeit, Wiesbaden

Einwiller, S. (2003): Vertrauen durch Reputation im elektronischen Handel, St. Gallen

Engelhardt, W./ Günter, B. (1981): Investitionsgütermarketing, Stuttgart

Erlei, M. (1998): Institutionen, Märkte, Marktphasen: allgemeine Transaktionskostentheorie, Tübingen

Esch, F.-R. (2004): Strategie und Technik der Markenführung, 2. Auflage, München

Esch, F.R./ Geus, P. (2001): Ansätze zur Messung des Markenwerts, in: Esch, F.R. (Hrsg.), Moderne Markenführung: Grundlagen, Innovative Ansätze, Praktische Umsetzungen, Wiesbaden, 3. Auflage, S. 1025-1057

Esch, F.R./ Geus, P./ Langner/ T. (2002): Brand Performance Measurement zur wirksamen Markennavigation, in: Controlling, Nr. 8/9, S. 473-481

F

Finsterwalder, J. (2002): Transformation von Kundenbeziehungen: Ansätze für das Mengenkundengeschäft von Dienstleistungsunternehmen, Dissertation St. Gallen

Firth, M. (1993): Price-Setting and the Value of strong Brand Names, in: International Journal of Research in Marketing, Vol. 10, No. 4, S. 381-386

Fishbein, M./ Ajzen, I. (1975): Belief, Attitude, Intention and Behavior: An Introduction to Theory and Research, Reading (Mass.) et al.

Fließ, S. (1995): Industrielles Kaufverhalten, in: Kleinaltenkamp, M./ Plinke, W. (Hrsg.), Technischer Vertrieb: Grundlagen, Berlin/ Heidelberg, S. 287-395

Fombrun, C. (1996): Reputation: Realizing Value from the Corporate Image, Boston

Fombrun, C./ Wiedmann, K.-P. (2001): Unternehmensreputation und der „Reputation Quotient", in: PR Magazin, Dezember

Franzen, O./ Trommsdorff, V./ Riedel, F. (1994): Ansätze der Markenbewertung und Markenbilanz, in: Bruhn, M. (Hrsg.), Handbuch Markenartikel, Band II, Stuttgart, S. 1373-1402

Freter, H./ Baumgarth, C. (2001): Ingredient Branding - Begriff und theoretische Begründung, in: Esch, F.-R. (Hrsg.), Moderne Markenführung, Wiesbaden

G

Ganesan, S. (1994): Determinants of Long-Term Orientation in Buyer-Seller Relationships, in: Journal of Marketing, Vol. 58, April, S. 1-19

Garbarino, E. /Johnson, M.S. (1999): The Different Roles of Satisfaction, Trust, and Commitment in Customer Relationships, in: Journal of Marketing, Vol. 63, Nr. 2, S. 70-87

Gardner, B.B./ Levy, S.J. (1955): The Product and the Brand, in: Harvard Business Review, Vol. 33, Nr. 2, S. 33-39

Gemünden, H.G. (1990): Innovationen in Geschäftsbeziehungen und Netzwerken, Karlsruhe

George, W.R./ Grönroos, C. (1995): Internes Marketing - Kundenorientierte Mitarbeiter auf allen Unternehmensebenen, in: Bruhn, M. (Hrsg.), Internes Marketing: Integration der Kunden- und Mitarbeiterorientierung - Grundlagen - Implementierung - Praxisbeispiele, Wiesbaden, S. 63-86

Gerpott, T.J./ Thomas, S.E. (2004): Markenbewertungsverfahren - Einsatzfelder und Verfahrensüberblick, in: WiSt, Heft 7, S. 394-400

Ghingold, M./ Wilson, D.T. (1998): Buying Center Research and Business Marketing Practice: Meeting the Challenge of Dynamic Marketing, in: Journal of Business & Industrial Marketing, Vol. 13, No. 2, S. 96-108

Giering, A. (2000): Der Zusammenhang zwischen Kundenzufriedenheit und Kundenloyalität, Wiesbaden

Gollwitzer, P.M. (1996): Das Rubikonmodell der Handlungsphasen, in: Kuhl, J./ Heckhausen, H. (Hrsg.), Motivation, Volition und Handlung, Göttingen - Bern - Toronto, S. 531-582

Gordon, G.L./ Calantone, R.J./ di Benedetto, C.A. (1993): Brand Equity in the Business-to-Business Sector: an exploratory Study, in: Journal of Product & Brand Management, Vol. 2, No. 3, S. 4-16

Grimm, M./ Högl, S./ Hupp, O. (2000): Target Positioning - Ein bewährtes Tool zur Unterstützung des strategischen Markenmanagements, in: Jahrbuch der Absatz- und Verbrauchsforschung, Nr. 1, S. 4-18

Grönroos, C. (1981): Internal Marketing - an integral part of marketing theory, in: Donnelly, J.H./ George, W.R. (Hrsg.), Marketing of services, Chicago, S. 236-238

Grönroos, C. (1994): From marketing mix to relationship marketing: Towards a paradigm shift in marketing, in: Management Decision, Vol. 32, No. 2, S. 4-20

Gummesson, E. (1996): Relationship marketing and imaginary organizations: a synthesis, in: European Journal of Marketing, Vol. 30, No. 2, S. 31-44

Gutenberg, E. (1984): Grundlagen der Betriebswirtschaftslehre, 2. Band, Berlin u.a.

H

Hakansson, H. (1982): International Marketing and Purchasing of Industrial Goods: An Introduction Approach, Chichester u. a. O.

Hansen, U./ Jeschke, K. (1992): Nachkaufmarketing: Ein neuer Trend im Konsumgütermarketing, in: Marketing ZFP, Vol. 14, S. 88-97

Heckhausen, H. (1989): Motivation und Handeln, 2. Auflage, Berlin - Heidelberg - New York u.a.

Heckner, F. (1998): Identifikation marktspezifischer Erfolgsfaktoren - Ein heuristisches Verfahren angewendet am Beispiel eines pharmazeutischen Teilmarktes, Bern u.a.

Hennig-Thurau, T. (1998): Konsum-Kompetenz: Eine neue Zielgröße für das Management von Geschäftsbeziehungen: theoretische Begründung und empirische Überprüfung der Relevanz für das Konsumgütermarketing, Frankfurt a. M. et al.

Hennig-Thurau, T. (2000): Relationship Marketing Success through Investments in Customers, in: Hennig-Thurau, T./ Hansen, U. (Hrsg.), Relationship Marketing: Gaining Competitive Advantage through Customer Satisfaction and Customer Retention, Berlin, S. 127-146

Hennig-Thurau, T./ Thurau, C. (1999): Sozialkompetenz als vernachlässigter Untersuchungsgegenstand des (Dienstleistungs-) Marketing, in: Marketing ZFP, Vol. 21, Nr. 4, S. 297-311

Högl, S./ Hupp, O./ Maul, K.-H./ Sattler, H. (2001): Der Geldwert der Marke als Erfolgsfaktor für Marketing un Kommunikation, in: GWA (Hrsg.), Der Geldwert der Marke, Frankfurt a. M.

Högl, S./ Twardawa, W./ Hupp, O. (2001): Key Driver starker Marken, in: GWA (Hrsg.), Key Driver starker Marken - Gibt es Regeln für erfolgreiche Marken?, Frankfurt a. M., S. 15-59

Homburg, C. (1995): Closeness to the Customer in Industrial Markets: Towards a Theory-Based Understanding of Measurement, Organizational Antecedents, and Performance Outcomes, in: ZfB - Zeitschrift für Betriebswirtschaft, Nr. 3, S. 309-331

Homburg, C. (1998): Kundenähe von Industriegüterunternehmen - Konzeption, Erfolgsauswirkungen, Determinanten, 2. Auflage, Wiesbaden

Homburg, C. (2003): Marken sind auch für Industriegüter ein Thema, in: FAZ vom 11. August 2003

Homburg, C./ Baumgartner, H. (1998): Beurteilung von Kausalmodellen: Bestandsaufnahme und Anwendungsempfehlungen, in: Hildebrandt, L./ Homburg, C. (Hrsg.), Die Kausalanalyse: Instrument der der empirischen betriebswirtschaftlichen Forschung, Stuttgart, S. 343-370

Homburg, C./ Bruhn, M. (2003): Kundenbindungsmanagement - Eine Einführung in die theoretischen und praktischen Problemstellungen, in: Bruhn, M./ Homburg, C. (Hrsg.), Handbuch Kundenbindungsmanagement: Strategien und Instrumente für ein erfolgreiches CRM, 4. Auflage, Wiesbaden, S. 3-37

Homburg, C./ Giering, A. (1996): Konzeptualisierung und Operationalisierung komplexer Konstrukte - Ein Leitfaden für die Marketingforschung, in: Marketing ZFP, Vol. 18, Nr. 1, S. 5-24

Homburg, C./ Krohmer, H. (2003): Marketingmanagement: Strategie - Instrumente - Umsetzung - Unternehmensführung, Wiesbaden

Homburg, C./ Pflesser, C. (1999): Konfirmatorische Faktorenanalyse, in: Herrmann, A./ Homburg, C. (Hrsg.), Marktforschung: Methoden, Anwendungen, Praxisbeispiele, Wiesbaden, S. 413-437

Homburg, C./ Schäfer, H./ Schneider, J. (2003): Sales Excellence: Vertriebsmanagement mit System, 3. Auflage, Wiesbaden

Homburg, C./ Schneider, J. (2001): Industriegütermarketing, in: Tscheulin, D.K./ Helmig, B. (Hrsg.), Branchenspezifisches Marketing: Grundlagen, Besonderheiten, Gemeinsamkeiten, Wiesbaden, S. 587-613

Homburg, C./ Stock, R. (2000): Der kundenorientierte Mitarbeiter: Bewerten - Begeistern - Bewegen, Wiesbaden

Homburg, C./ Stock, R. (2001): Theoretische Perspektiven zur Kundenzufriedenheit, in: Homburg, C. (Hrsg.), Kundenzufriedenheit: Konzepte –Methoden - Erfahrungen, 4. Auflage, Wiesbaden, S. 17-50

Horovitz, J. (1989): Service entscheidet, Paris

Horváth, P./ Kaufmann, L. (1998): Balanced Scorecard - ein Werkzeug zur Umsetzung von Strategien, in: Harvard Business Manager, Jg. 20, Nr. 3, S. 39-48

Huckemann, M./ Bußmann, W.F./ Dannenberg, H./ Hundgeburth, M. (2000): VerkaufsProzessMangement, Neuwied/ Kriftel

Hutton, J.G. (1997): A Study of Brand Equity in an organizational-buying context, in: Journal of Product & Brand Management, Vol. 6, No. 6, S. 428-439

I

Irmscher, M. (1997): Markenwertmanagement, Frankfurt am Main

Ivens, B. (2002a): Beziehungsstile im Business-to-Business-Geschäft: Formen, Erfolgswirkungen und Determinanten einer Differenzierung des Beziehungsmarketing in industriellen Geschäftsbeziehungen, Nürnberg

Ivens, B. (2002b): Marktforschungsbeziehungen: Ergebnisse einer empirischen Studie zur Wirkung der Geschäftspolitik von Marktforschungsinstituten auf Kundenzufriedenheit, -vertrautheit und -commitment, in: Jahrbuch der Absatz- und Verbrauchsforschung, Nr. 3, S. 257-276

Ivens, B. (2003): Charakteristika und Folgen alternativer Beziehungsstile im BtB-Geschäft, in: Diller, H. (Hrsg.), Beziehungsmarketing und CRM erfolgreich realisieren, Nürnberg, S. 81-90

J

Jaworski, B./ Kohli, A. (1993): Market Orientation: Antecedents and Consequences, in: Journal of Marketing, Juli, S. 53-70

K

Kaas, K.P. (1992): Marketing und Neue Institutionenlehre, Arbeitspapier Nr. 1 aus dem Forschungsprojekt Marketing und ökonomische Theorie, Frankfurt a.M.

Kaas, K.P. (1995): Marketing und Neue Institutionenökonomik, in: Kaas, K.P. (Hrsg.), Kontrakte, Geschäftsbeziehungen, Netzwerke - Marketing und Neue Institutionenökonomik, Düsseldorf, S. 1-18

Kaplan, R.S./ Norton, D.P. (1997): Balanced Scorecard - Strategien erfolgreich umsetzen, Stuttgart

Keller, K.L. (2003): Strategic Brand Management, 2. Auflage, Upper Saddle River

Kemper, A.C. (2000): Strategische Markenpolitik im Investitionsgüterbereich, Köln

Kemper, A.C./ Bacher, M.R. (2004): Industriegüter-Marketing: Erfolg durch Marken!, in: absatzwirtschaft, Nr. 8, S. 60-61

Kernstock, J./ Brexendorf, O. (2004): Corporate Brand Management gegenüber Mitarbeitern gestalten, in: Esch, F.-R./ Tomczak, T./ Kernstock, J./ Langner, T. (Hrsg.), Corporate Brand Management - Marken als Anker strategischer Führung von Unternehmen, Wiesbaden, S. 251-271

Kernstock, J./ Esch, F.-R./ Tomczak, T./ Langner, T. (2004): Zugang zum Corporate Brand Management, in: Esch, F.-R./ Tomczak, T./ Kernstock, J./ Langner, T. (Hrsg.), Corporate Brand Management - Marken als Anker strategischer Führung von Unternehmen, Wiesbaden, S. 1-52

Kim, J./ Reid, D./ Plank, R./ Dahlstrom, R. (1998): Examining the Role of Brand Equity in Business Markets: a model, research propositions and managerial implications, in: Journal of Business-to-Business Marketing, Vol. 5, No. 3, S. 65-89

Klee, A. (2000): Strategisches Beziehungsmanagement - Ein integrativer Ansatz zur strategischen Planung und Implementierung des Beziehungsmanagement, Aachen

Kleinaltenkamp, M. (2000): Einführung in das Business-to-Business-Marketing, in: Kleinaltenkamp, M./ Plinke, W. (Hrsg.), Technischer Vertrieb: Grundlagen des Business-to-Business-Marketing, 2. Auflage, Berlin, S. 171-247

Klingebiel, N. (1997): Performance Measurement Systeme, in: WISU, Nr. 7, S. 655-663

Klumpp, Th. (2000): Zusammenarbeit von Marketing und Verkauf: Implementierung eines integrierten Marketing in Industriegüterunternehmen, St. Gallen

Knox, S. (2004): Positioning and Branding your Organisation, in: Journal of Product & Brand Management, Vol. 13, No. 2, S. 105-115

Kotler, Ph./ Bliemel, F. (2001): Marketing- Management: Analyse, Planung, Umsetzung und Steuerung, 10. Auflage, Stuttgart

Krämer, C. (1993): Marketingstrategien für Produktionsgüter, Wiesbaden

Kreuzer-Burger, E. (2002): Kundenorientiertes Wissensmanagement für Industriegüterunternehmen - Ein ganzheitlicher Ansatz zur Generierung dauerhafter Wettbewerbsvorteile, Wiesbaden

Kriegbaum, C. (2001): Markencontrolling: Bewertung und Steuerung von Marken als immaterielle Vermögensgegenstände im Rahmen eines unternehmenswertorientierten Controlling, München

Kroeber-Riel, W./ Weinberg, P. (2003): Konsumentenverhalten, 8. Auflage, München

L

Lamons, B. (2000): Resolve to promote your firm's brand image in the new millennium, in: Marketing News, 17. Januar, S. 4

Liljander, V. (2000): The importance of Internal Relationship Marketing for External Relationship Success, in: Hennig-Thurau, T. / Hansen, U. (Hrsg.), Relationship Marketing - Gaining Competitive Advantage Through Customer Satisfaction and Customer Retention, Berlin/ Heidelberg, S. 161-192

Lintemeier, K. (1999): Die interne Kommunikationspolitik der Stadtwerke Hannover AG, in: Bruhn, M. (Hrsg.), Internes Marketing, 2. Auflage, Wiesbaden, S. 643-664

Loss, C. (1996): Systemverkauf, Dissertation St. Gallen

Low, J.; Blois/ K. (2002): The evolution of generic brands in industrial markets, in: Industrial Marketing Management, Vol. 31, No. 5, S. 385-392

Lynch, J. / de Chernatony, L. (2004): The Power of Emotion: Brand communication in business-to-business markets, in: Brand Management, Vol. 11, No. 5, S.403-419

M

Macneil, I.R. (1978): Contracts: Adjustments of Long-Term Economic Relations Under Classical, Neoclassical, and Relational Contract Law, in: Northwestern University Law Review, Vol. 72, S. 854-905

Macneil, I.R. (1980): The New Social Contract, New Haven

Malhorta, N.K. (1993): Marketing Research - An Applied Orientation, Eaglewood Cliffs, NJ

Maretzki, J./ Wildner, R. (1994): Messung von Markenkraft, in: Markenartikel, Vol. 61, Nr. 3, S. 101-105

Marwick, N./ Fill, C. (1997): Towards a framework for managing corporate identity, in: European Journal of Marketing, Vol. 31, Nr. 5/6, S. 396-409

Matell, M.S./ Jacoby, J. (1971): Is there an optimal number of alternatives for Likert scale items? Study 1: Reliability and validity, in: Educational and Psychological Measurements, Vol. 31, S. 657-674

McBane, D. (1995): Empathy and the Salesperson: A Multidimensional Perspective, in: Psychology & Marketing, Vol. 12, Nr. 4, S. 349-371

McDowell Mudambi, S./ Doyle, P./ Wong, V. (1997): An Exploration of Branding in Industrial Markets, in: Industrial Marketing Management, Vol. 26, No. 5, S. 433-446

Meier-Kortwig, H./ Stüwe, B. (2000): Gestaltete Werte - Wie die Markenbotschaft erfahrbar wird, in: Absatzwirtschaft, Vol. 43, Sondernummer Oktober, S. 190-197

Meffert, H. (2000): Marketing: Grundlagen der Absatzpolitik, 9. Auflage, Wiesbaden

Meffert, H. (1994): Marktorientierte Führung von Dienstleistungsunternehmen - neue Entwicklungen in Theorie und Praxis, in: Die Betriebswirtschaft, Nr. 4, S. 519-541

Meffert, H. (1999): Marketing - Entwicklungstendenzen und Zukunftsperspektiven, in: Die Unternehmung, Nr. 6, S. 409-432

Meffert, H. (2002): Relational Branding - Beziehungsorientierte Markenführung als Aufgabe des Direktmarketing, Arbeitspapier des Centrums für interaktives Marketing und Medienmanagement an der Universität Münster, Münster

Meffert, H. (2003): Die Bedeutung der Marke für Finanzdienstleister, in: Immobilien & Finanzierung 22, S. 786-788

Meffert, H./ Burmann, C. (2002): Wandel in der Markenführung - vom instrumentellen zum identitätsorientierten Markenverständnis, in: Meffert, H./ Burmann, C./ Koers, M. (Hrsg.), Markenmanagement -Grundfragen der identitätsorientierten Markenführung, Wiesbaden, S. 17- 33

Meffert, H./ Burmann, C./ Koers, M. (2002a): Markenmanagement -Grundfragen der identitätsorientierten Markenführung, Wiesbaden

Meffert, H./ Burmann, C./ Koers, M. (2002b): Stellenwert und Gegenstand des Markenmanagement, in: Meffert, H./ Burmann, C./ Koers, M. (Hrsg.), Markenmanagement - Grundfragen der identitätsorientierten Markenführung, Wiesbaden, S. 3-15

Michell, P./ King, J./ Reast, J. (2001): Brand Values Related to Industrial Products, in: Industrial Marketing Management, Vol. 30, Nr. 5, S. 415-425

Miles, S.J./ Mangold, G. (2004): A Conceptualization of the Employee Branding Process, in: Hartline, M.D./ Bejou, D. (Hrsg.), Internal Relationship Management: Linking Human Resources to Marketing Performance, Binghamton, S. 65-87

Morgan, R.M./ Hunt, S.D. (1994): The Commitment-Trust Theory of Relationship Marketing, in: Journal of Marketing, Vol. 58, Nr. 3, S. 20-38

Morrison, D.P. (2001): B2B Branding: Avoiding the Pitfalls, in: MM, September/October, S. 30-34

Mudambi, S. (2002): Branding importance in business-to-business markets, in: Industrial Marketing Management, Vol. 31, Nr. 6, S. 525-533

Müller, I. (2002): Die Entstehung von Preisimages im Handel, Nürnberg

Müller, S. (1999): Integration von Kunden- und Mitarbeiterorientierung, in: Bruhn, M. (Hrsg.), Internes Marketing: Integration der Kunden- und Mitarbeiterorientierung - Grundlagen - Implementierung - Praxisbeispiele, 2. Auflage, Wiesbaden, S. 333-364

Musiol, K.G./ Berens, H./ Spannagl, J./ Biesalski, A. (2004): icon Brand Navigator und Brand Rating für eine holistische Markenführung, in: Schimansky, A. (Hrsg.), Der Wert der Marke, München, S. 374-399

N

Nerb, M. (2002): Reputation - Begriffsbestimmung und Möglichkeiten der Operationalisierung, Arbeitspapier zur Schriftenreihe Schwerpunkt Marketing an der Ludwig-Maximilians-Universität München, Band 123, München

Nieschlag, R./ Dichtl, E./ Hörschgen, H. (2002): Marketing, 19. Auflage, Berlin

Nunnally, J.C. (1967): Psychometric Theory, New York

P

Peichl, J. (2004): Die Ausgestaltung der Geschäftsbeziehungen im Handel mit kleinen und mittleren Unternehmen - Untersucht am Beispiel des baunahen Produktionsverbindungshandels, Frankfurt am Main

Picot, A./ Dietl, H. (1990): Transaktionskostentheorie, in: WiSt, Heft 4, S. 178-183

Plinke, W. (1997): Grundlagen des Geschäftsbeziehungsmanagements, in: Kleinaltenkamp, M./ Plinke, W. (Hrsg.), Geschäftsbeziehungsmanagement, Berlin u.a., S. 1-62

Plötner, O. (1995): Das Vertrauen das Kunden, Wiesbaden

R

Rafiq, M./ Ahmed, P.K. (2000): Advances in the internal marketing concept: Definition, synthesis and extension, in: Journal of Services Marketing, Vol. 14, S. 449-462

Reinecke, S. (2004): Marketing Performance Management: Empirisches Fundament und Konzeption für ein integriertes Marketingkennzahlensystem, Wiesbaden

Riedel, F. (1996): Die Markenwertmessung als Grundlage strategischer Markenführung, Berlin

Richter, R./ Furubotn, E.G. (1999): Neue Institutionenökonomik, 2. Auflage, Tübingen

Robinson, P.J./ Faris, C.W./ Wind, Y. (1967): Industrial Buying and Creative Marketing, Boston Mass.

Roleff, R. (2001): Marketing für die Marktforschung, Wiesbaden

Rosenberg, M.J./ Hovland, C.I. (1960): Cognitive, Affective and Behavioral Components of Attitudes, in: Rosenberg, M.J./ Hovland, C.I. (Hrsg.), Attitude Organization and Change, New Haven, S. 1-14

Rudolph, B. (1998): Kundenzufriedenheit im Industriegüterbereich, Wiesbaden

Ruge, H.-D. (2001): Aufbau von Markenbildern, in: Esch, F.R. (Hrsg.), Moderne Markenführung: Grundlagen, Innovative Ansätze, Praktische Umsetzungen, 3. Auflage, Wiesbaden, S. 165-184

Rutschmann, M. (2004): Kaufprozessgerichtetes Marketing, Manuskript in der überarbeiteten Fassung vom 28.10.2004

S

Salcher, E.F. (1995): Psychologische Marktforschung, 2. Auflage, Berlin/ New York

Sattler, H. (1995): Markenbewertung, in: ZfB - Zeitschrift für Betriebswirtschaft, Nr. 6, S. 663-682

Sattler, H. (2001): Markenpolitik, Stuttgart

Sattler, H./ PriceWaterhouseCoopers (2001): Praxis von Markenbewertung und Markenmanagement in deutschen Unternehmen, 2. Auflage, Frankfurt am Main

Saunders, J.A./ Watt, F.A.W. (1979): Do Brand Names differentiate identical Industrial Products?, in: Industrial Marketing Management, Vol. 8, S. 114-123

Schimansky, A. (2003): Schlechte Noten für Markenbewerter, in: marketingjournal, Nr. 5, S. 44-49

Schneider, D.J.G. (1985): Das Investitionsgut als Grundkategorie des Investitionsgüter-Marketing - Konsequenzen der Begriffsbildung für die Marketinglehre, in: der Markt, Vol. 24, Nr. 1, S. 1-7

Schnell, R./ Hill, P.B./ Esser, E. (1999): Methoden der empirischen Sozialforschung, 6. Auflage, München u.a.

Schönig, C. (2001): Internes Marketing in Wirtschaftsverbänden - Ein Ansatz zur Förderung der Marketing- und Dienstleistungsorientierung in Verbandsorganisationen, Frankfurt am Main

Schulman, P. (1999): Applying Learned Optimism to Increase Sales Productivity, in: Journal of Personal Selling & Sales Management, Vol. 19, Nr. 1, S. 31-37

Sheth, J.N./ Parvatiyar, A. (1995): Relationship Marketing in Consumer Markets: Antecedents and Consequences, in: Journal of the Academy of Marketing Science, Vol. 23, Nr. 4, S. 255-271

Shipley, D./ Howard, P. (1993): Brand-naming industrial products, in: Industrial Marketing Management, Vol. 22, No. 1, S. 59-66

Seth, J.N. (1975): A Model of Industrial Buying Behavior, in: Journal of Marketing, October, Vol. 37, S. 50-56

Sieben, F. (2001): Customer Relationship Management als Schlüssel zur Kundenzufriedenheit, in: Homburg, C. (Hrsg.), Kundenzufriedenheit: Konzepte –Methoden - Erfahrungen, 4. Auflage, Wiesbaden, S. 295-314

Simon, H. (1985): Goodwill und Markenstrategie, Wiesbaden

Sinclair, S.A./ Seward, K. (1988): Effectiveness of Branding a Commodity Product, in: Industrial Marketing Management, Vol. 17, S. 23-33

Sitte, G. (2001): Technology Branding, Wiesbaden

Specht, G. (1985): Industrielles Beschaffungsverhalten, Frankfurt

Spiro, R./ Weitz, B.A. (1990): Adaptive Selling: Conceptualization, Measurement, and Nomological Validity, in: Journal of Marketing Research, Vol. 27, Februar, S. 61-69

Sriram, V./ Krapfel, R./ Spekman, R. (1992): Antecedents to Buyer-Seller Collaboration: An Analysis from the Buyer's Perspective, in: Journal of Business Research, 25, S. 303-320

Stadelmann, M./ Finsterwalder, J. et al. (2001): Customer Relationship Management (CRM) in der Schweiz - Benchmarking Studie 2001, St. Gallen/ Zürich

Stauss, B. (2000): Internes Marketing als personalorientierte Qualitätspolitik, in: Bruhn, M./ Stauss, B. (Hrsg.): Dienstleistungsqualität: Konzepte - Methoden - Erfahrungen, 3. Auflage, Wiesbaden, S. 203-222

Stauss, B./ Hoffmann, F. (1999): Business Television als Instrument der Mitarbeiterkommunikation, in: Bruhn, M. (Hrsg.), Internes Marketing: Integration der Kunden- und Mitarbeiterorientierung - Grundlagen - Implementierung - Praxisbeispiele, 2. Auflage, Wiesbaden, S. 365-387

Stock, R. (2003): Der Einfluss der Kundenzufriedenheit auf die Preissensitivität von Firmenkunden, in: DBW, Heft 3, S. 333-348

Sweeney, B. (2002): B2B Brand Management, in: Brand Strategy, September, S. 32

T

Thompson, K.E./ Knox, S.D./ Mitchell, H.G. (1998): Business to Business Brand Attributes in a Changing Purchasing Environment, in: Irish Marketing Review, Vol. 10, No. 3, S. 25-32

Tomczak, T. (1996): Relationship Marketing - Grundzüge eines Modells zum Management von Geschäftsbeziehungen, in: Tomczak, T./ Belz, C. (Hrsg.), Kundennähe realisieren: Ideen - Konzepte - Methoden - Erfahrungen, 2. Auflage, St. Gallen, S. 193-215

Tomczak, T./ Brexendorf, T.O. (2002): Wie viele Brand Manager hat ein Unternehmen wirklich?, in: Persönlich - Zeitschrift für Marketing und Unternehmensführung, Februar

Tomczak, T./ Herrmann, A./ Brexendorf, T.O./ Kernstock, J. (2005): Behavioral Branding - Markenprofilierung durch persönliche Kommunikation, in: Thexis – Fachzeitschrift für Marketing, Nr. 1, S. 28-31

Tomczak, T./ Kernstock, J. (2005): Editorial - Markenkraft von innen, in: Thexis – Fachzeitschrift für Marketing, Nr. 1, S. 1

Tomczak, T./ Reinecke, S. (1996): Der aufgabenorientierte Ansatz - Eine neue Perspektive für das Marketing-Management, Fachbericht für Marketing, Heft 5, St. Gallen

Töpfer, A. (1999): Anforderungen des Total Quality Management an Konzeption und Umsetzung des Internen Marketing, in: Bruhn, M. (Hrsg.), Internes Marketing: Integration der Kunden- und Mitarbeiterorientierung - Grundlagen - Implementierung - Praxisbeispiele, 2. Auflage, Wiesbaden, S. 409-438

U

Udell, J.G. (1972): Successful Marketing Strategies in American Industries, Madison

V

Vester, F. (2003): Die Kunst vernetzt zu denken – Ideen und Werkzeuge für einen neuen Umgang mit Komplexität, 3. Auflage, München

W

Walsh, G./ Wiedmann, K.-P./ Buxel, H. (2003): Der Einfluss von Unternehmensreputation und Kundenzufriedenheit auf die Wechselbereitschaft - Ergebnisse einer empirischen Untersuchung am Beispiel eines Energieversorgers, in: Jahrbuch der Absatz- und Verbrauchsforschung, Nr. 4, S. 407-423

Watzlawick, P./ Bavelas, J.B./ Jackson, D.D.. (1967): Pragmatics of Human Communication, New York

Webster, F.E. jr./ Wind, Y. (1972): Organizational Buying Behavior, Englewood Cliffs, New Jersey

Weidner, W. (2002): Industriegüter zu Marken machen, in: Harvard Business Manager, Nr. 5, S. 101-106

Weinhold-Stünzi, H. (1987): Grundsätze des Kundenstamm-Marketing, in: Thexis – Fachzeitschrift für Marketing, Vol. 4, Nr. 2, S. 8-14

Weinhold-Stünzi, H. (1991): Marketing in 20 Lektionen, 21. Auflage, St. Gallen

Weitz, B.A./ Sujan, H./ Sujan, M. (1986): Knowledge, Motivation, and Adaptive Behavior: A Framework for Improving Selling Effectiveness, in: Journal of Marketing, Vol. 50, October, S. 174-191

Werner, H. (1997): Relationales Beschaffungsverhalten: Ausprägungen und Determinanten, Wiesbaden

Wiechmann, J. (1995): Kundenbindungssysteme im Investitionsgüterbereich: Eine Untersuchung am Beispiel der Werkzeugmaschinenbranche, Bamberg

Williamson, O.E. (1990): Die ökonomischen Institutionen des Kapitalismus: Unternehmen, Märkte, Kooperationen, Tübingen

Williamson, O.E. (1991): Comparative Economic Organization, in: Ordelheide, D./ Rudolph, B./ Büsselmann, E. (Hrsg.), Betriebswirtschaftslehre und ökonomische Theorie, Stuttgart, S. 13-49

Witte, E. (1976): Kraft und Gegenkraft im Entscheidungsprozeß, in: ZfB - Zeitschrift für Betriebswirtschaft, Vol. 46, S. 319-326

Wittke-Kothe, C. (2001): Interne Markenführung, Wiesbaden

Y

Yoon, E./ Kijewski, V. (1995): The Brand Awareness-to-Preference Kink in Business Markets, in: Journal of Business-to-Business-Marketing, Vol. 2, No. 4, S. 7-37

Z

Zupancic, D. (2001): International Key Account Management Teams - Koordinierung und Implementierung aus der Perspektive des Industriegütermarketing, St. Gallen

237

Anhang 1 – Konstrukte und Konstruktgüte

Die Gesamtheit der ein Konstrukt wiedergebenden Indikatoren wird als Messskala, Messinstrument, Messmodell oder einfach nur als Skala bezeichnet[1]. Ob eine Skala ein Konstrukt hinreichend präzise erfasst, zeigen vor allem die Gütekriterien der Messung. In Anlehnung an Ivens ist in dieser Arbeit eine zweistufige Prüfung von Skalenreliabilität und -validität vorgenommen worden[2]:

- In einem ersten Schritt kommt mit dem Cronbachschen Alpha das bekannteste und am häufigsten angewandte Verfahren der ersten Generation für Multi item-Skalen zur Anwendung[3]. Das Cronbachsche Alpha[4] ist ein Maß für die Interne-Konsistenz-Reliabilität[5] von Indikatoren, die dasselbe Konstrukt messen. Der Wertebereich des Cronbachschen Alpha liegt in der Regel zwischen Null und Eins (Ausnahme: negative Kovarianzen), wobei höhere Werte für ein hohes Maß an Reliabilität sprechen. In der Literatur werden dabei Werte unter 0,7 als unzureichend angesehen[6]. Zu beachten ist, dass der Wert des Cronbachschen Alpha mit der Anzahl der Indikatoren zunimmt, so dass im Einzelfall analysiert werden sollte, welche Anzahl von Indikatoren die inhaltliche Breite eines Konstrukts erfordert[7].

- In einem zweiten Schritt werden die verwendeten Skalen der konfirmatorischen Faktorenanalyse als Verfahren der zweiten Generation unterzogen, wobei dieser Schritt neben der Reliabilitätsprüfung auch der Validitätsprüfung dient. Die konfirmatorische Faktorenanalyse bildet einen Spezialfall der Kausalanalyse[8]. Es „wird eine Struktur der Beziehungen zwischen Indikatoren und Faktoren a priori unterstellt und (größtenteils inferenzstatistisch) auf die einzelnen Reliabilitäts- und Validitätsaspekte untersucht"[9]. Die konfirma-

---

[1] Vgl. hierzu und zum Folgenden Beutin (2000), S. 106
[2] Vgl. Ivens (2002a), S. 177 ff.; Homburg/ Giering (1996), S. 12 ff., schlagen ein mehrstufiges Prüfschema zur Überprüfung der Reliabilität und der Validität eines Messmodells vor, welches Methoden der ersten und zweiten Generation kombiniert. Dieses Prüfschema ist methodisch äußerst rigide und eignet sich damit insbesondere für Kausalanalysen. In dieser Arbeit kommen jedoch solche Methoden der multivariaten Datenanalyse zu Einsatz, die weniger strenge methodische Ansprüche stellen. Daher wird eine zweistufige Prüfung als ausreichend erachtet.
[3] Vgl. Giering (2000), S. 77
[4] Vgl. Cronbach (1951)
[5] Zur Bestimmung der Skalenreliabilität eignen sich die Test-Retest-Reliabilität (Vergleich der Ergebnisse der Skala zu verschiedenen Zeitpunkten), die Parallel-Test-Reliabilität (Vergleich mit den Ergebnissen eines äquivalenten Instruments) und die Interne-Konsistenz-Reliabilität (Ermittlung desjenigen Varianzanteils in den Messwerten, der auf Inkonsistenzen in der Messung zurückgeht). „Wegen der Komplexitäts- und Kostenerhöhung, welche die beiden erstgenannten Verfahren für viele Forschungsvorhaben implizieren, kommt in der Praxis der Internen-Konsistenz-Reliabilität besondere Bedeutung zu" (Ivens (2002a), S. 176).
[6] Vgl. Beutin (2000), S. 112, sowie Nunnally (1967), S. 245 f.; manche Autoren (z.B. Malhorta (1993), S. 308) halten bei neuartigen und stark exploratorischen Studien auch Werte ab 0,6 noch für ausreichend.
[7] Vgl. Beutin (2000), S. 113
[8] Bei einer konfirmatorischen Faktorenanalyse wird im Vergleich zur vollständigen Kausalanalyse nur das Messmodell geschätzt (vgl. Eggert (1999), S. 108).
[9] Homburg (1998), S. 81

torische Faktorenanalyse ist somit ein strukturprüfendes Verfahren[10]. Auf die Darstellung der insgesamt zufriedenstellenden Ergebnisse wird an dieser Stelle verzichtet[11].

Im Ergebnis kann angesichts der Ergebnisse der Prüfverfahren erster und zweiter Generation von einer insgesamt guten Konstruktgüte bei der empirischen Untersuchung in dieser Arbeit ausgegangen werden.

Konstrukt: Markenbild		
Dimension	**Herkömmliche Operationalisierung**	**Adaption in dieser Arbeit**
Bekanntheit/ Awareness	Ich kenne diese Marke	- *(kann im Kontext vorausgesetzt werden)*
Klarheit des inneren Bildes	Wie klar und deutlich ist Ihr inneres Bild von XXX?	Wie klar und deutlich ist Ihr inneres Bild von diesem Lieferanten?
Attraktivität des inneren Bildes	Wie anziehend oder abstoßend ist Ihr inneres Bild von XXX?	Wie anziehend oder abstoßend ist Ihr inneres Bild von Ihrem betrachteten Lieferanten?
Eigenständigkeit des Markenauftritts (Uniqueness)	Diese Marke unterscheidet sich deutlich von anderen Marken	Dieser Lieferant unterscheidet sich insgesamt deutlich von anderen Lieferanten
Einprägsamkeit der Werbung	Diese Marke macht einprägsame Werbung	Dieser Lieferant fällt durch seine klare Positionierung auf
Subjektiv wahrgenommener Werbedruck	Werbung dieser Marke sieht man häufig	Von diesem Lieferanten sehe bzw. höre ich häufig etwas
Cronbachsches Alpha: 0,7177		

---

[10] Vgl. Backhaus/ Erichson/ Plinke/ Weiber (2005), S. 330
[11] Interessierte finden die Ergebnisse bei Binckebanck (2006) im dortigen Anhang 4.

Konstrukt: Markenguthaben		
Dimension	**Herkömmliche Operationalisierung**	**Adaption in dieser Arbeit**
Markensympathie	Ich mag diese Marke	Ich mag diesen Lieferanten
Markenvertrauen	Zu dieser Marke habe ich Vertrauen	Zu diesem Lieferanten habe ich Vertrauen
Markenloyalität	Wenn diese Marke plötzlich vom Markt genommen würde, würde ich das sehr bedauern	Wenn dieser Lieferant plötzlich vom Markt verschwinden würde, würde ich das sehr bedauern
Cronbachsches Alpha: 0,7862		

Konstrukt: Verkäuferpersönlichkeit		

Die Außendienstmitarbeiter des Lieferanten …

Dimension	Operationalisierung	Cronbachsches Alpha
Persönlichkeits-merkmale	… haben Spaß am Kundenkontakt	0,9032
	… gehen ihre Aufgaben stets mit einem gesunden Optimismus an	
	… verfügen über ein hohes Maß an Einfühlungsver-mögen (d.h. sie können sich in Sie als Kunden hin-einversetzen, können die Kundenperspektive ein-nehmen usw.)	
	… verfügen über ein gesundes Selbstwertgefühl (d.h. sie strahlen Kompetenz aus, sind von ihren Fähig-keiten überzeugt usw.)	
Sozial-kompetenz	… sind kompetent in der sprachlichen Kommuni-kation (d.h. sie können sich einfach und präzise aus-drücken, gezielte Fragen stellen usw.)	0,9437
	… hören ihren Kunden aktiv zu	
	… beherrschen auch die nicht-sprachliche Kommu-nikation (d.h. sie können Körpersprache gezielt ein-setzen, Signale in der Körpersprache des Gesprächs-partners wahrnehmen usw.)	
	… sind stets freundlich zu ihren Kunden	
	… sind flexibel (d.h. sie können sich und ihr Ver-kaufsverhalten auf unterschiedliche Kundentypen und Situationen einstellen)	
	… sind teamfähig (d.h. sie können sich in Teams ein-ordnen, haben Freude an der Teamarbeit usw.)	

(Fortsetzung …)

(... Fortsetzung)

Fachkompetenz	... können sich selbst gut organisieren (Zeitmanagement, Pünktlichkeit, Setzen von Prioritäten usw.)	0,9262
	... verfügen über umfassende Produktkenntnisse (sowohl über eigene als auch Wettbewerbsleistungen)	
	... kennen und verstehen ihre Kunden sehr gut (d.h. Ihre Bedürfnisse, Wertschöpfungsprozesse, Nutzung des Produktes/ der Leistung usw.)	
	... verfügen über umfassende Kenntnisse ihres Marktes (d.h. über die Position des Lieferanten oder Trends am Markt)	
	... verfügen über fundierte betriebswirtschaftliche Kenntnisse (d.h. sie können die Kostenauswirkungen von Entscheidungen bewerten, Wirtschaftlichkeitsrechnungen anstellen usw.)	
	... können sich auf Basis ihres Erfahrungsschatzes auf jeden Kunden einstellen	
Cronbachsches Alpha für das Gesamtkonstrukt: 0,9731		

Konstrukt: Beziehungsverhalten		
Dimension	**Operationalisierung**	**Cronbachsches Alpha**
Gegenseitigkeit (Achtet der Anbieter darauf, dass beide Seiten in angemessenem Umfang von der Beziehung profitieren?)	Der Lieferant ist daran interessiert, dass beide Seiten langfristig von der Beziehung profitieren	0,8872
	In Verhandlungen mit uns verhält der Lieferant sich stets fair	
	Der Lieferant bringt uns stets den erforderlichen Respekt entgegen	
Planungsverhalten (Unternimmt der Anbieter Schritte, um die künftige Entwicklung der Geschäftsbeziehung zu planen?)	Der betrachtete Lieferant nimmt erkennbar Planungen für die Zukunft unserer Geschäftsbeziehung vor	0,8497
	Der betrachtete Lieferant formuliert explizite Ziele für die Zukunft unserer Geschäftsbeziehung	
	Der Lieferant diskutiert Fragen, welche für die strategische Entwicklung unserer gemeinsamen Beziehung wichtig sind, mit uns	

(Fortsetzung ...)

(... Fortsetzung)

Langfristige Orientierung (Verfolgt der Anbieter erkennbar eine langfristige Zusammenarbeit mit dem Abnehmer?)	Eine langfristige Geschäftsbeziehung mit uns zu pflegen ist diesem Lieferanten wichtig	0,8946
	Der Lieferant hat langfristige Ziele für seine Geschäftsbeziehung zu uns	
	Der Lieferant geht davon aus, dass die Geschäftsbeziehung zu uns für ihn langfristig profitabel sein wird	
Flexibilität (Ist der Anbieter bereit, existierende Absprachen auf Nachfrage des Abnehmers anzupassen?)	Der Lieferant reagiert flexibel auf Änderungswünsche	0,8235
	Beschwerden werden von diesem Lieferanten gut aufgenommen und abgewickelt	
	Wenn sich eine unvorhergesehene Situation ergeben würde, wäre der Lieferant dazu bereit, von existierenden Absprachen abzuweichen und eine neue Vereinbarung auszuarbeiten	
Solidarität (Unterstützt der Anbieter den Abnehmer auch in problematischen Phasen und unter Inkaufnahme vorübergehender ökonomischer Nachteile?)	Der Lieferant ist an Verbesserungen, welche die Beziehung als Ganzes, und nicht nur ihn individuell voran bringen, interessiert	0,7663
	Der Lieferant würde uns in problematischen Situationen im Rahmen seiner Möglichkeiten behilflich sein	
	Der Lieferant hat kein Problem damit, wenn wir ihm einen Gefallen schulden	
Informationsverhalten (Gibt der Anbieter dem Abnehmer alle hilfreichen Informationen weiter?)	Der Lieferant versorgt uns von sich aus mit allen Informationen (über Neuheiten, Trends etc.), die für uns hilfreich sein können	0,7569
	Der Lieferant hält uns über Veränderungen, die uns betreffen, i.d.R. rechtzeitig auf dem Laufenden	
	Der Lieferant gibt auch vertrauliche Informationen an uns weiter, z.B. zu seiner Kostenlage	

(Fortsetzung ...)

(... Fortsetzung)

Monitoring (Versucht der Anbieter die Einhaltung von Absprachen durch den Abnehmer zu kontrollieren?)	Der betrachtete Lieferant überwacht den rechtzeitigen Eingang und die Höhe unserer Zahlungen genau	0,7934
	Der Lieferant achtet stets darauf, dass wir Absprachen (Beschaffung von Informationen, Vermittlung von Kontakten u.ä.) auch einhalten	
	Würden wir unsere Verpflichtungen gegenüber diesem Lieferanten nicht einhalten, so würde er uns unverzüglich darauf aufmerksam machen	
Konfliktlösung (Ist der Anbieter bemüht, Konflikte intern und informell zu lösen?)	Der Lieferant betrachtet jeden Konfliktfall für sich, unabhängig davon, wer wir sind und welche Geschäfte wir mit ihm insgesamt tätigen	0,7857
	Der Lieferant macht sich Gedanken über die Gründe von Konflikten	
	Der Lieferant sucht bei Konflikten nach spezifischen Lösungsansätzen, die unserer Geschäftsbeziehung weiterhelfen	
Einsatz von Macht (Beschränkt der Anbieter den Einsatz verfügbarer Machtpotenziale im Interesse der Beziehung?)	Der Lieferant erwähnt uns gegenüber häufig, welche Machtmittel ihm zur Verfügung stehen, um seine Interessen durchzusetzen	0,6858
	Der Lieferant zögert in Konfliktsituationen nicht, Druck auf uns auszuüben	
	Der Lieferant setzt Machtmittel nur ein, wenn dies den Fortbestand der Geschäftsbeziehung mit uns nicht gefährdet	
Cronbachsches Alpha für das Gesamtkonstrukt: 0,9258		

Dimension	Operationalisierte Funktionen
Rollenintegrität (Erfüllt der Anbieter konstant und harmonisch das von ihm erwartete Verhaltensmuster?)	Beratung bei der Bestimmung unseres Bedarfs in Einkaufssituationen
	Auftragsannahme
	Beratung beim Einsatz des Produktes/ der Leistung in unserem Unternehmen
	Information über neue Produkte/ Leistungen des Lieferanten
	Persönliche Betreuungsfunktion
	Information über Veränderungen im Angebot des Lieferanten (z.B. Preisänderungen)
	Operatives Beschwerde- bzw. Reklamationsmanagement
	Vermittlungsfunktion bei grundlegenden Konflikten mit dem Lieferanten
	Informationsaustausch über Markttrends und Wettbewerbsaktivitäten

Anmerkung: Wegen des besonderen Charakters der Messung von Rollenintegrität, bei der aufgrund der Auffassung der Relevanz von verschiedenen Funktionen unterschiedliche Antwortvarianten auftreten, ist es hierbei nicht möglich, das Cronbachsche Alpha zu ermitteln

Konstrukt: Leistung		
Dimension	**Operationalisierung**	**Quelle**
Qualität	Der Lieferant liefert i.d.R. das relevante Produkt/ die Leistung in exzellenter Qualität	Werner (1997)
Preis	Der Preis der Leistungen dieses Lieferanten ist für uns sehr wichtig	Stock (2003)
Bedeutung	Die bezogene Leistung ist für unser Unternehmen sehr wichtig	Giering (2000)
Komplexität	Im Vergleich zu anderen von uns bezogenen Leistungen ist die Leistung dieses Lieferanten komplex	Giering (2000)
Spezifität	Die Leistungen dieses Lieferanten sind in starkem Maße auf unsere Bedürfnisse zugeschnitten	Stock (2003)
Cronbachsches Alpha: 0,6762		

Konstrukt	**Operationalisierung**	**Cronbachsches Alpha**
Unpersönliche Marktbearbeitung	Dieser Lieferant ist als Marke im Markt positioniert	0,7991
	Dieser Lieferant verfügt über eine ausgezeichnete Reputation am Markt	
	Dieser Lieferant hat ein positives Image am Markt	
	Über diesen Lieferanten liest man häufig in der Presse	
	Dieser Lieferant macht einprägsame Werbung	

Konstrukt: Einstellungswirkung		
Dimension	**Operationalisierung**	**Cronbachsches Alpha**
Vertrauen (Giering, 2000 in Anlehnung an Doney/ Cannon, 1997)	Dieser Lieferant hält seine Versprechen uns gegenüber ein	0,8811
	Wir glauben den Informationen, die uns dieser Lieferant gibt	
	Dieser Lieferant ist aufrichtig an unserem geschäftlichen Erfolg interessiert	
	Bei wichtigen Entscheidungen berücksichtigt dieser Lieferant nicht nur seinen eigenen sondern auch unseren Nutzen	
	Wir sind davon überzeugt, dass dieser Lieferant unsere Interessen berücksichtigt	
	Dieser Lieferant ist vertrauenswürdig	
	Wir glauben, dass es notwendig ist, bei diesem Lieferanten vorsichtig zu sein *(revers skaliert)*	
Commitment (Werner, 1997)	Wir haben den festen Willen, die Geschäftsbeziehung mit dem Lieferanten so lange wie möglich aufrecht zu erhalten	0,8461
	Wir tun unser Möglichstes, die Beziehung mit dem Lieferanten nicht zu gefährden	
	Wir sind willens, mehr Anstrengungen als üblich in die Beziehung mit dem Lieferanten zu investieren, um ihr zum Erfolg zu verhelfen	
	Die Zusammenarbeit mit dem relevanten Lieferanten ist wenig belastet	
Zufriedenheit (Stock, 2003)	Wir sind mit den Leistungen sehr zufrieden, die dieser Lieferant für uns erbringt	0,9586
	Wir arbeiten gerne mit diesem Lieferanten zusammen	
	Wir haben insgesamt positive Erfahrungen mit diesem Lieferanten gemacht	
	Wir betrachten diesen Lieferanten als erste Wahl, um unsere Leistungen zu beziehen	
	Wir sind alles in allem mit diesem Lieferanten sehr zufrieden	
Cronbachsches Alpha für das Gesamtkonstrukt: 0,9454		

Konstrukt: Verhaltenswirkung		
Dimension	**Operationalisierung**	**Cronbachsches Alpha**
Weiterempfeh-lungsabsicht (Eggert, 1999)	In Gesprächen mit Kollegen empfehle ich den Liefe-ranten gerne weiter	0,7245
	Ich würde mich dem Lieferanten als Referenz zur Verfügung stellen	
Wiederkauf-absicht (Giering, 2000)	Es ist sehr wahrscheinlich, dass die Geschäftsbezie-hung mit diesem Lieferanten weiter bestehen wird	0,9204
	Wir werden in Zukunft wieder von diesem Liefe-ranten kaufen	
	Wir haben die Absicht, diesem Lieferanten treu zu bleiben	
	Wir erwarten, noch lange Zeit mit diesem Lieferanten zusammenzuarbeiten	
Zusatzkauf-absicht (Giering, 2000)	In Zukunft werden wir einen größeren Teil unseres Bedarfs bei diesem Lieferanten decken	0,8821
	Wir erwarten, in Zukunft mehr Geschäfte mit diesem Lieferanten zu machen	
	In den nächsten Jahren werden wir wahrscheinlich häufiger als bisher bei diesem Lieferanten kaufen	
Cronbachsches Alpha für das Gesamtkonstrukt: 0,9099		

Anhang 2 - Fragebogen

Screener I

[Quotierung im Adresssample: 80% KMUs (20-499 Mitarbeiter) vs. 20% Groß-unternehmen (500+ Mitarbeiter)]

Im Rahmen eines Forschungsprojektes untersucht die Universität St. Gallen in Zusammenarbeit mit Mercuri International und Icon Added Value, wie Kunden des Industriegütersektors ihre Lieferanten in langfristigen Geschäftsbeziehungen wahrnehmen.

Das Interview wird ca. 15 - 20 Minuten dauern. Ihre Angaben werden unter Beachtung des Bundesdatenschutzgesetzes anonym erhoben und ausgewertet.

SCN1: Könnte ich hierzu bitte mit einer Person aus

- der Geschäftsleitung *[Quotierung: 50%]*
- oder einem Verantwortlichen aus der Abteilung Einkauf *[Quotierung: 50%]*

sprechen?

Screener II

Zu Beginn haben wir zwei wichtige Fragen. Die erste Frage beschäftigt sich mit unterschiedlichen Lieferantengruppen. Hierbei ist es sehr wichtig, dass Sie nur solche Lieferanten in Betracht ziehen, mit denen Sie bereits mindestens 2 Jahre zusammenarbeiten.

SCN2a. Haben Sie Lieferanten, die primär im **Systemgeschäft** tätig sind?
[Quotierung: 25%]
(Im Systemgeschäft entscheiden sich Kunden für die Systemtechnologie des Anbieters und erwerben als Einstieg eine erste Leistung des Anbieters. In Folgekäufen, erstehen sie dann weitere Leistungen der Systemtechnologie des Anbieters. Beispiel: Telekommunikationssysteme)

SCN2b. Haben Sie Lieferanten, die primär im **Produktgeschäft** tätig sind?
[Quotierung: 25%]
(Im Produktgeschäft werden i.d.R. vorgefertigte und in Massenfertigung erstellte Leistungen (standardisierte Halbfertigfabrikate) auf einem anonymen Markt vermarktet. Die Abnehmer fragen diese Leistungen zum isolierten Einsatz nach, so dass keine langfristigen Geschäftsbeziehungen etabliert werden müssen. Beispiele: Schrauben, Motoren oder Lacke)

SCN2c. Haben Sie Lieferanten, die primär im **Anlagengeschäft** tätig sind?
[Quotierung: 25%]
(Im Anlagen- bzw. Projektgeschäft werden komplexe Produkte oder Systeme vermarktet, die bereits vor der kundenindividuellen Erstellung an den Kunden verkauft werden. Beispiele: Getränkeabfüllanlagen oder Walzwerke)

SCN2d. Haben Sie Lieferanten, die primär im **Zuliefergeschäft** tätig sind?
[Quotierung: 25%]
(Im Zuliefergeschäft entwickelt der Lieferant für seine Kunden im Rahmen einer längerfristigen Geschäftsbeziehung kundenindividuelle Leistungen, die dann sukzessive in Anspruch genommen werden. Beispiel: Automobilzulieferer)

Screener III

Die zweite Frage beschäftigt sich dagegen mit der unterschiedlichen Qualität von Lieferanten.

SCN3a. Haben Sie innerhalb des gerade ausgewählten Geschäftstyps einen Lieferanten, den Sie als „Top-Lieferanten" bezeichnen würden? *[Quotierung: 50% innerhalb des jeweiligen Geschäftstyps]*
(Ein Lieferant, der nicht nur aufgrund seiner Leistung eine signifikante Bedeutung für Ihre Wertschöpfungsprozesse hat, sondern sich darüber hinaus auch durch ein überdurchschnittliches Management der Geschäftsbeziehung mit Ihnen auszeichnet. Kurzum: Sie wünschten, alle Ihre Lieferanten wären so)

SCN3b. Haben Sie innerhalb des gerade ausgewählten Geschäftstyps einen Lieferanten, den Sie als „Problem-Lieferant" bezeichnen würden? *[Quotierung: 50% innerhalb des jeweiligen Geschäftstyps]*
(Ein Lieferant, dessen Leistung zwar eine signifikante Bedeutung für Ihre Wertschöpfungsprozesse hat, mit dem Sie aber nicht zufrieden sind, entweder weil die Leistung oder die Geschäftsbeziehung aus Ihrer Sicht nicht zufrieden stellend ist)

[Kontrollfrage:] Können Sie den nun ausgewählten Lieferanten hinsichtlich der Qualität der Geschäftsbeziehung einschätzen und haben Sie zumindest gelegentlich Kontakt mit dem Außendienst des Lieferanten?
[wenn ja, Start Interview, sonst Abbruch bzw. andere Auskunftsperson]

Im weiteren Verlauf unseres Interviews möchte ich Sie bitten, alle Fragen auf einen einzigen [Top- bzw. Problem-] Lieferanten aus dem Bereich [System- bzw. Produkt- bzw. Anlagen- bzw. Zuliefergeschäft] zu beziehen, mit dem Sie aktuell zusammenarbeiten.

Sollte im Verlauf des Interviews eine Situation, nach der wir fragen, noch nicht aufgetreten sein, urteilen Sie bitte wie sich der Anbieter Ihren Erfahrungen nach vermutlich verhalten würde.

1. Allgemeine Angaben

1.1. Welche Rolle spielt dieser Lieferant für die/ das beschaffte [Produkt bzw. Anlage bzw. System bzw. Zulieferleistung] bei Ihren Einkaufsentscheidungen?

Völlig austauschbar   Erste Wahl

⓪ ① ② ③ ④ ⑤ ⑥ ⑦ ⑧ ⑨ ⑩

1.2. Welche Rolle spielen Sie persönlich bei Beschaffungsentscheidungen von dem von Ihnen betrachteten Lieferanten?

(mehrere Antworten möglich)

❑ Ich entscheide über die Auftragsvergabe

❑ Ich spiele bei der Auftragsvergabe eine beratende Rolle

❑ Ich benötige das Produkt/ die Leistung für meine persönliche Arbeit

❑ Sonstiges

1.3. Wie ist die Stellung Ihres Unternehmens gegenüber dem betrachteten Anbieter?

❑ Der Anbieter definiert uns als Key Account

❑ Wir sind ein wichtiger Kunde, aber nicht Key Account

❑ Wir sind ein durchschnittlicher Kunde für den Lieferanten

❑ Wir sind für den Anbieter ein eher kleiner Kunde

1.4. Seit wie vielen Jahren arbeitet Ihr Unternehmen mit diesem Lieferanten zusammen?

❑ 2 bis 5 Jahre

❑ 6 bis 10 Jahre

❑ Seit mehr als 10 Jahren

1.5. Wenn Sie jetzt an den Außendienst des Lieferanten denken: wie hoch ist die Kontaktfrequenz, d.h. wie häufig haben Sie persönlichen Kontakt mit Repräsentanten des Lieferanten?

❑ Nur bei Bedarf

❑ Einmal im Jahr zum Jahres- bzw. Statusgespräch

❑ Regelmäßig, wenigstens zweimal jährlich

❑ Regelmäßig, wenigstens einmal im Quartal

❑ regelmäßig, nämlich monatlich oder öfter

1.6. Und ist der Kontakt mit dem Außendienst des Lieferanten im Normalfall primär persönlich, telefonisch oder schriftlich?

❑ Primär persönlich

❑ Primär über das Telefon

❑ Primär schriftlich (Briefe, Fax, Email)

2. Bewertung Ihres Lieferanten

Zuerst geht es um die bildliche Vorstellung, die Sie z.B. von Menschen, Häusern und Gegenständen haben.

2.1. Zur Eingewöhnung ein Beispiel:

Versuchen Sie bitte, sich Ihren besten Freund oder Ihre beste Freundin bildlich vorzustellen.
Sie sollten Ihren Freund / Ihre Freundin jetzt vor Ihrem inneren Auge genau vor sich sehen.
Sie können dazu auch kurz die Augen schließen.

Wie klar und deutlich ist Ihr inneres Bild dieser Person?
Bitte nennen Sie einen Wert zwischen 0 und 100, dabei bedeutet...

0		100
verschwommen		klar und
und undeutlich		deutlich

Wert: [ ]

Genauso wie von Menschen, Häusern und Gegenständen gibt es auch innere Bilder von Marken, Firmen und Geschäften.

2.2. Bitte machen Sie sich jetzt ein inneres Bild von dem von Ihnen betrachteten Lieferanten.
Wie klar und deutlich ist Ihr inneres Bild von diesem Lieferanten?
Bitte nennen Sie einen Wert zwischen 0 und 100, dabei bedeutet...

0		100
verschwommen		klar und
und undeutlich		deutlich

Wert: [ ]

254

Innere Bilder können eher anziehend oder eher weniger anziehend sein, unabhängig davon, wie klar und deutlich sie sind. Wie anziehend oder abstoßend ist Ihr inneres Bild von Ihrem betrachteten Lieferanten?

2.3. Bitte nennen Sie wieder einen Wert zwischen 0 und 100, dabei bedeutet ...

0 -- 100
überhaupt nicht   sehr anziehend
anziehend

Wert: [   ]

2.4. Im Folgenden finden Sie nun einige Aussagen zu Ihrem betrachteten Lieferanten vor. Bitte geben Sie zu jeder Aussage an, wie sehr Sie dieser zustimmen. Verwenden Sie hierzu eine Skala von 0 = stimme überhaupt nicht zu bis 10 = stimme vollkommen zu. Mit den Werten dazwischen können Sie Ihre Meinung abstufen!

	stimme überhaupt nicht zu										stimme vollkommen zu

a) Ich mag diesen Lieferanten

⓪ ① ② ③ ④ ⑤ ⑥ ⑦ ⑧ ⑨ ⑩

b) Zu diesem Lieferanten habe ich Vertrauen

⓪ ① ② ③ ④ ⑤ ⑥ ⑦ ⑧ ⑨ ⑩

c) Von diesem Lieferanten sehe bzw. höre ich häufig etwas

⓪ ① ② ③ ④ ⑤ ⑥ ⑦ ⑧ ⑨ ⑩

d) Dieser Lieferant fällt durch seine klare Positionierung auf

⓪ ① ② ③ ④ ⑤ ⑥ ⑦ ⑧ ⑨ ⑩

e) Wenn dieser Lieferant plötzlich vom Markt verschwinden würde, würde ich das sehr bedauern

⓪ ① ② ③ ④ ⑤ ⑥ ⑦ ⑧ ⑨ ⑩

f) Dieser Lieferant unterscheidet sich insgesamt deutlich von anderen Lieferanten

⓪ ① ② ③ ④ ⑤ ⑥ ⑦ ⑧ ⑨ ⑩

g) Dieser Lieferant wird in Zukunft an Bedeutung im Markt gewinnen

⓪ ① ② ③ ④ ⑤ ⑥ ⑦ ⑧ ⑨ ⑩

2.5. Aspekte der Verkäuferpersönlichkeit

Die Außendienstmitarbeiter des Lieferanten ...

	stimme überhaupt nicht zu		stimme vollkommen zu

a) ... haben Spaß am Kundenkontakt
⓪①②③④⑤⑥⑦⑧⑨⑩

b) ... gehen ihre Aufgaben stets mit einem gesunden Optimismus an
⓪①②③④⑤⑥⑦⑧⑨⑩

c) ... verfügen über ein hohes Maß an Einfühlungsvermögen (d.h. sie können sich in Sie als Kunden hineinversetzen, können die Kundenperspektive einnehmen usw.)
⓪①②③④⑤⑥⑦⑧⑨⑩

d) ... verfügen über ein gesundes Selbstwertgefühl (d.h. sie strahlen Kompetenz aus, sind von ihren Fähigkeiten überzeugt usw.)
⓪①②③④⑤⑥⑦⑧⑨⑩

e) ... sind kompetent in der sprachlichen Kommunikation (d.h. sie können sich einfach und präzise ausdrücken, gezielte Fragen stellen usw.)
⓪①②③④⑤⑥⑦⑧⑨⑩

f) ... hören ihren Kunden aktiv zu
⓪①②③④⑤⑥⑦⑧⑨⑩

g) ... beherrschen auch die nicht-sprachliche Kommunikation (d.h. sie können Körpersprache gezielt einsetzen, Signale in der Körpersprache des Gesprächspartners wahrnehmen usw.)
⓪①②③④⑤⑥⑦⑧⑨⑩

h) ... sind stets freundlich zu ihren Kunden
⓪①②③④⑤⑥⑦⑧⑨⑩

i) ... sind flexibel (d.h. sie können sich und ihr Verkaufsverhalten auf unterschiedliche Kundentypen und Situationen einstellen)
⓪①②③④⑤⑥⑦⑧⑨⑩

j) ... sind teamfähig (d.h. sie können sich in Teams einordnen, haben Freude an der Teamarbeit usw.)
⓪①②③④⑤⑥⑦⑧⑨⑩

k) ... können sich selbst gut organisieren (Zeitmanagement, Pünktlichkeit, Setzen von Prioritäten usw.)
⓪①②③④⑤⑥⑦⑧⑨⑩

l) ... verfügen über umfassende Produktkenntnisse (sowohl über eigene als auch Wettbewerbsleistungen)	⓪①②③④⑤⑥⑦⑧⑨⑩
m) ... kennen und verstehen ihre Kunden sehr gut (d.h. Ihre Bedürfnisse, Wertschöpfungsprozesse, Nutzung des Produktes/ der Leistung usw.)	⓪①②③④⑤⑥⑦⑧⑨⑩
n) ... verfügen über umfassende Kenntnisse ihres Marktes (d.h. über die Position des Lieferanten oder Trends am Markt)	⓪①②③④⑤⑥⑦⑧⑨⑩
o) ... verfügen über fundierte betriebswirtschaftliche Kenntnisse (d.h. sie können die Kostenauswirkungen von Entscheidungen bewerten, Wirtschaftlichkeitsrechnungen anstellen usw.)	⓪①②③④⑤⑥⑦⑧⑨⑩
p) ... können sich auf Basis ihres Erfahrungsschatzes auf jeden Kunden einstellen	⓪①②③④⑤⑥⑦⑧⑨⑩
q) Ich bin insgesamt sehr zufrieden mit der Art und Weise, wie ich von den Außendienstmitarbeitern des Lieferanten betreut werde	⓪①②③④⑤⑥⑦⑧⑨⑩

2.6. Erfüllung von Funktionen

Wir nennen Ihnen nun Funktionen, die ein Außendienstmitarbeiter (ADM) potenziell für Kunden erfüllen kann.

Bitte geben Sie an, **welche dieser Funktionen** die Außendienstmitarbeiter des betrachteten Anbieters in der Geschäftsbeziehung mit Ihnen i.d.R. **erfüllen sollte** und bewerten Sie bitte *(wenn " ja")*, inwiefern er/ sie diese Funktionen im Allgemeinen auch **tatsächlich erfüllt.**

Funktion	Der ADM <u>dieses</u> Lieferanten sollte <u>diese</u> Funktion übernehmen	er / sie <u>erfüllt</u> diese Funktion sehr schlecht sehr gut bzw. gar nicht
a) Beratung bei der Bestimmung unseres Bedarfs in Einkaufssituationen	ja ☐ ☐ nein	⓪①②③④⑤⑥⑦⑧⑨⑩
b) Auftragsannahme	ja ☐ ☐ nein	⓪①②③④⑤⑥⑦⑧⑨⑩
c) Beratung beim Einsatz des Produktes/ der Leistung in unserem Unternehmen	ja ☐ ☐ nein	⓪①②③④⑤⑥⑦⑧⑨⑩
d) Information über neue Produkte/ Leistungen des Lieferanten	ja ☐ ☐ nein	⓪①②③④⑤⑥⑦⑧⑨⑩
e) Persönliche Betreuungsfunktion	ja ☐ ☐ nein	⓪①②③④⑤⑥⑦⑧⑨⑩
f) Information über Veränderungen im Angebot des Lieferanten (z.B. Preisänderungen)	ja ☐ ☐ nein	⓪①②③④⑤⑥⑦⑧⑨⑩
g) Operatives Beschwerde- bzw. Reklamationsmanagement	ja ☐ ☐ nein	⓪①②③④⑤⑥⑦⑧⑨⑩
h) Vermittlungsfunktion bei grundlegenden Konflikten mit dem Lieferanten	ja ☐ ☐ nein	⓪①②③④⑤⑥⑦⑧⑨⑩
i) Informationsaustausch über Markttrends und Wettbewerbsaktivitäten	ja ☐ ☐ nein	⓪①②③④⑤⑥⑦⑧⑨⑩

2.7. Aspekte der Geschäftspolitik - Solidarität	stimme überhaupt nicht zu									stimme vollkommen zu

a) Der Lieferant ist an Verbesserungen, welche die Beziehung als Ganzes, und nicht nur ihn individuell voran bringen, interessiert

⓪①②③④⑤⑥⑦⑧⑨⑩

b) Der Lieferant würde uns in problematischen Situationen im Rahmen seiner Möglichkeiten behilflich sein

⓪①②③④⑤⑥⑦⑧⑨⑩

c) Der Lieferant hat kein Problem damit, wenn wir ihm einen Gefallen schulden

⓪①②③④⑤⑥⑦⑧⑨⑩

2.8. Aspekte der Geschäftspolitik - Langfristige Orientierung	stimme überhaupt nicht zu									stimme vollkommen zu

a) Eine langfristige Geschäftsbeziehung mit uns zu pflegen ist diesem Lieferanten wichtig

⓪①②③④⑤⑥⑦⑧⑨⑩

b) Der Lieferant hat langfristige Ziele für seine Geschäftsbeziehung zu uns

⓪①②③④⑤⑥⑦⑧⑨⑩

c) Der Lieferant geht davon aus, dass die Geschäftsbeziehung zu uns für ihn langfristig profitabel sein wird

⓪①②③④⑤⑥⑦⑧⑨⑩

2.9. Aspekte der Geschäftspolitik - Informationsverhalten	stimme überhaupt nicht zu		stimme vollkommen zu
a) Der Lieferant versorgt uns von sich aus mit allen Informationen (über Neuheiten, Trends etc.), die für uns hilfreich sein können	⓪①②③④⑤⑥⑦⑧⑨⑩		
b) Der Lieferant hält uns über Veränderungen, die uns betreffen, i.d.R. rechtzeitig auf dem Laufenden	⓪①②③④⑤⑥⑦⑧⑨⑩		
c) Der Lieferant gibt auch vertrauliche Informationen an uns weiter, z.B. zu seiner Kostenlage	⓪①②③④⑤⑥⑦⑧⑨⑩		

2.10. Aspekte der Geschäftspolitik - Flexibilität	stimme überhaupt nicht zu		stimme vollkommen zu
a) Der Lieferant reagiert flexibel auf Änderungswünsche	⓪①②③④⑤⑥⑦⑧⑨⑩		
b) Beschwerden werden von diesem Lieferanten gut aufgenommen und abgewickelt	⓪①②③④⑤⑥⑦⑧⑨⑩		
c) Wenn sich eine unvorhergesehene Situation ergeben würde, wäre der Lieferant dazu bereit, von existierenden Absprachen abzuweichen und eine neue Vereinbarung auszuarbeiten	⓪①②③④⑤⑥⑦⑧⑨⑩		

2.11. Aspekte der Geschäftspolitik - Monitoring	stimme überhaupt nicht zu		stimme vollkommen zu
a) Der betrachtete Lieferant überwacht den rechtzeitigen Eingang und die Höhe unserer Zahlungen genau	⓪①②③④⑤⑥⑦⑧⑨⑩		
b) Der Lieferant achtet stets darauf, dass wir Absprachen (Beschaffung von Informationen, Vermittlung von Kontakten u.ä.) auch einhalten	⓪①②③④⑤⑥⑦⑧⑨⑩		
c) Würden wir unsere Verpflichtungen gegenüber diesem Lieferanten nicht einhalten, so würde er uns unverzüglich darauf aufmerksam machen	⓪①②③④⑤⑥⑦⑧⑨⑩		

2.12. Aspekte der Geschäftspolitik - Planungsverhalten	stimme überhaupt nicht zu ... stimme vollkommen zu
a) Der betrachtete Lieferant nimmt erkennbar Planungen für die Zukunft unserer Geschäftsbeziehung vor	⓪①②③④⑤⑥⑦⑧⑨⑩
b) Der betrachtete Lieferant formuliert explizite Ziele für die Zukunft unserer Geschäftsbeziehung	⓪①②③④⑤⑥⑦⑧⑨⑩
c) Der Lieferant diskutiert Fragen, welche für die strategische Entwicklung unserer gemeinsamen Beziehung wichtig sind, mit uns	⓪①②③④⑤⑥⑦⑧⑨⑩

2.13. Aspekte der Geschäftspolitik - Gegenseitigkeit	stimme überhaupt nicht zu ... stimme vollkommen zu
a) Der Lieferant ist daran interessiert, dass beide Seiten langfristig von der Beziehung profitieren	⓪①②③④⑤⑥⑦⑧⑨⑩
b) In Verhandlungen mit uns verhält der Lieferant sich stets fair	⓪①②③④⑤⑥⑦⑧⑨⑩
c) Der Lieferant bringt uns stets den erforderlichen Respekt entgegen	⓪①②③④⑤⑥⑦⑧⑨⑩

2.14. Aspekte der Geschäftspolitik - Konfliktlösung	stimme überhaupt nicht zu	stimme vollkommen zu
a) Der Lieferant betrachtet jeden Konfliktfall für sich, unabhängig davon, wer wir sind und welche Geschäfte wir mit ihm insgesamt tätigen	⓪①②③④⑤⑥⑦⑧⑨⑩	
b) Der Lieferant macht sich Gedanken über die Gründe von Konflikten	⓪①②③④⑤⑥⑦⑧⑨⑩	
c) Der Lieferant sucht bei Konflikten nach spezifischen Lösungsansätzen, die unserer Geschäftsbeziehung weiterhelfen	⓪①②③④⑤⑥⑦⑧⑨⑩	

2.15. Aspekte der Geschäftspolitik - Einsatz von Macht	stimme überhaupt nicht zu	stimme vollkommen zu
a) Der Lieferant erwähnt uns gegenüber häufig, welche Machtmittel ihm zur Verfügung stehen, um seine Interessen durchzusetzen	⓪①②③④⑤⑥⑦⑧⑨⑩	
b) Der Lieferant zögert in Konfliktsituationen nicht, Druck auf uns auszuüben	⓪①②③④⑤⑥⑦⑧⑨⑩	
c) Der Lieferant setzt Machtmittel nur ein, wenn dies den Fortbestand der Geschäftsbeziehung mit uns nicht gefährdet.	⓪①②③④⑤⑥⑦⑧⑨⑩	

3. Angaben zur betrachteten Geschäftsbeziehung

[Items werden rotiert vorgelesen]

3.1. Rahmenbedingungen der Geschäftsbeziehung	stimme überhaupt nicht zu $\leftrightarrow$ stimme vollkommen zu
a) Der Wettbewerb in unserer Branche ist sehr intensiv	⓪①②③④⑤⑥⑦⑧⑨⑩
b) Dieser Lieferant ist als Marke im Markt positioniert	⓪①②③④⑤⑥⑦⑧⑨⑩
c) Dieser Lieferant verfügt über eine ausgezeichnete Reputation am Markt	⓪①②③④⑤⑥⑦⑧⑨⑩
d) Dieser Lieferant hat ein positives Image am Markt	⓪①②③④⑤⑥⑦⑧⑨⑩
e) Über diesen Lieferanten liest man häufig in der Presse	⓪①②③④⑤⑥⑦⑧⑨⑩
f) Dieser Lieferant macht einprägsame Werbung	⓪①②③④⑤⑥⑦⑧⑨⑩
g) Die bezogene Leistung ist für unser Unternehmen sehr wichtig	⓪①②③④⑤⑥⑦⑧⑨⑩
h) Der Lieferant liefert i.d.R. das relevante Produkt/ die Leistung in exzellenter Qualität	⓪①②③④⑤⑥⑦⑧⑨⑩
i) Der Preis der Leistungen dieses Lieferanten ist für uns sehr wichtig	⓪①②③④⑤⑥⑦⑧⑨⑩
j) Die Leistungen dieses Lieferanten sind in starkem Maße auf unsere Bedürfnisse zugeschnitten	⓪①②③④⑤⑥⑦⑧⑨⑩

k) Im Vergleich zu anderen von uns bezogenen Leistungen ist die Leistung dieses Lieferanten komplex	⓪①②③④⑤⑥⑦⑧⑨⑩

[Items werden rotiert vorgelesen]

3.2. Wie steht Ihr Unternehmen zu der Geschäftsbeziehung mit diesem Lieferanten?	stimme überhaupt nicht zu	stimme vollkommen zu
a) Dieser Lieferant hält seine Versprechen uns gegenüber ein	⓪①②③④⑤⑥⑦⑧⑨⑩	
b) Wir glauben den Informationen, die uns dieser Lieferant gibt	⓪①②③④⑤⑥⑦⑧⑨⑩	
c) Dieser Lieferant ist aufrichtig an unserem geschäftlichen Erfolg interessiert	⓪①②③④⑤⑥⑦⑧⑨⑩	
d) Bei wichtigen Entscheidungen berücksichtigt dieser Lieferant nicht nur seinen eigenen sondern auch unseren Nutzen	⓪①②③④⑤⑥⑦⑧⑨⑩	
e) Wir sind davon überzeugt, dass dieser Lieferant unsere Interessen berücksichtigt	⓪①②③④⑤⑥⑦⑧⑨⑩	
f) Dieser Lieferant ist vertrauenswürdig	⓪①②③④⑤⑥⑦⑧⑨⑩	
g) Wir glauben, dass es notwendig ist, bei diesem Lieferanten vorsichtig zu sein	⓪①②③④⑤⑥⑦⑧⑨⑩	
h) Wir sind mit den Leistungen sehr zufrieden, die dieser Lieferant für uns erbringt	⓪①②③④⑤⑥⑦⑧⑨⑩	
i) Wir arbeiten gerne mit diesem Lieferanten zusammen	⓪①②③④⑤⑥⑦⑧⑨⑩	

j) Wir haben insgesamt positive Erfahrungen mit diesem Lieferanten gemacht	⓪①②③④⑤⑥⑦⑧⑨⑩
k) Wir betrachten diesen Lieferanten als erste Wahl, um unsere Leistungen zu beziehen	⓪①②③④⑤⑥⑦⑧⑨⑩
l) Wir sind alles in allem mit diesem Lieferanten sehr zufrieden	⓪①②③④⑤⑥⑦⑧⑨⑩

[Items werden rotiert vorgelesen]

	stimme überhaupt nicht zu	stimme vollkommen zu
3.3. Aussichten für die betrachtete Geschäftsbeziehung		
a) Wir haben den festen Willen, die Geschäftsbeziehung mit dem Lieferanten so lange wie möglich aufrecht zu erhalten	⓪①②③④⑤⑥⑦⑧⑨⑩	
b) Wir tun unser Möglichstes, die Beziehung mit dem Lieferanten nicht zu gefährden	⓪①②③④⑤⑥⑦⑧⑨⑩	
c) Wir sind willens, mehr Anstrengungen als üblich in die Beziehung mit dem Lieferanten zu investieren, um ihr zum Erfolg zu verhelfen	⓪①②③④⑤⑥⑦⑧⑨⑩	
d) Die Zusammenarbeit mit dem relevanten Lieferanten ist wenig belastet	⓪①②③④⑤⑥⑦⑧⑨⑩	
e) In Gesprächen mit Kollegen empfehle ich den Lieferanten gerne weiter	⓪①②③④⑤⑥⑦⑧⑨⑩	
f) Ich würde mich dem Lieferanten als Referenz zur Verfügung stellen	⓪①②③④⑤⑥⑦⑧⑨⑩	
g) Es ist sehr wahrscheinlich, dass die Geschäftsbeziehung mit diesem Lieferanten weiter bestehen wird	⓪①②③④⑤⑥⑦⑧⑨⑩	

h) Wir werden in Zukunft wieder von diesem Lieferanten kaufen	⓪①②③④⑤⑥⑦⑧⑨⑩
i) Wir haben die Absicht, diesem Lieferanten treu zu bleiben	⓪①②③④⑤⑥⑦⑧⑨⑩
j) Wir erwarten, noch lange Zeit mit diesem Lieferanten zusammenzuarbeiten	⓪①②③④⑤⑥⑦⑧⑨⑩
k) In Zukunft werden wir einen größeren Teil unseres Bedarfs bei diesem Lieferanten decken	⓪①②③④⑤⑥⑦⑧⑨⑩
l) Wir erwarten, in Zukunft mehr Geschäfte mit diesem Lieferanten zu machen	⓪①②③④⑤⑥⑦⑧⑨⑩
m) In den nächsten Jahren werden wir wahrscheinlich häufiger als bisher bei diesem Lieferanten kaufen	⓪①②③④⑤⑥⑦⑧⑨⑩

Wir danken Ihnen vielmals für

die Teilnahme an dieser Befragung!

Anhang 3 - Verzeichnis der Expertengespräche

Diese Arbeit ist in enger Kooperation mit zwei Partnerunternehmen entstanden. Icon Added Value mit Hauptsitz in Nürnberg betreibt forschungsbasierte Beratung für strategisches Markenmanagement. Zum Instrumentarium gehören mit dem Markeneisberg und dem Markensteuerrad zwei Konzepte, die in dieser Arbeit jeweils zentrale Rollen spielen. Mercuri International ist eine schwedische Beratungsgesellschaft mit dem Schwerpunkt Vertrieb. Sitz in Deutschland ist Meerbusch. Mit qualifizierten Repräsentanten beider Unternehmen sind in den verschiedenen Phasen des Forschungsprozesses wiederholt persönliche Expertengespräche durchgeführt worden. Bei den Gesprächen mit Icon ist es schwerpunktmäßig um Markenaspekte und die externe Perspektive gegangen, während der fachliche Input von Mercuri die Verkaufsseite und die interne Perspektive betroffen hat.

- Expertengespräch zur Anwendung des Markeneisbergs von Icon Added Value im B2B-Kontext; Meta-Analyse der Deskriptoren-Datenbank

  Teilnehmer: Johan Kuntkes (Icon Added Value)

  Datum: 14. Oktober 2004

  Ort: Nürnberg

- Workshop zur Anpassung des Markeneisbergs von Icon Added Value

  Teilnehmer: Dr. Harald Berens (Icon Added Value)

  Gerlinde Köder (Icon Added Value)

  Johan Kuntkes (Icon Added Value)

  Datum: 3. Dezember 2004

  Ort: Nürnberg

- Expertengespräch zu potenziellen Markenwirkungen von Verkaufsaspekten

  Teilnehmer: Holger Dannenberg (Mercuri International)

  Dr. Matthias Huckemann (Mercuri International)

  Datum: 11. Januar 2005

  Ort: Meerbusch

Autorenprofil

Dr. oec. Lars Binckebanck, BA, MBA, Jahrgang 1969, studierte Betriebswirtschaftslehre in Lüneburg, Kiel und Preston (UK). Er begann seine Karriere als Markenforscher bei Icon Added Value in Nürnberg und ist heute Vertriebsexperte bei der Beratungsgesellschaft Mercuri International in Düsseldorf. Diese unterschiedlichen Praxiserfahrungen bildeten den Ausgangspunkt seines Dissertationsprojektes am Institut für Marketing und Handel an der Universität St. Gallen (CH).

Dr. Binckebanck ist Lehrbeauftragter an der Fachhochschule Trier sowie Dozent der Handwerkskammer Hamburg und publiziert regelmäßig zu Themen aus Marketing und Vertrieb. Sein Beratungsschwerpunkt liegt auf innovativen Ansätzen des Verkaufsprozessmanagements.

Printed and bound by PG in the USA